거시 경제 변수부터 투자 자산까지
경제 기사를 원문 그대로 읽는다

영국 주간지 스터디

독자의 1초를 아껴주는 정성 길벗출판사

(주)도서출판 길벗   IT단행본, 성인어학, 교과서, 수험서, 경제경영, 교양, 자녀교육, 취미실용 www.gilbut.co.kr
길벗스쿨   국어학습, 수학학습, 주니어학습, 어린이단행본, 학습단행본 www.gilbutschool.co.kr

유튜브   @GILBUTEZTOK
인스타그램   gilbut_eztok
네이버포스트   gilbuteztok

거시 경제 변수부터 투자 자산까지
경제 기사를 원문 그대로 읽는다
영국주간지스터디_경제편

초판 1쇄 발행 2024년 12월 30일

지은이	이진원
발행인	이종원
발행처	(주)도서출판 길벗
브랜드	길벗이지톡
출판사	등록일 1990년 12월 24일
주소	서울시 마포구 월드컵로 10길 56(서교동)
대표 전화	02) 332-0931
팩스	02) 323-0586
홈페이지	www.gilbut.co.kr
이메일	eztok@gilbut.co.kr

기획 및 책임편집 김효정(hyo@gilbut.co.kr) ○ **디자인** 글리치팩토리 ○ **제작** 이준호 손일순 이진혁
마케팅 차명환 장봉석 최소영 ○ **유통혁신** 한준희 ○ **영업관리** 김명자 심선숙 ○ **독자지원** 윤정아
편집진행 및 교정교열 정영주 ○ **CTP 출력 및 인쇄** 정민 ○ **제본** 정민

· 길벗이지톡은 (주)도서출판 길벗의 성인어학서 출판 브랜드입니다.
· 이 책은 저작권법의 보호를 받는 저작물로 이 책에 실린 모든 내용, 디자인, 이미지, 편집 구성은 허락 없이
  복제하거나 나 다른 매체에 옮겨 실을 수 없습니다.
· 인공지능(AI) 기술 또는 시스템을 훈련하기 위해 이 책의 전체 내용은 물론 일부 문장도 사용하는 것을 금지합니다.
· 잘못 만든 책은 구입한 서점에서 바꿔 드립니다.
· 책 내용에 대한 문의는 길벗 홈페이지(www.gilbut.co.kr) 고객센터에 올려 주세요.

ISBN   979-11-407-1416-2(03740) (길벗도서번호 301145) ⓒ 길벗, 2025
정가   25,000원

거시 경제 변수부터 투자 자산까지
경제 기사를 원문 그대로 읽는다

영국 주간지 스터디

— 경제편   이진원 번역 및 해설

저자 서문

함께 공유하고 싶은 『The Economist』를 읽는 즐거움

20년 넘게 외신 기사를 읽고 우리말로 기사화해 온 내게도 『The Economist』는 쉽지 않은 상대다. 이 긴 시간 동안 거의 국제뉴스를 전문적으로 쓰는 기자로서나 또는 전 세계에서 쏟아지는 다양한 정보에 관심이 있는 한 사람으로서 로이터, 블룸버그, CNBC, 월스트리트저널, 뉴욕타임스, 파이낸셜 타임스 등 온갖 외신에서 나온 기사를 읽어 왔는데도 말이다. 다른 외신 기사를 읽을 때는 논스톱으로 질주하듯 달리다가도 『The Economist』를 만나면 잘 달리던 차가 요철 앞에서 브레이크를 밟듯 가끔은 읽는 속도를 줄여야 한다.

여러 가지 이유 때문이다. 무엇보다 『The Economist』에는 '누가 언제 어디서 무엇을 어떻게 왜'를 포함한 육하원칙에 따라 '제목-리드문-부연 설명-인용-배경' 순으로 정리된 스트레이트 기사보다는 필자의 복잡한 주장과 생각이 듬뿍 들어간 사설과 칼럼에 가까운 기사가 많다. 기사도 전체적으로 불친절하게 쓰인 편이다. 『The Economist』 기자들은 기사의 배경이나 전문 용어 등을 따로 풀어 설명해 주는 일이 드물다. 아주 수준 높은 독자가 읽을 거라고 믿어서 그런 건지도 모르겠다. 그리고 낯선 영국식 영어나 쉽게 접하기 힘든 숙어도 자주 등장해서 중간중간 사전을 찾아보게 만든다.

하지만 이런 약간의 읽고 이해하기 불편하게 만드는 점들에도 불구하고 『The Economist』는 충분히 시간을 투자해서 읽을 만한 가치가 있다. 무엇보다 경제, 정치, 기술, 사회 문제 등 전 세계적인 이슈를 전문 기자가 깊이 있게 다루며 단순한 뉴스 이상의 통찰을 제공해 주기 때문이다. 필자는 이 통찰을 '통쾌한 자극을 주는 깨달음'이라고 말하고 싶다. 그리고 틀릴지 모른다는 걱정을 뒤로하고 자신의 관점과 전망을 뚝심 있게 밀어붙이는 기사에는 필자의 고집과 자신감이 느껴진다. 부러운 자신감이다.

이런 이유 때문인지 『The Economist』를 읽다 보면 더 똑똑해지는 것 같은 느낌을 받는다는 사람이 많다. '상중하'로 따졌을 때 당연히 '상'에 해당하는 영어로 쓰인 기사를 읽는 것이므로 영어 실력도 쑥쑥 늘어나는 것 같다고 믿는 사람 역시 적지 않다.

길벗으로부터 『The Economist』 경제편 집필 의뢰를 받았을 때 가장 먼저 머릿속에 든 생각은 『The Economist』에서 얻는 이런 가치를 더 쉽게 얻을 수 있게 도와야겠다는 것이다. 이런 생각은 곧바로 '내가 어떻게 써야 이런 일이 가능할 수 있을까?'라는 질문으로 이어졌다. 이때 필자는 로이터 통신사 한국지사에서 15년 동안 국제뉴스 번역팀장을 맡으면서 수많은 인턴 기자를 지도하며 겪었던 경험의 기억을 소환해 냈다.

명성에 걸맞게 로이터에서 뽑는 인턴 기자 지원자들은 TOEIC은 기본적으로 만점이다. 또 국내 유명 통번역대학원 출신들도 상당히 많다. 하지만 전반적으로 뛰어난 영어와 번역 실력에도 불구하고 경제와 금융 기사를 자주 접해 본 적이 없으면 로이터에서 나온 경제와 금융 기사를 이해하는 데 어려움을 겪는 사람이 많았다. price는 '가격'을 뜻하지만 consumer prices는 '소비자 가격'이 아니라 '소비자 물가'로 불린다는, 경제 기사를 조금이라도 읽어 본 사람에게는 매우 쉬울 수 있는 사실조차 모르는 사람도 있었다. 하지만 합격자 중에서는 시간을 두고 학습하며 경제와 금융 기사의 배경, 다시 말해서 각각의 기사가 나오는 시장이나 경제 환경 전반을 이해하고 기사에 자주 나오는 용어들을 숙지한 후에는 금세 상당한 실력자로의 변신에 성공하는 사람이 대부분이었다.

『The Economist』 경제편을 쓰면서 고려했던 게 바로 이 점이다. 어차피 『The Economist』는 어느 정도 영어의 기본기가 있는 사람들이 읽을 텐데, 이전에는 이들이 『The Economist』 경제와 금융 기사의 배경 지식과 관련 용어를 몰라 읽는 데 어려움을 겪었더라도 이제 이러한 것들을 이해하고 알게 되면 앞으로 훨씬 더 수월하게 관련 기사를 읽을 수 있으리라 판단했다. 또 상대적으로 난이도가 높은 『The Economist』 기사를 이렇게 힘들이지 않고 읽을 수 있다면 이보다 난이도가 낮은 많은 다른 외신 기사들은 더 쉽게 읽을 수 있을 거란 논리가 성립한다고 믿었다.

길벗 출판사와 필자는 이 책에 실을 『The Economist』 기사를 선정하면서 최대한 다양한 기사를 넣기로 했다. 경제와 금융 분야 기사를 폭넓게 소개하는 것이 독자들에게 더 도움이 될 거라고 생각했다. 기사 선정 기준은 필자가 로이터에서 한국의 금융 시장 참가자들을 위해 써 왔던 글로벌 경제와 금융 기사를 중심으로 하였다. 즉, 주식, 채권, 외환, 상품, 통화 정책, 거시 경제 정책부터 암호화폐를 주제로 한 기사들이다. 로이터에서 썼던 기사를 기준으로 삼은 건 이 기사들이 금융시장 참가자들의 니즈를 반영해 오랜 시간 시행착오를 거쳐 선정된 기사이기 때문이다. 여기에 추가로 몇 년 전부터 주목받고 있는 ESG(환경·사회·지배구조) 기사도 넣기로 했다. 일반 독자가 ESG 기사를 쉽게 접하기는 어렵지만 최근 국내외에서 주목받는 중요한 주제인 만큼 관련 설명을 넣으면 책 내용이 더 풍부해지리라고 판단했다.

무엇보다, 선정한 기사에만 해당하는 해설이 아니라 관련된 주제의 다른 기사를 읽더라도 그 기사를 이해하는 데 큰 도움을 줄 수 있는 해설을 달고자 했다. 해설에는 해당 기사에 자주 나오는 핵심 용어들에 대한 설명도 포함되어 있다. 가령 미국 증시 기사라면 미국 증시의 최근 몇 년 동안의 흐름과 전망은 물론 미국 증시의 주요 지수에 대한 설명을 비롯해 증시를 다룬 외신 기사에서 자주 쓰이는 용어들까지 자세히 소개했다.

아무리 필자가 열심히 설명했다고 한들 이 책 한 권을 읽고서 『The Economist』뿐만 아니라 외신 기사 모두를 '술술' 읽게 되지는 않을 것이다. 하지만 외신 읽기를 시작하는 분들에게 충분히 도움을 주는 책이 되면 좋겠다.

자칫 딱딱해서 지루할 수 있는 경제와 금융 기사라는 점을 고려해 기사에 얽힌 재미있는 일화나 기사에 나온 이야기의 뒷얘기 등을 듬뿍 넣어 재미와 흥미를 불어넣으려고 애썼다. 요리로 따지면 MSG를 넣은 셈이다. 필자는 지루한 건 딱 질색이다. 독자들이 『The Economist』 읽기에 호기롭게 도전을 시작하려고 이 책을 사서 읽다가 지루함을 느끼고 오히려 더 거리를 두게 되지 않기를 바랐다. 조금 과장을 보탠다면 20년 넘게 쌓아온 외신 기사 읽는 노하우를 이 책 한 권에 담았다. 끊임없이 독자의 입장에서 글을 쓰려고 했다.

힘든 작업이었다. 하지만 통번역대학원 출신으로 뛰어난 영어 실력을 가진 길벗의 김효정 차장을 위시해 많은 분들이 독자의 시각에서 책을 꼼꼼히 읽어주고 지적해 주며 책이 독자들에게 더 가까이 다가갈 수 있게 도왔다. 모든 분께 감사한다.

필자는 오늘도 외신 기사를 읽는다. 경제와 금융 시장 기사를 읽을 때는 읽은 내용을 투자에 어떻게 반영할지 궁리한다. 첨단 테크 기사를 읽을 때는 미래의 세계를 상상하며 그 속에 들어가 있는 필자의 모습을 그려본다. 인공지능(AI) 어시스턴트가 곁에서 도와주는 세상은 우리의 삶을 얼마나 편안하게 만들어줄지 상상해 본다. ESG 기사를 읽을 때는 기후 변화와 환경 문제의 심각성을 자각하며 지구 환경을 더 생각하는 사람이 되고자 노력하자고 마음을 다잡는다. 이렇게 외신 기사는 필자를 변화시킨다. 그리고 현실보다 더 재미있는 세상 속으로 인도한다. 이 책이 독자들에게 그런 세상을 열어주는 시작점이 되어주길 바란다.

2024년 12월
집무실에서

저자 이진원

차례

저자 서문   4

1. America's interest rates are unlikely to fall this year   11
올해 미국의 금리가 내려갈 가능성이 낮은 이유

2. Could America and its allies club together to weaken the dollar?   39
미국과 동맹국이 힘을 합쳐 달러 약세를 유도할 수 있을까?

3. Japan is wrong to try to prop up the yen   67
엔 지지하려는 일본은 틀렸다

4. Japan ends the world's greatest monetary-policy experiment   91
일본, 세계 최대 통화 정책 실험을 끝내다

5. Three reasons why oil prices are remarkably stable   119
유가가 놀랄 만큼 안정적인 상태를 유지하는 세 가지 이유

6. Western firms are quaking as China's electric-car industry speeds up   145
중국의 전기 자동차 산업이 속도를 내자 떨고 있는 서구 기업들

7. Why global GDP might be $7trn bigger than everyone thought   193
전 세계 GDP가 모두의 생각보다 7조 달러 더 커질 수 있는 이유

8. To understand America's job market, look beyond unemployed workers   219
미국의 고용 시장 이해하려면 실업자 수만 봐서는 안 된다

9. Economists and investors should pay less attention to consumers   247
경제학자와 투자자는 소비자에 신경을 덜 써도 된다

10 Why America can't escape inflation worries 277
    미국은 왜 인플레 걱정에서 벗어날 수 없을까

11 America may soon be in recession, according to 303
    a famous rule
    미국이 조만간 경기 침체에 빠질 것을 예상하는 삼의 법칙

12 Is the bull market about to turn into a bubble? 323
    강세장이 곧 거품으로 바뀔까?

13 Why the stockmarket is disappearing? 361
    주식 시장이 사라지는 이유

14 Nvidia is not the only firm cashing in on the AI gold rush 387
    AI 골드러시에서 엔비디아만 수익을 창출하는 건 아니다

15 High bond yields imperil America's financial stability 425
    미국의 금융 안정성 위협하는 높은 채권 금리

16 Copper is the missing ingredient of the energy transition 449
    에너지 전환의 숨은 열쇠, 구리

17 Bitcoin ETFs are off to a bad start. Will things improve? 475
    시작이 좋지 않은 비트코인 ETF, 시간이 지나면 괜찮아질까?

18 The mystery of gold prices 507
    미스터리한 금값의 움직임

19 The anti-ESG industry is taking investors for a ride 529
    투자자 속이는 반(反)ESG 산업

20 How scared is China of Donald Trump's return? 555
    도널드 트럼프의 복귀가 두렵기만 한 중국

    편집자의 글 598

1 America's interest rates are unlikely to fall this year

올해 미국의 금리가 내려갈 가능성이 낮은 이유

That will squeeze financial markets and the world economy

그럴 경우 금융 시장과 세계 경제를 압박할 것이다

1. For most of the year everyone from stockpickers and homebuyers to President Joe Biden has banked on the Federal Reserve cutting interest rates soon. Over the past two weeks those hopes have been dashed. Annual consumer price inflation in March, at 3.5%, was higher than expected for the third month in a row; retail sales grew by a boomy 0.7% on the previous month. On April 16th Jerome Powell, the Fed's chairman, warned that the battle against inflation was taking "longer than expected". Investors had begun 2024 pricing in more than 1.5 percentage points of interest-rate cuts over the course of the year. Today they expect rates to fall by only 0.5 points.

2. Mr Powell has conducted a pivot upon a pivot. The euphoric expectations for rate cuts took on a life of their own after the Fed turned too doveish in December. That unduly stimulated the economy and will force the central bank to retrace its steps, and then some. The consequences of higher-for-longer interest rates will reverberate around America, financial markets and the world economy.

주식 전문가와 주택 구매자들부터 조 바이든 대통령에 이르기 까지 사실상 거의 모두가 연중 내내 연방준비제도이사회(이하 '연준')가 조만간 금리를 인하할 것으로 기대했다. 지난 2주 동안 그러한 희망은 내동댕이쳐졌다. 미국의 3월 소비자 물가 상승률 은 전년 동기 대비 3.5%로 3개월 연속 예상보다 높았고, 같은 달 소매 판매는 전월 대비 0.7% 증가하며 견조한 성장세를 나타냈 다. 4월 16일 제롬 파월 연준 의장은 인플레이션과의 싸움이 '예 상보다 오래' 걸리고 있다고 경고했다. 투자자들은 2024년 한 해 동안 1.5%포인트 이상의 금리 인하를 반영하고 움직이기 시 작했다. 그런데 이제 그들은 금리가 0.5%포인트 내려가는 데 그 칠 것으로 예상하고 있다.

파월 의장은 '피벗'에 '피벗'을 거듭했다. 연준이 지난해 12월 상 당히 비둘기파적으로 돌아서자 금리 인하에 대한 행복한 기대 감이 걷잡을 수 없이 커졌다. 그러한 기대감이 경제를 과도하다 고 할 만큼 자극함으로써 연준이 발걸음을 되돌리고 그 외에 더 많은 일을 하게 만들 것이다. 고금리 장기화는 결과적으로 미국 과 금융 시장 및 세계 경제에 큰 반향을 불러일으킬 것이다.

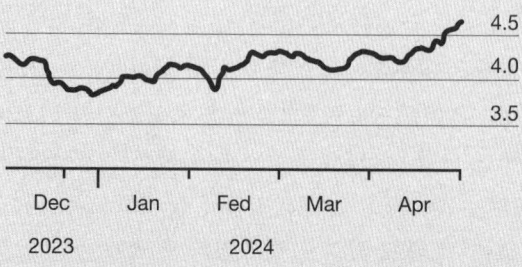

Ten-year government-bond yield
United states, %

Source: LSEG Workspace

3 America's economy has demonstrated that it can withstand at least a temporary period of higher rates. On April 16th the IMF forecast that it would grow by 2.7% in 2024, up from the 2.1% it expected in January. Yet its resilience to prolonged exposure to high rates is less certain.

4 Many companies issued corporate debt during the pandemic when rates were much lower. That has helped them cope with high rates so far; but eventually they will have to refinance and pay up. Mortgage-interest rates of nearly 7% have frozen much of the housing market. America's high and rapidly growing government debt is also becoming much more expensive to service: the yield on ten-year Treasury bonds has risen to about 4.6% from 4.2% at the end of March. Already the most recent forecasts, predicated on lower rates, saw net interest absorbing more of this year's federal budget than defence.

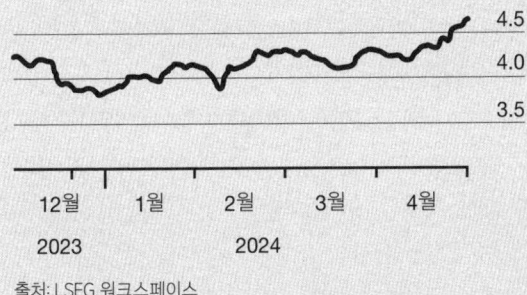

미국 10년물 국채 수익률 (단위: %)

출처: LSEG 워크스페이스

미국 경제는 적어도 일시적인 금리 상승은 견뎌낼 수 있다는 것을 보여줬다. 국제통화기금IMF은 4월 16일 2024년 미국 경제가 지난 1월에 예상했던 2.1%보다 높은 2.7% 성장할 것으로 전망했다. 그러나 장기간 고금리에 노출되어 있더라도 미국 경제가 회복탄력성을 보일지는 그다지 확실하지 않다.

금리가 지금보다 훨씬 더 낮았던 팬데믹 기간 동안 회사채를 발행한 기업이 많았다. 덕분에 지금까지 기업들은 고금리에 대처할 수 있었지만, 결국 그들은 재융자를 통해 발행한 회사채를 상환해야 할 것이다. 7%에 육박하는 모기지 금리는 주택 시장의 상당 부분을 얼어붙게 만들었다. 이미 높은데도 불구하고 빠르게 증가하는 미국의 정부 부채에 대한 상환 비용이 훨씬 더 비싸지고 있다. 10년 만기 국채 수익률은 3월 말 4.2%에서 지금은 약 4.6%로 상승했다. 이미 저금리를 전제로 내놓은 가장 최근의 예측은 올해 연방 예산에서 국방비보다 순이자가 차지하는 비중이 더 클 것으로 내다봤다.

5 Financial markets will also feel the effects of continued high rates. The Fed's doveishness in December propelled a stockmarket boom; though that recently lost steam, the S&P 500 index of stocks remains a fifth above its level at the end of October, when rates were last expected to stay higher for longer. Stocks now look vulnerable to a correction.

6 Moreover, the problems that high rates exposed in America's banking system in 2023 still lurk. At the last count there were $478bn of unrealised losses on banks' balance-sheets, much of which result from higher rates reducing the value of government and mortgage-backed bonds. That figure will have risen now that bond yields have shot up again.

7 The consequences of higher rates in America will also ripple out to the rest of the world. Though there are signs of somewhat sticky inflation elsewhere—Britain's consumer price inflation was also higher than expected in March—no major economy is as hot as America's. The IMF's forecast for euro-zone growth this year, for example, is just 0.8%. The result is a strengthening dollar, which is up about 5% against its biggest trading partners this year. Strikingly, the Japanese yen has slipped to nearly 155 against the greenback, despite a historic (though modest) monetary tightening in March, prompting speculation that the government may intervene to defend the currency directly.

금융 시장도 지속되는 고금리의 영향을 느낄 것이다. 12월 연준 의 비둘기파적 정책은 주식 시장의 호황을 이끌었다. 최근 기세가 꺾였다고 하더라도 S&P 500 지수는 고금리 현상이 장기간 유지될 것으로 예상됐던 지난해 10월 말 때 수준보다 20% 이상 높은 상태를 유지하고 있다. 이제 주식은 조정에 취약해 보인다.

게다가 2023년 고금리로 인해 미국 은행 시스템에서 드러난 문제가 여전히 도사리고 있다. 최근 집계에 따르면 은행들의 대차대조표에는 4,780억 달러의 미실현 손실이 잡혀 있는데, 이 중 대부분은 금리 상승으로 인해 국채와 모기지 담보부 채권의 가치가 하락하자 생긴 것이다. 채권 금리가 다시 상승한 이상 이 수치는 더 늘어날 것이다.

미국의 금리 상승으로 인한 결과는 전 세계로 파급될 것이다. 영국의 3월 소비자 물가 상승률도 예상보다 높게 나오는 등 다른 곳에서도 인플레이션이 다소 고착화될 조짐이 나타나고 있지만 주요국 중에 미국만큼 경제가 뜨거운 곳은 없다. 예를 들어, IMF는 올해 유로존 경제가 0.8% 성장에 그칠 것으로 전망하고 있다. 그 결과 달러는 올해 주요 교역 상대국 통화 대비 약 5% 상승하며 강세를 보이고 있다. 놀랍게도 일본 엔은 3월 역사적인 (완만하지만) 통화 긴축에도 불구하고 달러 대비 155엔 부근까지 하락하여 일본 정부가 엔화 방어를 위해 직접 개입할 수 있다는 추측을 불러일으키고 있다.

8 In theory a stronger dollar should help the rest of the world by making its exports more competitive, and growth in America should spill across borders as it sucks in imports. But a surging greenback can also disrupt trade and borrowing that is denominated in dollars. Economies that rely on commodity imports, such as Japan's, face a double squeeze from a stronger greenback and a rising dollar price of oil, which is up by about 20% since early December and could rise a little further if strife in the Middle East worsens.

9 If high interest rates in America end its enviable economic run, rate cuts will eventually follow. Until that time comes, America's monetary policy will remain a problem for the rest of the world. (Apr 17th 2024)

이론상 달러 강세는 다른 국가들의 수출 경쟁력을 높여 전 세계에 도움이 된다. 그리고 미국이 성장하면 수입이 크게 늘어나게 되므로 그 영향이 여러 국경을 넘어 전 세계로 퍼져나가야 한다. 그러나 달러 가치가 급등하면 달러로 표시되는 무역과 차입에도 차질이 생길 수 있다. 일본처럼 원자재 수입 의존도가 높은 경제는 달러 강세는 물론 12월 초 이후 약 20% 상승했고 중동 분쟁이 악화되면 조금 더 오를 가능성이 있는 달러 표기 유가 상승이란 이중 압박에 시달리고 있다.

고금리로 부러움을 샀던 미국 경제의 지속적 성장세가 중단되면 결국 금리 인하가 뒤따를 것이다. 그때가 올 때까지 미국의 통화 정책은 계속 전 세계에 중요한 문제로 남을 것이다.(2024년 4월 17일)

미국의 통화 정책 monetary policy 만큼 전 세계 금융 시장 financial market 에 큰 영향력을 미치는 소재는 없습니다. 미국이 세계 최대 경제 국가인 만큼 이 나라의 중앙은행인 연방준비제도(Federal Reserve, 이하 연준)가 기준 금리 interest rates/ benchmark fed funds rate 를 어떻게 운용 manage 하느냐에 따라서 수많은 국가의 금융 시장이 영향을 받는 건 당연합니다.

　　금융 시장에는 Don't Fight the Fed(연준과 싸우지 말라)라는 말도 있습니다. 이는 연준이 금리를 인상하거나 인하할 때 투자자들은 이를 무시하거나 반대하는 행동을 해서는 안 된다는 말입니다. 그만큼 연준의 정책이 시장에 큰 영향을 미친다는 뜻입니다.

　　중앙은행은 기준 금리로 통화 정책을 조정합니다. 기준 금리를 인상하거나 인하함으로써 시중 자금 공급량과 금리 수준 및 경제 성장, 인플레이션, 고용 상태 등을 조절합니다.

　　연준은 1년에 총 8번, 보통 6주 간격으로 FOMC라고 부르는 연방공개시장위원회 Federal Open Market Committee 를 열어 금리를 올릴지, 내릴지, 동결할지를 결정합니다.

　　FOMC 결정은 국내의 주식 stock, 채권 debt, 외환 forex 시장 등 금융 시장 전반에 지대한 영향을 주는 만큼 국제뉴스 담당 기자 시절 저는 국내 금융 시장이 열리기 3시간 전인 새벽 6시 이전에 나와서 FOMC 관련 기사를 커버하느라 아주 고생했던 기억이 생생합니다. 가끔은 새벽에 일어나 생중계로 연준 의장 chairman 의 기자회견을 보곤 했는데, 그때도 지금처럼 연준 의장의 한마디에 금융 시장이 실시간으로 급등락하며 요동치는 경우를 자주 볼 수 있었습니다.

　　FOMC는 3월부터 11월 초 미국의 서머타임 기간에는 우리 시간으로 새벽 3시, 그리고 서머타임이 해제된 나머지 시간에는 우리 시간으로 새벽 4시에 결과가 나옵니다. 이후 30분 뒤에 연준 의장의 기자회견이 열립니다. FOMC가 끝나고 통화 정책 결정 이유가 담긴 1페이지 분량의 성명서statement가 발표되는데, 전문가와 기자들은 성명서 발표 직후 성명서 내용 중 이전 성명서 내용과 어떤 단어나 표현이 바뀌었는지 찾아내고 분석하느라 분주한 시간을 보냅니다.

미국은 2019년 말 COVID-19 팬데믹이 터진 이후 금융 시장의 불안이 극에 달하자 경제적 충격에 대응하기 위해 2020년 3월 기준 금리를 기존의 1.00~1.25%에서 0.00~0.25%로 사실상 '제로' 수준으로 인하했습니다. 하지만 이와 같은 저금리와 무제한 통화 공급으로 돈이 많이 풀리면서 물가가 급등하자 이를 막기 위해 2022년 3월부터 금리 인상을 시작해 5.25~5.25%까지 올렸습니다. 팬데믹이 일어나기 전과 비교하면 상당히 높아진 수준이죠.

2024년 4월 17일에 나온 이 『The Economist』 기사에서는 연준이 금리를 인하할 가능성이 낮지만 경기가 안 좋아지는 신호가 계속 나올 경우 인하가 가능할 것으로 전망했습니다. 실제로 고용 지표가 계속해서 부진하자 연준은 9월 19일에 기준 금리를 50bp 인하합니다.

연준은 통상 25bp씩 금리를 내리는데 이렇게 큰 폭으로 내리는 것을 big cut 또는 jumbo cut이라고 합니다.

연준이 금리를 급격히 올리거나 내리지 않고 경제 상황을 고려하여 조심스럽고 단계적으로, 즉 '신중하게' 조정한다고 할 때는 measured라는 단어를 써서 표현합니다. 그래서 US Fed dissenter calls for 'measured' pace of rate cut이라고 하면 '미 연준 반대론자 '신중한' 금리 인하 속도 요구'로 이해하면 되겠습니다. measured도 연준의 통화 정책 관련 기사에 단골로 나오는 단어입니다.

이번 장에서는 미국의 금리를 주제로 쓴 『The Economist』 기사를 보면서 미국의 통화 정책을 누가 어떻게 운용하고, 이것이 전 세계 경제에 어떻게 영향을 미치는지를 중심으로 관련 영어 표현을 자세히 다뤄보겠습니다.

1 For most of the year everyone from stockpickers and homebuyers to President Joe Biden has banked on the Federal Reserve cutting interest rates soon. Over the past two weeks those hopes have been dashed. Annual consumer price inflation in March, at 3.5%, was higher than expected for the third month in a row; retail sales grew by a boomy 0.7% on the previous month. On April 16th Jerome Powell, the Fed's chairman, warned that the battle against inflation was taking "longer than expected". Investors had begun 2024 pricing in more than 1.5 percentage points of interest-rate cuts over the course of the year. Today they expect rates to fall by only 0.5 points.

stockpicker를 영어 사전에서 찾아보면 An investor or investment advisor who selects or recommends corporate shares for purchase(매입할 기업 주식을 선택하거나 추천하는 투자자 또는 투자 자문가)로 나와 있습니다. 금융 시장 기사에서는 자주 쓰이지 않는 단어인데, homebuyer와 운율을 맞추기 위해 stock investor 대신 stockpicker를 쓴 것 같습니다.

위 단락에서 소비자 물가 consumer price 앞에 나오는 annual은 '연간', 더 구체적으로 말하면 '전년 동월 대비'라는 뜻입니다. 경제지표 economic indicator 는 전월 month-on-month 이나 전년 동월 year-on-year 대비 비교(분기 기준일 때는 전분기와 전년 동기 대비)로 보여 주기 때문에 이와 같은 표현을 쓴 것입니다.

보통 외신에서는 소비자 물가가 올랐다는 것을 '소비자 물가지수'라는 단어를 사용해서 Consumer price index rises (또는 climbs) …나 '물가 상승률'이라는 의미가 포함된 inflation을 써서 Inflation rises (또는 climbs) … 식으로 표현합니다. 또는 그냥 prices라고만 쓰기도 합니다. price는 가격이지만 뒤에 s가 붙으면 '물가'가 됩니다. Prices rise ~라는 표현도 소비자 물가가 올랐다는 뜻입니다.

retail sales는 소매 판매를 말합니다. 소매 판매는 소매점 수준에서 총 판매액의 변화를 보여주는 지표입니다. 이는 미국 경제 활동의 대부분을 차지하는 소비자 지출 consumer spending 을 보여주는 매우 주요한 지표입니다. 소비자 지출은 미국 국내총생산 GDP 의 약 70%를 차지합니다. 소매 판매는 미국 내 수천 곳의 소매업체 retailer 에서 수집한 식품, 가구, 자동차, 휘발유, 건강 및 개인 용품, 기타 소매 품목의 판매를 기준으로 산출합니다.

여기서는 price in이라는 표현에 유의하셔야 합니다. 이것은 금융 시장을 다룬 외신에 단골로 나오는 표현으로, '선반영됐다'라는 뜻입니다. 즉, 미리 반영해 놓고 있다는 의미입니다. 위 단락에서는 금리가 1.5%포인트 내릴 가능성을 미리부터 반영하기 시작했다는 뜻입니다. 다음 두 사례를 보겠습니다.

Investors have already priced in the expected interest rate hike, so the market reaction may be muted.
투자자들은 이미 예상된 금리 인상을 가격에 반영했기 때문에 시장 반응은 미미할 수 있다. (용례 예시)

The stock price has priced in the company's strong quarterly earnings report.
주가는 회사의 강력한 분기 실적 보고서를 이미 반영해 놓고 있다. (용례 예시)

2 Mr Powell has conducted a pivot upon a pivot. The euphoric expectations for rate cuts took on a life of their own after the Fed turned too doveish in December. That unduly stimulated the economy and will force the central bank to retrace its steps, and then some. The consequences of higher-for-longer interest rates will reverberate around America, financial markets and the world economy.

여기서는 pivot이라는 표현에 주의하며 문단을 이해해야 합니다. pivot은 쉽게 말해 '정책 전환'을 뜻합니다. 통화 정책의 전환을 말하는 거죠. 연준이 금리를 인상하는 통화 긴축 정책을 펼치다가 금리를 인하하는 통화 완화 정책으로 전환할 시기나, 반대로 금리 인상을 통해 통화 긴축으로 전환할 시기에 pivot이라는 단어가 외신에 단골로 등장합니다.

> Five signs the Fed's pivot is underway before even a single rate cut
> 연준이 금리 인하를 단행하기 전에 피벗이 진행 중임을 보여주는 5가지 징후 (Reuters, 2024년 1월 26일자 기사 제목)

그 다음 문장에 나온 dovish(영국식 영어에서는 doveish라고도 씀)는 중앙은행이나 정책 결정자가 경제 성장을 촉진하기 위해 완화적인 통화 정책을 선호하는 태도를 의미합니다. 이것은 성질이 순한 비둘기 dove 에서 유래된 단어로, 반대되는 개념으로는 매파 hawkish 가 있습니다. 참고로 완화적인 통화 정책은 영어로 accommodative monetary policy나 expansionary monetary policy라고 합니다. 대규모로 돈을 푸는 것을 말합니다.

America's economy has demonstrated that it can withstand at least a temporary period of higher rates. On April 16th the IMF forecast that it would grow by 2.7% in 2024, up from the 2.1% it expected in January. Yet its resilience to prolonged exposure to high rates is less certain. [3]

여기서는 resilience라는 단어가 중요합니다. 외신을 보다 보면 resilience나 resilient라는 단어를 많이 접하게 됩니다. resilience와 resilient는 사전적 의미 그대로 '회복력', '회복력 있는'이라는 뜻입니다. 또는 '회복 탄력성'이나 '회복 탄력성이 있는'이라는 의미로도 쓰입니다. 가끔은 '복원력'과 '복원력이 있는'으로 번역되기도 합니다.

exposure to는 '~에 노출되어 있다'는 뜻입니다. 외신에서 (be) exposed to~라는 표현을 많이 보게 되는데 이는 다음 사례처럼 '위험에 노출되어 있다'는 의미로 쓰입니다.

> European carmakers are exposed to any Chinese retaliation for EU tariffs.
> 유럽 자동차 제조사들은 EU의 관세로 중국의 보복에 노출되어 있다. (용례 예시)

> Europe's auto industry had warned against imposing the tariffs, with German carmakers the most exposed to any counter moves.
> 유럽의 자동차 업계가 관세 부과에 대해 경고한 가운데 독일 자동차 제조사가 중국의 보복 조치에 가장 위험이 많이 노출되어 있다. (용례 예시)

4 Many companies issued corporate debt during the pandemic when rates were much lower. That has helped

them cope with high rates so far; but eventually they will have to refinance and pay up. Mortgage-interest rates of nearly 7% have frozen much of the housing market. America's high and rapidly growing government debt is also becoming much more expensive to service: the yield on ten-year Treasury bonds has risen to about 4.6% from 4.2% at the end of March. Already the most recent forecasts, predicated on lower rates, saw net interest absorbing more of this year's federal budget than defence.

corporate debt는 회사채입니다. 회사채는 기업이 시설투자나 운영 등을 목적으로 한 장기자금을 조달하기 위해 발행하는issue 채권입니다.

기업은 돈이 부족할 때 크게 두 가지 방식, 즉 간접금융indirect financing과 직접금융direct financing을 통해 돈을 조달합니다. 기업 입장에서 일반 대중이 금융 기관financial institution에 맡긴 예금을 대출받는 것을 간접금융이라고 하고, 이런 금융 기관을 거치지 않고 주식이나 채권을 직접 발행해서 필요한 자금을 조달하는 방식을 직접금융이라고 합니다.

위 단락에서 rates were much lower, 즉 금리가 지금보다 훨씬 낮았을 때 회사채를 발행했다고 되어 있는데, 금리가 낮을 때는 더 낮은 이자 비용(금리)을 약속하면서 채권을 발행해 자금을 조달할 수 있어 기업에게 유리하기 때문에 저금리 환경에서 채권 발행이 늘어납니다.

회사채 금리는 yield라는 단어를 써서 corporate debt yield라고 합니다. 이때의 금리를 '수익률'이라고도 합니다. 채권을 발행하는 기업을 issuer라고 하고요. 기업이 회사채 발행 시 제시하는 금리는 나라에서 발행하는 국채 government debt/government bond 금리보다 당연히 높습니다. 기업이 국가보다 신용 credit 이 더 나쁘니 국책보다 조금이라도 금리를 높게 책정해 준다고 해야 투자자들이 관심을 갖기 때문이죠.

아래 설명을 보시면 회사채 금리에 대해 좀 더 잘 이해하실 수 있습니다.

> The <u>yield</u> of a corporate bond fluctuates to reflect changes in the price of the bond caused by shifts in interest rates and the markets' perception of the <u>issuer's credit</u> quality. Most corporates typically have more credit risk and higher yields than <u>government bonds</u> of similar <u>maturities</u>.
> 회사채 금리는 금리 변동으로 인한 채권 가격의 변화와 발행사의 신용 상태에 대한 시장의 인식을 반영해 변동한다. 대부분의 회사채는 일반적으로 비슷한 만기의 국채보다 신용 위험이 높고 수익률도 높다. (CNN, 2024년 5월 9일)

회사채는 만기 maturity/ maturity date 가 있습니다. 발행사는 만기가 되면 원금을 상환 pay up 하거나 아니면 기존에 발행한 채권을 새로운 채권을 발행하여 상환하는 재융자 내지 차환 refinance 을 해야 합니다. 번역할 때 재융자나 차환을 그냥 '리파이낸싱'이라고 하는데 같은 뜻으로 이해하면 되겠습니다.

refinance는 다음과 같이 주택 대출을 '갈아타기'한다는 뜻으로도 쓰입니다.

Refinance activity on existing home loans was up 15% from the previous week, reaching the highest level since August 2022, according to the Mortgage Bankers Association.
모기지 은행 협회에 따르면 기존 주택 대출에 대한 리파이낸스 활동은 전주 대비 15% 증가하여 2022년 8월 이후 최고치를 기록했다. (CNBC, 2024년 7월 29일자)

mortgage-interest rates는 주택담보대출 금리입니다. 모기지 금리에는 두 가지가 있는데 대출 기간 동안 금리가 고정되는 고정금리 모기지 fixed-rate mortgage 와 금리가 변동하는 변동 금리 모기지 adjustable-rate mortgage 입니다.

미국은 30년 만기 고정금리 모기지 대출이 일반화되어 있기 때문에 외신에서는 주로 30년 만기 고정금리 30-year fixed mortgage rate의 변동 트렌드를 보도하는 경우가 많습니다. 미국의 주택 시장 housing market 에 직접적인 영향을 주는 금리라서 그렇습니다.

연준이 인플레이션을 잡기 위해 2022년 7차례, 2023년 4차례, 총 11차례나 금리를 올렸지만 미국 주택 구입자들은 고금리로 인해 크게 고통을 받지는 않았습니다. 30년 만기 고정금리로 대출을 받는 사람이 워낙 많았기 때문입니다. 물론 대신 새로 대출을 받으려는 사람은 고금리를 적용받기 때문에 연준의 금리 인상 이후 미국의 주택 수요도 타격을 받았습니다. 미국의 30년 만기 고정금리는 2021년 2% 후반 정도에 머물렀다가 2024년 중순 7% 초반까지 상승했습니다.

위 단락에서 rapidly growing government debt is also becoming much more expensive to service라는 문장에 나온 service는 채권 발행자가 채권 보유자에게 약속된 일정에 따라

이자 지급과 원금 상환을 이행하는 것을 의미합니다. 이는 채권 발행자가 정해진 기한에 따라 약속한 이자를 지급하고, 만기 시에는 원금을 상환하는 일련의 과정입니다.

채권의 금리와 가격은 반대로 움직입니다. 대부분의 채권은 고정된 이자(쿠폰 이자 coupon rate)를 지급하겠다고 약속합니다. 예를 들어 액면가 1,000달러, 연 5% 쿠폰 금리의 채권은 매년 50달러의 이자를 지급하는 식이죠. 그런데 연준의 금리 인상으로 시장 금리가 오르면 신규 채권 발행 시 발행사는 더 높은 금리를 제시해야 합니다. 기존 채권의 고정된 이자 지급액(50달러)보다 더 준다고 해야 투자자들이 관심을 보일 테니까요. 그러다 보니 금리 상승은 채권 발행사 입장에서 service 부담이 커지는 결과로 이어집니다.

여기선 채권 금리 상승 사례로 10년물 미국 국채 금리 yield on ten-year Treasury bonds를 예로 들었는데, 10년물이 미국 채권의 기준물이기 때문입니다.

10년물 국채는 미국 재무부에서 정기적으로 발행하며, 시장에서 가장 활발히 거래됩니다. 이는 높은 유동성 liquidity 을 보장하고, 투자자들이 쉽게 사고팔 수 있게 해 주죠. 유동성이 높기 때문에 가격이 더 정확히 반영됩니다. 따라서 외신에 나오는 채권 기사를 보시면 거의 대부분 10년물 국채 기준으로 쓰였다는 것을 알 수 있습니다.

10-year Treasury yield dips as investors closely monitor economic data
투자자들 경제 지표 예의 주시 속 10년 만기 국채 수익률 하락 (CNBC, 2024년 7월 29일)

Financial markets will also feel the effects of continued high rates. The Fed's doveishness in December propelled a stockmarket boom; though that recently lost steam, the S&P 500 index of stocks remains a fifth above its level at the end of October, when rates were last expected to stay higher for longer. Stocks now look vulnerable to a correction.

위 단락에서는 연준이 비둘기파적 성향doveishness을 보이자 주식 시장이 '호황'을 보이다가 최근 열기가 식었다는 표현이 나옵니다.

연준이 비둘기파적이라는 건 금리 인하를 시사하거나 양적 완화quantitative easing 정책을 펴서 시중에 돈, 즉 유동성을 늘리겠다는 뜻이므로 늘어날 돈이 주식 시장에 흘러 들어올 거란 기대감 때문에 주식 시장에는 호재입니다. 양적 완화는 줄여서 QE라고도 하는데, 중앙은행이 경기를 부양하고 시중 유동성을 풀기 위해 쓰는 자산 매입asset purchase이나 유동성 공급 같은 비전통적nonconventional 통화 정책 도구를 말합니다.

외신에서 주식 시장을 얘기할 때 이『The Economist』기사처럼 S&P 500을 자주 거론하는 것을 보실 수 있습니다. 미국 증시의 3대 지수 중 나머지 두 지수인 다우존스산업평균Dow Jones Industrial Average이나 나스닥Nasdaq이 아닌 S&P 500가 언급되는 경우가 더 많은 이유는 이 지수가 benchmark, 즉 기준 지수이기 때문입니다.

S&P 500 지수에는 뒤에 500이 붙은 것으로 알 수 있듯이, 미국 경제의 다양한 산업을 대표하는 500개의 대형 상장 기업의 주가가 포함되어 있습니다. 따라서 이 지수는 미국 주식 시장의 성과를 폭넓게 반영하며, 미국 경제의 주요 섹터와 산업의 성과를 종합적으로 나타내 줍니다.

6 Moreover, the problems that high rates exposed in America's banking system in 2023 still lurk. At the last count there were $478bn of <u>unrealised losses</u> on banks' <u>balance-sheets</u>, much of which result from higher rates reducing the value of government and mortgage-backed bonds. That figure will have risen now that bond yields have shot up again.

 unrealized loss는 '미실현 손실'을 말합니다. 『The Economist』가 영국 주간지라 unrealized가 아니라 unrealised로 표기되어 있습니다. 미실현 손실이란 보유 중인 자산의 현재 시장 가치가 구매 가격보다 낮아졌을 때 발생하는 손실입니다. 이렇게 가치상 손해를 본 자산을 팔지 않아 아직 실제로 손실이 난 건 아니므로 '장부상 손실'에 해당합니다. 미실현 손실을 다른 말로 paper loss나 unbooked loss라고도 합니다. Unbooked는 '(장부에) 미기재됐다'는 뜻입니다. 아직 팔지 않았으니 미기재됐겠죠. 외신에서 이 세 용어를 보면 같은 말로 이해하시면 됩니다.

 이 용어 뒤에 나오는 balance-sheet는 기업의 재무상태를 알려주는 '대차대조표'를 말합니다. 특정 시점에 기업의 재무 상태를 알려주는 재무 보고서 financial statement죠. 여기에는 기업의 자산 asset, 부채 liabilities, 자본 equity 현황이 모두 들어가 있습니다.

 연준에도 대차대조표가 있습니다. 연준은 중앙은행이므로 연준의 대차대조표에는 연준이 보유한 자산과 부채 등 재무 상태가 기록되어 있습니다. 연준은 매주 대차대조표를 업데이트해서 알려줍니다.

 연준의 대차대조표에서 미국의 화폐, 즉 달러와 상업 은행이 연준의 계좌에 보유하고 있는 돈은 모두 부채로 계산됩니다.

반면에 국채 등의 유가증권securities은 자산으로 간주됩니다. 연준의 대차대조표에서 가장 큰 비중을 차지하는 건 유가증권입니다. 차지 비중이 90%를 넘습니다. 이때의 유가증권은 단기 국채, 어음, 채권을 포함한 재무부 증권이 거의 3분의 2를 차지합니다. 모기지 담보 증권이 나머지 3분의 1을 차지합니다.

보통 대차대조표를 늘린다고 할 때는 expand balance sheet라고 하고, 줄인다고 할 때는 reduce(또는 shrink) balance sheet라고 합니다.

7 The consequences of higher rates in America will also ripple out to the rest of the world. Though there are signs of somewhat sticky inflation elsewhere—Britain's consumer price inflation was also higher than expected in March—no major economy is as hot as America's. The IMF's forecast for euro-zone growth this year, for example, is just 0.8%. The result is a strengthening dollar, which is up about 5% against its biggest trading partners this year. Strikingly, the Japanese yen has slipped to nearly 155 against the greenback, despite a historic (though modest) monetary tightening in March, prompting speculation that the government may intervene to defend the currency directly.

sticky를 사전에서 찾아보면 '끈적거리다'나 '달라붙다'라는 뜻이 나옵니다. inflation이 sticky하다는 건 '물가가 끈적거린다', 즉 '높은 물가가 고착화(장시간 유지)된다'는 뜻입니다. 영어로 설명하면 sustained increases in wages and prices of certain consumer goods that usually don't change frequently or drastically(일반적으로 자주 또는 급격하게 변하지 않는 특정 소비재의 임금과 가격이 지속적으로 상승하는 것)를 말합니다. 아래 예문을 보시죠.

> The crucial inflation figures published on Wednesday show that price pressures remain sticky, but are probably not bad enough for the Reserve Bank of Australia to feel obliged to resume interest rate rises.
> 수요일에 발표된 중요한 인플레이션 수치는 물가 압력이 여전히 높게 유지되고 있지만, 호주중앙은행이 금리 인상을 재개해야겠다고 느낄 만큼 상황이 나쁘지는 않다는 것을 보여준다. (AFR, 2024년 7월 31일)

위 문단에서 유로존 성장률은 0.8%에 불과하기 때문에 미국이 유로존보다 상대적으로 경제 상황이 좋아 미국의 통화인 달러가 강세 strengthening 를 보이게 된 반면에 미국의 무역상대국 중 하나인 일본의 통화 엔은 일본은행이 3월에 통화 긴축 monetary tightening 에 나섰는데도 달러 대비 155엔 부근까지 하락했다는 얘기가 나옵니다. 외환 기사와 관련된 내용은 이 책의 후반부에서 더 자세히 다루겠습니다.

통화 긴축은 중앙은행이 시중 유동성을 줄이기 위해서 금리를 올리는 것을 말합니다. 위 문단에서 일본의 통화 긴축은 일본은행이 2024년 3월에 연 -0.1%였던 단기 정책금리를 올려 0.0~0.1%로 유도하기로 결정한 것을 말합니다. greenback은 달러를 달리 표현한 단어입니다.

In theory a stronger dollar should help the rest of the world by making its exports more competitive, and growth in America should spill across borders as it sucks in imports. But a surging greenback can also disrupt trade and borrowing that is <u>denominated</u> in dollars. Economies that rely on commodity imports, such as Japan's, face a double squeeze from a stronger greenback and a rising dollar price of oil, which is up by about 20% since early December and could rise a little further if strife in the Middle East worsens. 8

위 문단에 나오는 환율 관련 이야기 역시 이 책 후반에 다루기로 하고, 여기서는 간단히 denominated라는 단어만 살펴보겠습니다. 외신을 보면 특정 통화 다음에 denominated라는 단어가 나오는 경우를 자주 보게 되는데, 여기서 denominated는 '표시되다'라는 뜻입니다. 좀 더 넓은 의미로는 앞에 적힌 통화로 '거래되고 결제된다'는 뜻입니다. 아래 예문을 보시죠.

With the U.S. dollar-denominated spot gold price hitting about 2,450 U.S. dollars per ounce, the RMB-denominated gold prices also shot up to new highs on Monday.
미국 달러 표시 금 현물 가격이 온스당 약 2,450달러를 찍으면서 위안화 표시 금 가격도 월요일에 최고치를 경신했다. (Xinhua, 2024년 5월 20일)

지금까지 미국 연준의 통화 정책과 관련된 『The Economist』 기사를 중심으로 통화 정책과 관련된 다양한 표현과 용어에 대해 공부해 봤습니다.

어느 나라에서나 통화 정책 결정은 금융 시장에서 가장 중요한 이벤트입니다. 특히 연준의 통화 정책 결정은, 이미 말씀드렸듯이, 전 세계에 막대한 영향을 미치기 때문에 글로벌 금융 시장에서 가장 중요한 이벤트라고 해도 과언이 아닙니다. 연준 외에도 글로벌 금융 시장에서 유럽중앙은행 ECB 및 중국과 일본의 중앙은행인 인민은행 People's Bank of China 과 일본은행 Bank of Japan 의 영향력은 다른 중앙은행에 비해 상대적으로 높습니다.

일본은행의 통화 정책과 연준 외 다른 주요국 중앙은행들의 통화 정책과 더 많은 관련 용어들에 대해서는 뒤에 나올 4장에서 자세히 다루겠습니다. 중국 인민은행의 통화 정책 도구에 대해서도 10장을 참고하시면 되겠습니다.

이번 장을 마치기 전에 연준 금리 전망 기사에 자주 등장하는 용어들에 대해 간단히 설명을 드리겠습니다. 금융 시장에서 연준의 금리 결정이 워낙 중요한 이슈다 보니 하루가 멀다 하고 과연 다음 FOMC에서는 연준이 어떤 선택을 할지, 즉 기준 금리를 동결할지, 인상할지, 유지할지에 대한 예측이 쏟아집니다.

> Market pricing implies roughly a 40% chance that officials will cut their policy rate, currently between 5.25% and 5.5%, by 0.25 percentage points, and a 60% chance that they will instead opt for 0.5.
> 시장에서는 현재 5.25%에서 5.5% 사이인 정책(기준)금리를 25bp 인하할 확률은 약 40%, 25bp보다는 50bp 인하를 선택할 확률은 60%로 각각 잡고 있다. (The Economist, 2024년 9월 16일자 기사)

이와 관련해서 외신에서 가장 자주 나오는 예측이 CME 페드워치 CME FedWatch를 인용한 예측입니다. 위 『The Economist』 기사도 직접 거론하지는 않았지만 CME 페드워치를 인용해서 확률을 얘기한 것입니다. 연준 통화 정책에 관심이 있는 분들이라면 'CME 페드워치 툴에 따르면~'이 공개적으로 붙어있는 아래와 같은 기사를 자주 보셨을 겁니다.

> The market shows a 55% probability of a 50 basis point cut, up from 40% on Thursday, according to the CME FedWatch Tool.
> CME 페드워치 툴에 따르면 시장이 보는 (연준 FOMC가 열리는) 목요일 50bp 금리 인하 확률은 40%에서 55%로 상승한 것으로 나타났다. (MarketWatch, 2024년 9월 6일)

위 문장에서 앞의 CME는 시카고상업거래소 CME Group 이고, 페드워치는 이 거래소에서 제공하는 연준의 금리 정책에 대한 시장의 기대를 분석하는 도구 tool 입니다. 이 도구는 미래 연준의 금리 변동 가능성을 '동결 확률 50%' 또는 '인상 확률 30%' 식의 확률로 보여줍니다. CME 그룹 사이트(https://www.cmegroup.com/markets/interest-rates/cme-fedwatch-tool.html)에 들어가면 다음 FOMC에서 시장 금리가 어떻게 변할 거라고 예상하고 있는지 알 수 있습니다. 확률은 계속 바뀝니다. 특히 경제 지표 발표 등 주요 이슈가 터졌을 때 확률 변화가 심합니다.

이 외에 아래 기사 제목처럼 언론사들이 전문가들을 상대로 실시한 서베이 기사도 FOMC 개최 약 일주일 전이나 주요 이슈 발생 후 빠짐없이 등장합니다.

Fed Seen Rejecting Calls for Jumbo Rate Cut in Economist Survey.
이코노미스트들, 연준 대폭적 금리 인하 요구 거부 예상

(Bloomberg, 2024년 8월 9일자 기사 제목)

여기서 jumbo rate cut은 50bp 인하를 말합니다. '요구'를 뜻하는 call이란 단어를 쓴 이유는 시장에서 50bp 인하를 요구하고 있기 때문입니다.

이러한 전망 기사들은 연준의 다음 정책 행보에 대해 시장이 어떻게 기대하는지를 알려주는 역할을 합니다. 다만 전망은 어디까지나 전망일 뿐이니 이런 자료를 곧이곧대로 믿어서는 안 됩니다. 전망은 늘 틀릴 수 있으니까요.

2 Could America and its allies club together to weaken the dollar?

미국과 동맹국이 힘을 합쳐 달러 약세를 유도할 수 있을까?

China would not be happy
그러면 중국은 행복해하지 않을 것이다

1. The Plaza Hotel has New York glamour in spades. Sitting at a corner of Central Park, it was the setting for "Home Alone 2", a film that came out in 1992 in which a child finds himself lost in the metropolis. He takes up residence in one of the hotel's suites, thanks to his father's credit card, and briefly lives a life of luxury. Donald Trump, the hotel's owner at the time, has a walk-on part, which was the outcome of a hard bargain. According to the film's director, he demanded to appear as a condition for giving the filmmakers access to the hotel. This was not the first deal in which the venue had played a part. Seven years earlier it hosted negotiators for the Plaza Accord, which was agreed on by America, Britain, France, Japan and West Germany, and aimed for a depreciation of the dollar against the yen and the Deutschmark.

2. Echoes of the period can be heard today. In the mid-1980s America was booming. Ronald Reagan's tax cuts had led to a wide fiscal deficit and the Federal Reserve had raised interest rates to bring inflation to heel. As a consequence, the dollar soared. American policymakers worried about a loss of competitiveness to an up-and-coming Asian economy (Japan then, China today). The Plaza Accord was designed to address what officials saw as the persistent mispricing of the dollar. Robert Lighthizer, Mr Trump's trade adviser, has mulled a repeat. The accord set a precedent for "significant negotiation between America's allies to address unfair global practices", he wrote in "No Trade is Free", a book published last year.

플라자 호텔에선 뉴욕의 화려함이 물씬 풍겨난다. 센트럴 파크 모퉁이에 자리한 이곳은 1992년 개봉한 영화 '나홀로 집에 2'의 배경이 된 곳이다. 영화에서 주인공 케빈은 (가족과 함께 플로리다로 크리스마스 휴가를 떠나기로 했다가 그만 뉴욕행 비행기를 타는 바람에) 거대한 도시에서 길을 잃고 혼자 남게 된다. 케빈은 아버지의 신용 카드 덕분에 호텔 스위트룸에 머물며 잠시 호화로운 생활을 즐긴다. 당시 호텔 소유주였던 도널드 트럼프는 (호텔에서 길을 헤매고 다니는 케빈에게 길을 알려주는 중년 남성역을 맡아 영화에) 단역으로 출연했는데, 이는 그와 힘들게 벌인 협상의 결과였다. 영화감독에 따르면 트럼프는 영화 제작자에게 호텔 내 촬영을 허용하는 조건으로 자신의 출연을 요구했다고 한다. 플라자 호텔이 협상에서 일정 역할을 한 게 그때가 처음은 아니었다. 7년 전에는 미국, 영국, 프랑스, 일본, (당시) 서독이 합의하고 엔화와 마르크화에 대한 미국 달러의 가치를 끌어내리기 위해 개최한 플라자 합의 협상단이 이곳에 모였다.

지금 당시와 유사한 상황이 재연되고 있다. 1980년대 중반 미국은 호황을 누리고 있었다. 로널드 레이건의 감세 정책으로 재정 적자가 확대됐고, 연준은 인플레이션을 억제하기 위해 금리를 인상했다. 결과적으로 달러 가치는 치솟았다. 미국의 정책 입안자들은 떠오르는 아시아 경제(당시에는 일본, 지금은 중국)에 경쟁력을 상실할까 봐 우려했다. 그러자 달러의 지속적인 고평가를 해결하기 위해 플라자 합의가 고안됐다. 트럼프의 무역 고문(전 미국 무역대표부USTR 대표)인 로버트 라이트하이저는 플라자 합의의 재개를 검토했다. 그는 2023년 출간한 저서 『자유무역이라는 환상 No Trade Is Free』에서 플라자 합의에 대해 "불공정한 글로벌 관행을 해결하기 위한 미국 동맹국들 사이에서 중요한 협상의 선례를 남겼다"라고 평가했다.

Mr Trump's team is reportedly considering options to devalue the dollar if the former president returns to office.

3   Many of America's allies would support an attempt to hammer the greenback. Asian officials worry about a strong dollar raising the cost of imported commodities, many of which are priced in the currency, as well as the expense for exporters who finance trade in it. In April Japan and South Korea released a statement along with the American Treasury, acknowledging "serious concerns....about the recent sharp depreciation of the Japanese yen and the Korean won". More recently, Japan has seemingly spent tens of billions of dollars boosting its currency.

4   Could the Plaza Accord be a blueprint for a new era of collaboration? Economists are wary of currency intervention. In the presence of monetary policy that targets inflation, the textbook model says it should have little impact on the exchange rate. Differences in interest rates, perceptions of risk, and anticipated inflation and growth are what should drive capital flows between countries. A central bank that wants to stand in the way of the market must subordinate its inflation goal to defending the currency, lest it burn through its foreign-exchange reserves.

트럼프 전 대통령의 팀은 트럼프가 재임할 경우 달러 가치를 평가절하하는 방안을 옵션으로 검토 중인 것으로 알려졌다.

미국의 많은 동맹국들이 달러 약세 시도를 지지할 것이다. 아시아 관리들은 달러 강세로 인해 대부분 달러로 가격이 책정되는 수입 원자재 가격이 오를 뿐 아니라 달러로 무역 자금을 조달하는 수출업체의 비용 부담이 커지는 것을 걱정한다. 지난 4월 한국과 일본은 미국 재무부와 함께 발표한 성명에서 "최근 엔화와 원화의 급격한 가치 절하에 대해 심히 우려한다"고 인정했다. 최근 일본은 수백억 달러를 들여 자국 통화를 방어하고 있는 것으로 보인다.

그렇다면 플라자 합의가 새로운 협력의 시대를 열기 위한 청사진이 될 수 있을까? 경제학자들은 외환 시장 개입을 경계한다. 인플레이션을 겨냥해 통화 정책을 운용할 경우 교과서적인 모델상으론 그것이 환율에 거의 영향을 미치지 않아야 한다. 통상 금리, 위험 인식, 예상되는 인플레이션과 성장률의 차이가 국가 간 자본 흐름을 주도해야 한다. 그런데 외환 시장에 개입하려는 중앙은행이 외환보유고를 소진하지 않으려면 인플레이션 목표 달성보다 통화 방어를 우선시해야 한다.

5 The Plaza Accord, though, represented a best case for intervention, as it was co-ordinated between several central banks and pushed markets in a direction in which they were already heading. The dollar had peaked in February 1985—more than half a year before the meeting at the Plaza Hotel. Jeffrey Frankel of Harvard University attributes its turnaround to the appointment of James Baker as treasury secretary that month. He mentioned the problem of the strong currency at his appointment hearing. The agreement at the Plaza Hotel was the capstone to fiscal- and monetary-policy changes already under way, providing a confirmation for currency traders that officials had shifted their focus. Today, by contrast, policy looks fixed. Persistent inflation has led the Federal Reserve to push back interest-rate cuts. Although shrinking America's fiscal deficit would help address both inflation and the strong dollar, neither presidential candidate shows much keenness for the rectitude that would be required.

6 Perhaps Mr Trump could employ the tactic he used when securing a cameo in "Home Alone 2": swapping access for a favour. Indeed, Mr Lighthizer has advocated something along these lines, suggesting that America could threaten to shut competitors out of its domestic market, much as it did when securing the Plaza Accord. Back then a growing trade deficit with Japan prompted a resurgence of American protectionism among the country's politicians. One congressman remarked

그렇지만 플라자 합의는 여러 중앙은행 간의 조율을 통해 시장 5
이 이미 향하고 있는 방향으로 나아가게 했다는 점에서 개입의
모범 사례로 꼽혔다. 달러는 플라자 호텔에서 회의가 열리기 이
미 반년 전인 1985년 2월에 고점을 찍었다. 제프리 프랑켈 하버
드대 대학교 교수는 달러 강세가 꺾인 이유를 그달에 제임스 베
이커가 재무 장관에 임명된 데서 찾았다. 베이커는 임명 청문회
에서 강달러 문제를 언급했다. 플라자 호텔에서의 합의는 이미
진행 중인 재정과 통화 정책 변화의 최종적 성과물로, 통화 트레
이더들에게 당국자들이 이미 정책의 초점을 전환했다는 사실
을 확인시켜 줬다. 반면에 오늘날 정책은 고정된 것처럼 보인다.
고질적인 인플레이션으로 인해 연준은 금리 인하를 미루고 있
다. 미국의 재정 적자 축소가 인플레이션과 강달러 문제를 모두
해결하는 데 도움이 되겠지만 어느 대선 후보도 지금 요구되는
올바른 행동에 대해 큰 관심을 보이지 않고 있다.

아마도 트럼프는 '나홀로 집에 2'에 카메오로 출연하려고 사용 6
했던 전략, 즉 호텔 촬영 허락과 자신의 출연을 맞바꾸는 전략을
사용할 수 있을 것이다. 실제로 라이트하이저는 플라자 합의를
체결했을 때 그랬듯이 미국이 경쟁국을 국내 시장에서 차단하
겠다고 위협할 수 있음을 시사하면서 트럼프와 유사한 전략을
지지해 왔다. 당시 대일 무역 적자가 증가하자 미국 정치인들 사
이에서는 보호무역주의가 다시 부상했다.

that "the Smoot-Hawley tariff itself would have passed overwhelmingly had it come to the floor", referring to an infamous Depression-era tariff increase that set off a wave of retribution around the world. Bringing about a stronger yen through co-operation was seen as an alternative to tariffs on Japan: both would weaken the country's exporters while supposedly strengthening America's.

The art of the deal

7   It is hard to imagine a similar agreement with China today. America sees the country not just as an economic competitor, as it did Japan, but as a geopolitical threat. Tariffs are already high and a range of Chinese goods, from electric vehicles to social-media apps, face restrictions in American markets, often on the grounds of national security rather than economic protectionism.

8   Suppose, however, that America got its budget under control, reducing inflationary pressure as well as the need for counterbalancing inflows of foreign capital. Then it might be able to work with Asian allies, and persuade European ones, to strengthen their currencies against the dollar. Such a united front could put China in a difficult situation. Previously the country has responded to tariffs by devaluing the yuan. Research

한 하원의원은 전 세계적으로 보복의 물결을 일으켰던 대공황 시대의 악명 높은 관세 인상안을 언급하며 "스무트-홀리 관세안이 상정되었다면 압도적으로 통과되었을 것"이라고도 말했다. 공동 협력을 통해 엔 강세를 유도하는 것은 대일 관세의 대안으로 여겨졌다. 두 가지 모두 일본의 수출업체의 경쟁력을 약화시키는 동시에 미국 수출업체의 경쟁력을 강화시킬 것으로 예상됐기 때문이다.

거래의 기술

오늘날 중국과는 유사한 합의를 상상하기 어렵다. 미국은 중국을 일본처럼 경제적 경쟁국이 아니라 지정학적 위협국으로 보고 있기 때문이다. 이미 (대중) 관세는 높고, 전기 자동차부터 소셜 미디어 앱에 이르기까지 다양한 중국 제품이 미국 시장에서 경제적 보호주의가 아닌 국가 안보를 이유로 제한을 받고 있다. 7

그러나 미국이 예산 통제를 통해 인플레이션 압력과 함께 외국 자본의 유입을 억제할 필요성을 줄였다고 가정해 보자. 그렇다면 미국은 아시아 동맹국들과 협력하고 유럽 동맹국들을 설득하여 달러에 대한 통화 강세를 유도할 수 있을 것이다. 이러한 연합 전선은 중국을 어려운 상황에 처하게 만들 수 있다. 중국은 이전에는 위안 평가 절하로(미국의 대중) 관세에 대응해 왔다. 8

by Goldman Sachs, a bank, suggests that the Chinese government weakened the yuan by 0.7% for every increase in implied tariff revenue for America of $10bn during the 2018-19 trade war. If the dollar was already falling, the Chinese government would have to choose between accepting the effects of the tariffs or starting a currency war that it might lose. Giving his rival such a dilemma would be an even better outcome for Mr Trump than a big-screen cameo. (May 9th 2024)

투자 은행 골드만삭스의 연구에 따르면 2018~19년 무역 전쟁 기간 동안 중국 정부는 미국의 관세 수입이 100억 달러 증가할 때마다 위안화를 0.7%씩 평가절하했다. 이미 달러 가치가 하락하고 있었다면 중국 정부는 관세의 영향을 받아들일 것인지 아니면 환율 전쟁을 시작하여 패배할 것인지 선택해야 했을 것이다. 경쟁국에게 이러한 딜레마를 선사하는 것이 트럼프에게는 대형 영화 카메오보다 훨씬 더 좋은 결과를 만들 것이다. (2024년 5월 9일)

플라자 합의Plaza Accord는 1985년 9월 22일 미국, 일본, 독일, 프랑스, 영국 등 주요 5개국(소위 'G5')의 재무 장관finance ministers 과 중앙은행 총재들central bankers 이 이 기사에 나온 대로 영화 '나홀로 집에'의 배경이 된 플라자 호텔에 모여 체결한 국제적인 금융 합의입니다.

1980년대 초반 달러가 강세를 보이면서 미국의 무역 적자trade deficit 가 확대되자 미국 주도로 이같은 협의에 도달하게 됩니다. 당시 합의 참가국들은 달러의 가치를 낮추고, 주요 외환 시장에서 달러 강세를 완화시킴으로써 무역 불균형trade imbalance 을 줄이고 세계 경제의 균형을 맞추기로 했습니다. 또 자국 통화의 가치를 상승시키기 위해 외환 시장에 개입하기로 했습니다.

플라자 합의는 초기에는 효과를 발휘하는 듯했습니다. 달러 가치가 하락하면서 일본의 엔과 독일의 마르크는 상대적으로 강세를 보였고, 무역 불균형이 완화되는 효과가 있었습니다. 그러나 이번에는 일본 엔이 급격히 강세를 보이자 일본 경제는 부정적인 영향을 받았습니다. 이 결과 1990년대 초가 되자 1980년대 후반부터 일본 경제에 형성돼 온 거품bubble 이 터지고 맙니다. 엔 강세로 일본의 수출이 둔화되고 경제 성장률이 하락하자 일본 정부는 이에 대응하기 위해 금리를 낮추고 통화 공급을 확대했지만 이미 형성된 거품이 터지면서 주식과 부동산 가격은 급락했고, 일본 경제는 장기적인 침체를 겪게 됩니다. 이때부터 일본은 물가가 지속적으로 하락하는, 그 악명 높은 장기 디플레이션deflation 에 시달리기 시작하면서 긴 시간 침체에 빠집니다. 10년 동안 이어진 침체를 잃어버린 10년Lost Decade 이라고 하죠.

그러다 2012년 취임한, 지금은 고인이 된 아베 신조 전 일본 총리가 디플레이션 극복을 위해 무제한으로 돈을 푸는 아베노믹스Abenomics 를 추진하면서 일본의 디플레이션 탈출 노력은 정점에 도달합니다. 아베노믹스는 일본은행의 공격적인 통화 완화aggressive monetary easing, 정부 재정 지출 확대fiscal stimulus through government spending, 구조 개혁structural reforms이라는 세 가지 주요 정책을 중심으로 추진됐는데, 이를 3개의 화살three arrows이라고 합니다. 아베노믹스에 대한 외신 기사를 보실 때 자주 접할 수 있는 용어입니다.

   2024년 5월 9일에 나온 이『The Economist』기사에서는 플라자 합의 때처럼 미국의 달러 강세에 부담을 느낀 동맹국가들이 달러 강세에 우려를 표명하면서 달러 약세 노력에 동참할 수 있겠지만, 미국의 대중 제재 충격을 위안 약세를 통한 수출로 모면해 왔던 중국 입장에서는 이런 노력이 결코 반가울 수 없다는 이야기를 하고 있습니다. 이번에는 주로 환율과 관련된 다양한 용어와 영어 표현을 살펴보겠습니다.

The plaza hotel has New York glamour in spades. Sitting at a corner of Central Park, it was the setting for "Home Alone 2", a film that came out in 1992 in which a child finds himself lost in the metropolis. He takes up residence in one of the hotel's suites, thanks to his father's credit card, and briefly lives a life of luxury. Donald Trump, the hotel's owner at the time, has a walk-on part, which was the outcome of a hard bargain. According to the film's director, he demanded to appear as a condition for giving the filmmakers access to the hotel. This was [1] not the first deal in which the venue had played a part. Seven years earlier it hosted negotiators for the Plaza Accord, which was agreed on by America, Britain, France, Japan and West Germany, and aimed for a <u>depreciation</u> of the dollar <u>against</u> the yen and the Deutschmark.

위 단락에 나오는 depreciation은 '가치가 하락'한다는 뜻입니다.
그리고 환율 기사에서 비교 대상이 되는 통화 대비 가치 하락을 말할 때 '대비'에 해당하는 단어로는 위 단락처럼 against를 씁니다.

> While the yuan has declined roughly 2% this year <u>against</u> the dollar, it has become relatively less competitive as Japan's yen and currencies of other neighbours South Korea, Thailand and Taiwan drop more sharply.
> 위안은 올해 달러 대비 약 2% (가치가) 하락했지만, 일본 엔과 다른 이웃 국가인 한국, 태국, 대만의 통화는 더 큰 폭으로 하락하면서 상대적으로 경쟁력이 약해졌다. (Reuters, 2024년 3월 27일)

2 Echoes of the period can be heard today. In the mid-1980s America was booming. Ronald Reagan's <u>tax cuts</u> had led to a wide <u>fiscal deficit</u> and the Federal Reserve had raised

interest rates to bring <u>inflation</u> to heel. As a consequence, the dollar <u>soared</u>. American policymakers worried about a loss of competitiveness to an up-and-coming Asian economy (Japan then, China today). The Plaza Accord was designed to address what officials saw as the persistent mispricing of the dollar. Robert Lighthizer, Mr Trump's trade adviser, has mulled a repeat. The accord set a precedent for "significant negotiation between America's allies to address unfair global practices", he wrote in "No Trade is Free", a book published last year. Mr Trump's team is reportedly considering options to devalue the dollar if the former president returns to office.

통화가 강세를 보이게 되는 이유는 여러 가지입니다. 금리가 올라가거나 경제가 성장하거나 무역수지가 흑자거나 정치적으로 안정적이거나 재정이 건전하거나 할 때 통화는 강세를 보일 수 있습니다.

위 단락에서는 1980년대 중반 감세 정책 tax cut 으로 재정적자 fiscal deficit 를 기록했지만 돈이 많이 풀리는 바람에 물가 inflation 는 올라 연준이 이를 잡기 위해 금리를 올려서 결과적으로 달러 가치가 속등 soar 했다고 되어 있습니다. 중앙은행이 금리를 인상하면 그 나라의 통화는 더 높은 수익률을 제공하므로 외국인 투자자들은 해당 통화를 보유하고 싶어 합니다.

여기서 미국의 사례를 중심으로 통화 강세의 장단점에 대해서 조금 더 설명해 보겠습니다. 강달러 strong dollar 는 많은 경제적 이점을 선사합니다. 달러가 강하면 미국의 경제적 위상이 커지겠죠. 또 수입품 importing stuff 가격이 저렴해지니 인플레이션을 낮추는 효과를 거둡니다. 전문가들은 2023년부터 미국의 인플레이션이 안정세를 보이고 있는 데는 연준의 금리 인상만큼이나 강달러가 중요한 역할을 했다고 보고 있습니다.

그리고 강달러는 미국인들의 해외여행을 부추깁니다. 달러가 강세이고 엔이 약세면 달러로 더 큰 금액의 엔을 바꿔서 쓸 수 있으니 달러 강세 전보다 더 저렴하게 일본 여행을 다녀올 수 있는 기회가 생기니까요.

하지만 강달러는 수출업체들 exporters 의 해외 경쟁력을 떨어뜨립니다. 외국 바이어들 입장에서는 달러로 표시된 미국산 제품을 사려면 더 많은 자국 통화를 달러로 환전해 사야 하므로 비싸게 느껴져 구매를 주저하게 됩니다. 미국은 수출보다 수입을 더 많이 하는 나라라는 점에서 강달러는 저렴한 중국산 제품의 수입을 촉발합니다.

달러가 강세인지 아닌지 판단하는 기준으로 가장 일반적으로 쓰이는 게 달러 지수 dollar index 입니다. 달러 지수는 6개 주요 무역 상대국들의 통화들 대비 달러의 가치를 알려주는 지수입니다. 여기서 말하는 6개 통화는 유로 Euro, 엔 Yen, 영국 파운드 British Pound, 캐나다 달러 Canadian Dollar, 스웨덴 크로나 Sweden Krona, 스위스 프랑 Swiss Franc 입니다.

위 문단의 마지막 줄은 도널드 트럼프 전 대통령이 2024년 11월 대선에서 재임에 성공하면 달러 강세를 약세로 되돌리는 방안을 검토할 수 있다고 알려졌다는 뜻입니다. 트럼프는 대선 공약으로 '감세'와 '달러 약세'를 내걸었습니다. 트럼프는 제조업과 수출 경쟁력 강화가 자신이 내세운 MAGA(Make America Great Again 미국을 다시 위대하게) 슬로건 중 하나이기 때문에 달러 강세를 '미국에 재앙'이란 표현까지 쓰며 부정적인 시각을 드러냈습니다.

Many of America's allies would support an attempt to hammer the greenback. Asian officials worry about a strong dollar raising the cost of imported commodities, many of which are priced in the currency, as well as the expense for exporters who finance trade in it. In April Japan and South Korea released a statement along with the American Treasury, acknowledging "serious concerns...about the recent <u>sharp depreciation</u> of the Japanese yen and the Korean won". More recently, Japan has <u>seemingly</u> spent tens of billions of dollars <u>boosting</u> its currency.

방금 달러가 강세를 보이면 미국이 수출에 지장을 받게 된다고 설명했습니다. 반대로 강달러는 한국이나 일본처럼 수출 의존도가 높은 나라에게는 자국의 수출품 가격을 낮추는 효과를 가져와 수출을 늘리는 데 유리하게 작용합니다. 하지만 반대로 달러로 표시된 물건을 살 때 달러 약세 때보다 더 많은 돈을 지불해야 하므로 그 높아진 비용이 수입 물가import prices에 전가되는 문제를 겪게 됩니다. 위 단락에서 한국과 일본이 자국 통화의 (달러 대비) 급격한 가치 하락sharp depreciation에 대해 우려를 표명한 것도 이런 이유 때문입니다.

    통화 가치가 장기적으로 하락이나 상승 중 어떤 한쪽 방향으로 계속 움직이는 것도 문제지만, 속도가 빠르게, 즉 갑작스럽게 한쪽 방향으로 움직이는 건 더 심각한 문제입니다. 따라서 위 단락에서도 '급격한 가치 하락'에 대해 우려한다는 말이 들어간 겁니다. 이처럼 일방적 방향으로 급격히 통화 가치가 변하는 경우 외환 당국이 개입에 나서는 경우가 많습니다.

Japan's top currency diplomat Masato Kanda said on Wednesday authorities were on standby to respond to recent "one-sided, sharp" moves in the yen, escalating his warning against speculators as the currency tumbled below a crucial level.
엔이 중요 수준(심리적 지지선) 아래로 떨어지자 칸다 마사토 일본 재무성 재무관은 수요일 당국이 최근 엔의 '일방적이고 급격한' 움직임에 대응하기 위해 대기하고 있다면서 투기세력에 대한 경고의 목소리를 높였다.
(Reuters, 2023년 11월 1일)

이 문단의 마지막 문장에서 일본 시장이 엔 강세 boosting를 유도하기 위해서 수백억 달러를 쓴 것으로 보인다는 말은 수백억 달러를 써 가며 엔 매수에 나섰다는 뜻입니다. 이걸 외신에서는 개입 intervention 이라고 합니다. 어느 나라 통화당국이건 외환 시장에 개입했다는 것을 곧바로 인정해 주는 곳이 없기 때문에 위 마지막 문장에 '~처럼 보인다'는 뜻의 seemingly가 들어간 것입니다.

4 **Could the Plaza Accord be a blueprint for a new era of collaboration? Economists are wary of currency intervention. In the presence of monetary policy that targets inflation, the textbook model says it should have little impact on the exchange rate. Differences in interest rates, perceptions of risk, and anticipated inflation and**

growth are what should drive capital flows between countries. A central bank that wants to <u>stand in the way of the market</u> must subordinate its inflation goal to defending the currency, lest it burn through its <u>foreign-exchange reserves</u>.

중앙은행의 통화 개입과 외환보유고에 대한 설명이 나온 문단입니다. 이 내용을 제대로 이해하려면 먼저 외환보유고가 무엇인지 알아 두어야 합니다.

영어로 foreign exchange reserves나 forex reserves라고 하는 외환보유고는 한 나라의 중앙은행이 보유하고 있는 외환 foreign currency, 즉 다른 나라의 통화로 된 자산을 말합니다. 이런 외화 자산으로는 달러, 유로, 엔 등 다른 나라 통화나 다른 나라의 중앙은행 또는 금융 기관에 예치해 놓은 외환, 다른 나라 정부가 발행한 채권, IMF가 발행하는 특별인출권 SDR이라고 하는 국제 통화 자산이 있습니다. 일부 국가에서는 외환보유고의 일부로 금 gold을 보유하기도 합니다.

외환보유고는 국가 경제의 안정성을 유지하고, 외환 시장에서의 변동성에 대응하며, 국제 거래에 필요한 외환 자산을 관리하는 데 사용됩니다. 중앙은행은 환율 방어의 목적으로 외환보유고를 활용합니다. 예를 들어, 자국 통화 가치가 급락하거나 불안정해지면, 중앙은행은 외환보유고를 사용하여 자국 통화를 매입하거나 외환 시장에 개입함으로써 통화 가치를 안정시키려 합니다. 아래 예문도 이런 맥락에서 이해하시면 됩니다.

In 2022 Japan spent more than $60bn of its foreign-exchange reserves defending the yen, its first intervention to strengthen the currency since 1998, after the exchange rate fell to nearly ¥146 to the dollar. 2022년 환율이 달러당 146엔까지 하락하자 일본이 외환보유고 중 600억 달러 이상을 엔 방어에 사용했다. 일본이 엔 강세를 위해 (외환 시장에) 개입한 건 1998년 이후 처음이다. (The Economis, 2024년 4월 30일)

본문에서는 중앙은행이 외환 시장에 개입 stand in the way of the market 하길 원한다면 중앙은행 통화 정책의 목표인 인플레이션 조절을 희생해야 한다는 견해를 밝히고 있습니다. 만약 통화 가치를 방어하기 위해 외환보유고를 과도하게 사용하지 않으려면 (lest it burn through its foreign-exchange reserves) 일단 인플레이션 목표 달성보다는 통화 방어에 더 신경을 써야 한다는 게 맞다는 것입니다. 외환보유고가 줄어들면 나중에 중앙은행이 자국 통화 가치를 방어하지 못해 통화 가치가 급격히 하락하거나 불안정해지는 결과를 초래할 수 있으니까요. 위에 나온 subordinate A to B는 'B를 위해 A를 포기 또는 희생하다'라는 뜻입니다.

5 The Plaza Accord, though, represented a best case for intervention, as it was co-ordinated between several central banks and pushed markets in a direction in

which they were already heading. The dollar had peaked in February 1985—more than half a year before the meeting at the Plaza Hotel. Jeffrey Frankel of Harvard University attributes its turnaround to the appointment of James Baker as treasury secretary that month. He mentioned the problem of the strong currency at his appointment hearing. The agreement at the Plaza Hotel was the capstone to fiscal- and monetary-policy changes already under way, providing a confirmation for currency traders that officials had shifted their focus. Today, by contrast, policy looks fixed. <u>Persistent inflation</u> has led the Federal Reserve to <u>push back</u> interest-rate cuts. Although shrinking America's <u>fiscal deficit</u> would help address both inflation and the strong dollar, neither presidential candidate shows much keenness for the rectitude that would be required.

여기서 persistent inflation은 앞서 나왔던 sticky inflation과 같은 뜻입니다. 즉, 고착화된 인플레이션 또는 끈덕지게 오래가는 인플레이션을 말합니다. 인플레이션이 이렇게 장기간 지속되면 중앙은행 입장에서는 기준 금리를 계속 높은 상태로 유지할 수밖에 없으므로 금리 인하 시기를 push back, 뒤로 미루게 된 것이죠.

    마지막 문장에서는 미국의 재정적자 fiscal deficit가 줄면 인플레이션과 강달러 문제 해결에 모두 도움을 줄 수 있겠지만 어느 대통령 후보도 재정적자 축소에는 관심이 없다는 이야기를 합니다. 재정적자를 줄인다는 건 정부의 지출 삭감이나 세수 확대 등을 통해 시중에 돈을 흡수한다는 뜻이므로 인플레이션 압력도 완화해 주고, 이에 따라 결국 기준 금리 인하 시기도 빨라질 수 있으므로 강달러 문제도 해결될 수 있을 거란 뜻입니다. 재정적자와 통화의 관계는 매우 복잡하지만 여기서 기자는 이런 식의 논리를 갖고 기사를 쓴 것으로 보입니다.

6 Perhaps Mr Trump could employ the tactic he used when securing a cameo in "Home Alone 2": swapping access for a favour. Indeed, Mr Lighthizer has advocated something along these lines, suggesting that America could threaten to shut competitors out of its domestic market, much as it did when securing the Plaza Accord. Back then a growing trade deficit with Japan prompted a resurgence of American protectionism among the country's politicians. One congressman remarked that "the Smoot-Hawley tariff itself would have passed overwhelmingly had it come to the floor", referring to an infamous Depression-era tariff increase that set off a wave of retribution around the world. Bringing about a stronger yen through co-operation was seen as an alternative to tariffs on Japan: both would weaken the country's exporters while supposedly strengthening America's.

여기서는 '스무트-홀리 관세안'에 대해서만 잠깐 설명하겠습니다. 위 단락을 보시면 아시겠지만 기자는 스무트-홀리 관세안이 무엇인지를 자세히 설명해 놓고 있지 않습니다. 『The Economist』를 읽기 어려운 이유이기도 합니다. 보통의 경우는, 아마존처럼 세상 사람 누구나 다 알 것 같은 회사라도 Amazon, the world's largest e-commerce company ~ (세계 최대 전자상거래 업체인 아마존은~)로 쓰인 외신 기사를 많이 접할 수 있습니다.

스무트-홀리 관세안이란 1930년 미국에서 제정된 세금 법안으로, 공식 명칭은 Tariff Act of 1930입니다. 이 법안명은 당시 이를 발의한 두 명의 의원 Reed Smoot와 Willis C. Hawley의 이름을 따서 지어졌습니다.

1929년 대공황 시기에 제정됐으며, 미국 산업을 보호하고, 경기 침체를 극복하기 위해 미국으로 수입되는 제품에 대해 20~30%라는 높은 관세를 부과하는 게 핵심 내용입니다. 많은 국가들이 미국의 이처럼 높은 관세에 대한 보복으로 자국의 수입에 대해서도 높은 관세를 부과했고, 이로 인해 국제 무역이 급격히 줄어든 한편, 대공황이 더욱 심화되는 결과로 이어졌습니다. 이 법안은 미국 내의 보호무역주의를 강화시켰지만, 국제 무역과 글로벌 경제에 큰 타격을 주었다는 평가를 받았습니다.

The art of the deal

눈치가 빠른 분은 아셨겠지만, 이 소제목은 도널드 트럼프가 쓴 책 『거래의 기술』 영어 제목입니다. 국내에선 2016년에 출간됐습니다. 미국에서는 1987년에 나왔습니다. 이 책에는 트럼프가 어떻게 사업을 운영하고 삶을 꾸려가는지가 자세하게 담겨 있습니다. 『The Economist』는 기사 제목이나 소제목에 이처럼 책 제목을 사용하는 경우가 종종 있습니다. 더 특별한 제목으로 기사에서 이야기하려는 내용을 더 강조해 보이게 만들려는 게 목적이겠죠. 예를 들어, 2021년 5월 6일자 스페셜 리포트 제목은 A brave new world for banks(은행이 여는 용감한 신세계)였는데, 여기서 brave new world는 영국 작가 올더스 헉슬리 Aldous Huxley 의 소설 제목입니다. 헉슬리의 이 책은 우리나라에서 『멋진 신세계』란 제목으로 번역되어 나와 있습니다. 이러한 멋진 제목들은 『The Economist』를 읽는 재미를 더해주는 양념 같은 역할을 합니다.

8 Suppose, however, that America got its budget under control, reducing inflationary pressure as well as the need for counterbalancing inflows of foreign capital. Then it might be able to work with Asian allies, and persuade European ones, to strengthen their currencies against the dollar. Such a united front could put China in a difficult situation. Previously the country has responded to tariffs by devaluing the yuan. Research by Goldman Sachs, a bank, suggests that the Chinese government weakened the yuan by 0.7% for every increase in implied tariff revenue for America of $10bn

during the 2018-19 trade war. If the dollar was already falling, the Chinese government would have to choose between accepting the effects of the tariffs or starting a currency war that it might lose. Giving his rival such a dilemma would be an even better outcome for Mr Trump than a big-screen cameo.

위 기사에 나온 대로 2018~19년 미국과 중국의 무역 전쟁 trade war 때 중국은 위안 평가 절하를 통해 대응했습니다. 양국의 무역 전쟁은 2018년 1월 트럼프가 미국의 오랜 불공정 무역 관행 unfair trade practices 과 지식재산권 도용 intellectual property theft 문제를 개선하기 위해 중국에 관세 tariff 등 무역 장벽 trade barrier 을 쌓기 시작하면서 불붙게 되었습니다.

   당시 미국은 중국산 수입품에 대해 고율의 관세를 부과하기 시작했고, 중국은 이에 대응하기 위해 위안 가치를 의도적으로 절하하는 조치를 취했습니다. 이는 중국 수출품의 가격을 낮춰 국제 시장에서 경쟁력을 높이고, 미국의 높은 관세에 대한 부담을 줄이기 위한 전략이었습니다. 예를 들어, 2019년 8월 중국 인민은행은 위안을 달러에 대해 7위안 이하로 떨어뜨리는 조치를 취했으며, 이는 2008년 글로벌 금융 위기 이후 가장 낮은 수준이었습니다. 아래 기사를 보시죠.

> Chinese authorities, who had been expected to defend the psychologically important level, allowed the currency to drop to its lowest in the onshore market since the 2008 global financial crisis. (중략) Trump on Monday called the Chinese currency move a major violation and currency manipulation.

> 심리적으로 중요한 수준을 방어할 것으로 예상되었던 중국 당국은 위안이 역내 시장에서 2008년 글로벌 금융 위기 이후 최저치로 떨어지도록 허용했다. (중략) 트럼프 대통령은 중국의 환율 움직임을 중대한 위반이자 환율 조작이라고 비난했다. (Reuters, 2019년 8월 5일)

onshore market은 특정 국가나 지역의 경계 내에서 이루어지는 금융 거래나 경제 활동을 말합니다. 이를 역내 시장이라고 합니다. 역외 시장 offshore market 은 특정 국가나 지역의 경계를 넘어 국제적으로 운영되는 금융 시장을 뜻합니다. manipulation은 '조작'이라는 뜻으로 외환 시장에서 자주 나오는 단어입니다. 환율을 조작한다는 건 국가가 자국 통화의 가치를 인위적으로 조정하여 경제적 목표를 달성하려는 행위가 되겠습니다. 트럼프가 중국이 이런 행위를 했다고 생각해서 위에서처럼 비난한 것이고요.

달러 가치가 하락하면 중국이 위안 가치를 내려도 효과가 별로 없을 것입니다. 그래서 『The Economist』의 이 기사는 마지막으로 달러 가치가 이미 하락하고 있다면 중국 정부는 결국 미국이 중국에 부과한 고율의 관세를 순순히 받아들이거나 아니면 위안 가치를 더 내리는 환율 전쟁 currency war 에 뛰어들게 될 거라고 예상하는 것입니다. 그런데 환율 전쟁을 벌이면 중국이 질 수 있다 might lose 고 보고 있습니다.

외환 시장은 글로벌 금융 시스템의 핵심 요소 중 하나입니다. 글로벌 경제 흐름과 금융 시장의 작동 원리를 잘 이해할 뿐 아니라 외환 투자 기회를 잘 잡기 위해서라도 외환 시장의 흐름을 잘 이해하고 있는 게 필요합니다. 그러려면 외신에 나오는 외환 기사를 읽고 내용을 잘 파악할 수 있어야겠죠.

과거와 달리 지금은 국내 여러 은행들이 수수료 없이 휴대폰 앱을 통해 버튼 몇 개만 누르면 원하는 통화로 원을 환전하고, 환전한 통화를 다시 원으로 바꿀 수 있게 해 줍니다. 엔의 가치가 원 대비로 급락하자 많은 국내 개인 투자자들이 이 앱을 이용해서 훗날 엔 가치가 오를 거라 믿고 원을 엔화로 환전하는 붐이 불었죠.『The Economist』뿐만 아니라 로이터나 블룸버그 등 다양한 외신을 통해 외환 시장 기사를 접하다 보면 좋은 투자 기회를 잡을 수 있을지 모릅니다.

다음 장에서는 일본의 외환 시장 개입 기사를 통해 외환 및 외환 시장과 관련된 다양한 용어와 표현에 대해 더 알아보겠습니다.

3

Japan is wrong to try to prop up the yen

엔 지지하려는 일본은 틀렸다

Supporting the currency is expensive and futile
엔 지지는 비용 부담만 큰 쓸데없는 짓이다

1. It is easy for investors to lose a fortune in the financial markets—and even easier for governments. In 2022 Japan spent more than $60bn of its foreign-exchange reserves defending the yen, its first intervention to strengthen the currency since 1998, after the exchange rate fell to nearly ¥146 to the dollar. And for what? Today the yen is weaker still. Yet instead of learning that fighting the market is futile, policymakers are repeating the mistake. After falling to ¥160 to the dollar on April 29th, its lowest in 34 years, the currency twice moved sharply upwards in the subsequent days. It seems the government is buying again, to the tune of tens of billions of dollars.

2. The yen has been falling primarily because of simple economic logic. The gap in interest rates between Japan and America is yawning. Although the Bank of Japan raised rates in March, it did so by only a smidgen: they increased from between minus 0.1% and zero to between zero and 0.1%. Rates in booming America, by contrast, are more than five percentage points higher. Investors expect the gap to shrink a little over time, but not by much. As a result a ten-year Japanese government bond yields just 0.9%, compared with 4.6% for an American Treasury of the same maturity.

금융 시장에서 투자자가 손실을 입기는 쉽다. 심지어 정부는 손실을 입기 더 쉽다. 2022년 일본은 환율이 달러당 146엔까지 하락하자 1998년 이후 처음으로 외환보유고 중 600억 달러 이상을 엔 (강세를 유도하기 위한) 방어에 사용했다. 그런데 대체 무엇을 위해 그랬던 것일까? 오늘날 엔은 여전히 약세다. 하지만 정책 입안자들은 시장에 맞선 싸움이 무의미하다는 것을 배우기는커녕 실수를 되풀이하고 있다. 4월 29일 달러당 160엔까지 (가치가) 떨어지며 34년 만에 최저치를 기록한 엔은 이후 며칠 사이 두 차례 급등했다. 일본 정부가 무려 수백억 달러를 써 가며 다시 엔 매수에 나선 결과로 풀이된다.

엔 가치는 무엇보다 단순한 경제 논리 때문에 하락 중이다. 일본과 미국의 금리 격차가 벌어지고 있어서다. 일본은행은 (2024년) 3월에 금리를 인상했지만, 마이너스 0.1~0%에서 0~0.1%로 소폭 올리는 데 그쳤다. 반면 경제가 호황을 누리고 있는 미국의 금리는 5%포인트 이상 더 높다. 투자자들은 양국의 금리 격차가 시간이 지나면서 다소 축소될 것으로 예상하지만 큰 폭의 축소를 예상하지는 않는다. 그렇다 보니 10년 만기 일본 국채 수익률은 0.9%에 머물고 있는 반면 같은 만기의 미국 국채 수익률은 4.6%를 기록 중이다.

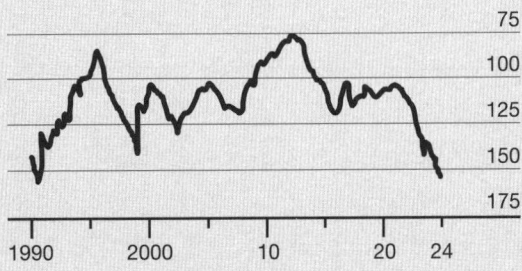

Source: LSEG Workspace

3   The gulf exists because of differences in the outlook for inflation. It is still unclear just how emphatically Japan has broken out of the low-inflation—and at times deflationary—trap in which it has been stuck since asset prices collapsed in the 1990s. Although headline annual inflation has been above the central bank's 2% target for nearly two years, there are signs that price rises have been slowing. Rightly, rate-setters at the Bank of Japan seem more concerned with hitting their inflation target than with using monetary policy to support the yen. All told, therefore, the country's interest-rate outlook is diverging from America's, where there are growing worries that inflation is not falling as it should and that the Federal Reserve will, as a result, not cut interest rates any time soon.

4   Given that Japan has an open capital account, an inevitable side-effect of its low relative interest rates is a weak

달러당 엔, 반전된 축

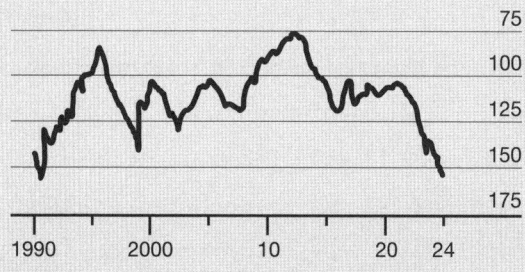

출처: LSEG 워크스페이스

이러한 격차가 존재하는 이유는 인플레이션 전망에 대한 차이 때문이다. 일본이 1990년대 자산 가격 폭락 이후 고착화된 저低 인플레이션(그리고 가끔 겪었던 디플레이션)의 함정에서 얼마나 확실하게 벗어났는지는 아직 불분명하다. 연간 헤드라인 인플레이션은 2년 가까이 일본은행의 목표치인 2%를 상회하고 있지만, 물가 상승세가 둔화되고 있다는 신호가 등장하고 있다. 당연한 말 같지만 일본은행의 금리 결정자들은 엔을 지지하기 위해 통화 정책을 사용하는 것보다 인플레이션 목표치를 달성하는 데 더 관심이 있는 것 같다. 따라서 종합적으로 봤을 때 일본의 금리 전망은 인플레이션이 기대만큼 하락하지 않고 있어 연준이 조만간 금리를 인하하지 않을 것이라는 우려가 커지고 있는 미국과 사뭇 다른 양상을 나타내고 있다.

일본은 자본 계좌가 개방되어 있다는 점에서 상대적으로 낮은 금리로 인해 통화 약세라는 부작용이 생기는 건 불가피하다. 해

currency. Higher rates abroad make profitable a "carry trade", whereby investors borrow in yen and invest in dollars; that weakens the yen and strengthens the greenback. In theory, the yen must depreciate until its cheapness—and hence the higher likelihood of a rebound in future—means this trade is no longer expected to yield profits. Currencies can overshoot the fundamentals, but it is difficult to tell when they have, and harder still to calibrate an appropriate response. The thresholds at which the Japanese government has chosen to intervene are arbitrary. It says that volatility in the currency has been excessive, but its opaque criteria for selling reserves may well have made that problem worse.

5 After the last intervention, economic logic was temporarily obscured by good luck. Towards the end of 2022 America's bond yields fell, allowing the yen to strengthen in the months that followed the intervention, before its slide resumed the next year. There is no guarantee that this pattern will be repeated. Instead, resisting the adjustment is likely to create opportunities for speculators, who will gladly treat the government as dumb money. After the apparent interventions, the exchange rate quickly began drifting back towards its previous level.

6 The Japanese government's urge to intervene is driven by a combination of political calculation and national pride. A cheaper yen makes imports, most notably of

외의 금리가 높으면 투자자들이 엔으로 빌려 달러에 투자하는 '캐리 트레이드'를 통해 이익을 얻는데, 이는 엔 약세와 달러 강세를 부추긴다. 이론적으로 엔의 가치가 충분히 낮아져 향후 반등할 가능성이 높아져 캐리 트레이드로 더 이상 수익을 기대할 수 없을 때까지 엔은 절하돼야 한다. 통화는 펀더멘털 이상으로 강세를 보일 수 있지만 언제 그렇게 오버슈팅을 했는지 구분하기 어렵고 적절한 대응을 하기는 더더욱 어렵다. 따라서 일본 정부가 선택한 개입 시점은 자의적이다. 일본 정부는 통화 변동성이 과도했다고 말하지만, 불투명한 외환보유고 매각 기준이 문제를 더욱 악화시켰을 수 있다.

지난 개입 이후 경제 논리는 일시적으로 행운에 가려졌다. 2022년 말로 갈수록 미국의 채권 금리가 하락하자 개입 이후 몇 달 동안 엔은 강세를 보였지만, 2023년에 엔은 다시 하락세로 돌아섰다. 이런 패턴이 반복될 것이라는 보장은 없다. 대신 (엔 약세) 조정에 저항하면 정부가 전문성이 없다고 여기는 투기꾼들에게 기회를 제공할 가능성이 높다. 명백한 개입 이후에도 환율은 빠르게 이전 수준으로 되돌아가기 시작했다. 5

일본 정부가 (외환 시장에서) 개입하려는 배경에는 정치적 계산과 국가적 자존심이 복합적으로 작용하고 있다. 엔이 약세를 보이면 특히 에너지 수입품이 더 비싸지기 때문에 유권자들은 고 6

energy, more expensive, which is painful for voters. There is no doubting Japan's firepower: at last count it had almost $1.3trn of foreign-exchange reserves to run down. But it is a waste to spend them doing battle with currency traders who—thanks to the choices of Japan's own policymakers not to follow the Fed—have good reasons to be selling yen and buying dollars. (Apr 30th 2024)

통스러워진다. 일본의 화력은 의심할 여지가 없다. 가장 최근 집계된 일본의 외환보유고는 1조 3,000억 달러에 육박했다. 그러나 연준(의 금리 인상)을 따르지 않기로 한 일본 정책 입안자들의 선택 때문에 엔을 팔고 달러를 매수해야 할 충분한 이유가 있는 외환 트레이더들과 싸우는 데 이 돈을 쓰는 것은 낭비가 아닐 수 없다. (2024년 4월 30일)

우선, 외환 시장 기사를 읽을 때 단골로 등장하는 '엔 캐리 트레이드yen carry trade'에 대해서 알아보겠습니다.

2024년 4월 30일 이 기사가 나오기 약 40일 전인 3월 19일 일본 중앙은행인 일본은행은 17년 만에 처음으로 정책금리를 올리면서 마이너스 금리negative rate 시대에 작별을 고했습니다. 당시 일본의 금리 인상으로 시장에서는 주요 통화major currencies 대비로 약세를 보이던 엔화가 강세 반전rebound 하는 게 아니냐는 의견도 있었지만 일본은행이 연 마이너스 0.1~0%였던 단기 정책금리를 0.0~0.1%로 아주 소폭 올리는 데 그치는 바람에 예상했던 일은 일어나지 않았습니다.

그래서 이 기사에서는 일본은행이 엔화 가치의 지나친 하락을 막기 위해 외환보유고를 동원해 개입하고, 3월에는 금리도 올렸지만 미국과의 금리 격차가 워낙 큰 상태로 유지되고 있어 엔화를 강세 반전시키지는 못했다고 지적합니다. 그러면서 특히 이런 금리 격차를 되돌릴 수 없는 한 일본은행의 개입 노력이 무의미할 수 있다고 분석하고 있습니다.

한 국가의 통화가 약세를 보이면 수출 기업은 수출이 잘 돼서 좋고, 관광 산업도 활성화됩니다. 하지만 수입물가는 올라 국내에서는 인플레이션 압력이 높아지고 국민들은 고물가에 시달릴 수 있습니다. 환율이 위나 아래로 천천히, 예상 수준으로 움직여 주면 충분히 대응하거나 변화를 흡수할 시간이 생겨 그나마 괜찮습니다. 그러나 환율이 지나치게 빨리 한쪽 방향으로 쏠리듯 one-sided 움직이거나, 심리적 마지노선으로 여겨지는 선psychologically important level 이하나 이상을 갑자기 깨며 움직일 경우 외환 당국 입장에서는 구두 개입verbal intervention 이나 외환보유고 동원 같은 방법을 사용해 개입에 나서게 되는 경우가 종종 생깁니다.

과거 2010년대에는 국내 외환 시장에서 환율이 급변할 때 외환 당국(한국은행과 기획재정부)이 제가 일했던 로이터 통신을 통해서 시장에 개입하곤 했습니다. 외환 시장 트레이더들이 로이터 단말기(금융 전문 정보를 제공하는 데이터 및 분석 플랫폼)를 가장 많이 봤기 때문에 당시 로이터의 외환 시장 영향력이 워낙 컸던 것입니다.

이때 개입은 구두 개입을 말하는데, 외환 당국이 구두 개입만 하더라도 외환 시장에 미치는 영향이 상당히 컸습니다. 원화가 급락할 때 외환 당국이 '원화의 일방적 쏠림을 경계한다'는 말 한 마디만 해도 원화가 급반등하곤 했습니다. 이처럼 출렁임이 생기는 이유는 외환 당국의 구두 개입이 실제로 외환보유고를 갖고 시장에 개입하기 전 단계로 여겨지기 때문입니다.

시장 개입이 가장 많은 국가 중 하나가 일본이었는데, 우리나라 일본이나 외환 당국의 개입 멘트는 늘 비슷했습니다. '시장을 예의 주시 중이다(closely watching forex movements)'와 '환율의 일방적인 쏠림은 바람직하지 않다(one-sided movement is not desirable)'라는 두 마디였습니다.

이런 개입을 누가 먼저 보고 잘 대처하느냐에 따라서 외환 매매를 통해 수익을 내고 손해를 줄일 수 있기 때문에 외환 시장 트레이더들은 환율 움직임이 심상치 않을 때 외환 당국으로부터 구두 개입이 나오는지를 역시 '예의 주시'합니다.

이번 장은 일본 외환 시장 관련 이야기이므로 일본을 중심으로 최근의 외환 시장 개입 사례를 설명하자면, 일본은행은 2024년 엔화 가치가 달러당 160엔 아래로 내려갈 때 자주 시장에 개입하는 모습을 보였습니다. 이는 일본은행이 160엔을 기사에서 말하는 임계점 threshold, 즉 심리적으로 중요한 기준(선)으로 삼았다는 뜻으로 해석이 가능합니다.

1 It is easy for investors to lose a fortune in the financial markets—and even easier for governments. In 2022 Japan spent more than $60bn of its foreign-exchange reserves defending the yen, its first intervention to strengthen the currency since 1998, after the exchange rate fell to nearly ¥146 to the dollar. And for what? Today the yen is weaker still. Yet instead of learning that fighting the market is futile, policymakers are repeating the mistake. After falling to ¥160 to the dollar on April 29th, its lowest in 34 years, the currency twice moved sharply upwards in the subsequent days. It seems the government is buying again, to the tune of tens of billions of dollars.

위 내용에선 일본이 엔이 지나치게 약세를 보이는 것을 막기 위해 구두 개입 차원이 아니라 외환보유고를 동원해서 시장에 개입했는데도 불구하고 엔이 계속 약세를 보인다고 말하고 있습니다. 외환 당국이 시장에 개입할 때 외환보유고를 어떻게 활용하는지 앞에서 충분히 설명을 드렸으므로 여기서는 추가 설명을 하지 않겠습니다.

2 The yen has been falling primarily because of simple economic logic. The gap in interest rates between Japan and America is <u>yawning</u>. Although the Bank of Japan raised rates in March, it did so by only a smidgen: they in-

creased from between minus 0.1% and zero to between zero and 0.1%. Rates in booming America, by contrast, are more than five <u>percentage points</u> higher. Investors expect the gap to shrink a little over time, but not by much. As a result a ten-year Japanese government bond yields just 0.9%, compared with 4.6% for an American Treasury of the same maturity.

여기서는 yawning과 percentage point에 대해서 살펴보겠습니다. yawn은 아시다시피 '하품하다'라는 뜻입니다. 그런데 하품을 할 때는 입을 크게 벌리게 되기 때문에 yawning이라는 건 하품할 때 입을 크게 벌리듯 '차이가 크게 난다'는 뜻입니다. 금리 격차가 크다는 것을 표현할 때 yawning이라는 단어가 자주 쓰이는 것을 볼 수 있습니다.

> The yen is expected to remain under pressure given the <u>yawning</u> gap between interest rates in Japan and the U.S.
> 일본과 미국의 금리 격차가 크게 나면서 엔 약세 압력이 지속될 것으로 예상된다. (The Japan Times, 2024년 6월 1일)

percentage point는 두 % 수치 간의 절대적인 차이를 말합니다. 예를 들어 어제 한국은행의 기준 금리가 3%였는데 오늘 기준 금리가 5%로 올랐다고 가정하면 어제와 오늘의 기준 금리 차이는 2%가 아니라 2%포인트입니다.

%와 %포인트는 헷갈리는 경우가 있으니 잘 알아두셔야 합니다. TV 뉴스를 보면 기자들도 %포인트를 %로 잘못 이야기하는 경우를 자주 볼 수 있습니다.

즉, 위의 경우라면 '한국은행이 2% 올렸다'고 말하는 식이죠. %는 백분율의 변화를 나타냅니다. 즉, 두 값 간의 비율적 차이를 표현합니다. 그래서 50%에서 60%로의 변화는 20%의 증가입니다. 50개 있던 게 60개로 10개 늘어나면 20% 늘어난 것이죠. 그런데 두 값의 절대적 차이만 말했을 때는 10%포인트가 바뀐 겁니다.

3 The gulf exists because of differences in the outlook for inflation. It is still unclear just how emphatically Japan has broken out of the low-inflation—and at times deflationary—trap in which it has been stuck since asset prices collapsed in the 1990s. Although headline annual inflation has been above the central bank's 2% target for nearly two years, there are signs that price rises have been slowing. Rightly, rate-setters at the Bank of Japan seem more concerned with hitting their inflation target than with using monetary policy to support the yen. All told, therefore, the country's interest-rate outlook is diverging from America's, where there are growing worries that inflation is not falling as it should and that the Federal Reserve will, as a result, not cut interest rates any time soon.

1990년대 일본의 자산 거품 붕괴 등 위 단락을 이해하는 데 필요한 배경 지식 역시 앞에서 설명했습니다. 따라서 여기서는 중앙은행의 2% 인플레이션 목표 central bank's 2% (inflation) target 에 대해서만 설명하겠습니다.

　　연준뿐만 아니라 유럽중앙은행 ECB 이나 영국의 영란은행 Bank of England 등 주요국 중앙은행에 대한 기사가 나올 때 '2% 인플레이션 목표'라는 표현이 빠지지 않고 등장합니다. 중앙은행의 통화 정책 관련 외신을 읽다 보면 특히 아래 내용처럼 물가 상승률이 2% 이상일 때 중앙은행이 2% 목표 달성을 위해 물가를 잡으려고 금리를 올린다는 식의 기사를 정말 자주 볼 수 있습니다.

> The U.S. central bank's 2% target for inflation is key to achieving price stability and essential for ensuring economic prosperity, New York Federal Reserve Bank President John Williams said on Friday.
> 미국 연준의 2% 인플레이션 목표는 물가 안정의 핵심이며 경제 번영을 보장하는 데 필수적이라고 존 윌리엄스 뉴욕 연방준비은행 총재가 금요일 말했다. (Reuters, 2024년 5월 4일)

그렇다면 연준을 위시해 왜 주요국 중앙은행들은 2.5%도 아니고, 1%도 아닌, 굳이 2%의 인플레이션 목표를 고수할까요? 이런 질문을 던질 분들을 위해서 연준은 홈페이지를 통해 그 이유를 간략히 설명해 놓았습니다.

　　결론부터 말하자면 연준은 지금까지의 경험상 2%가 연준의 이중 책무 dual mandate 로 불리는 연준의 두 가지 목표, 즉 '완전 고용과 물가 안정'을 달성하는 데 가장 이상적이라고 판단하고 있기 때문입니다. 다른 중앙은행들도 이런 연준의 생각에 공감하는 것이고요.

Why does the Federal Reserve aim for inflation of 2 percent over the longer run?

The Federal Open Market Committee FOMC judges that inflation of 2 percent over the longer run, as measured by the annual change in the price index for personal consumption expenditures, is most consistent with the Federal Reserve's mandate for maximum employment and price stability. When households and businesses can reasonably expect inflation to remain low and stable, they are able to make sound decisions regarding saving, borrowing, and investment, which contributes to a well-functioning economy.

For many years, inflation in the United States has run below the Federal Reserve's 2 percent goal. It is understandable that higher prices for essential items, such as food, gasoline, and shelter, add to the burdens faced by many families, especially those struggling with lost jobs and incomes. At the same time, inflation that is too low can weaken the economy. When inflation runs well below its desired level, households and businesses will come to expect this over time, pushing expectations for inflation in the future below the Federal Reserve's longer-run inflation goal. This can pull actual inflation even lower, resulting in a cycle of ever-lower inflation and inflation expectations.

If inflation expectations fall, interest rates would decline too. In turn, there would be less room to cut interest rates to boost employment during an economic downturn. Evidence from around the world suggests that once this problem sets in, it can be very difficult to overcome. To address this challenge, following periods when inflation has been running persistently below 2 percent, appropriate monetary policy will likely aim to achieve inflation modestly above 2 percent for some time. By seeking inflation that averages 2 percent over time, the FOMC will help to ensure longer-run inflation expectations remain well anchored at 2 percent.

<u>연준이 장기적으로 2%의 인플레이션을 목표로 하는 이유는 무엇인가?</u>

FOMC는 개인 소비 지출의 연간 물가 지수 변화로 측정 시 인플레이션이 장기간 2%를 유지하는 게 최대 고용 및 물가 안정에 대한 연준의 목표 달성에 가장 부합한다고 판단한다. 가계와 기업이 인플레이션이 안정적으로 낮은 상태가 유지되리라는 합리적 기대를 할 수 있을 때 저축, 대출, 투자에 관한 건전한 결정을 내릴 수 있으며, 이는 경제의 원활한 기능에 기여한다.

지난 수년 동안 미국의 인플레이션은 <u>연준의 목표치인 2%</u>를 하회했다. 식료품, 휘발유, 주거비 같은 필수 품목의 가격 상승은 많은 가정, 특히 일자리와 소득 감소로 어려움을 겪고 있는 가정에 부담을 가중시킨다는 것을 알 수 있다. 동시에 너무 낮은 인플레이션은 경제를 약화시킬 수 있다. 인플레이션이 원하는 수준보다 훨씬 낮으면 가계와 기업은 시간이 갈수록 그런 낮은 인플레이션을 기대하게 되면서 향후 인플레이션에 대한 기대치가 연준의 장기 인플레이션 목표치보다 낮아지게 된다. 이는 실제 인플레이션을 더욱 낮춰 인플레이션과 기대 인플레이션이 계속 낮아지는 악순환을 초래할 수 있다.

    기대 인플레이션이 하락하면 금리도 하락할 것이다. 그럴 경우 경기 하강기에 고용을 늘리기 위해 금리를 인하할 여지가 줄어들게 된다. 전 세계적으로 확인된 증거에 따르면 이런 사태가 벌어지면 극복하기가 매우 어려울 수 있다. 따라서 이런 문제를 해결하기 위해 인플레이션이 지속적으로 2% 미만으로 유지된다면 적절한 통화 정책을 통해 당분간 2%를 약간 상회하는 인플레이션을 달성하는 것을 목표로 해야 할 것이다. 장기적으로, FOMC는 평균 2%의 인플레이션을 추구함으로써 장기적인 인플레이션 기대치가 2%에 잘 고정될 수 있도록 도울 것이다.

(출처: https://www.federalreserve.gov/faqs/economy_14400.htm)

4 Given that Japan has an <u>open capital account</u>, an inevitable side-effect of its low relative interest rates is a weak currency. Higher rates abroad make profitable a "<u>carry trade</u>", whereby investors borrow in yen and

invest in dollars; that weakens the yen and strengthens the greenback. In theory, the yen must depreciate until its cheapness—and hence the higher likelihood of a rebound in future—means this trade is no longer expected to yield profits. Currencies can overshoot the fundamentals, but it is difficult to tell when they have, and harder still to calibrate an appropriate response. The thresholds at which the Japanese government has chosen to intervene are arbitrary. It says that volatility in the currency has been excessive, but its opaque criteria for selling reserves may well have made that problem worse.

open capital account는 '자본 계정이 개방되어 있다'는 것을 말합니다. 자본 계정이란 주식, 채권, 대출 등 다양한 금융 자산 등의 국가 간 이동을 기록하는 회계 항목입니다. 따라서 자본 계정을 개방한다는 건, 외환 통제와 규제를 완화하여 외국인 투자자들이 자국 시장에 자유롭게 자본을 이동시키고, 자국 기업이나 개인들이 해외에 자유롭게 자본을 투자할 수 있도록 하는 정책을 의미합니다.

　　이 단락에선 외환 시장 기사를 볼 때 단골로 접하게 되는 '캐리 트레이드'라는 용어가 나옵니다. 매우 중요한 단어이니 잘 익혀 두시면 좋겠습니다. 캐리 트레이드는 쉽게 말해서 '두 가지 서로 다른 통화 간의 금리 차이를 이용하여 수익을 추구하는 투자 전략'을 말합니다. 낮은 금리를 제공하는 통화로 대출을 받아 높은 금리를 제공하는 통화 자산에 투자함으로써 수익을 얻는 것입니다.

캐리 트레이드 중에서 '엔 캐리 트레이드'가 가장 유명합니다. 일본이 사실상 제로 내지 마이너스 금리를 워낙 오랫동안 유지해 왔기 때문입니다. 엔 캐리 트레이드는 일본에서 저금리로 엔으로 대출을 받은 다음 이 돈을 금리가 높은 미국에서 달러로 환전해서 주식 등 고금리 상품에 투자하는 전략입니다. COVID-19 팬데믹 이후 미국은 기준 금리를 계속 올렸지만 일본은 2024년에야 처음으로 마이너스 금리에서 벗어났으니 투자자들 사이에서 엔 캐리 트레이드는 안정적인 수익을 창출할 수 있는 좋은 수단이었습니다.

    캐리 트레이드 시 엔 가치가 더 내려가고, 엔으로 빌려 환전 후 투자한 자산의 가치가 더 올라가면 말 그대로 '일거양득'의 효과를 볼 수 있습니다. 아주 단순하게 1달러를 100엔이라고 가정하겠습니다. 이때 홍길동 씨가 일본에서 100엔을 빌린 다음에 이를 달러로 환전(1달러가 되겠죠)해서 그 1달러를 가지고 미국 A 기업의 주식 한 주를 샀는데 그 한 주의 주식이 2달러가 됐고, 그 사이 엔 가치는 더 내려가 1달러에 200엔이 됐다고 해 봅시다.

    이제 홍길동 씨는 투자한 주식을 팔면 2달러를 손에 쥘 것이고, 이 중 50센트만 엔으로 환전해서 갚으면 됩니다. 1달러가 100엔일 때 빌렸는데 지금은 1달러가 200엔이 됐으니 100엔을 갚으려면 50센트만 있으면 될 테니까요. 그러면 홍길동 씨는 1달러 50센트를 벌게 됩니다. 2023년과 2024년 엔이 줄곧 약세를 보인 가운데 주식 등 미국의 주요 자산 가치는 급등했을 때 이처럼 엔으로 돈을 빌려 투자하는 엔 캐리 트레이드가 대유행이었습니다.

    그런데 만약 이와 반대되는 현상이 일어나면 어떻게 될까요? 즉, 투자한 미국 주식 같은 자산의 가치가 하락하고, 투자할 때 빌린 통화의 가치가 상승한다면요? 그러면 당연히 위의 홍길동 씨의 사례와 반대로 이중으로 손해를 보게 되겠죠. 이런 손해를 막기 위해 그동안의 포지션을 정리하는, 즉 캐리 트레이드로 투자했던 고수익 자산을 팔려는 움직임을 캐리 트레이드를 청산 unwinding 한다고 합니다.

2024년 가을 금융 시장에서는 연준의 금리 인하를 기정사실처럼 받아들이는 가운데 7월 일본은행이 3월에 이어 재차 금리를 올리면서 양국간 금리 격차가 줄어들고, 미국의 경기 침체 우려가 갑자기 높아지자 여름 엔 캐리 트레이드 청산이 대규모로 일어났습니다.

그 결과 미국 주식에 투자됐던 돈이 빠져나가면서 미국 증시가 8월 하루에 2~3%씩 급락하는 사태가 일시적으로 벌어졌습니다. 이때 외신들은 매일 '캐리 트레이드 청산'이 미국 주식 하락에 큰 영향을 미쳤다는 기사를 쏟아냈습니다.

여담인데, 2000년대 초에 엔 캐리 트레이드가 유행하자 엔 캐리 투자자의 주요 투자자로 알려진 일본의 개인 투자자를 비유적으로 와타나베 부인 Mrs. Watanabe 이라고 불렀습니다. 일본의 개인 투자자들, 특히 중년 여성 투자자들이 남편이 회사에 나가서 일하는 동안 집에서 저금리 엔을 이용해 높은 수익을 추구하는 해외 자산에 투자하는 경향이 있었기 때문에 붙여진 이름입니다. 당시 와타나베 부인이 저금리로 거액의 엔을 빌려 호주달러나 뉴질랜드달러 같은 통화 자산에 투자해서 짭짤한 돈을 번 것으로 유명합니다.

지금은 와타나베 부인이라는 용어가 외신에 자주 등장하지는 않지만 캐리 트레이드하면 연상되는 사람이 와타나베 부인이라 잠시 설명을 덧붙여 봤습니다.

5 After the last intervention, economic logic was temporarily obscured by good luck. Towards the end of 2022 America's bond yields fell, allowing the yen to strengthen in the months that followed the intervention, before its slide resumed the next year. There is no guarantee that this pattern will be repeated. Instead, resisting the adjustment is likely to create opportunities for speculators, who will gladly treat the government as <u>dumb money</u>. After the apparent interventions, the exchange rate quickly began drifting back towards its previous level.

dumb money는 '비전문적이거나 정보가 부족한 투자자나 그들의 돈'을 말합니다. 따라서 이 문단에서는 일본 정부가 개입에 나서서 엔화의 조정 adjustment 을 억지로 막으려고 하다가 자칫 투기세력 speculator 에게 돈 벌 기회를 만들어줄 수 있는데, 이 투기세력은 일본 정부를 '비전문적 투자자'로 하찮게 여길 가능성이 크다는 뜻입니다. dumb money의 반대말은 smart money입니다. '전문적인 투자자나 기관들이나 그들이 투자하는 돈'을 말하는 겁니다.

6 The Japanese government's urge to intervene is driven by a combination of political calculation and national pride. A cheaper yen makes imports, most notably of energy, more expensive, which is painful for <u>voters</u>. <u>There is no doubting Japan's firepower</u>: at last count it

had almost $1.3trn of foreign-exchange reserves to run down. But it is a waste to spend them doing battle with currency traders who—thanks to the choices of Japan's own policymakers not to follow the Fed—have good reasons to be selling yen and buying dollars.

이 문단의 내용에 대해서는 앞에서 충분히 설명드렸습니다. 엔 약세는 수입품 가격을 올려서 결국 일반 국민이자 유권자 voter 의 고통을 가중시킨다는 말이죠.

이 기사가 나간 이후로도 엔이 계속 약세를 보이자 일본 외환 당국은 계속 외환 시장에 개입했지만 결국 엔 약세를 되돌리지 못했습니다. 그러자 2024년 7월 31일 일본은행이 넉 달 만에 다시 기준 금리를 연 0.25%로 25bp 인상함으로써 엔을 강세 반전시키는 데 결국 성공합니다. 일본은행의 금리 인상으로 일본의 기준 금리는 리먼브라더스 사태 직후인 2008년 12월 이후 15년 7개월 만에 가장 높아졌기 때문입니다.

여기서는 There is no ~ing(~하는 것은 불가능하다)라는 표현과 함께 일본의 화력 Japan's firepower 을 의심하는 건 불가능하다는 문장이 나옵니다. 중앙은행의 통화 정책을 무기 관련 용어에 빗댄 표현인데, 외신을 읽다 보면 화력 외에도 총알 bullet 이나 화약 dry powder 이 들어간 중앙은행의 통화 정책에 대한 비유적 표현을 자주 보실 수 있습니다.

앞에서 달러 지수는 6개 주요 무역 상대국들의 통화들 대비 달러 가치를 알려주는 지수라고 했습니다. 이 지수가 상승하면 달러가 6개 통화 대비 강세란 뜻이고, 하락하면 6개 통화 대비 약세란 뜻입니다. 따라서 The U.S. dollar index fell 3% against a basket of currencies in the 2nd quarter(미국 달러 지수가 주요 통화 바스켓 대비 3% 하락했다) 식으로 씁니다.

외신을 읽다 보면 달러 지수 외에 trade-weighted dollar index라는 것도 가끔 보실 수 있는데, 이것은 '무역가중 달러 지수'라고 합니다. 무역가중 달러 지수는 미국 달러의 가치를 미국과 무역을 가장 많이 하는 국가들의 통화에 대한 가중 평균을 사용해서 측정한 지수입니다. 쉽게 말해서 국제 무역에서 달러가 얼마나 강하거나 약한지를 알려주는 지수입니다.

앞에서 depreciation은 '통화 가치 하락'의 뜻이라고 말씀을 드렸습니다. 반대말, 즉 통화 가치 상승은 appreciation입니다. 동사는 depreciate와 appreciate입니다. The dollar appreciated against the euro라고 하면 '달러 가치가 유로 대비 상승했다'가 되겠지요.

depreciate/depreciation과 자주 혼동하는 단어가 devalue (devaluation) 입니다. 전자는 통화 가치 하락을 뜻하고, 시장의 수요와 공급에 의해 자연스럽게 통화의 가치가 떨어지는 것을 말합니다. 후자는 정부나 중앙은행이 의도적으로 시장에 개입해서 통화 가치를 하락시키는 것을 말합니다. 중앙은행이 수출을 늘리기 위해서 의도적으로 통화 가치를 절하할 경우 The central bank decided to devalue the currency to boost exports라고 할 수 있습니다. 전자는 자연스럽게, 후자는 의도에 의해 통화 가치가 하락한다는 게 차이점입니다.

4

Japan ends the world's greatest monetary-policy experiment

일본, 세계 최대 통화 정책 실험을 끝내다

For the first time in 17 years, officials raise interest rates
일본은행, 17년 만에 처음으로 금리를 인상하다

1. On March 19th officials at the Bank of Japan (BOJ) announced that, with sustainable inflation of 2% "in sight", they would scrap a suite of measures instituted to pull the economy out of its deflationary doldrums—marking the end of a radical experiment. The bank raised its interest-rate target on overnight loans for the first time since 2007, from between minus 0.1% and zero to between zero and 0.1%, becoming the last central bank to scrap its negative-interest-rate policy. It will also stop buying exchange-traded funds and abolish its yield-curve-control framework, a tool to cap long-term bond yields. Even so, the BOJ stressed that its stance would remain accommodative: the withdrawal of its most unconventional policies does not augur the beginning of a tightening cycle.

2. This shift reflects changes in the underlying condition of the Japanese economy. Inflation has been above the bank's 2% target for 22 months. Recent annual negotiations between trade unions and large companies suggest wage growth of more than 5% for the first time in 33 years. "The BOJ has confirmed what many people have been suspecting: the Japanese economy has changed, it has gotten out of deflation," says Hoshi Takeo of the University of Tokyo. That hardly means Japan is booming—consumption is weak and growth is anaemic. But the economy no longer requires an entire armoury of policies designed to raise inflation. When Ueda Kazuo, the BOJ's governor, was asked what he would call his

일본은행 BOJ 관리들은 3월 19일 2% 지속 가능한 인플레이션 1
이 '가시권'에 들어왔으니 경제를 디플레이션 침체에서 벗어나
게 하기 위해 도입한 일련의 조치를 폐기하겠다고 발표하며 급
진적인 실험의 종료를 알렸다. 일본은행은 2007년 이후 처음으
로 오버나이트(1일물) 대출 금리 목표를 마이너스 0.1~0%에서
0~0.1%로 올리며 마이너스 금리 정책을 폐기한 마지막 중앙은
행으로 남게 됐다. 또한 일본은행은 상장지수펀드ETF 매입을 중
단하고, 장기 채권 수익률 움직임을 제한하는 도구인 수익률 곡
선 제어 정책도 폐지하기로 결정했다. 그럼에도 불구하고 일본
은행은 이러한 가장 비전통적인 정책의 철회가 긴축 사이클의
시작을 알리는 것이 아니라며 완화적인 정책 스탠스를 유지할
것임을 강조했다.

이러한 정책 변화는 일본 경제의 근본 여건 변화를 반영해 취해 2
졌다. 인플레이션은 22개월 동안 일본은행의 목표치인 2%를
상회했다. 노동조합과 대기업 간 최근 열린 연례 협상 결과는 33
년 만에 처음으로 5% 넘는 임금 인상 가능성을 시사하고 있다.
호시 다케오 도쿄대 교수는 "일본은행은 일본 경제가 예전과
달리 디플레이션에서 벗어난 게 아니냐는 많은 사람들의 의심
(이 사실임)을 확인시켜 줬다"라고 말했다. 그렇다고 해서 일본
이 호황을 누리고 있다는 뜻은 아니다. 소비는 취약하고 성장은
빈약한 상태를 보이고 있다. 그러나 경제는 더 이상 인플레이션
을 높이기 위해 고안된 모든 정책을 필요로 하지는 않고 있다. 우
에다 가즈오 일본은행 총재는 새로운 정책 프레임워크의 명칭

new framework, he said it did not require a special name. It was "normal" monetary policy.

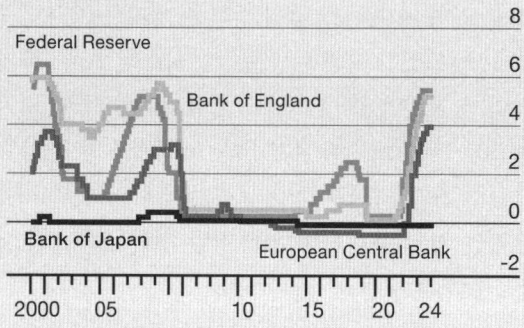

Charting its own course
Central-bank benchmark interest rates, %

sources: Haver analytics; LSEG workspace
*Upper limit

3   Japan's economy slid into deflation in the 1990s, following the bursting of an asset bubble and the failure of several financial institutions. The BOJ began trying new tools, cautiously at first. Although in 1999 the bank cut interest rates to zero, it raised them the next year, only to see prices fall again (one of two board members opposed to the decision at the time was Mr Ueda). The BOJ then went further, becoming the first post-war central bank to implement quantitative easing—the buying of bonds with newly created money—in 2001.

4   Yet it did not fully embrace the wild side of monetary policy until the arrival of Kuroda Haruhiko as governor

을 묻는 질문에 '특별한 이름이 필요하지 않다'면서 그것을 '정상적인' 통화 정책이라고 답했다.

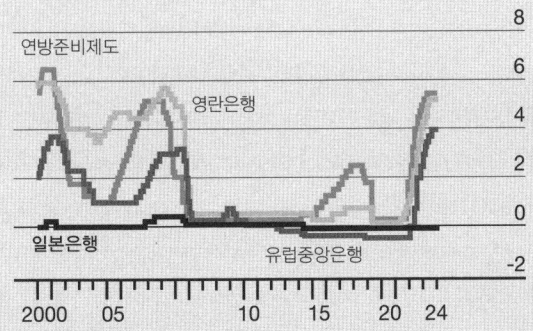

일본은행의 독자적 정책 경로
중앙은행 기준 금리, %

출처: 하버 애널리틱스 / LSEG 워크스페이스
*상단

일본 경제는 1990년대에 자산 거품이 터지고 복수의 금융 기관이 파산하면서 디플레이션에 빠졌다. 일본은행은 처음에는 신중하게 새로운 수단을 시도하기 시작했다. 1999년에 금리를 제로로 인하했다가 다음 해에 인상하자 물가가 다시 하락했다(당시 이 결정에 반대한 두 명의 이사 중 한 명이 바로 지금의 우에다 총재다). 그 후 일본은행은 더 나아가 2001년 전후 중앙은행 최초로 양적 완화(새로 돈을 찍어 채권을 매입하는 것)를 시행했다. 3

그러나 2013년 구로다 하루히코가 총재로 부임하기 전까지는 통화 정책을 완전히 과격하게 운용하지 않았다. 당시 아베 신조 4

in 2013. Backed by then-prime minister Abe Shinzo, Mr Kuroda embarked on a programme of vast monetary easing, vowing to unleash a "bazooka" of stimulus. The bank adopted a 2% inflation target and began "quantitative and qualitative easing", which saw enormous government-bond purchases coupled with aggressive forward guidance (promises to keep policy loose). In 2016 the bank set its key overnight rate at minus 0.1%, meaning that commercial banks were in effect charged for depositing with it, and then implemented yield-curve control in order to restrain longer-term interest rates, too. Although inflation picked up a bit, it never consistently reached the central bank's target during Mr Kuroda's term, which ended nearly a year ago.

5 Officials are now confident that inflation has at last become embedded. Supply-chain snags and rising import costs pushed up inflation at first, but price rises have since become widespread. GDP growth figures for the last quarter of 2023 were recently revised into positive territory owing to an uptick in capital expenditure.

6 The missing piece of the puzzle had been wages. Last year annual wage negotiations produced gains of 3.8%, the highest in three decades. But wage growth still trailed inflation, leaving real incomes falling. Then came last week's blockbuster numbers. They included a big boost to the so-called base-up portion of Japanese wages, which is not linked to seniority. A sustained period of

총리의 지원을 받은 구로다 총재는 '바주카포' 같은 경기 부양책을 펼치겠다고 공언하며 광범위한 통화 완화 프로그램에 착수했다. 일본은행은 2%의 인플레이션 목표를 채택하고 대규모 국채 매입과 공격적인 포워드 가이던스(정책을 느슨하게 유지하겠다는 약속)를 결합한 '양적 및 질적 완화' 정책에 시동을 걸었다. 2016년에는 오버나이트 금리를 마이너스 0.1%로 설정하여 시중은행의 예금 금리를 사실상 제로 수준으로 낮추고, 장기 금리도 억제하기 위한 수익률 곡선 제어를 시행했다. 인플레이션이 다소 회복되기는 했지만, 약 1년 전에 끝난 구로다 총재의 임기 동안 중앙은행의 목표치에는 줄곧 도달하지 못했다.

이제 일본은행 관리들은 인플레이션이 마침내 고착화되었다고 확신하고 있다. 공급망 교란과 수입 비용 상승이 처음에는 인플레이션을 밀어 올렸지만 이후 물가 상승세는 광범위하게 확산됐다. 2023년 4분기 국내총생산GDP 성장률은 최근 자본 지출의 증가로 인해 플러스 영역으로 수정됐다.

그동안 빠져 있던 퍼즐 조각은 임금이었다. 지난해 연간 임금 협상 끝에 일본의 임금은 30년 만에 가장 높은 3.8%로 인상됐다. 그러나 이 같은 임금 인상률도 여전히 인플레이션을 따라가지 못해 실질 소득은 감소했다. 그러다 지난주 블록버스터급 수치가 나왔다. 여기에는 연공서열과 무관한 일본 임금에서 소위 기본급 부분이 크게 상승했다는 내용이 포함되어 있었다. 지속적인 물가 상승으로 인해 노조가 임금 인상을 강력하게 요구하는

rising prices has emboldened unions to push forcefully for higher pay; Japan's shrinking labour force is also forcing firms to compete for talent. Policymakers "have been very, very patient, deliberately waiting for the right timing", says Nakaso Hiroshi, a former BOJ deputy governor. "And now the time is right."

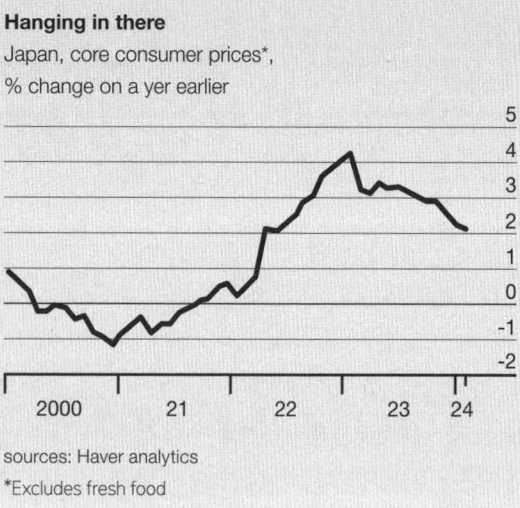

Hanging in there
Japan, core consumer prices*,
% change on a yer earlier

sources: Haver analytics
*Excludes fresh food

7   For such a momentous decision, the short-term impact will be limited. The BOJ had hinted at its intentions, meaning markets priced in the move, and had loosened its yield cap last year. The yen depreciated slightly against the dollar following the announcement. Long-term yields have settled at 0.7% to 0.8%, below the scrapped 1% reference point. Although some local investors may bring funds home as a consequence of the policy shift, global capital flows are unlikely to move

가운데 일본의 노동력 감소로 기업들은 인재 확보를 위한 경쟁에 나서고 있다. 나카소 히로시 전 일본은행 부총재는 "정책 입안자들이 의도적으로 적기를 기다리며 상당히 많은 인내심을 보여줬다"면서 "그리고 지금 바로 적기가 도래했다"라고 말했다.

꿋꿋이 버티기
일본 근원 소비자 물가 지수*
전년 대비 변동률(%)

출처: 하버 애널리틱스
* 신선식품 제외

이처럼 중대한 결정이더라도 단기적인 영향은 제한적인 수준에 그칠 것이다. 일본은행은 금리 인상 의도를 진작부터 암시해 왔기 때문에 시장에서는 이를 이미 선반영했다. 일본은행은 또 지난해 채권 수익률 상한을 완화한 바 있다. 금리 인상 발표 이후엔 달러 대비 오히려 소폭 약세를 나타냈다. 장기 채권 수익률은 폐지된 1% 기준점보다 낮은 0.7~0.8%에 머물렀다. 리서치 기관인 노무라연구소의 키우치 타카히데는 이번 정책 변화의 결과로 일부 현지 투자자들이 자금을 일본으로 송환할 수도 있겠지만, 일본의 금리가 국제적 기준으로는 여전히 낮기 때문에

drastically since rates in Japan will still be low by international standards, notes Kiuchi Takahide of Nomura Research Institute, a research outfit. Nor will the change to the policy rate have a big effect: under the BOY's old framework, there were three tiers of accounts, and the share of funds held in those subject to negative rates was minimal.

8   The question is where the BOJ goes from here. Officials have been careful to signal they are not embarking on a tightening cycle. Last month Uchida Shinichi, a deputy governor, said there would not be a rapid series of rate rises. Mr Ueda offered few clues about where he suspects rates will settle; most economists reckon they will not exceed 0.5%. The BOJ will also continue to buy "broadly the same amount" of government bonds to control long-term rates. Normalisation of its own balance-sheet will be a gradual process. "The BOJ has left a huge footprint on the market," says Kato Izuru of Totan Research, a think-tank. "They want to reduce that footprint, but it cannot be reduced suddenly."

9   As the BOJ enters its new era, several risks loom. One comes from overseas. If there is a slowdown in America or China, Japan's two biggest trading partners, it would weigh on external demand and drag down the outlook for Japanese firms, making them less likely to invest.

글로벌 자본 흐름이 급격하게 움직이는 일은 없을 것으로 전망했다. 또한 정책금리의 변경도 큰 영향을 미치지 않을 것으로 예상됐다. 일본은행의 기존 체계에서는 세 가지 계층의 계좌가 있었는데, 마이너스 금리를 적용받는 계좌의 자금 보유 비중은 미미했기 때문이란 설명이다.

문제는 여기서부터 일본은행이 어디로 갈 것인가 여부다. 일본은행 관리들은 긴축 사이클에 돌입하지 않을 것이라는 신호를 신중하게 보내고 있다. 지난달 우치다 신이치 부총재는 급격한 금리 인상은 없을 것이라고 밝혔다. 우에다 총재는 금리가 어느 지점에서 머물 것으로 예상하는지에 대한 단서를 거의 제시하지 않았지만 대부분의 이코노미스트들은 금리가 0.5% 위로 올라가지는 않을 것으로 예상하고 있다. 일본은행은 또한 장기 금리를 통제하기 위해 '대체로 예전과 동일한 금액'의 국채를 계속 매입할 것이다. 일본은행의 대차 대조표 정상화는 점진적으로 추진될 것이다. 싱크탱크인 토탄 리서치의 카토 이즈루는 "일본은행이 시장에 큰 족적을 남겼다"면서 "그들은 그 족적의 흔적을 줄이고 싶어 하지만 갑자기 줄일 수는 없을 것"이라고 말했다.

일본은행이 새로운 시대로 접어들면서 몇 가지 위험이 도사리고 있다. 그중 하나는 해외에서 생길 위험이다. 일본의 최대 무역 상대국인 미국이나 중국의 경기가 둔화하면 대외 수요에 부담을 주고 일본 기업의 전망을 어둡게 만들어 기업의 투자 의지가 약화될 수 있다.

10. Another comes from within. In the long run, interest payments on Japan's large government debt will rise, putting pressure on public finances. The financial system looks sound, but Japan's financial regulator recently stepped up oversight of regional lenders. Many observers are concerned about the impact of rate rises on mortgages and small and medium-sized businesses that do not have large cash buffers.

11. Most worrying, inflation could drop below target again. Price inflation, while still above 2%, is already falling. Two doveish board members voted against the decision to abolish negative interest rates, arguing that more time was needed to be sure that inflation will stick. For the trend to continue, Japan needs reforms that raise productivity and boost the potential growth rate, Mr Nakaso argues. If there is one lesson from Japan's era of monetary-policy experiments, it is that there are limits to central banks' powers. During Japan's new era, others will have to take the lead. (Mar 19th 2024)

다른 위험은 내부에서 생기는 위험이다. 장기적으로 봤을 때 일본의 대규모 국채에 대한 이자 지급 부담이 커지면서 공공 재정이 받는 압박도 덩달아 커질 것이다. 금융 시스템이 건전해 보이더라도 일본 금융 규제 당국은 최근 지역은행에 대한 감독을 강화하고 있다. 많은 전문가들은 금리 인상이 주택담보대출뿐 아니라 비상시 완충제 역할을 할 현금 보유액이 많지 않은 중소기업에 미칠 영향에 대해 우려하고 있다.

가장 우려되는 것은 인플레이션이 다시 (일본은행의) 목표치 아래로 떨어질 수 있다는 점이다. 가격 인플레이션이 여전히 2%를 상회하고 있지만 이미 하락하고 있다. 비둘기파 성향의 통화 정책 위원 두 명은 마이너스 금리 폐지 결정에 반대표를 던지며 인플레이션이 지속될지 확인하기 위해 더 많은 시간이 필요하다고 주장했다. 나카소 위원은 '이러한 추세가 지속되려면 생산성을 높이고 잠재성장률을 높이는 개혁이 필요하다'고 주장했다. 일본이 통화 정책을 실험하던 시대에서 얻은 교훈이 하나 있다면 중앙은행의 권한에는 한계가 있다는 점이다. 일본이 여는 새로운 시대에는 다른 곳이 주도권을 잡아야 한다. (2024년 3월 19일)

앞에서 미국 중앙은행인 연준의 통화 정책에 대해 설명했다면 이번 장에서는 일본은행의 금리 인상을 다룬 『The Economist』 기사를 통해 일본은행의 통화 정책에 대해 알아보겠습니다.

중요도 면에서 연준의 통화 정책만큼은 아니더라도 일본은행의 통화 정책이 전 세계 금융 시장에 미치는 영향력 역시 상당합니다. 사실 각국의 통화 정책은 매우 중요한 기사 재료입니다. 정책의 변화에 따라서 좁게는 자국의 주식, 채권, 외환, 상품 시장부터 넓게는 전 세계의 이러한 시장들에 상당한 영향을 미치기 때문입니다. 전 세계가 서로 연결되어 있기 때문에 이제는 어느 한 나라의 통화 정책을 따로 떼어놓고 생각할 수 없는 세상이 됐습니다.

그래도 굳이 통화 정책의 중요도 면에서 순위를 매기자면, 1위는 당연히 경제 규모나 영향력이 가장 큰 미국 연준의 통화 정책일 것입니다. 그 다음으로 유럽중앙은행 ECB, 일본은행, 중국 인민은행 People's Bank of China, PBC 의 통화 정책입니다. 그 외에 호주 중앙은행 Reserve Bank of Australia, RBA 과 영국 중앙은행인 영란은행 Bank of England, BoE 등의 통화 정책도 비중 있게 보도됩니다만 아무래도 앞의 네 곳만큼은 아닙니다.

이번 장에서는 일본의 통화 정책 외에도 '양적 질적 완화'나 '수익률 곡선 제어 정책'처럼 일본은행의 통화 정책에 대한 기사에서 자주 나오는 용어들에 대해서도 알아보겠습니다. 또 통화 정책을 '바주카포'에 비유해 설명하는 흥미로운 사례도 살펴보겠습니다.

사실 각 중앙은행의 통화 정책 운용 원리가 비슷하기 때문에 앞서 다룬 연준에 이어 일본은행의 통화 정책에 대한 기사도 잘 이해할 수 있다면 앞으로 어떤 나라의 중앙은행 통화 정책에 대한 기사든 어렵지 않게 읽을 수 있을 것입니다.

물론 여기서 말하는 '통화 정책 관련 기사'란 단순히 금리를 내리고 올리고, 동결하는 기사 외에도 외신에서 자주 볼 수 있는 통화 정책 전망, 통화 정책 영향에 따른 시장 움직임, 전문가들 반응 등을 다룬 다양한 내용을 모두 포함한 기사를 말합니다.

On March 19th officials at the Bank of Japan (BOJ) [1] announced that, with sustainable inflation of 2% "in sight", they would scrap a suite of measures instituted to pull the economy out of its deflationary doldrums—marking the end of a radical experiment. The bank raised its interest-rate target on overnight loans for the first time since 2007, from between minus 0.1% and zero to between zero and 0.1%, becoming the last central bank to scrap its negative-interest-rate policy. It will also stop buying exchange-traded funds and abolish its yield-curve-control framework, a tool to cap long-term bond yields. Even so, the BOJ stressed that its stance would remain accommodative: the withdrawal of its most unconventional policies does not augur the beginning of a tightening cycle.

이 단락에서는 일본 중앙은행인 일본은행이 2024년 3월 19일 기준 금리를 올리면서 마이너스 금리 정책과 작별하며 그동안 디플레이션을 극복하기 위해 취했던 다른 조치들을 간략하게 소개하고 있습니다.

경제 전반적으로 상품과 서비스 가격이 지속적으로 하락하는 현상을 디플레이션deflation이라고 하죠. 디플레이션은 인플레이션과 반대되는 개념입니다. 일본이 언제부터 어떻게 해서 디플레이션에 빠지게 됐는지는 2장에서 간략히 설명했습니다.

일본 경제를 다루는 외신에서 디플레이션이 안 들어간 기사를 찾아보기 힘들 정도로 일본은 디플레이션에 오랫동안 시달려 왔습니다. 특히 앞에서도 나왔지만 디플레이션이 정점에 달했던 1990년대 초반부터 2000년대 초반까지를 일본 경제의 '잃어버린 10년'이라고 하죠.

이때 일본 정부와 일본은행은 다양한 통화 정책과 재정 정책을 시행했지만, 2024년 초에나 디플레이션에서 벗어났다고 선언할 만큼 디플레이션은 일본 경제에 오랫동안 깊은 영향을 미쳤습니다.

그러니 이제 디플레이션 극복을 위해 취했던 일련의a suite of 조치들을 없애기로scrap 했다고 하니 전 세계가 이 결정에 주목한 건 당연합니다. 말씀드렸듯이 일본은행은 이후 7월에 또다시 금리를 인상합니다.

여기서 일본의 기준 금리를 interest-rate target on overnight loan이라고 했습니다. 이 금리를 마이너스 0.1~0%에서 0~0.1%로 올렸다는 것이고요. 보통 기준 금리를 interest rate라고 쓰지만, 연준의 기준 금리는 연방기금금리federal funds rate, 일본은 1일물 콜금리overnight call rate, 중국은 대출우대금리loan prime rate를 기준 금리로 활용하고 있어 이런 식으로도 표기합니다. 1일물 콜금리란 은행들 간의 1일, 즉 하룻밤 단기 대출에 적용되는 금리를 의미합니다. 중국의 기준 금리에 대해서는 10장에서 자세히 설명해 놓았습니다.

다음으로 상장지수펀드ETF와 수익률 곡선 제어 틀에 대해 살펴보자면, 먼저 ETF는 주식 시장에 상장된 투자 펀드로, 특정 지수나 자산군을 추종합니다. 주식처럼 거래되며, 다양한 자산(예: 주식, 채권, 원자재)에 투자할 수 있는 상품입니다. 일본은행은 주식처럼 살 수 있는 ETF를 매입함으로써 주식 시장에 직접적으로 자금을 투입하고, 주가를 상승시켜 경제 안정을 도모했습니다.

수익률 곡선 제어는 금리를 관리하기 위해 중앙은행이 직접적으로 시장에 개입하는 정책인데, 일본은행이 2016년 9월부터 디플레이션 극복과 경기 부양을 위해 시행하면서 유명해졌습니다. 일본은행은 주로 10년물 국채 무한 매수 등의 방법으로 수익률을 조절했습니다. 이렇게 중앙은행이 국채 등 유가증권을 매매해 금융 기관과 민간의 유동성을 변동시켜 시장에 영향을 주는 정책 수단을 공개시장조작 open market operation 이라고 합니다. 따라서 외신에서 일본 통화 정책 기사를 읽다가 수익률 곡선 제어 이야기가 나올 때 open market operation이라는 표현을 자주 보실 수 있습니다.

이처럼 국채나 다른 자산을 대규모로 매입하여 통화 공급을 늘리는 것을 양적 완화 quantitative easing 라고 합니다. 아마 외신에서 수없이 보이는 표현일 겁니다. 양적 완화 외에도 수익률 곡선 제어나 마이너스 금리 정책 negative interest rate 은 중앙은행들이 쓰는 비표준적인 정책으로 간주돼 비전통적 정책 unconventional policy 이라고 불립니다. 반면 표준적인, 즉 전통적인 정책은 당연히 기준 금리 조정이 되겠죠. 여기서 unconventional policy를 unorthodox policy라고도 합니다.

끝으로 위 단락에서 accomodative하다는 건 통화 정책이 '완화적', 즉 중앙은행이 경제 성장을 촉진하고 금융 조건을 완화하기 위해 통화 공급 money supply 을 늘리는 정책을 시행하고 있다는 뜻입니다. 금리 인하가 대표적인 완화적 정책이겠죠. 반대로 경기 과열을 막기 위해 통화 공급 속도를 늦추는 것을 제약적 restrictive 통화 정책이라고 합니다.

2   This shift reflects changes in the underlying condition of the Japanese economy. Inflation has been above the bank's 2% target for 22 months. Recent annual negotiations between <u>trade unions</u> and large companies suggest <u>wage growth</u> of more than 5% for the first time in 33 years. "The BOJ has confirmed what many people have been suspecting: the Japanese economy has changed, it has gotten out of deflation," says Hoshi Takeo of the University of Tokyo. That hardly means Japan is booming—consumption is weak and growth is anaemic. But the economy no longer requires an entire armoury of policies designed to raise inflation. When Ueda Kazuo, the BOJ's governor, was asked what he would call his new framework, he said it did not require a special name. It was "normal" monetary policy.

일본에서는 봄철에 노조 trade union 와 기업 간에 임금 협상을 하는데 이를 춘투 春鬪 라고 합니다. 영어로 shunto 또는 spring labor negotiation이라고 합니다. 여기서 노사 간 임금 인상률 wage growth 을 합의합니다. 이와 관련된 표현을 좀 더 알아보면, 임금 인상은 wage hike라고 하고, 월급은 monthly pay라고 합니다.

기본급은 base pay고, 연공서열에 따른 인상을 seniority-based increase라고 합니다.

Yet it did not fully embrace the wild side of monetary policy until the arrival of Kuroda Haruhiko as governor in 2013. Backed by then-prime minister Abe Shinzo, Mr Kuroda embarked on a programme of vast monetary easing, vowing to unleash a "bazooka" of stimulus. The bank adopted a 2% inflation target and began "quantitative and qualitative easing", which saw enormous government-bond purchases coupled with aggressive forward guidance (promises to keep policy loose). In 2016 the bank set its key overnight rate at minus 0.1%, meaning that commercial banks were in effect charged for depositing with it, and then implemented yield-curve control in order to restrain longer-term interest rates, too. Although inflation picked up a bit, it never consistently reached the central bank's target during Mr Kuroda's term, which ended nearly a year ago.

여기서는 중앙은행의 통화 정책 기사에 심심치 않게 등장하는 바주카포bazooka라는 단어의 뜻과 질적 완화qualitative easing, 포워드 가이던스forward guidance가 무엇인지 알아보겠습니다.

바주카포는 군사 용어로, 대형 총포를 뜻합니다. 중앙은행의 통화 정책이나 경기부양책을 바주카포에 비유했다는 건 다시 말해서 중앙은행이 일반적 통화 정책보다 훨씬 더 화력이 강력한, 즉 온갖 정책 수단을 동원했다는 것을 의미합니다. 앞서 나온 비전통적인 방법을 썼다는 뜻이죠. bazooka가 들어간 외신 제목을 예시로 들어보겠습니다.

Global investors lose faith in China rebound without policy 'bazooka'
글로벌 투자자들, 바주카포 정책 없는 중국 경기 반등 믿지 않아 (Financial Times, 2023년 9월 8일)

다음으로 질적 완화란 중앙은행이 통화 공급을 증가시키기 위해 특정 자산을 대규모로 매입하는 정책을 의미합니다. 이 역시 양적 완화처럼 전통적인 통화 정책 도구인 기준 금리 조정 외에 사용되는 비전통적인 방법입니다.

앞서 양적 완화는 중앙은행이 국채, 자산담보부증권 ABS, 회사채 같은 자산을 대규모로 매입해 통화 공급을 증가시키는 정책으로, 금융 시스템에 유동성을 공급하고, 금리를 낮추며, 자산 가격을 상승시키는 것을 목표로 한다고 설명했습니다.

질적 완화는 중앙은행이 자산의 질적인 측면을 조정하여 통화 공급을 조절하는 정책입니다. 자산의 종류, 만기 maturity, 신용 위험 credit risk 등 자산의 특성을 변경하거나 조절하는 데 초점을 맞추며, 특정 시장이나 자산 부문에 직접적인 영향을 미칩니다. 장기 국채 대신 단기 국채를 매입하거나, 신용등급이 낮은 기업 채권을 매입하여 신용 시장의 안정성을 높이는 경우를 말합니다.

포워드 가이던스는 중앙은행이 미래의 통화 정책 방향에 대한 정보를 미리 시장에 제공하는 전략을 말합니다. 주로 금리 변화나 통화 정책의 목표와 관련된 신호를 주어 시장과 투자자들에게 예측 가능성을 제공하고, 그에 따라 경제적 의사결정을 내릴 수 있도록 돕습니다. 여기서 괄호 안에 든 promises to keep policy loose는 일본은행의 포워드 가이던스에 해당합니다.

Officials are now confident that inflation has at last become embedded. Supply-chain snags and rising import costs pushed up inflation at first, but price rises have since become widespread. GDP growth figures for the last quarter of 2023 were recently revised into positive territory owing to an uptick in capital expenditure. 5

COVID-19 팬데믹 이후 외신에서 supply chain disruption이라는 말이 정말 자주 나왔습니다. 위에서는 disruption 대신 '문제' 또는 '곤란한 일'을 뜻하는 snag라는 단어를 썼습니다.

공급망 교란은 제품이나 서비스가 제조에서 최종 소비자에게 전달되는 과정에서 문제가 생겼다는 뜻입니다. 자연재해, 정치적 불안정성, 노동자 파업, 공급자나 운송 경로의 문제 등으로 인해 공급망이 원활하게 운영되지 않는 경우를 통틀어 말합니다. 공급망이 교란된 상태에서 물가 상승은 당연히 인플레이션을 끌어올리는 push up 요인이 됩니다.

위에서 GDP가 최근 수정 recently revised 되었다고 했는데, 보통 GDP는 총 3번에 걸쳐 발표됩니다. 초기 추정치인 예비치 advanced estimate, 더 많은 데이터와 정보를 반영해서 다시 계산한 수정치 revised estimate, 수정치 발표 후 나오는 확정치 final estimate 순으로 나옵니다.

　　capital expenditure는 capital investment와 같은 말입니다. 즉, 기업의 장기적 성장을 위해서 돈을 투자하는 것을 말합니다. 우리말로 '자본 지출' 또는 '자본 투자'라고 합니다.

7　For such a momentous decision, the short-term impact will be limited. The BOJ had hinted at its intentions, meaning markets priced in the move, and had loosened its yield cap last year. The yen depreciated slightly against the dollar following the announcement. Long-term yields have settled at 0.7% to 0.8%, below the scrapped 1% reference point. Although some local investors may bring funds home as a consequence of the policy shift, global capital flows are unlikely to move drastically since rates in Japan will still be low by international standards, notes Kiuchi Takahide of Nomura Research Institute, a research outfit. Nor will the change to the policy rate have a big effect: under the BOY's old framework, there were three tiers of accounts, and the share of funds held in those subject to negative rates was minimal.

위에 나온 price in과 yield cap에 대해서는 각각 1장과 이번 장에서 이미 설명을 드렸습니다. 또한 일본은행의 금리 인상과 그로 인한 엔 캐리 트레이드 청산 가능성 등의 자금 흐름에 대해서도 앞서 설명 드렸습니다. 따라서 그 내용들을 이미 숙지하고 계신다면 위 두 번째 단락을 이해하시는 데 큰 문제가 없을 것입니다.

  맨 아래 문장의 경우 일본은행의 통화 정책 틀을 모르고 있다면 무슨 말인지 선뜻 이해하지 못하실 겁니다. 본래 외신들은 아마존이나 마이크로소프트, 애플처럼 누구나 다 알 만한 기업도 어떤 기업인지 간단한 소개를 덧붙이지만 『The Economist』는 그렇게 친절한 편은 아닙니다. 이곳 기자들은 『The Economist』를 읽을 정도의 독자라면 상당한 경제 지식이 있을 거라는 전제하에 기사를 쓰기 때문에 독자 입장에서는 이처럼 불친절해 보이는 기사를 접하게 되는 경우가 종종 생깁니다.

  three tiers of account는 일본은행이 각 금융 기관마다 일본은행에 보유하고 있는 예금 잔액을 3단계로 나눠서 이자율을 적용했다는 뜻입니다. 즉, 플러스 금리(기초 잔액basic balance), 제로 금리(거시 가산 잔액macro add-on balance), 마이너스 금리(정책 금리policy-rate balance)를 말합니다. 이 중 마이너스 금리negative rates 의 적용을 받는subject to 계좌에 들어있는 자금의 비중share of funds 은 아주 적었다minimal 는 뜻입니다. 이것은 일본은행이 통화 정책을 조절하고, 금융 시장의 유동성을 관리하기 위해 사용한 시스템입니다. 단, 외신을 읽다가 1년에 한 번 보기도 힘든 내용이니 그냥 이런 게 있다는 정도만 알고 넘어가면 됩니다.

8 The question is where the BOJ goes from here. Officials have been careful to signal they are not embarking on a tightening cycle. Last month Uchida Shinichi, a deputy governor, said there would not be a rapid series of rate rises. Mr Ueda offered few clues about where he suspects rates will settle; most economists reckon they will not exceed 0.5%. The BOJ will also continue to buy "broadly the same amount" of government bonds to control <u>long-term rates</u>. <u>Normalisation</u> of its own <u>balance-sheet</u> will be a <u>gradual</u> process. "The BOJ has left a huge footprint on the market," says Kato Izuru of Totan Research, a think-tank. "They want to reduce that footprint, but it cannot be reduced suddenly."

위 문단에서는 일본은행이 장기 금리 long-term rate 를 제어하기 위해서 계속해서 예전과 같은 수준으로 정부가 발행한 국채를 광범위하게 매수하겠다는 이야기가 나옵니다. 중앙은행이 국채를 매입하면 국채에 대한 수요가 증가하게 되므로 국채의 가격이 상승하고, 가격과 반대로 움직이는 국채의 수익률(금리)은 하락합니다. 이로 인해 시장의 금리가 낮아지는 효과를 거둡니다.

시장 금리가 낮아지면 기업과 개인이 대출을 더 쉽게 받을 수 있고, 소비와 투자가 증가할 가능성이 크겠죠. 그리고 중앙은행이 국채를 매수하면 매수한 국채는 중앙은행 대차대조표 balance-sheet 에서 자산으로 기록됩니다.

다음에 나오는 대차대조표의 정상화 normalization 란 말은, 중앙은행이 통화 정책의 변화에 맞추어 자산과 부채의 규모를 조절하는 과정을 의미합니다. 여기서는 일본은행이 매입한 자산인 국채를 줄이는 것을 말하겠죠. 이걸 점진적$_{gradual}$으로 해 나갈 것이 라는 뜻입니다.

Another comes from within. In the long run, <u>interest payments on Japan's large government debt</u> will rise, putting pressure on public finances. The financial system looks sound, but Japan's financial regulator recently stepped up oversight of regional lenders. Many observers are concerned about the impact of rate rises on mortgages and small and medium-sized businesses that do not have large <u>cash buffers</u>. [10]

Most worrying, inflation could drop below target again. [11] Price inflation, while still above 2%, is already falling. Two doveish board members voted against the decision to abolish negative interest rates, arguing that more time was needed to be sure that inflation will stick. For the trend to continue, Japan needs reforms that raise productivity and boost the <u>potential growth rate</u>, Mr Nakaso argues. If there is one lesson from Japan's era of monetary-policy experiments, it is that there are limits to central banks' powers. During Japan's new era, others will have to take the lead.

위 첫 문단의 interest payments of Japan's large government debt는 당연히 일본은행이 매수해 준 대규모 국채에 대해 정부가 감당해야 할 '이자 지급액'을 말합니다. 국채도 다른 채권과 마찬가지로 투자자에게 정기적으로 이자를 지급하고, 만기일에는 원금을 상환해야 합니다.

첫 문단의 마지막에 나오는 cash buffer는 buffer처럼 완충 장치 역할을 해 줄 현금 자산을 뜻합니다. 즉, '현금 완충 장치'라고 하면 되겠습니다. 따라서 위 문장의 맥락에서는 중소기업들이 위기 때 완충 장치 역할을 해 줄 충분한 현금 자산을 보유하지 않고 있다는 뜻입니다.

두 번째 문단에서는 잠재성장률 potential growth growth 이라는 단어가 나옵니다. 굳이 외신이 아니더라도 뉴스를 보거나 들을 때 자주 접하는 단어입니다. 우리가 말하는 성장률은 경제가 실제로 얼마나 성장했는지를 보여준다면, 잠재성장률은 한 나라 안에 존재하는 노동력과 자본 등의 모든 생산요소를 최대한 활용(완전 고용)하였다고 가정할 때 달성할 수 있는 최대 생산량 증가율을 말합니다. 한 마디로 물가 상승은 유발되지 않는 상태에서 달성 가능한 최대 경제성장률입니다. 잠재성장률을 실질성장률과 비교해 보면 현재 경제 상태가 과열된 상태인지, 침체되어 있는 상태인지를 가늠할 수 있습니다. 즉, 실질성장률이 잠재성장률을 상회하는 경우는 경기가 과열되고 인플레이션이 발생하였다는 뜻입니다. 반대로 잠재성장률보다 낮다면 경기가 침체되어 실업률이 높아졌다는 의미입니다.

지금까지 일본은행과 통화 정책을 다룬 기사를 통해 일본은행이 어떤 방식으로 통화 정책을 운용해 왔고, 그것이 일본 경제에 실질적으로 어떤 영향을 미치는지 등에 대해 자세히 살펴봤습니다.

모든 금융 시장 뉴스 중 중요도로 따지면 으뜸인 중앙은행의 통화 정책 기사는 거의 내용이 비슷합니다. 따라서 지금까지 살펴본 연준과 일본은행의 통화 정책 기사 내용을 잘 이해하실 수 있다면 ECB나 중국 인민은행 등 다른 나라 통화 정책 기사도 무리 없이 소화하실 수 있을 것입니다.

마지막으로 '바주카포' 통화 정책에 대한 재미있는 기사를 잠시 소개하겠습니다. 2013년 4월 4일 CNBC에 나갔던 기사입니다. 당시 연준 의장은 벤 버냉키 Ben Bernanke 였는데, 그는 2002년 11월 연준 이사로 있을 때 미국 경제가 디플레이션 상태에 빠져들면 '헬리콥터로 공중에서 돈을 뿌려서라도 경기를 부양하겠다'는 주장을 펴 헬리콥터 벤 Helicopter Ben 이라는 별명을 얻었습니다. 당시 일본은행 총재는 구로다 하루히코 Haruhiko Kuroda 였습니다. 그런데 구로다 총재가 2년 안에 2%인 인플레이션 목표치 달성을 위해 버냉키 의장보다 더 엄청난 돈을 바주카포 쏘듯 살포하고 있다는 것을 CNBC에서 재미있는 제목의 기사로 썼는데, 당시 기사 제목이 Kuroda to Bernanke: My Bazooka Is Bigger Than Your Bazooka(구로다가 버냉키에게—내 바주카포가 당신의 바주카포보다 크다)였습니다.

5 Three reasons why oil prices are remarkably stable

유가가 놀랄 만큼 안정적인 상태를 유지하는 세 가지 이유

Can it last?
지금의 상태가 계속 유지될 수 있을까?

1   Shouldn't oil prices be surging? War has returned to the Middle East. Tankers in the Red Sea—through which around 12% of seaborne crude is normally shipped—are under attack by Houthi militants. And OPEC, a cartel of oil exporters, is restricting production. Antony Blinken, America's secretary of state, has invoked the spectre of 1973, when the Yom Kippur war led to an Arab oil embargo that quadrupled prices in just three months. But oil markets have remained calm, trading mostly in the range of $75 and $85 per barrel for much of last year.

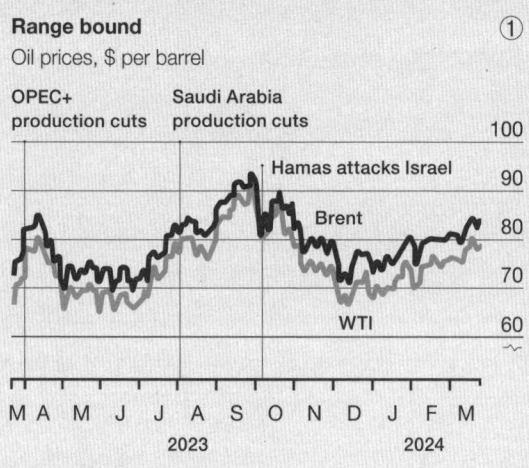

2   There have been exceptions. Brent crude, a global benchmark, ticked above $85 per barrel last spring after OPEC+, a larger organisation which includes Russia, said it would cut production. When Saudi Arabia extended its production cuts in September, prices reached almost $100. The market rose again after Hamas attacked Israel on Octo-

유가가 급등하는 게 맞지 않을까? 중동 지역이 또다시 전쟁에
휘말렸다. 통상 해상 원유의 약 12%가 운송되는 홍해를 지나는
유조선이 후티 무장 세력의 공격을 받고 있다. 그리고 석유 수
출국 카르텔인 석유수출국기구 OPEC가 생산량을 제한하고 있
다. 안토니 블링컨 미국 국무부 장관은 1973년 제4차 중동 전쟁
으로 아랍의 OPEC 회원국들이 석유 금수 조치를 내려 유가가
3개월 만에 4배나 뛰게 만들었던 공포스러운 상황을 머릿속에
떠올렸다. 그러나 유가는 지난해 내내 배럴당 75달러에서 85달
러 범위에서 주로 거래되면서 시장은 평온한 상태를 유지했다.

출처: LGES 워크스페이스

예외도 더러 있었다. 글로벌 원유 기준물인 브렌트유는 지난봄
러시아를 포함한 대규모 산유국 카르텔인 OPEC+가 감산 의지
를 밝히자 배럴당 85달러를 넘어섰다. 이어 9월에 사우디아라비
아가 감산을 연장하자 유가는 100달러에 육박했다. 그리고 10
월 7일 하마스가 이스라엘을 공격한 후 유가는 재차 상승했다.
그러나 그때마다 가격은 금세 75~85달러 범위로 되돌아갔다(차

ber 7th. Yet each time prices quickly returned to that $75-$85 range (see chart 1). Brent ended 2023 at $78, down $4 from the start of the year. There are three reasons why traders expect this trend to continue in 2024.

3 The first is supply—for years the biggest driver of price surges. Oil production is now less concentrated in the Middle East than it has been for much of the past 50 years. The region has gone from drilling 37% of the world's oil in 1974 to 29% today. Production is also less concentrated among members of OPEC (see chart 2). That is partly because of the shale boom of the 2010s, which turned America into a net energy exporter for the first time since at least 1949. Growing output from non-OPEC countries such as Guyana, which produced record volumes of crude last year, is also helping to diversify supply. The International Energy Agency IEA reckons that new sources, along with increased volumes from America and Canada, will cover most of the growth in global demand in 2024.

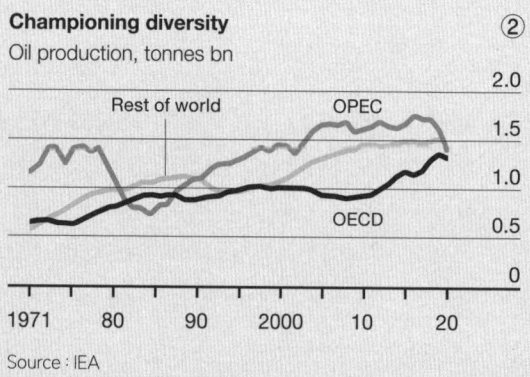

트 1 참조). 브렌트유는 2023년 거래를 연초 대비 오히려 4달러 하락한 78달러에 마감했다. 트레이더들은 다음 세 가지 이유를 들며 2024년에도 이러한 추세가 지속될 것으로 예상하고 있다.

첫 번째는 수년 동안 유가 급등의 가장 큰 원인이었던 공급의 안정세다. 이제 원유 생산처가 지난 50년 동안 주로 그랬던 것처럼 중동 지역에 집중되어 있지 않다. 1974년에만 해도 전 세계에서 소비하는 원유의 37%가 중동 지역에서 시추됐지만 현재 이 비율은 29%로 낮아졌다. 또한 OPEC 회원국의 생산 집중도가 낮아졌다(차트 2 참조). 이렇게 된 일부 원인은 2010년대 셰일 붐이 일어나면서 미국이 최소 1949년 이후 처음으로 에너지 순수출국이 됐기 때문이다. 지난해 기록적인 양의 원유를 생산한 가이아나 등 비非 OPEC 국가의 생산량 증가도 공급 다변화에 도움을 주고 있다. 국제에너지기구 IEA는 미국과 캐나다의 원유 생산량 증가와 더불어 새로운 공급원이 2024년 세계 수요 증가의 대부분을 충당할 것으로 예상하고 있다.

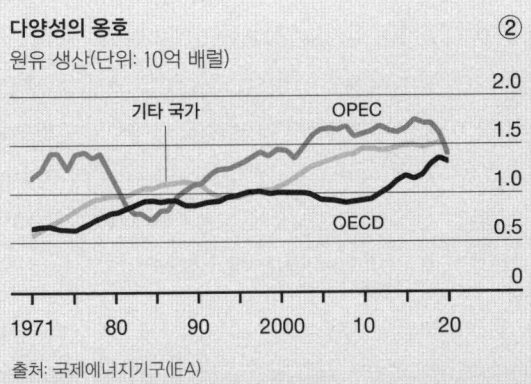

다양성의 옹호
원유 생산(단위: 10억 배럴)

출처: 국제에너지기구(IEA)

4   Oil from Russia, the world's third-largest producer, has continued to flow despite restrictions from the West, which in 2022 imposed a price cap of $60 per barrel on Russian exports of seaborne crude. Traders based in Dubai and Singapore promptly rejigged tanker fleets to send vast quantities of discounted oil through Indian refineries, changing established routes with astonishing agility. Russian oil is now widely traded above the West's price cap. Yet in one respect, at least, the West's policy has worked: the continued availability of Russian oil has helped prevent the dramatic surge in prices that many feared in 2022, when the EU banned imports of Russian crude after Vladimir Putin launched his full-scale invasion of Ukraine.

5   Another reason for calm is OPEC members' ample spare production capacity (ie, the amount of oil that can be produced from idle facilities at short notice). When production is tight, as it was during the early 2000s, exporting countries have little room to respond to increases in demand. That can send prices soaring (see chart 3). Today the situation is different. America's Energy Information Administration EIA estimates that OPEC's core members have around 4.5m barrels per day of spare capacity—greater than the total daily production of Iraq. For now, traders are betting that OPEC's cushion can soften the blow of the supply disruptions.

2022년 러시아의 해상 원유 수출에 배럴당 60달러의 가격 상한 선을 부과한 서방의 제재에도 불구하고 세계 3위 산유국인 러시아산 원유가 계속 유입되고 있다. 두바이와 싱가포르에서 활동하는 트레이더들은 즉시 유조선 선단을 재조정하여 인도 정제 공장을 통해 할인된 가격으로 대량의 석유를 공급하고, 놀라울 정도로 민첩하게 기존 경로를 변경했다. 러시아산 원유는 이제 서방의 가격 상한선 이상으로 널리 거래되고 있다. 그러나 블라디미르 푸틴 대통령이 우크라이나를 본격적으로 침공한 후 유럽연합EU이 러시아산 원유 수입을 금지한 2022년 러시아산 원유가 계속 공급되면서 많은 사람들이 우려했던 원유 가격 급등을 막는 데 도움을 줬다는 점에서 서방의 정책은 적어도 한 가지 측면에서는 효과가 있었다.

유가가 안정세를 보인 또 다른 이유는 OPEC 회원국들의 여유 생산 능력(즉, 유휴 시설에서 단기간에 생산할 수 있는 원유량)이 충분하기 때문이다. 2000년대 초반에 그랬듯이 생산량이 부족할 때는 수출국이 수요 증가에 대응할 여지가 거의 없다. 그럴 경우 가격이 치솟을 수 있다(차트 3 참조). 그런데 지금은 그때와 상황이 다르다. 미국 에너지정보청EIA은 OPEC의 핵심 회원국들이 이라크의 일일 총 생산량보다 많은 하루 약 450만 배럴의 여유 생산 능력을 보유하고 있다고 추산한다. 현재 트레이더들은 OPEC의 이런 여유 생산 능력이 공급 차질로 인한 타격을 완화할 수 있을 것으로 기대하고 있다.

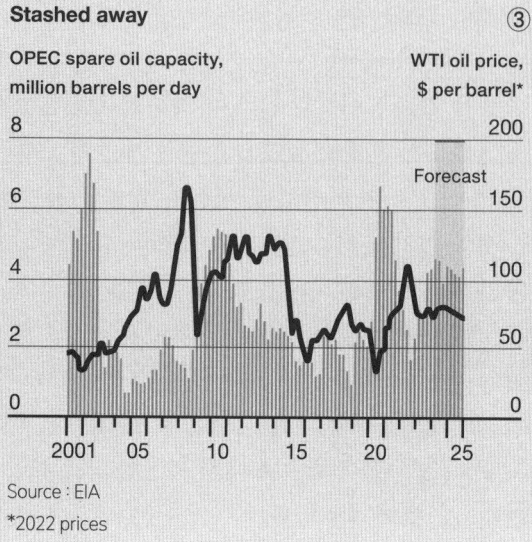

6 Finally, there is demand itself (see chart 4). The world still has a big appetite for oil: according to the EIA demand hit a record in 2023 and will be higher still in 2024, thanks in part to growth in India. But that is unlikely to push prices much higher.

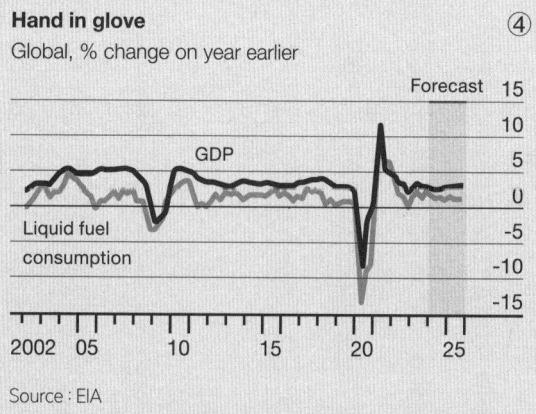

마지막으로 수요 자체의 문제 때문이다(차트 4 참조). 세계는 여전히 원유를 많이 필요로 한다. EIA에 따르면 2023년 원유 수요는 사상 최고치를 기록했고, 2024년에는 인도의 성장도 어느 정도 영향을 미치면서 수요가 더욱 늘어날 것으로 예상된다. 하지만 그렇다고 해서 유가가 급등할 가능성은 낮다.

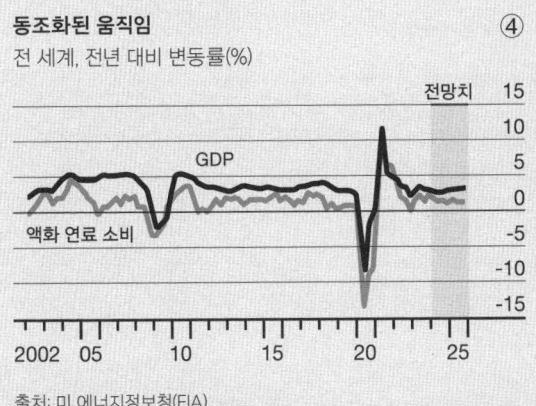

Global growth is not at the levels seen in the early 2000s. China, long the world's biggest importer of oil, is experiencing anaemic economic growth. Structural changes to its economy also make it less thirsty for the stuff: next year, for example, half of all new cars sold in the country are expected to be electric.

7 Other climate policies will have a similar effect elsewhere. In the long term, the world's move away from oil will ensure the market is more resilient to geopolitical shocks and production cuts, even if the transition is likely to be disruptive. Ukrainian drone strikes on Russian refineries recently pushed Brent above $85 per barrel for the first time since early November. For now, though, the price rise looks modest. It will take a lot to roil oil markets this year. (Mar 27th 2024)

글로벌 경제는 2000년대 초반 때처럼 강하게 성장하지 못하고 있다. 오랫동안 세계 최대 석유 수입국이었던 중국 경제는 성장세가 지지부진한 상태이다. 경제의 구조적 변화로 인해 원유 수요도 감소하고 있다. 예를 들어, 내년에는 중국에서 판매되는 모든 신차의 절반이 전기차가 될 것으로 예상된다.

다른 기후 정책도 다른 곳에서 비슷한 효과를 가져올 것이다. 장기적으로 전 세계가 원유 의존도에서 벗어나게 되면, 비록 그런 전환 과정이 혼란스러울지라도 지정학적 충격과 감산에 대해 시장이 더 탄력적으로 대응할 수 있을 것이다. 최근 우크라이나의 러시아 정유시설에 대한 드론 공격으로 브렌트유는 11월 초 이후 처음으로 배럴당 85달러를 돌파했다. 하지만 현재로서는 가격 상승 속도는 완만해 보인다. 올해 원유 시장이 요동치려면 더 많은 일이 일어나야 할 것이다. (2024년 3월 27일)

해외 금융 시장 뉴스 중에서 주식, 채권, 외환 뉴스만큼 중요한 게 상품commodities 뉴스입니다. 상품 뉴스라고 하면 국제유가oil prices 와 금gold, 은silver, 구리copper, 백금palladium, 리튬lithium 등의 금속류, 그리고 쌀rice 같은 곡물 및 천연가스natural gas 의 가격 변동을 다룬 뉴스를 말합니다.

이러한 다양한 상품 뉴스 중에서 가장 관심이 높은 게 바로 국제유가와 뒤에서 다룰 금과 관련된 뉴스입니다. 구글 검색을 해보면 아시겠지만 『The Economist』뿐 아니라 로이터, 블룸버그, CNBC 등 다른 주요 외신들도 하루가 멀다 하고 국제유가와 금을 주제로 기사를 쓰고 있습니다.

이번 장에서 다룰 국제유가 동향은 연료비와 원자재 및 에너지 비용을 포함해서 경제, 정치, 산업, 투자 등 다양한 측면에서 중요한 영향을 미치기 때문에 많은 주목을 받습니다.

국제유가에 영향을 미치는 요인에 대해서는 기사 본문 설명에서 자세히 다루기로 하고, 먼저 국제유가에 대한 외신 기사를 읽을 때 꼭 알아둬야 할 몇 가지 주요 용어들에 대해 살펴보려고 합니다.

1) **서부 텍사스산 중질유**West Texas Intermediate·WTI **및 브렌트유**Brent: 외신에서는 항상 이 두 종류의 유가를 보도합니다. 이 두 가지 유종과 우리나라에서 주로 수입하는 두바이유가 국제유가를 정할 때 국제 기준global benchmark 으로 사용되는 원유이기 때문입니다. WTI는 주로 미국에서 생산되는 원유의 유형으로, 이름을 통해 알 수 있듯이 주로 텍사스의 허브인 미들랜드에서 생산됩니다. 브렌트유는 북해에서 생산되는 원유입니다. 기준물이 이처럼 세 가지인데 외신에서는 브렌트유에만

global benchmark라는 표현을 붙입니다. 브렌트유가 전 세계적으로 가장 널리 사용되는 원유 가격 기준이기 때문입니다.

2) **crude oil stockpile 또는 crude oil inventory:** 원유 재고를 뜻합니다. 관련 수치는 미국 에너지정보청 Energy Information Administration·EIA 이 매주 발표합니다. 원유 재고가 많으면 원유가 안 팔리고 남아 있다는 뜻이므로 유가 하락 재료입니다. 반대로 원유 재고가 적으면 원유가 잘 팔려서 남은 게 별로 없다는 뜻이므로 유가 상승 재료입니다.

3) **tanker:** 원유, 석유 제품, 화학물질 등 액체 화물을 대량으로 운송할 수 있는 유조선을 말합니다.

4) **뉴욕상업거래소** New York Mercantile Exchange·NYMEX **및 ICE:** 전자는 WTI가 거래되는 곳이고, 후자는 브렌트유가 거래되는 런던 국제선물거래소입니다.

5) **OPEC 및 OPEC 플러스(+):** 전자는 우리가 잘 아는 석유수출국기구이고, 후자는 OPEC 회원국 13개국 외에 추가적으로 러시아 등 10개 비OPEC 국가가 참여하는 조직입니다.

6) **oil futures:** 원유 선물. 원유는 정해진 미래의 날짜에, 정해진 가격으로 원유를 인수하거나 인도하기로 약속하는 방식 즉 선물 거래 방식을 따릅니다. 그래서 외신 중에는 몇

월 인도분 delivery 이나 계약분 contract 이라는 단어를 붙이는 경우가 많습니다. 특정 거래일에 원유 선물 계약이 최종 마감됐다고 할 때 settle이라는 단어를 씁니다.

7) **oil rig 및 rig count:** 원유 시추 drilling 장비와 시추 장비 수. 원유 및 천연가스 산업에 중요한 정보와 데이터를 제공하는 회사인 베이커 휴즈 Baker Hughes 가 원유 시추 장비 수와 관련된 데이터를 발표합니다. 이는 원유와 가스의 탐사 및 생산 활동의 수준을 측정하는 데 사용됩니다.

8) **reserves:** 매장량이란 뜻입니다. 더 자세하게는 특정 경제 지역에 매장된 원유 중 추출 가능성이 있는 원유의 양 추정치입니다.

9) **(oil) refinery:** 정유소입니다.

위의 단어들을 알고 계시면 어느 매체 기사이건 국제유가 기사를 이해하는 데 큰 어려움이 없을 겁니다.

이제부터는 2024년 5월 27일자 Three reasons why oil prices are remarkably stable이라는 제목의 『The Economist』 기사를 통해서 국제유가를 움직이는 다양한 요인들을 짚으면서 국제유가 기사를 쉽게 이해하는 법을 알아보겠습니다.

Shouldn't oil prices be surging? War has returned to the 1
Middle East. Tankers in the Red Sea—through which
around 12% of seaborne crude is normally shipped—are
under attack by Houthi militants. And OPEC, a cartel of
oil exporters, is restricting production. Antony Blinken,
America's secretary of state, has invoked the spectre
of 1973, when the Yom Kippur war led to an Arab <u>oil
embargo</u> that quadrupled prices in just three months.
But oil markets have remained calm, trading mostly in
the range of $75 and $85 per barrel for much of last year.

There have been exceptions. Brent crude, a global 2
benchmark, ticked above $85 per barrel last spring after
OPEC+, a larger organisation which includes Russia, said
it would cut production. When Saudi Arabia extended
its production cuts in September, prices reached almost
$100. The market rose again after Hamas attacked Israel
on October 7th. Yet each time prices quickly returned
to that $75-$85 range (see chart 1). Brent ended 2023 at
$78, down $4 from the start of the year. There are three
reasons why traders expect this trend to continue in
2024.

위 두 문단에서는 중동 지역 전쟁과 OPEC의 감산으로 블링컨 미
국 국무부 장관이 1973년 일어난 석유 파동이 일어나는 게 아닌
지 걱정했지만 국제유가 시장은 차분한 상태를 유지하고 있다면
서 문제제기를 합니다. 브렌트유는 OPEC+의 감산이나 사우디의

감산 연장 내지 하마스의 공격 등으로 잠시 가격이 최대 배럴당 100달러까지 뛰어오르기도 했지만 다시 제자리를 되찾았다고 하고요.

서두에서 설명한 주요 핵심어들이 많이 나오고 특별히 어려운 영어 표현이 없기 때문에 여기서는 1973년 일어난 석유 파동에 대해서만 간단하게 설명하고 넘어가겠습니다.

1973년 10월 6일 이스라엘과 아랍 연합국(주로 이집트와 시리아) 간에 이름도 생소한 욤키푸르 Yom Kippur 전쟁이 발발했습니다. 이 전쟁은 제4차 '아랍-이스라엘 전쟁'이라고 불립니다.

전쟁의 발발 직후 OPEC 회원국들은 이스라엘에 대한 보복으로 석유 수출을 제한하고, 이스라엘을 지원한 국가들에 대해 석유 금수 조치 oil embargo 를 취했습니다. 특히, 이란, 이라크, 쿠웨이트, 사우디아라비아 등 주요 OPEC 회원국들이 협력하여 원유 공급을 줄이고 가격을 인상했습니다. 그러자 국제 원유 가격이 급등했습니다.

1973년 이전에 비해 원유 가격은 배럴당 약 3달러에서 12달러로 4배 이상 상승하면서 석유 수출 의존도가 높은 산업과 국가들에 상당한 경제적 부담을 줬습니다. 이로 인해 많은 국가에서 인플레이션과 경기 침체가 발생했습니다.

3 The first is supply—for years the biggest driver of price surges. Oil production is now less concentrated in the Middle East than it has been for much of the past 50 years. The region has gone from drilling 37% of the

world's oil in 1974 to 29% today. Production is also less concentrated among members of OPEC (see chart 2). That is partly because of the shale boom of the 2010s, which turned America into a net energy exporter for the first time since at least 1949. Growing output from non-OPEC countries such as Guyana, which produced record volumes of crude last year, is also helping to diversify supply. The International Energy Agency (IEA) reckons that new sources, along with increased volumes from America and Canada, will cover most of the growth in global demand in 2024.

Oil from Russia, the world's third-largest producer, has continued to flow despite restrictions from the West, which in 2022 imposed a price cap of $60 per barrel on Russian exports of seaborne crude. Traders based in Dubai and Singapore promptly rejigged tanker fleets to send vast quantities of discounted oil through Indian refineries, changing established routes with astonishing agility. Russian oil is now widely traded above the West's price cap. Yet in one respect, at least, the West's policy has worked: the continued availability of Russian oil has helped prevent the dramatic surge in prices that many feared in 2022, when the EU banned imports of

Russian crude after Vladimir Putin launched his full-scale **invasion** of Ukraine.

본 기사에서는 다양한 국제유가 인상 요인에도 불구하고 유가가 급등하지 않은 이유를 세 가지로 보고 있습니다. 위 두 단락은 그 중 첫 번째 이유인 OPEC에 대한 의존도가 낮아졌다는 것을 설명한 단락입니다.

가끔 국제유가 기사를 읽다 보면 위 단락처럼 셰일유 shale oil 가 나오는 경우를 종종 볼 수 있습니다. 셰일유는 셰일층이란 미세한 퇴적암층에서 추출되는 원유입니다. 특히 위 내용에서 2010년대 일어난 셰일 붐 shale boom of the 2010s 이라고 표현한 것처럼 2000년대 후반부터 미국에서는 셰일유 생산이 급증하면서 글로벌 원유 시장에서의 공급 과잉과 가격 하락을 유발하기도 했습니다. 셰일유는 에너지 자원의 다각화와 가격 안정성에 기여하는 중요한 역할을 합니다.

두 번째 단락에 나와 있는 러시아산 원유에 대한 배럴당 60달러의 가격 제한 price cap of $60 per barrel 은 미국과 다른 선진 7개국 G7 및 EU가 2022년 2월 러시아의 우크라이나 침공에 대한 대응으로 러시아의 원유 수출 수입을 제한하는 동시에 글로벌 원유 시장의 공급 안정화를 위해 러시아산 원유에 대한 가격 제한을 설정한 것을 말합니다.

5 Another reason for calm is OPEC members' ample spare production capacity (ie, the amount of oil that

can be produced from idle facilities at short notice). When production is tight, as it was during the early 2000s, exporting countries have little room to respond to increases in demand. That can send prices soaring (see chart 3). Today the situation is different. America's Energy Information Administration EIA estimates that OPEC's core members have around 4.5m barrels per day of spare capacity—greater than the total daily production of Iraq. For now, traders are betting that OPEC's cushion can soften the blow of the supply disruptions.

2000년대 초반에는 중국과 인도의 경제가 고도성장하고 2003년 주요 산유국인 이라크가 일으킨 전쟁 등의 사건으로 원유 공급을 둘러싼 불확실성이 커지면서 원유 가격은 배럴당 100달러를 넘어서기도 했습니다.
　　따라서 이때는 원유 수출국들 exporting countries 이 수요 증가에 대응할 여유가 별로 없었습니다. 이렇게 수급 불안이 생기면 가격은 당연히 속등 soaring 하게 되겠지만 위 단락에선 오늘날에는 '풍부한 여유 생산 용량(특정 원유 생산 시설이나 국가가 현재의 생산 능력 이상으로 추가로 생산할 수 있는 능력)' 때문에 이런 수급 불안이 생길 가능성이 낮다고 설명합니다.

Finally, there is demand itself (see chart 4). The world still has a big appetite for oil: according to the EIA de- 6 mand hit a record in 2023 and will be higher still in 2024, thanks in part to growth in India. But that is unlikely to push prices much higher. Global growth is not at the levels seen in the early 2000s. China, long the world's biggest importer of oil, is experiencing <u>anaemic</u> economic <u>growth</u>. Structural changes to its economy also make it less thirsty for the stuff: next year, for example, half of all new cars sold in the country are expected to be electric.

7 Other climate policies will have a similar effect elsewhere. In the long term, the world's move away from oil will ensure the market is more resilient to geopolitical shocks and production cuts, even if the transition is likely to be disruptive. Ukrainian drone strikes on Russian refineries recently pushed Brent above $85 per barrel for the first time since early November. For now, though, the price rise looks modest. It will take a lot to roil oil markets this year.

마지막 두 문단에서 anaemic growth와 modest growth의 차이는 뭘까요? 결론부터 말씀드리자면 전자는 '빈약한(미약한) 성장'을, 후자는 '완만한 성장'을 말합니다. 즉 전자는 성장률이 매우 낮거나 기대 이하의 수준을 말할 때 쓰고, 후자는 성장률이 긍정적이지만 크게 높은 수준은 아닌 경우를 설명할 때 씁니다. 예문을 살펴보겠습니다.

The Philippine economy expanded slightly faster than expected in the second quarter, with government spending and investments offsetting "anaemic" consumption growth as inflation weighed on households.
필리핀 경제는 2분기에 예상보다 약간 빠르게 성장했다. 인플레이션이 가계에 부담을 주면서 소비가 빈약한 증가에 그쳤지만 정부 지출과 투자가 이를 상쇄했다. (Reuters, 2024년 8월 8일)

The modest overall rise in the growth figure will come as a relief to the governing Conservative Party ahead of an expected election this year, although the economy remains in a fragile state.
경제가 여전히 취약한 상태에 있지만, 경제가 전반적으로 완만히 성장하면서 올해 예상되는 선거를 앞두고 집권 보수당은 안도감을 느낄 것으로 기대된다. (Euronews.com, 2024년 3월 13일)

사실 둘 사이를 우리말로 번역할 때 구분해서 번역하기는 힘듭니다. 굳이 구분을 하자면 그렇다는 뜻입니다. moderate growth보다 조금 더 강한 성장이란 뉘앙스를 풍기고 싶을 때는 solid growth라는 표현을 씁니다. 우리말로 '견조한 성장' 정도가 되겠습니다.

이 밖에 성장세가 아주 더디다고 할 때는 '부진하다' 또는 '느릿느릿 움직인다'는 뜻을 가진 sluggish나 '미지근하다'는 뜻의 tepid라는 단어를 써서 sluggish growth나 tepid growth라고

하고, 성장세가 꾸준하다고 할 때는 steady growth라고 합니다. 지금까지 언급한 단어들은 주로 경제 성장을 표현할 때 특히 자주 사용되니 각 단어의 차이점을 알고 계시면 경제 성장에 관한 표현이 나왔을 때 좀 더 쉽게 이해하실 수 있을 겁니다.

국제유가 가격은 인플레이션과 밀접한 연관성이 있기 때문에 우리가 국제유가 소식에 관심을 갖는 건 당연합니다. 국제유가가 올라서 기름값이 올랐거나 반대로 국제유가가 내려서 기름값이 내렸다는 기사를 자주 볼 수 있습니다. 주식, 채권, 외환 등과 마찬가지로 앞서 설명드렸듯이 ETF를 통해 주식을 사고팔 듯 투자할 수 있으므로 국제유가 투자를 통해 돈을 벌고 싶으신 분들은 특히 외신에 나오는 국제유가 소식을 예의 주시하셔야 합니다.

가장 최근인 2020년 COVID-19 팬데믹으로 여행 제한과 봉쇄 조치 등이 이뤄지고 전 세계적으로 경제 활동이 크게 위축되면서 원유 수요가 급감하자 그해 4월 29일 유가가 몇 시간 동안 사상 최초로 마이너스로 떨어지는 일이 일어나기도 했습니다.

이때 OPEC+ 국가들이 감산 협상에서 합의에 이르지 못하고 미국의 세일유 생산이 계속 증가하면서 원유 공급 과잉 상태가 더욱 심화되었습니다. 당시에는 원유 공급만 있고 수요가 없다 보니 원유를 저장할 공간이 부족할 정도였습니다. 그 무렵에 나온 한 영국 외신 보도를 잠시 보겠습니다. 이때까지만 해도 유가가 배럴당 10달러 아래로 떨어질 것이란 전망이 나왔습니다.

The global oil price fell to lows of $25 a barrel a last week, from more than $65 at the start of the year, and remains below $30 a barrel. Rystad has warned the industry that <u>the oil price may fall to $10 a barrel</u> this year.

연초 65달러를 넘었던 국제 유가는 지난주 배럴당 25달러로 최저치를 기록했으며, 여전히 배럴당 30달러를 밑돌고 있다. (컨설팅 업체인) 라이스타드는 올해 유가가 배럴당 10달러까지 떨어질 수 있다고 업계에 경고했다.

(The Guardian, 2020년 3월 25일)

한 달 뒤에 나온 다른 외신 기사를 보시죠.

U.S. crude oil futures collapsed below $0 on Monday for the first time in history, amid a coronavirus-induced <u>supply glut</u>, ending the day at a stunning minus $37.63 a barrel as desperate traders paid to get rid of oil.

Brent crude, the international benchmark, also slumped, but that contract was nowhere near as weak because more storage is available worldwide. While U.S. oil prices are trading in negative territory for the first time ever, it is unclear whether that will <u>trickle down</u> to consumers, who typically see lower oil prices <u>translate into</u> cheaper gasoline at the pump.

COVID-19 사태로 인한 공급 과잉으로 월요일 미국 원유 선물이 사상 최초로 (배럴당) 0달러 아래로 떨어지자 절박한 트레이더들이 원유를 처분하기 위해 돈을 지불하면서까지 내다 팔면서 원유는 배럴당 마이너스 37.63달러로 하루 거래를 마감했다.

글로벌 기준물인 브렌트유도 하락세를 보였지만, 전 세계적으로 저장할 수 있는 공간이 더 많이 확보되어 있어 이처럼 크게 약세를 보이지는 않았다.

미국 유가가 사상 처음으로 마이너스 영역에서 거래되고 있지만, 일반적으로 유가가 하락하면 주유소에서 휘발유 가격 인하로 이어지는 경우를 보곤 하는 소비자들에게까지 영향을 미칠지는 불분명하다. (Reuters, 2020년 4월 20일)

여기서 supply glut은 '공급 과잉', trickle down은 '위에서 아래로 퍼져 나가다', translate into는 '어떤 결과로 이어지다'라는 뜻입니다. 만일 이 당시 국제유가에 투자했다면 상당히 큰돈을 벌 수 있었을 것입니다. 그 뒤로 유가가 급등했기 때문이죠.

유가가 급락하자 2020년 4월 OPEC+는 대규모 감산 production cut 합의에 도달했습니다. 또 2020년 하반기부터 COVID-19 백신 개발과 배포와 더불어 세계 각국이 점진적으로 경제 봉쇄를 완화하고, 산업 활동과 교통량이 회복됨에 따라 원유 수요가 서서히 증가하기 시작했습니다. 여기에 가격 상승 기대감으로 투기적 수요가 늘어난 것도 가격 회복에 기여했습니다.

그러다 2022년 2월 러시아가 우크라이나를 침공하자 그다음 달인 3월에 WTI와 브렌트유는 배럴당 130달러 가까운 수준까지 올랐습니다. 러시아-우크라이나 전쟁으로 인해 원유 공급이 차질을 빚을 거란 우려가 커진 것이죠.

이후로 다시 안정세를 보이던 유가는 2024년 들어 다시 들썩였습니다. 이스라엘과 하마스의 공격에서 시작된 중동 지역 긴장이 유가를 다시 들쑤실 것이라는 기대감이 작용했던 것이죠. 이처럼 지역적으로는 당연히 산유국들이 대거 포진해 있는 중동지역의 지정학적 긴장geopolitical tension이 유가에 큰 영향을 주는 주요 원인입니다.

물론 지정학적 긴장만 유가에 영향을 주는 건 아닙니다. OPEC과 OPEC+의 증산과 감산, 세계 최대 원유 수입국인 중국의 경제 상황, 미국을 포함한 글로벌 경제 상황, 허리케인과 지진 등 자연재해, 겨울철 난방 수요, 여름 휴가철 운송 수요, 셰일유 생산, 중앙은행의 금리 정책, 투자자 심리 등이 모두 유가에 적지 않은 영향을 미칩니다.

6　Western firms are quaking as China's electric-car industry speeds up

중국의 전기 자동차 산업이 속도를 내자 떨고 있는 서구 기업들

Expertise in batteries and a vast domestic market give Chinese firms an edge

중국 기업은 전문성과 방대한 내수 시장 덕분에 배터리 시장에서 우위를 확보했다

1. It takes the ET5, an electric saloon from NIO, a Chinese carmaker founded in 2014, a mere four seconds to accelerate from a standstill to 100kph. That is more or less the same as the Porsche Carrera, a German petrol-powered sportscar beloved by adrenalin junkies. Chinese electric vehicles (EVs) are setting new standards for speed—in terms both of how fast they go and of how fast they are spreading around the globe. Already China's streets are clogged with them. And if Chinese manufacturers have their way, America's and Europe's soon will be, too. An industry used to a sedate cycle of marginal improvements is being upended at "China speed", says Ralf Brandstätter, Volkswagen's boss in the country.

2. In 2023, Chinese industry groups claim, China overtook Japan to become the world's biggest exporter of cars, in part because of surging sales of EVs. In the final quarter of 2023, BYD, a Chinese firm, surpassed Tesla as the world's biggest manufacturer of purely battery-powered vehicles, selling 526,000 of them to the American firm's 484,000. As the shift away from the internal-combustion engine (ICE) gathers pace, established carmakers are beginning to worry that Chinese upstarts might run them off the road.

3. The anxiety is well-founded. Western firms' expertise making ICEs counts for little in the electrical age. What is more, the Chinese government has hugely subsidised the EV industry. China dominates the manufacture of

2014년에 설립된 중국 자동차 제조사 니오의 전기 세단 ET5는 [1]
정지 상태에서 시속 100km까지 가속하는 데 단 4초밖에 걸리지 않는다. 이는 아드레날린 중독자들에게 사랑받는 독일의 가솔린 스포츠카 포르쉐 카레라와 거의 같은 성능이다. 중국 전기 자동차 EV는 달리는 속도와 전 세계 보급 속도 면에서 새로운 기준을 세우고 있다. 이미 중국의 도로는 전기차로 가득하다. 그리고 중국 제조업체들이 마음먹은 대로 된다면 미국과 유럽의 도로도 곧 그렇게 될 것이다. 랄프 브란트슈타터 폭스바겐 중국 사장은 차분하고 완만한 개선 사이클에 익숙한 산업이 '중국의 속도'로 인해 뒤집히고 있다고 말한다.

중국 업계 단체에서는 전기차 판매가 급증한 덕분에 2023년 중 [2]
국이 일본을 제치고 세계 최대 자동차 수출국으로 부상했다고 주장한다. 2023년 4분기에 중국 기업인 비야디는 52만 6,000대를 팔아 48만 4,000대를 판매한 미국 기업 테슬라를 제치고 세계 최대 순수 배터리 구동 차량 제조업체 자리에 올랐다. 탈脫내연기관 ICE 움직임이 가속화되면서 기존 자동차 제조사들은 중국의 신생 기업이 도로에서 자신들을 몰아낼 수 있다는 우려를 하기 시작했다.

이러한 우려는 근거가 충분하다. 전기차 시대에는 서구 기업이 [3]
가진 내연기관 자동차 제조의 전문성이 그다지 중요하지 않다. 더군다나 중국 정부는 전기차 산업에 막대한 보조금을 지급하고 있다. 중국은 전기차의 핵심 부품인 배터리 제조 분야를 지

electric cars' most critical component, batteries. And China's vast domestic market allows local firms to benefit from economies of scale.

4 Chinese firms face some obstacles, too. For starters, many of the country's new EV startups are not yet profitable, despite the generous handouts. As their exports increase, the Chinese government may balk at subsidising Western consumers as lavishly as it has Chinese ones. Countervailing subsidies and other protectionist measures are on the rise around the world. And fears that Chinese-made cars might somehow compromise the security of importing countries may also become an impediment to exports. All that notwithstanding, however, it seems all but certain that Chinese EVs will become a big presence on the world's roads, just as Japanese and South Korean cars did before them.

5 BYD shows what China can do. A tech firm that once specialised in batteries, it began making cars in 2003—at first with limited success. Although it managed to become the world's biggest manufacturer of electric buses, as recently as 2017 it sold only 420,000, mostly ICE, cars. Sales were falling. Last year, however, it sold 3m pure electric or plug-in hybrid vehicles—at a profit. It exports to over 70 countries and on December 22nd announced that it would build an EV factory in Hungary, to serve the European market from within.

배하고 있다. 또한 중국의 방대한 내수 시장 덕분에 현지 기업들은 규모의 경제가 주는 혜택을 누리고 있다.

중국 기업들 역시 몇 가지 장애물에 직면해 있다. 우선 중국의 신생 전기차 스타트업 중 상당수는 많은 지원금을 받았는데도 불구하고 아직 적자 상태다. 그들의 수출이 늘어나면 중국 정부는 중국 소비자만큼 서구 소비자에게 아낌없이 보조금을 지급하는 것을 주저할 수 있다. 전 세계적으로 상계 관세로 보조금을 견제하는 보호무역주의 조치가 늘어나고 있다. 또한 중국산 자동차가 수입국의 안보를 위협할 수 있다는 우려도 중국산 전기차 수출에 걸림돌이 될 수 있다. 하지만 그럼에도 불구하고 중국산 전기차가 한국과 일본 자동차가 그랬던 것처럼 전 세계 도로에서 큰 존재감을 발휘할 것이라는 건 거의 확실해 보인다.

비야디는 중국이 할 수 있는 일이 무엇인지를 보여주는 대표적 사례다. 한때 배터리 전문 회사였던 비야디는 2003년부터 자동차 제조에 뛰어들었지만 처음에는 제한적인 성공을 거뒀을 뿐이다. 세계 최대의 전기 버스 제조업체가 되긴 했지만 2017년까지만 해도 고작 42만 대 판매에 그쳤고, 판매한 차량도 대부분 내연기관 차였다. 판매량도 감소 추세였다. 하지만 지난해에는 순수 전기 또는 플러그인 하이브리드 차량을 300만 대 판매하며 흑자 전환했다. 비야디는 현재 70여 개국에 수출하고 있으며, 지난 12월 22일에는 헝가리에 전기차 공장을 건설하여 유럽 시장 공략 계획을 발표했다.

Roadkill

6 Firms like BYD are frightening to foreign carmakers because China has the world's most developed market for EVs, and local brands dominate it. That is not because foreign carmakers have no presence in the country—far from it. Until recently, firms like Volkswagen and BMW were thriving in China. Since the 1990s they have made and sold lots of cars there through joint ventures with local firms. As these joint ventures grew, China became the world's biggest producer of cars in 2009. It also became the world's biggest market and the biggest source of profits for many Western brands. Volkswagen Group, for instance, sold 3.2m cars in China in 2023, around a third of its global sales.

7 In 2017 the government allowed Tesla to make cars in China without a local partner. It opened a factory in Shanghai in 2019. This was part of a concerted effort to promote the adoption of EVs, which have quickly become the fastest-growing element of China's car industry (see chart 1). In November some 42% of car sales in China were either pure battery or hybrids. That is well ahead of both the EU, at 25% or so, and America, at just 10%. What is more, although the pace is slowing, Chinese EV sales are still growing fast: by 28% in the third quarter of 2023 compared with a year earlier, according to the China Association of Automobile Manufacturers. Most forecasters reckon that by 2030 some 80-90% of cars sold

로드킬

중국은 세계에서 가장 발전된 전기차 시장을 보유하고 있을 뿐 6
아니라 현지 브랜드가 시장을 장악하고 있기 때문에 외국 자동
차 제조사에게 비야디와 같은 기업은 두려운 존재다. 외국 자동
차 제조사가 중국에서 존재감이 없기 때문에 그런 건 결단코 아
니다. 최근까지만 해도 폭스바겐과 BMW 같은 회사들이 중국
에서 번창했다. 그들은 1990년대부터 현지 기업과의 합작 투자
를 통해 중국에서 많은 자동차를 생산하고 판매했다. 이러한 합
작 투자가 늘어나자 중국은 2009년에 세계 최대 자동차 생산국
이 되었다. 중국은 또한 세계 최대 자동차 시장이자 많은 서구
브랜드에게 가장 큰 수익원으로 자리매김했다. 예를 들어, 폭스
바겐 그룹은 2023년 중국에서 320만 대의 자동차를 판매했는
데, 이는 전 세계 판매량의 약 3분의 1에 해당하는 수치다.

2017년 중국 정부는 테슬라가 현지 파트너 없이도 중국에서 자 7
동차를 만들 수 있게 허용했다. 그러자 테슬라는 2019년 상하
이에 공장을 설립했다. 이는 중국 자동차 업계에서 가장 빠르게
성장하고 있는 전기차의 보급을 촉진하기 위해 공동으로 벌인
노력의 일환이었다(차트 1 참조). 11월 중국 자동차 판매량의 약
42%가 순수 배터리 또는 하이브리드 차량이었다. 이는 이 비율
이 25% 정도인 유럽연합EU이나 10%에 불과한 미국보다 훨씬
더 높은 수치다. 게다가 중국자동차제조업협회에 따르면 중국
의 전기차 판매 속도가 둔화되고 있지만 2023년 3분기 판매량
은 전년 동기 대비 28% 증가하는 등 여전히 빠르게 성장하고 있
다. 대부분의 전문가들은 2030년까지 중국에서 판매되는 자동
차의 약 80~90%가 전기차가 될 것으로 예상하고 있다. 그리고

in China will be EVs. And China is now by far the biggest car market in the world, with about 22m passenger vehicles sold in 2022, compared with less than 13m in both America and Europe.

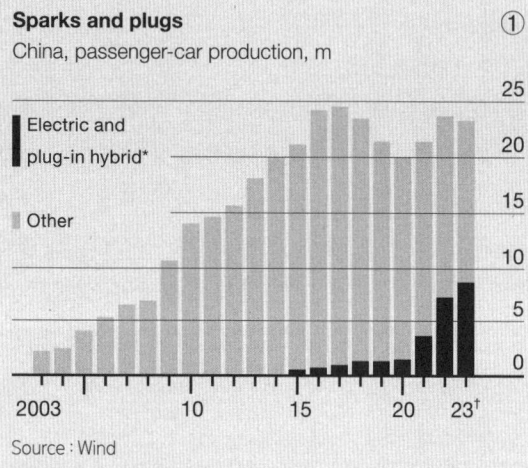

Sparks and plugs
China, passenger-car production, m
■ Electric and plug-in hybrid*
■ Other
Source: Wind
*Includes fuel-cell cars / † To November

8 That is why it alarms foreign carmakers that Chinese brands are pre-eminent in local EV sales. The Chinese market as a whole remains roughly evenly split between foreign and domestic brands (see chart 2). But for EVs, the ratio is more like 80:20, according to UBS, a Swiss bank. As a result, Volkswagen's market share in China has slumped, from nearly 20% in 2020 to 14% in 2023. Its share of EV sales is a puny 3%.

9 Chinese firms' advantage stems partly from subsidies for local firms. Government handouts for electric and

중국은 2022년 모두 1,300만 대도 팔지 못한 미국과 유럽보다 많은 약 2,200만 대의 자동차를 판매한 세계 최대 자동차 시장이다.

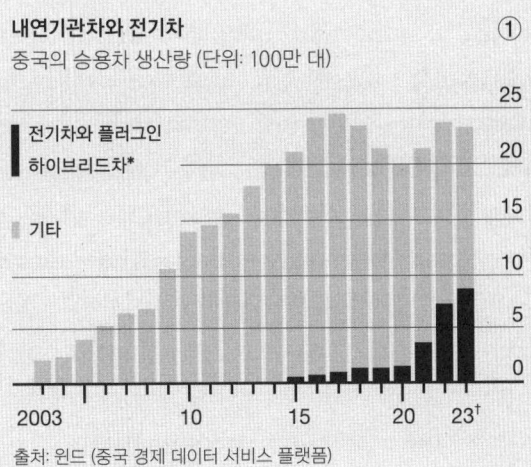

내연기관차와 전기차
중국의 승용차 생산량 (단위: 100만 대)

출처: 윈드 (중국 경제 데이터 서비스 플랫폼)
*연료전지차 포함 / 11월까지 기준

중국 브랜드가 현지 전기차 판매에서 두각을 나타내고 있다는 사실에 해외 자동차 제조사들이 놀라는 것도 이런 이유 때문이다. 전체 중국 시장을 해외와 자국 브랜드가 거의 균등하게 나눠 갖고 있다(차트 2 참조). 하지만 스위스 은행인 UBS에 따르면 전기차의 경우 이 비율이 80 대 20에 가까울 만큼 중국 브랜드의 위세가 높다. 결과적으로 폭스바겐의 중국 시장 점유율은 2020년 20%에서 2023년 14%로 하락했다. 게다가 이 회사의 전기차 시장 점유율은 3%에 불과하다. [8]

중국 기업은 자국 기업에 주는 보조금 덕분에 유리한 위치에 서 있다. 컨설팅 업체인 알릭스파트너스는 2016~2022년 중국 정 [9]

hybrid vehicles added up to $57bn in 2016-22, says AlixPartners, a consultancy. Rhodium Group, a research firm, estimates that between 2015 and 2020 BYD alone received $4.3bn via cheap loans and equity.

10 Perhaps just as important was $2.5bn in similar support for CATL, which in 2017 became the world's biggest manufacturer of the lithium-ion batteries used in most EVs. All told, China now makes 70% of the world's lithium-ion batteries. Purchase subsidies, which will be worth more than $4,000 a car this year, have also helped the EV industry. Protectionism has played a part, too: only cars with domestically made batteries are eligible for the purchase subsidies, a rule which in effect shut out Japanese and South Korean competition.

11 All this has helped build a vast local supply chain, which now benefits from economies of scale. VW reckons it cuts manufacturing costs by at least 30% by sourcing locally. Chinese-made "infotainment" systems for its cars, for example, are 34% cheaper than older versions bought abroad, even though they have 70% more computing power, says Ludger Lührmann, chief technology officer at VW's new innovation centre in the city of Hefei.

12 Low costs mean low prices, which are also kept in check through furious competition. There are around 150 carmakers in China, including foreign brands, big state-owned companies and EV startups, all vying with one

부가 전기차와 하이브리드차에 570억 달러의 보조금을 준 것으로 보고 있다. 리서치 회사인 로듐 그룹은 2015년부터 2020년까지 비야디 혼자서만 저렴한 대출과 자본을 통해 43억 달러의 보조금을 받은 것으로 추산한다.

이에 못지않게 중요한 건 2017년에 대부분의 전기차에 사용되는 리튬이온 배터리의 세계 최대 제조업체로 부상한 CATL에 대한 25억 달러 상당의 유사한 지원이었을 것이다. 이제 중국은 전 세계에서 생산되는 모든 리튬이온 배터리의 70%를 생산하고 있다. 올해 자동차 한 대당 4,000달러를 상회할 것으로 예상되는 구매 보조금도 전기차 산업을 돕고 있다. 국내산 배터리를 장착한 자동차만 구매 보조금을 받을 수 있다는 규정으로 사실상 한국과 일본 업체들과의 경쟁을 차단해 버린 보호무역주의도 이런 도움에 한몫했다.

이 모든 요소로 도움을 받아 구축된 방대한 현지 공급망은 규모의 경제가 주는 이점을 누리고 있다. 폭스바겐은 현지 소싱을 통해 제조 비용을 30% 이상 절감할 수 있다고 생각한다. 예를 들어, 중국산 차량용 '인포테인먼트' 시스템은 컴퓨팅 성능이 70% 더 뛰어나지만 해외에서 구매한 구형 버전보다 34% 가격이 더 저렴하다고 (중국 안후이성 성도인) 허페이에 소재한 폭스바겐의 새로운 혁신 센터의 최고기술책임자CTO 루데거 뤼어만은 말한다.

낮은 원가로 가격을 낮출 수 있지만, 치열한 경쟁도 가격 인상을 억제하고 있다. 중국에는 외국 브랜드, 대형 국유기업, 전기차 스타트업 등 약 150개 자동차 제조사가 시장 점유율을 놓고 서

another for market share. Tesla recently initiated a price war, in an effort to sustain sales.

13 But Chinese EVs are not just cheap, they also enjoy superior technology in some respects. Analysts believe that one of the main ways that brands of EVs will differentiate themselves is by their software and styling. Here China has an edge, because its drivers are so much younger than Western buyers. They value sophisticated infotainment systems with first-rate sound and images. Research from Langston, a consultancy, suggests that they rank BYD and Nio higher on these measures than Western carmakers, even though they do not consider Chinese EVs safer, more reliable or more comfortable.

14 As Pedro Pacheco of Gartner, another consultancy, points out, Chinese firms are also managed differently. They are less risk averse and move faster than foreign firms, quickly updating tech and introducing new models to keep customers interested. Treating new cars like consumer-tech products, such as smartphones, extends to ditching duds quickly. Li Auto now ceases production of new models in a matter of months if they do not sell well.

15 EV startups such as Li Auto, Nio and Xpeng were all founded by tech billionaires who, like Tesla's Elon Musk, regard their firms as tech companies that happen to make cars. In fact, lots of Chinese tech firms are getting involved in the car industry. Whereas Apple has mulled

로 경쟁하고 있다. 테슬라는 최근 판매량을 유지하기 위해 가격 전쟁을 시작했다.

하지만 중국산 전기차는 저렴할 뿐만 아니라 어떤 면에서는 뛰어난 기술력을 자랑한다. 분석가들은 전기차 브랜드들이 소프트웨어와 스타일링을 통해서 서로 차별화를 이룰 수 있다고 생각한다. 그런데 중국 운전자들은 서구 구매자들보다 훨씬 더 젊기 때문에 이런 점에서 중국이 우위를 점하고 있다. 그들은 최고급 사운드와 이미지를 갖춘 정교한 인포테인먼트 시스템을 중요시한다. 컨설팅 회사인 랭스턴의 조사에 따르면 중국 운전자들은 중국 전기차가 굳이 더 안전하거나, 더 신뢰할 만하거나, 더 편안하다고 생각하지는 않더라도 이러한 면에서 서구 자동차 제조사보다 비야디와 니오가 더 뛰어나다고 믿는다. [13]

또 다른 컨설팅 업체인 가트너의 페드로 파체코의 지적대로 중국 기업들은 다른 경영 방식을 따르고 있다. 다시 말해 그들은 외국 기업보다 위험 회피 성향이 덜하고, 더 움직이는 속도가 빨라 기술을 재빨리 업데이트하고 새로운 모델을 출시하면서 고객의 관심을 유지한다. 신차를 마치 스마트폰과 같은 소비자 기술 제품처럼 취급하다 보니 불량품은 재빨리 없애 버리기까지 한다. 리 오토는 이제 신모델이 잘 팔리지 않으면 몇 달 만에 생산을 중단한다. [14]

리 오토, 니오, 엑스펑 같은 전기차 스타트업은 모두 테슬라의 일론 머스크처럼 자신의 회사를 우연히 자동차를 만들게 된 기술 회사처럼 여기는 억만장자가 설립한 기업들이다. 실제로 많은 중국 기술 기업이 자동차 산업에 뛰어들고 있다. 애플이 오랫 [15]

such a venture long and indecisively, Xiaomi, a big Chinese smartphone-maker, unveiled its first vehicle in December (a fancy and expensive saloon). It plans to make cheaper models in future with the immodest goal of becoming one of the world's top five carmakers in 15-20 years. Huawei, a telecoms firm, and Baidu, a search engine, have also teamed up with car firms to make vehicles.

16 Foreign carmakers, in contrast, are struggling to transform into Tesla-like software firms. They are used to the slower cycles of the ice age. But firms that launch a new model every six or seven years cannot keep pace with buccaneering Chinese rivals, which move almost twice as fast. Foreign firms' habit of "localising" global models with small adaptations for specific markets also results in cars that are far behind Chinese customers' expectations.

Old bangers

17 As a result, foreign brands are losing an allure that allowed them to charge double or triple what a Chinese firm might ask for an ICE car. Naturally, they are trying to adapt. Most have long had R&D outposts in China as well as other important locations such as Silicon Valley. VW's facility in Hefei is one of its main global innovation centres, in part to keep up with the tech demands of Chinese buyers.

동안 그런 모험에 뛰어들지 고민하다 결정적인 행동에 옮기지 않은 반면에 중국의 대형 스마트폰 제조업체인 샤오미는 12월에 첫 번째 자동차(화려한 고가의 세단)를 공개했다. 샤오미는 앞으로 15~20년 안에 세계 5대 자동차 제조사가 되겠다는 야심찬 목표를 가지고 더 저렴한 모델을 만들 계획이다. 통신사인 화웨이와 검색 엔진인 바이두도 자동차 회사와 협력해 자동차를 만들고 있다.

반면에 외국 자동차 제조사들은 테슬라 같은 소프트웨어 회사로 변신하기 위해 고군분투하고 있다. 그들은 (수천 년 동안 서서히 진행되는) 빙하기처럼 느린 변화 주기에 익숙해져 있다. 하지만 이들처럼 6~7년마다 새로운 모델을 출시해서는 이보다 두 배 가까이 빠르게 움직이는 중국 경쟁사들을 따라잡을 수가 없다. 글로벌 모델을 특정 시장에 맞게 조금만 변형해 '현지화'하는 외국 기업의 습관은 중국 고객의 기대치에 훨씬 못 미치는 자동차를 만들어내는 결과로 이어진다. [16]

낡고 오래된 차

결과적으로 외국 브랜드는 중국 기업보다 내연기관 차 가격을 두세 배 더 높게 책정할 수 있게 해 준 매력을 잃고 있다. 그들이 적응하기 위해 노력하는 건 당연하다. 대부분은 오랫동안 중국뿐만 아니라 실리콘밸리 같은 다른 중요한 지역에 R&D 전초기지를 두고 있다. 폭스바겐의 허페이 시설은 중국 구매자의 기술적 요구에 부응하기 위해 세운 주요 글로벌 혁신 센터에 속한다. [17]

[18] Foreign firms are also forming new alliances with Chinese ones. VW agreed in July to acquire a 5% stake in Xpeng for $700m. Together they plan to develop two new electric SUVs by 2026, which may help VW regain some of the ground it has lost. It has also struck deals with Horizon Robotics, a Chinese software firm, and Gotion, a Chinese battery-maker. Stellantis (whose largest shareholder owns a stake in The Economist) has had little presence in China since a joint venture to make Jeeps folded in 2022. But in October it signed a deal with Leapmotor to make and sell low-cost EVs outside China.

[19] Such is the drubbing foreign firms are receiving at the cheaper end of the market that they may all depart in the next five years, reckons Michael Dunne of Dunne Insights, a consultancy. The fancier German brands, BMW and Mercedes, and Lexus, Toyota's upmarket arm, may hang on for longer. Dedicated new EV platforms, to replace ones shared with ICE models, will be introduced in the next few years, bringing better tech and lower costs. But some analysts see the market as a lost cause: Patrick Hummel of USB suggests that, instead of throwing money at China to regain market share, firms should just cash in while they still can.

[20] This grim outlook is especially troubling because, although China's adoption of EVs has been rapid, the rest of the world is clearly headed in the same direction. The EU has banned sales of ICE cars from 2035. America is en-

외국 기업들은 중국 기업들과 새로운 연대도 모색하고 있다. 폭스바겐은 7월에 샤오펑의 지분 5%를 7억 달러에 인수하기로 합의했다. 양사는 2026년까지 2종의 새로운 전기 SUV를 개발할 계획이다. 이는 폭스바겐이 잃어버린 입지를 되찾는 데 도움을 줄지 모른다. 폭스바겐은 또 중국 소프트웨어 회사인 호라이즌 로보틱스 및 중국 배터리 제조업체인 교선과도 제휴 계약을 체결했다. 최대 주주가 『The Economist』의 지분을 소유하고 있는 스텔란티스는 2022년 지프를 만들기 위한 합작 투자가 무산된 이후 중국에서 거의 존재감을 드러내지 못했다. 하지만 지난 10월에 립모터와 중국 외 지역에서 저가 전기차를 제조 및 판매하기로 계약을 체결했다.

컨설팅 업체인 던 인사이트의 마이클 던은 외국 기업들이 중국 전기차의 매우 저렴한 가격 때문에 결정적인 타격을 입은 나머지 앞으로 5년 안에 모두 중국을 떠날 수 있다고 생각한다. 값비싼 독일 브랜드인 BMW와 메르세데스 및 토요타의 고급 브랜드인 렉서스는 더 오래 버틸 수 있을지 모른다. 내연기관 모델과 공유하는 플랫폼을 대체할 새로운 전기차 전용 플랫폼이 향후 몇 년 안에 등장하면 이들이 기술력을 높이고 원가를 낮출 수 있을 것이다. 하지만 그들에게 이 시장은 이미 가망이 없다고 보는 분석가들도 있다. UBS의 패트릭 험멜은 기업들이 시장 점유율 회복을 위해 중국에 돈을 쏟아붓기보다는 아직 할 수 있을 때 현금을 확보해 놓을 것을 제안한다.

이러한 암울한 전망이 특히 문제가 되는 이유는 그동안 중국의 전기차 도입 속도가 빨랐지만 전 세계도 역시 분명 같은 방향으로 나아가고 있기 때문이다. EU는 2035년부터 내연기관 차 판매를 금지했다. 미국은 자체적으로 막대한 보조금을 지급하며

couraging drivers to switch by offering lavish subsidies of its own. By 2035 EVs should account for perhaps 70% of global sales. That would amount to 60m-70m vehicles a year. Chinese firms are already looking to new markets.

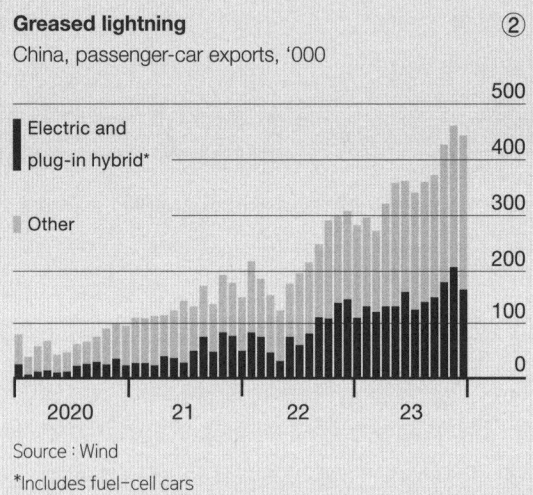

Greased lightning
China, passenger-car exports, '000

Source: Wind
*Includes fuel-cell cars

21 Europe is likely to become the next battleground. Chinese firms' models, which are mostly small hatchbacks and SUVs, suit the continent's motorists. Tariffs of 10% are relatively low and the Chinese already have a foothold. Geely, a big Chinese carmaker, owns several European brands, including Volvo, Lotus and Polestar (an EV-only spin-off from Volvo). It hopes its European expertise will help it sell Chinese-made EVs from its Lynk&Co and Zeekr brands. MG, which belongs to SAIC, a state-owned carmaker, is Europe's best-selling pure-electric brand from China. Cars made by BYD Great Wall Motors,

운전자들의 전기차 전환을 장려하고 있다. 2035년이 되면 전기차가 전 세계 자동차 판매량의 70%를 차지할 수 있을 것으로 예상된다. 이는 연간 6,000만~7,000만 대의 차량이 팔린다는 뜻이다. 중국 기업들은 이미 새로운 시장을 찾고 있다.

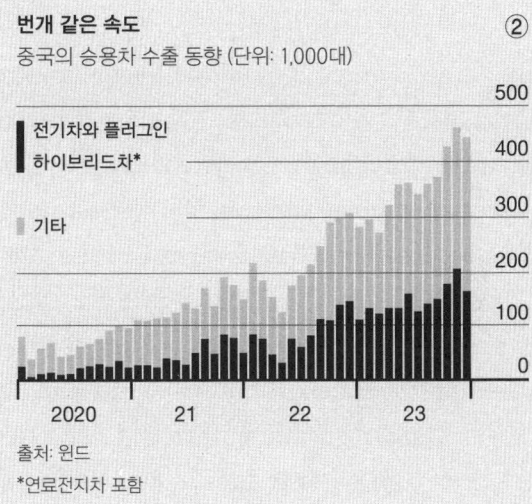

번개 같은 속도 ②
중국의 승용차 수출 동향 (단위: 1,000대)

■ 전기차와 플러그인 하이브리드차*
▨ 기타

출처: 윈드
*연료전지차 포함

유럽이 다음 격전지가 될 가능성이 높다. 소형 해치백과 SUV [21] 위주인 중국 기업의 모델은 유럽 운전자들에게 적합하다. (유럽이 중국산 전기차에 부과하는) 10%의 관세는 상대적으로 낮고, 중국 기업들은 이미 (유럽 시장 공략의) 발판을 마련했다. 중국의 대형 자동차 제조사인 지리자동차는 볼보, 로터스, 폴스타(볼보가 분사한 전기차 전용 제조사) 등 여러 유럽 브랜드를 소유하고 있다. 지리자동차는 유럽에서 쌓은 전문성을 바탕으로 Lynk&Co와 지커 브랜드의 중국산 전기차를 판매할 수 있기를 기대하고 있다. 국영 자동차 제조사인 상하이자동차가 소유한 MG는 유럽에서 가장 많이 팔리는 중국산 순수 전기차 브랜드다. 비야디, 장성자동차, 니오, 샤오펑에서 만든 자동차 역시

Nio and Xpeng are on sale in a number of European countries. Other firms, such as HiPhi, are on the way.

22 So far the influx is small. Around 40% of Chinese exports in 2023, some 2.2m cars, will have been EVs reckons Canalys, a consultancy. Nonetheless, 9% of the purely battery-powered EVs sold in Europe in the first ten months of 2023 were made by Chinese firms, according to Schmidt Automotive, a data firm. Mass-market European firms such as Renault, Stellantis and VW are struggling to make smaller, cheaper EVs that can compete both with ICE equivalents and Chinese imports. VW's ID.3 and Tesla's Model 3 are both about 15% more expensive in Europe than BYD's Seal, a midsized saloon that is bigger and arguably better. In China the Seal costs less than half what it does in Europe but is still profitable. Even taking into account shipping costs and tariffs, BYD could cut prices in Europe and still make money. Thanks to such arithmetic, UBS thinks Chinese carmakers' market share in Europe could rise from 3% in 2022 to 20% in 2030.

23 Chinese carmakers will face obstacles on their advance into Europe. Most of their brands are unknown to European consumers. Winning customers away from firms with a loyal following, such as BMW and Mercedes, will be especially tricky. Establishing a retail network, either through direct sales or dealers, takes time and money. So does setting up after-sale servicing.

여러 유럽 국가에서 판매되고 있다. 하이파이 같은 다른 회사들도 유럽 진출을 준비 중이다.

아직까지는 유입량이 적은 편이다. 컨설팅 업체인 캐널리스는 2023년 중국 수출량의 약 40%인 220만 대 정도가 전기차인 것으로 추산한다. 그럼에도 불구하고 데이터 회사인 슈미트 오토모티브에 따르면 2023년 첫 10개월 동안 유럽에서 판매된 순수 배터리 구동 전기차 중 9%는 중국 기업이 제조한 것이었다. 르노, 스텔란티스, 폭스바겐처럼 대중 시장을 겨냥해 차를 파는 유럽 기업들은 중국산과 경쟁할 수 있는 더 작고 저렴한 전기차를 만들기 위해 고군분투하고 있다. 폭스바겐의 ID.3과 테슬라의 모델 3는 유럽에서 더 크기가 크면서 성능은 분명히 더 좋은 비야디의 중형 세단 씰보다 약 15%나 더 비싸다. 중국에서는 씰의 가격이 유럽의 절반에도 못 미치지만 여전히 높은 수익성을 자랑한다. 심지어 배송비와 관세를 고려하더라도 유럽에서 가격을 인하해도 여전히 수익을 낼 수 있을 정도다. UBS는 이러한 계산 덕분에 중국 자동차 제조사의 유럽 시장 점유율이 2022년 3%에서 2030년 20%까지 올라갈 수 있다고 전망한다.

중국 자동차 제조사들은 유럽 진출 과정에서 여러 장애물에 직면할 것이다. 중국 브랜드 대부분이 유럽 소비자들에게 잘 알려져 있지 않다는 게 문제다. 특히 BMW와 메르세데스처럼 충성도 높은 고객을 보유한 기업으로부터 고객을 빼앗아 온다는 게 여간 까다로운 일이 아닐 수 있다. 직접 판매나 딜러를 통해 소매 판매망을 구축하려면 시간과 비용이 든다. 애프터서비스망 구축도 마찬가지다.

24 These expensive tasks will be especially onerous for the many Chinese EV startups that are losing money. Fast introduction of new models has its downside. Costs have to be amortised over a much shorter period than is typical in the industry, says Mr Hummel. Bernstein, a broker, reckons that Li Auto might report a profit for 2023 but that NIO and Xpeng will lose money for the next few years. NIO has already had a state bail-out, is said to lose $35,000 per sale and in November said it would lay off 10% of its employees. (Although in December it secured $2.2bn from an investment fund from the United Arab Emirates.)

25 The consolidation of the industry that China's government has long desired looks inevitable. In the long run, however, that should create a clutch of stronger firms, better able to compete internationally. Mr Hummel thinks China will eventually end up with 10-12 firms making over 1m cars, some of which will go global.

Speedtraps

26 Chinese exporters may find that European governments put roadblocks in their way. In December France introduced a new subsidy scheme that favours cars made in Europe and Italy is considering doing the same. The European Commission initiated an investigation of state subsidies for Chinese car firms in October, which could lead to an increase in tariffs.

이처럼 비용이 많이 드는 작업은 적자를 내고 있는 많은 중국 전 24
기차 스타트업에게 특히 더 큰 부담으로 작용할 수밖에 없다. 신
형 모델을 빠르게 도입하는 데도 문제가 있다. 험멜에 따르면 그
러려면 업계에서 흔히 볼 수 있는 것보다 훨씬 짧은 기간에 걸쳐
비용을 상각해야 한다. 브로커인 번스타인은 리 오토가 2023년
에는 흑자를 낼 수 있더라도 니오와 샤오펑은 향후 몇 년 동안
적자를 낼 것으로 예상한다. 니오는 이미 중국에서 구제금융을
받은 전례가 있고, 1대 판매할 때마다 3만 5000달러의 손실을
보고 있는 것으로 알려졌다. 니오는 11월에 직원 10%를 감원한
다고 밝혔다. (12월에는 아랍에미리트의 투자 펀드로부터 22억
달러를 확보했는데도 불구하고 말이다)

중국 정부가 오랫동안 원해 온 업계의 통합은 불가피해 보인다. 25
그러나 장기적으로는 그로 인해 세계 무대에서 경쟁력을 갖춘
더 강력한 기업이 탄생할 것이다. 험멜은 결국 중국에서 10~12
개 기업만 살아남아 100만 대 이상의 자동차를 생산하고, 그중
일부는 글로벌 기업으로 성장하게 될 것으로 내다봤다.

스피드 트랩

중국 수출업체들은 유럽 정부가 설치한 장애물에 맞닥뜨릴지 26
도 모른다. 지난 12월 프랑스는 유럽산 자동차에 유리한 새로운
보조금 제도를 도입했으며, 이탈리아도 같은 제도 도입을 고려
하고 있다. 유럽연합집행위원회EC는 10월에 중국 자동차 회사
가 받는 국가 보조금에 대한 조사에 착수했으며, 조사 결과에
따라 관세 인상으로 이어질 수 있다.

27 Yet these protectionist measures are unlikely to halt Chinese firms' advance. Higher tariffs are not "live or die", according to Lihong Qin, a co-founder of NIO. Europe's carmakers are not baying for them. China remains a big market for most of them, and they worry about retaliatory measures. Moreover, cars exported from European firms' factories in China would also be hit by higher tariffs. Even Stellantis, whose boss, Carlos Tavares, warns of a "terrible fight" with the Chinese and once loudly called for protection, is critical of the probe. It may be worried about the implications for its tie-up with Leapmotor.

28 Higher tariffs may also prompt more Chinese firms to start making cars in Europe. BYD is said to be planning at least one more factory in Europe in addition to the one in Hungary. Japanese and South Korean car firms started to thrive abroad only after they localised production. This strategy, argues Bernstein, not only makes it easier to cater to local tastes, but also "brings local governments and local defenders on-board".

29 Even America's efforts to slam the door on China's car firms may not succeed. It levies tariffs of 27.5% on imported EVs and restricts purchase subsidies to vehicles that are made in America. But Chinese carmakers are making inroads in Mexico, a country with a free-trade agreement with America. Their market share has roared ahead, from 0.5% in 2016 to 20% today. NAFTA's

그러나 이러한 보호무역주의 조치가 중국 기업의 전진을 막지 27
는 못할 것이다. 니오의 공동 설립자인 진리홍에 따르면 관세 인
상은 '죽고 사는' 문제는 아니다. 유럽의 자동차 제조사들도 그
러한 고율의 관세 부과를 요구하지 않고 있다. 그들에게 중국은
여전히 큰 시장이라 중국의 보복 조치에 대해 걱정하고 있기 때
문이다. 게다가 중국 내 유럽 기업 공장에서 수출되는 자동차도
관세 인상으로 타격을 받을 수 있다. 중국과의 '끔찍한 싸움'을
경고하면서 큰 목소리로 보호받기를 요구했던 카를로스 타바
레스가 이끄는 스텔란티스조차 유럽의 조사에 대해 비판적이
다. 이번 일이 립모터와의 제휴에 미칠 영향에 대해 걱정하고 있
어 그런 것일 수 있다.

고율의 관세로 유럽에서 자동차를 생산하기 시작하는 중국 기 28
업이 더 늘어나게 될 수 있다. 비야디는 헝가리에 있는 공장 외
에 유럽에 적어도 하나의 추가 공장 설립을 계획하고 있는 것으
로 알려졌다. 한국과 일본의 자동차 제조사들은 먼저 생산을
현지화하고 나서야 비로소 해외에서 성공하기 시작했다. 번스
타인은 "이러한 전략이 현지인의 입맛에 맞추기 쉬울 뿐만 아니
라 지역 정부와 지역의 우호세력을 자기 편으로 끌어들일 수 있
다"라고 주장한다.

중국 자동차 회사들에 빗장을 걸려는 미국의 노력도 실패로 끝 29
날지 모른다. 미국은 수입 전기차에 27.5%라는 고율의 관세를
부과하고, 미국산 차량에 대해선 구매 보조금 지급을 제한하
고 있다. 그러나 중국 자동차 제조사들은 미국과 자유무역협정
FTA을 체결한 멕시코로 진출하고 있다. 그러자 2016년 0.5%였
던 멕시코 내 시장 점유율은 현재 20%까지 급성장했다. 북미자

rules-of-origin requirements prevent vehicles made in China from being re-exported to the United States duty-free. But there is nothing to stop Chinese firms from building factories in Mexico. Several of them, including BYD, Geely and SAIC are nosing around for locations. As long as the putative factories used enough locally made parts, their output would escape America's prohibitive tariffs.

30 Again, building factories and setting up supply chains takes time. It took Japanese and South Korean carmakers decades to establish themselves in America and Europe and win the trust of local consumers. Chinese firms appear to be making faster progress. But whether they arrive at "China speed" or simply very quickly, Chinese cars are on their way. The monitors that are often fitted to new cars to detect if a driver is nodding off should be pinging urgently in Western carmakers' boardrooms. (Jan 11th 2024)

유무역협정 NAFTA의 원산지 규정으로 인해 중국산 차량은 면세로 미국에 재수출할 수 없다. 하지만 중국 기업이 멕시코에 공장을 짓는 것을 막을 수 있는 길은 없다. 비야디, 지리자동차, 상하이자동차 등 여러 기업이 멕시코에서 공장을 지을 곳을 물색 중이다. 그래서 세워질 것으로 추정되는 공장들이 현지에서 생산된 부품을 충분히 사용하기만 한다면 멕시코 공장에서 생산되는 제품은 미국의 '금지적 관세'를 피할 수 있다.

다시 말하지만 공장을 짓고 공급망을 구축하는 데는 시간이 걸린다. 한국과 일본 자동차 제조사들이 미국과 유럽에서 자리를 잡고 현지 소비자들의 신뢰를 얻는 데까지 족히 수십 년이 걸렸다. 중국 기업들의 진척 속도는 더 빠른 것처럼 보인다. 하지만 그들이 '중국의 속도'에 도달하든, 아니면 그냥 매우 빠르게 도달하든 중국 자동차가 오고 있다. 운전자의 졸음운전 여부를 감지하기 위해 신차에 장착하는 모니터가 서구 자동차 제조사의 이사회실에서 긴급히 작동해야 할 것이다. (2024년 1월 11일)

화재 진압의 어려움, 겨울철 주행거리 감소, 높은 가격 등 여러 가지 단점에도 불구하고 전기차 electric car 시장은 급성장하고 있습니다.

국제에너지기구 IEA에 따르면 2023년 기준 전 세계적으로 1,400만 대 가까운 전기차가 새로 등록되면서, 도로 위를 주행하는 전체 전기차 수가 4,000만 대에 육박할 정도로 늘어났습니다. 2023년 전기차 판매량은 2022년도에 비해서 35%나 증가한 350만 대를 기록했습니다. 이는 불과 5년 전인 2018년도와 비교해 6배 이상 많은 수치입니다.

2023년 전 세계에서 판매된 차량 중에서 전기차가 차지하는 비중은 약 18%였습니다. 2022년에는 이 비중이 14%였고, 이보다 5년 전인 2018년도에는 2%에 불과했습니다. IEA는 전기차 시장이 성숙 mature 하면서 견조한 robust 판매 성장세를 이어갈 것으로 전망했습니다.

판매량 기준 전기차 시장 세계 1위는 중국입니다. 전기차 시장조사 기관인 EV 볼륨스 EV Volumes 에 따르면 2023년 세계 10대 전기차 제조사 중 중국 기업이 3곳이 포함되어 있습니다. 1위인 비야디 BYD, 6위인 지리자동차 Geely Auto Group, 9위인 광저우자동차그룹 GAC 입니다. 2위는 테슬라고, 폭스바겐은 3위, 제너럴모터스 GM는 4위, 스텔란티스 Stellantis는 5위입니다. 현대차는 8위입니다. BMW와 메르세데스-벤츠는 각각 7위와 10위입니다. 이 순위는 언제든지 변할 수 있으므로 그냥 재미로 알아두시면 되겠습니다.

전기차 판매가 빠르게 늘어나면 내연기관차 ICE 의 생산과 판매가 줄어들고, 자동차 제조사들 간에 전기차 기술 개발에 대한 투자가 늘면서 경쟁 구도에도 변화가 생길 것입니다. 이런 가운데 전기차의 핵심 부품인 배터리의 기술 혁신으로 자동차의 성능,

주행 거리, 충전 속도 등에도 변화가 일어나고, 충전 인프라도 늘어나겠죠.

이처럼 급속한 변화가 일어나는 시장인 만큼 자동차 제조사들의 전기차 개발과 개발 전략, 전기차 시장의 성장과 동향, 전기차 관련 정책과 규제 등 전기차 시장과 관련해서 하루에도 수많은 외신 보도가 이어지고 있습니다.

이번 장에서는 향후 전기차를 다룬 외신 기사들을 최대한 쉽게 이해할 수 있도록 2024년 1월 11일 『The Economist』에 실린 'Western firms are quaking as China's electric-car industry speeds up'이란 제목의 기사를 보면서 전기차와 관련된 다양한 용어와 표현에 대해 공부해 보겠습니다.

In 2023, Chinese industry groups claim, China overtook Japan to become the world's biggest exporter of cars, in part because of surging sales of EVs. In the final quarter of 2023, BYD, a Chinese firm, surpassed Tesla as the world's biggest manufacturer of purely battery-powered vehicles, selling 526,000 of them to the American firm's 484,000. As the shift away from the internal-combustion engine ICE gathers pace, established carmakers are beginning to worry that Chinese upstarts might run them off the road. 2

위 문단에서 purely battery-powered vehicles는 '순수 배터리 구동 전기차'를 말합니다. 이를 줄여서 battery electric vehicle (BEV)이라고도 합니다.

전기차는 보통 네 종류로 나뉩니다. 하나는 이처럼 오로지 배터리에서 전력을 공급받아 전기모터로 구동되는 차량입니다. 다른 둘은 내연기관 엔진과 전기모터를 함께 사용하는, 줄여서 HEV라고도 하는 하이브리드 전기차 hybrid electric car, 그리고 HEV와 유사하지만 배터리를 외부 전원(플러그인)을 통해 충전할 수 있는 기능이 추가된 플러그인 하이브리드 전기차 plug-in hybrid electric vehicle 입니다. 플러그인 하이브리드 전기차를 줄여서 PHEV라고 부릅니다. 마지막으로 약칭 FCEV로 불리는 수소 전기차 fuel cell electric vehicle 가 있습니다. 이런 차들을 신에너지 차량 new energy vehicles, NEV 이라고도 합니다.

언급한 차량들의 차이를 이해하셨으면 이제 외신에 나오는 전기차가 위 차량들을 통칭하는 건지, 아니면 순수 배터리 구동 전기차만을 말하는 건지 헷갈리지 않으실 겁니다.

> In July, sales of electric cars and plug-in hybrids in China fell below the one million unit mark again. This was mainly due to weaker sales of battery-electric cars. Sales of plug-in hybrids, on the other hand, reached a new record high.
> 7월 중국 내 전기차와 플러그인 하이브리드 자동차 판매량이 다시 100만 대 아래로 떨어졌다. 이는 주로 배터리 (구동) 전기차의 판매 부진 때문이었다. 반면 플러그인 하이브리드 판매량은 사상 최고치를 기록했다.
>
> (electrive.com, 2024년 8월 12일)

전기차의 종류가 네 가지라고 했는데 세계 전기차 판매 1위 중국의 전기차 판매 동향을 다룬 위 보고서에서 BEV와 PHEV만 언급된 것을 보고 이상하다고 생각하신 분도 있으실 겁니다. 그 이유는 중국에서는 HEV와 FCEV가 잘 팔리지 않아 통계로 잡지 않기 때문입니다.

The anxiety is well-founded. Western firms' expertise making ICEs counts for little in the electrical age. What is more, the Chinese government has hugely subsidised the EV industry. China dominates the manufacture of electric cars' most critical component, batteries. And China's vast domestic market allows local firms to benefit from economies of scale. 3

이 문단에서는 다소 생소한 단어들이 많이 나온 것 같으니 단어 설명을 좀 하겠습니다. well-founded는 '근거가 충분한, 충분한 이유가 있는'이란 뜻이고, count for little은 '쓸모가 없다(반: count for much)'를 의미합니다. subsidize(『The Economist』는 영국식 영어라 subsidise로 표기)는 '보조금을 주다(명사는 subsidy)'라는 뜻입니다.

 마지막으로 economies of scale은 '규모의 경제'입니다. '규모의 경제'란 생산량이 증가함에 따라 평균 비용이 감소하는 현상을 말합니다. 대규모 생산 설비를 갖추는 데 처음에 비용이 많이 들더라도 이후로 재화를 대량 생산하면 결국 평균 생산 비용은 줄어든다는 것을 뜻합니다.

4 Chinese firms face some obstacles, too. For starters, many of the country's new EV startups are not yet profitable, despite the generous handouts. As their exports increase, the Chinese government may balk at subsidising Western consumers as lavishly as it has Chinese ones. <u>Countervailing subsidies</u> and other <u>protectionist</u> measures are on the rise around the world. And fears that Chinese-made cars might somehow compromise the security of importing countries may also become an impediment to exports. All that notwithstanding, however, it seems all but certain that Chinese EVs will become a big presence on the world's roads, just as Japanese and South Korean cars did before them.

이 문단에서는 countervailing이라는 단어가 가장 중요합니다. 무역에 관한 기사에서 자주 보게 되는 이 단어는 '상계'라는 뜻입니다. '상계'는 두 개의 상반되는 금액이나 의무를 서로 맞추어 균형을 이루는 행위를 말합니다. 예를 들어 A가 B에게 100만 원을 빌려줬고, B가 A에게 50만 원을 빌려줬다면, A와 B는 서로 채무를 '상계'하여 B가 A에게 50만 원만 갚으면 됩니다. 경제와 무역에서 '상계'는 특히 상계 관세 countervailing duties taxes 를 말할 때 자주 등장합니다. 이는 한 국가가 특정 제품에 대해 보조금을 지급하여 가격을 낮췄을 때 그 제품이 다른 국가에 수출될 때 불공정한 가격 경쟁을 막기 위해 수입국이 부과하는 관세입니다. 따라서 위 문단에서 countervailing subsidies도 이와 같은 맥락(보조금에 대해 그에 상응하는 조치를 취하다)에서 이해하시면 되겠습니다. 아래 기사를 보시죠.

The European Commission has imposed provisional countervailing duties of up to 37.6% on imports of battery electric vehicles (BEVs) from China following a nine-month *ex officio* anti-subsidy investigation.
유럽연합집행위원회 EC 는 9개월에 걸친 반(反) 보조금 직권 조사 끝에 중국산 배터리 전기차 BEV 수입품에 최대 37.6%의 상계관세를 잠정적으로 부과했다. (European Interest, 2024년 7월 4일)

위에 나온 '잠정 상계관세'는 일단 상계관세 조사가 개시된 후 최종 결정이 나오지 않은 상황에서 조사당국이 보조금이 지급된 상품의 수입으로 인해 국내 산업이 피해를 입지 않도록 예방하기 위해 부과하는 상계관세를 말합니다. 가치 사슬은 '기업 활동에서 부가가치가 생성되는 과정'을 뜻하고요. 이 외에 다양한 관세와 관련된 표현은 이 기사 뒷부분에서 다시 다루겠습니다.

한 가지 더 말씀드리면 protectionist는 보호주의자가 아니라 보호무역주의자입니다. protectionism도 보호주의가 아니라 보호무역주의입니다.

Chinese firms' advantage stems partly from subsidies for local firms. Government handouts for electric and hybrid vehicles added up to $57bn in 2016-22, says AlixPartners, a consultancy. Rhodium Group, a research

9

firm, estimates that between 2015 and 2020 BYD alone received $4.3bn via cheap loans and equity.

비야디가 보조금을 받은 이야기를 하면서 cheap loan과 equity라는 단어가 나옵니다. 여기서 cheap loan은 우리말로 '저렴한 대출'입니다. 이율이 낮은 '저리 대출'을 말합니다. 이렇게 대출로 자본을 조달하는 것을 debt financing이라고 합니다. 우리말로 '부채 금융'입니다. equity는 회계학에서 자본(자산-부채)을 뜻하지만, 이런 경우는 '자본 투자'를 말합니다. 여기서는 자본 투자를 받았다는 뜻이겠죠. 자본 투자는 주식을 발행하거나 지분을 매각해서 받는데, 이를 equity financing이라고 합니다. equity financing은 '자본 금융'이 아니라 '지분 금융'이라고 합니다.

10 Perhaps just as important was $2.5bn in similar support for CATL, which in 2017 became the world's biggest manufacturer of the lithium-ion batteries used in most EVs. All told, China now makes 70% of the world's lithium-ion batteries. Purchase subsidies, which will be worth more than $4,000 a car this year, have also helped the EV industry. Protectionism has played a part, too: only cars with domestically made batteries are eligible for the purchase subsidies, a rule which in effect shut out Japanese and South Korean competition.

전기차 기사에서는 전기차 제조사만큼 많이 등장하는 게 배터리 제조사입니다. 위에 나온 CATL은 기사에도 설명되어 있듯이 '세계 최대 리튬이온 배터리 제조사'를 말합니다.

　　중국의 3대 배터리 제조사로 CATL과 비야디, CALB가 있습니다. 전기차 회사이면서 배터리도 만드는 비야디는 리튬인산철 LFP 배터리로 유명합니다. CALB는 CATL과 마찬가지로 주로 리튬이온 배터리를 제조합니다. 이 외에도 이 기사에 나오는 고션 하이테크 Gotion High-Tech, SVOLT, EVE 에너지, 파라시스 에너지 Farasis Energy, 리센 Lishen 등이 배터리를 제조하고 있습니다.

EV startups such as Li Auto, Nio and Xpeng were all [15] founded by tech billionaires who, like Tesla's Elon Musk, regard their firms as tech companies that happen to make cars. In fact, lots of Chinese tech firms are getting involved in the car industry. Whereas Apple has mulled such a venture long and indecisively, Xiaomi, a big Chinese smartphone-maker, unveiled its first vehicle in December (a fancy and expensive saloon). It plans to make cheaper models in future with the immodest goal of becoming one of the world's top five carmakers in 15-20 years. Huawei, a telecoms firm, and Baidu, a search engine, have also teamed up with car firms to make vehicles.

위 내용에서 '애플이 오랫동안 전기차를 만들지 고민하다 결정적인 행동에 옮기지 않았다'는 건 말 그대로 애플이 자율주행 self-driving 전기차 개발을 추진하려다 포기한 것을 두고 하는 말입니다. 애플은 2024년 2월에 2014년부터 10년 동안 공들여 온 자율주행 전기차 개발을 포기했습니다. 대신 인공지능 AI 분야에 더 관심을 쏟겠다고 했죠. 애플은 2014년부터 프로젝트 타이탄 Titan Project 이라는 암호명으로 최초의 자율주행 전기차 개발을 계획했었습니다.

19 <u>Such</u> is the <u>drubbing</u> foreign firms are receiving at the cheaper end of the market <u>that</u> they may all depart in the next five years, reckons Michael Dunne of Dunne Insights, a consultancy. The fancier German brands, BMW and Mercedes, and Lexus, Toyota's <u>upmarket</u> arm, may <u>hang on</u> for longer. <u>Dedicated</u> new EV platforms, to replace ones shared with ICE models, will be introduced in the next few years, bringing better tech and lower costs. But some analysts see the market as a <u>lost cause</u>: Patrick Hummel of USB suggests that, instead of throwing money at China to regain market share, firms should just <u>cash in</u> while they still can.

첫 문장은 such ~ that 구문으로 '너무나 ~해서 ~하다'의 뜻입니다. 외국 기업들이 시장의 저가 제품 쪽 cheaper end 에서 받는 drubbing이 너무 커서 결국에는 떠나게 depart 될 수 있다는 전문가의 의견입니다. 여기서 drubbing은 스포츠 경기나 경쟁에서 당하는 '완패'나 '참패', 또는 큰 '충격'이나 '타격'을 말합니다. Our team took a drubbing이라고 하면 '우리 팀이 완전 참패를 당했다'는 말이 되겠습니다.

다음으로 upmarket은 '부유한 소비자들을 겨냥한 고가의 시장'을 말합니다. hang on은 '어려운 사정임에도 불구하고 계속 버티다'라는 의미입니다. dedicated는 '전용의'라는 뜻이고요. lost cause는 '실패했거나 가망이 없는 것'을 뜻합니다. cash in은 자산을 '현금화하다(현금을 확보하다)'나 '기회나 상황을 이용해서 이익을 얻다'를 말합니다. He decided to cash in his stocks라고 하면 '그는 주식을 팔아서 현금화하기로 했다'고 번역할 수 있습니다.

This grim outlook is especially troubling because,[20] although China's adoption of EVs has been rapid, the rest of the world is clearly headed in the same direction. The EU has banned sales of ICE cars from 2035. America is encouraging drivers to switch by offering lavish subsidies of its own. By 2035 EVs should account for perhaps 70% of global sales. That would amount to 60m-70m vehicles a year. Chinese firms are already looking to new markets.

여기서는 account for와 amount to라는 표현이 나왔습니다. 기사뿐만 아니라 논문이나 보고서 등 숫자가 등장하는 자료에서 단골로 등장하는 표현입니다. account for는 '비율이나 부분 등을 차지하다'라는 뜻입니다. 즉, 전체 중에서 특정 부분이 차지하는 비율을 나타낼 때 사용합니다. amount to는 '(총계가) ~에 이른다' 또는 '~에 해당하다'라는 뜻으로 번역이 가능합니다. 따라서 위 단락 후반의 account for가 들어간 문장은 '2035년이 되면 전기차가 전 세계 자동차 판매량의 70%를 차지할 것으로 예상된다'로, amount to가 들어간 문장은 '이는 연간 6,000만~7,000만 대의 차량이 팔린다는 뜻이다'로 해석이 가능합니다. 다른 예문도 살펴보겠습니다.

> Chinese automakers <u>account for</u> more than half of the electric vehicles (EVs) produced in the world. As they build scale, cost advantages, and expertise, speculation is rising that Chinese EV brands will eventually flood the global market.
> 중국 자동차 제조사가 만드는 전기차는 전 세계에서 생산되는 전기차의 절반 이상을 차지한다. 규모와 이점, 전문성을 쌓아가고 있는 중국 전기차 브랜드가 결국에는 글로벌 시장을 장악할 것이라는 추측이 고개를 들고 있다.
> (World Economic Forum, 2024년 6월 17일)

> A new analysis from Coltura found that the average American driver – who drives about 11,000 miles a year – saves 8.1 cents per mile on fuel by driving an EV. That, plus 3 cents per mile savings on maintenance, <u>amounts to</u> over $1,200 a year in savings.

중국의 전기 자동차 산업이 속도를 내자 떨고 있는 서구 기업들

콜투라가 새로 내놓은 분석에 따르면 1년에 약 1만 1,000마일을 주행하는 평균적인 미국 운전자는 전기차를 운전함으로써 마일당 8.1센트의 연료비를 절약할 수 있는 것으로 나타났다. 여기에 마일당 3센트의 유지비 절감 효과를 더하면 연간 절약할 수 있는 비용은 1,200달러에 달한다. (CBS News, 2024년 8월 14일)

These expensive tasks will be especially onerous for the [24] many Chinese EV startups that are losing money. Fast introduction of new models has its downside. Costs have to be amortised over a much shorter period than is typical in the industry, says Mr Hummel. Bernstein, a broker, reckons that Li Auto might report a profit for 2023 but that NIO and Xpeng will lose money for the next few years. NIO has already had a state bail-out, is said to lose $35,000 per sale and in November said it would lay off 10% of its employees. (Although in December it secured $2.2bn from an investment fund from the United Arab Emirates.)

이 기사에는 돈에 대한 이야기가 많이 나와서 관련된 표현을 잠시 설명하겠습니다. lose money는 '돈을 잃다', '손해를 보다' 또는 '적자를 내다(보다)'라는 뜻입니다. 반대말은 make money가 되겠죠. profit은 '(순)이익'이라는 뜻이니 report a profit은 '이익을

내다' 또는 '흑자를 기록하다'는 뜻입니다. 반대로 report a loss라고 하면 '손실을 보다' 또는 '적자를 기록하다'라는 의미입니다.

관련하여 흑자 전환했다고 하면 turn a profit이나 return to profitability라고 하면 됩니다. '적자 전환하다'는 turn into a loss 또는 switch to a loss로 쓸 수 있습니다. profit은 흑자, loss는 적자라는 뜻으로 이해하시면 되겠습니다.

bail-out은 기업, 금융 기관, 또는 국가가 재정적 어려움에 처했을 때 외부로부터 제공되는 자금이나 지원을 의미합니다. 구제 금융이라고 하죠. 예를 들어 The government provided a <u>bail-out</u> to the failing bank라고 하면 "정부가 파산한 은행에 재정 지원을 제공했다"라는 뜻입니다. bail-out보다 bailout이란 표현을 더 많이 쓰는데 『The Economist』는 bail-out이라고 적었습니다.

26 Chinese exporters may find that European governments put roadblocks in their way. In December France introduced a new subsidy <u>scheme</u> that favours cars made in Europe and Italy is considering doing the same. The European Commission initiated an investigation of state subsidies for Chinese car firms in October, which could lead to an increase in tariffs.

외신 기사를 읽다 보면 이처럼 규제나 정책 등을 소개하는 기사에서 특히 scheme이라는 단어가 많이 나오는 것을 알 수 있습니다. 이 경우 '계획'이나 '제도'로 이해하시면 되겠습니다.

The Korean government introduced a new subsidy scheme to support renewable energy projects.
한국 정부는 재생 에너지 프로젝트를 지원하기 위한 새로운 보조금 제도를 도입했다. (용례 예시)

Higher tariffs may also prompt more Chinese firms to start making cars in Europe. BYD is said to be planning at least one more factory in Europe in addition to the one in Hungary. Japanese and South Korean car firms started to thrive abroad only after they localised production. This strategy, argues Bernstein, not only makes it easier to cater to local tastes, but also "brings local governments and local defenders on-board". [28]

여기서 localize(『The Economist』는 영국식이라 localise로 표기)는 '현지화하다'라는 뜻입니다. 제품, 서비스, 소프트웨어 등을 특정 지역의 문화적, 언어적, 법적 요구 사항에 맞게 조정하는 것을 말하죠. local이라고 하면 '현지'로 번역하면 되겠습니다. locally는 '현지에서'가 되겠고요. 따라서 local taste는 '현지인의 입맛(취향)'으로 번역할 수 있습니다.

29 Even America's efforts to slam the door on China's car firms may not succeed. It <u>levies tariffs</u> of 27.5% on imported EVs and restricts purchase subsidies to vehicles that are made in America. But Chinese carmakers are making inroads in Mexico, a country with a free-trade agreement with America. Their market share has roared ahead, from 0.5% in 2016 to 20% today. <u>NAFTA's rules-of-origin</u> requirements prevent vehicles made in China from being re-exported to the United States duty-free. But there is nothing to stop Chinese firms from building factories in Mexico. Several of them, including BYD, Geely and SAIC are nosing around for locations. As long as the putative factories used enough locally made parts, their output would escape America's <u>prohibitive tariffs</u>.

앞에서 상계 관세에 대해 설명했습니다. 이 문단에서는 관세에 대한 몇 가지 표현이 나옵니다. 간단히 설명을 드리자면, 먼저 levy tariffs는 '관세를 부과하다'라는 뜻입니다. impose tariff라고도 할 수 있습니다. tariff 대신 duty를 쓸 수도 있습니다. 관련하여 '관세를 높이다'는 increase tariffs, '관세를 낮추다'는 reduce tariffs, '관세를 없애다'는 eliminate tariffs, '관세를 활용하다'는 use tariffs 등으로 쓸 수 있습니다.

관세 표현 중에서 provisional tariff는 특정 기간 동안에 기본세율 대신 적용되는 세율인 '잠정관세'를 말합니다. 아래 예문과 같이 사용할 수 있습니다.

The European Union imposed in July <u>provisional tariffs</u> on imports of electric cars made in China. BYD faces duties of 17.4%, Geely 19.9% and SAIC 37.6%, the EU said.
EU는 7월에 중국산 전기 자동차 수입에 잠정관세를 부과했다. 비야디에 17.4%, 지리에 19.9%, SAIC에 37.6%의 관세를 부과한다고 EU는 밝혔다. (Reuters, 2024년 8월 13일)

NAFTA는 미국·캐나다·멕시코 3국이 관세와 무역 장벽을 폐지하고 자유무역권을 형성한 '북미자유무역협정', 즉 North American Free Trade Agreement의 약어입니다. 특히 무역이나 위와 같이 관세와 관련된 기사를 보실 때 가끔 접하실 수 있습니다. rules-of-origin은 원산지 규정을 뜻합니다. 말 그대로 '특정 제품의 원산지를 결정하기 위한 법령이나 행정규칙 등'을 말합니다. NAFTA의 원산지 규정에서는 제품이 NAFTA 국가 중 하나에서 제조되었거나 원자재가 NAFTA 국가에서 온 경우 해당 제품이 NAFTA의 원산지 기준을 충족한 것으로 간주합니다. 그렇다 보니 위 내용처럼 중국에서 제조된 자동차가 미국으로 무관세로 재수출되기는 불가능한 것입니다.

끝으로 prohibitive tariff는 '금지적 관세'입니다. 금지적 관세란 매우 높은 관세를 말합니다. 영어로 설명하면 A tariff set at a rate so high that no trade in the good concerned can take place, 즉 '상품의 거래가 이루어질 수 없을 정도로 높은 비율로 설정된 관세'를 의미합니다.

단순히 '상당히 높은 관세'라고 할 때는 heavy tariff 또는 steep tariff라는 표현을 씁니다. 좀 더 구체적으로 말하자면,

heavy가 쓰이면 '무거운 관세'로 번역하고, steep을 쓰면 '고율의 관세'로 번역하지만 두 말의 뜻은 같습니다. EU가 2024년 9월 말 중국산 전기차에 최고 45.3%에 달하는 고율의(무거운) 관세를 부과하기로 결정했는데, 부과 전 나온 한 외신의 제목은 Why is EU imposing heavy tariffs on imported Chinese EVs?였고, 다른 외신의 제목은 EU to impose steep tariffs on Chinese EVs였습니다.

> Swedish EV maker Polestar starts U.S. production, avoiding heavy tariffs
> 스웨덴 전기차 제조업체 폴스타, 무거운 관세를 피하고 미국 생산 (Reuters, 2024년 8월 16일 기사 제목)

30 Again, building factories and setting up supply chains takes time. It took Japanese and South Korean carmakers decades to establish themselves in America and Europe and win the trust of local consumers. Chinese firms appear to be making faster progress. But whether they arrive at "China speed" or simply very quickly, Chinese cars are on their way. The monitors that are often fitted to new cars to detect if a driver is nodding off should be pinging urgently in Western carmakers' boardrooms.

외신에 나오는 국가명 순서를 보면 일본보다 한국을 먼저 쓴 기사를 보기 힘듭니다. 『The Economist』 기사에도 한국과 일본이 자주 나오는데 항상 Japan 다음에 South Korea를 씁니다.

한국 사람 입장에서는 기분이 상할 수밖에 없는 일입니다. 경제 규모 면에서 일본이 한국보다 크다 보니 벌어진 일입니다. 하지만 우리가 이를 번역할 때는 항상 '한국과 일본'으로 써야 합니다.

과거 제가 로이터에서 일할 당시 그곳 역시 Japan을 앞에 놓아 Japan and Korea로 시작하는 속보를 보냈는데 그걸 국내 속보로 처리하던 한 기자가 '일본과 한국'으로 번역한 것을 제가 수정한 적이 있습니다. 급하게 일을 서두르다 보면 생길 수 있는 실수입니다만 항상 우리는 '한국'을 먼저 표기해야 한다는 것을 잊으시면 안 됩니다.

마찬가지로 외신에서 여러 기업들이 나올 때 다른 나라 기업들보다 우리 기업이 나중에 나오더라도 번역은 항상 한국 기업부터 하셔야 합니다. 우리는 우리 중심으로 번역하는 게 맞습니다.

마지막으로 전기차 기사에 자주 나오는 용어 몇 가지를 더 소개하면서 설명을 마무리할까 합니다.

먼저 affordability가 있습니다. '가격 적정성(합리성)' 또는 '경제성'이라는 뜻을 가진 이 단어는 전기차 기사뿐만 아니라 소비자가 특정 제품이나 서비스의 가격을 감당 가능한지, 즉 소비자 가격이 적당한지를 언급하는 기사에 단골로 나오는 단어입니다. 형용사는 affordable입니다.

The Affordable New Electric Cars Coming In 2025,

2026 And Beyond라고 하면 2025년, 2026년 그리고 그 이후에 출시될 적정 가격의(경제적인) 신형 전기차란 뜻으로 이해하시면 되겠습니다. Would you buy an affordable EV made in China? 는 '합리적인 가격의 중국산 전기차를 구매하겠는가?'로 번역 가능합니다.

같은 배기량의 차량을 비교했을 때 내연기관차보다는 전기차의 가격이 비싸다 보니 전기차 기사에서 affordability나 affordable이라는 단어가 유독 자주 등장합니다. 비싸지 않은 전기차라는 것을 알리기 위해서입니다.

다음으로는 market share, 즉 시장 점유율이란 용어가 있습니다. 전기차 시장을 차지하기 위해서 경쟁하는 업체들이 많다 보니 시장 점유율 경쟁이 치열합니다. 테슬라와 비야디가 전기차 시장 1위 자리를 놓고 엎치락뒤치락하며 경쟁하는 게 그 대표적인 사례입니다. 이런 시장 동향을 나타낼 때 이번 기사에서 보듯이 전기차 관련 내용 market share라는 단어가 자주 나옵니다.

market share와 뜻이 비슷한 듯하면서도 엄격히 따지자면 의미가 다른 penetration rate라는 단어도 자주 볼 수 있습니다. '침투율' 또는 '보급률'이라고 해석합니다.

Electric vehicle penetration exceeds 50% in China for the first time은 '중국에서 전기차 보급률이 처음으로 50%를 넘어섰다'는 말입니다.

시장 점유율은 특정 기업이나 제품이 전체 시장에서 차지하는 비율이고, 시장 침투율(보급률)은 특정 제품이나 서비스가 목표 시장 내에서 얼마나 널리 사용되고 있는지를 보여주는 비율입니다. 하지만 외신에서는 market share와 penetration rate가 혼용되어 사용되는 경우가 많습니다. 아래는 한 시장조사 업체의 자료에 나와 있는 내용입니다.

The latest Canalys research predicts sales of global electric vehicles (EVs) to grow 29% and reach 13.7 million units, equating to a penetration rate of 17.1% in 2023. Greater China remains the largest EV market, shipping 7.6 million units with 55.5% market share.

카날리스의 최신 연구에 따르면 2023년 전 세계 전기차 판매량은 29% 성장하여 1,370만 대에 달하고 보급률은 17.1%에 이를 것으로 예상된다. 중화권은 여전히 가장 큰 전기차 시장으로, 760만 대가 출하되어 55.5%의 시장 점유율을 차지할 것으로 전망된다. (Canalys, 2024년 1월 8일자 보고서)

7 Why global GDP might be $7trn bigger than everyone thought

전 세계 GDP가 모두의 생각보다
7조 달러 더 커질 수 있는 이유

The discovery has perturbed
Chinese officials
이러한 사실을 알게 된 중국 관리들은
당황할 수밖에 없었다

1. Many people have experienced the joy of finding some spare change down the back of the sofa. On May 30th the World Bank experienced something similar, if on a grander scale. After rooting around in 176 countries, it discovered almost $7trn in extra global GDP—equivalent to an extra France and a Mexico.

2. In fact, there may be a better analogy. What the World Bank discovered was not additional money to spend, but the equivalent of a discount voucher, which cuts 4% off the price of every good and service the world buys in a year. That means global spending can stretch further than previously thought.

3. To understand why, it helps to carry out a thought experiment. Imagine that the many countries of the world all produced only one thing: Big Macs. In calculating the GDP of these economies, their national accountants would use market prices. America might, for example, value Big Macs at $5.69 each (the average price across big American cities, according to McDonald's). If it produced a hundred in a period of time, its GDP would be $569. In adding up the size of the world economy, it would make sense to use the same prices in all countries. If a rival economy produced 125 burgers, its measured GDP should be 25% higher.

4. Unfortunately, that is not how these calculations often work. America's national accountants value the coun-

소파 뒤쪽 밑에서 잔돈을 발견하고 즐거워해 본 적이 있는 사람 1
이 많을 것이다. 세계은행도 5월 30일 이와 비슷한 경험을 했지만 발견한 돈의 규모는 훨씬 더 컸다. 176개국을 헤집고 다닌 끝에 프랑스와 멕시코를 합친 것과 맞먹는 근 7조 달러의 글로벌 GDP를 추가로 발견한 것이다.

사실 더 좋은 비유가 있을지도 모른다. 세계은행이 발견한 것은 2
추가로 쓸 수 있는 돈이 아니라 전 세계가 1년간 구매하는 모든 상품과 서비스의 가격을 4% 할인해 주는 할인권과 같은 것이다. 이는 전 세계 지출이 당초 생각했던 수준 이상으로 더 늘어날 수 있다는 것을 의미한다.

왜 그런지 이해하려면 사고 실험을 해 보면 도움이 된다. 전 세 3
계의 많은 국가들이 모두 오로지 빅맥 한 가지 제품만 생산한다고 상상해 보자. 이들 국가의 GDP를 계산할 때 국가 회계사는 시장 가격을 활용할 것이다. 예를 들어, 미국은 빅맥의 가치를 개당 5.69달러(맥도날드가 밝힌 미국 대도시에서 판매되는 빅맥의 평균 가격)로 평가할지 모른다. 맥도날드가 일정 기간 동안 빅맥을 100개 생산했다면 GDP는 569달러가 된다. 세계 경제의 규모를 합산할 때 모든 국가에서 동일한 가격을 사용하는 것이 합리적일 것이다. 그래서 경쟁 경제에서 (미국보다 25개 더 많은) 125개의 빅맥을 생산했다면, 그 나라의 GDP는 25% 더 높을 것이다.

그런데 안타깝게도 GDP 계산을 그런 식으로 하는 경우는 드 4
물다. 미국의 국가 회계사들은 미국에서 파는 빅맥을 미국에서

try's Big Macs at American prices. China's value theirs at the yuan price prevailing in their economy, which is around 25 yuan. When making international comparisons, China's GDP is then converted into dollars using the market exchange rate of roughly 7.2 yuan to the dollar. The result is that China's Big Macs are valued at only $3.47 in calculations of global GDP and not $5.69. Even if China and America produced the same number of Big Macs a year, China's output would seem almost 40% smaller by conventional measures.

5 There is an obvious solution: ignore the currency markets and look at prices instead. If the yuan price of a Big Mac is roughly four times the dollar price, why not use that as the exchange rate? If China's GDP were converted into dollars at 4.39 yuan to the dollar, its Big Macs would have the same value as America's. These alternative exchange rates, which equalise the prices of goods and services, are known as purchasing-power parities, or PPPs.

6 Owing to this newspaper's long-running Big Mac index, we can calculate parities for McDonald's burgers. But they are only one product, however tasty, in the cornucopia of global capitalism. To carry out a similar adjustment across national economies, it would be necessary to collect the price of hundreds of goods and services in different places around the world.

파는 가격으로 평가한다. 중국에선 자국 경제에서 통용되는 위안 가격, 즉 약 25위안으로 빅맥의 가치를 평가한다. 국제비교를 할 때는 달러당 약 7.2위안의 시장 환율을 사용해서 중국의 GDP를 달러로 환산한다. 그렇게 했을 때 전 세계 GDP 계산 시 중국의 빅맥 가격은 (미국의 빅맥 가격인) 5.69달러가 아닌 3.47달러에 불과하다. 중국과 미국이 연간 동일한 수의 빅맥을 생산하더라도 기존의 계산 방식으로는 중국의 생산액이 40% 가까이 더 적어 보일 것이다.

이런 문제를 해결할 확실한 해결책이 있다. 외환 시장을 무시하고 대신 가격을 주시하는 것이다. 빅맥의 위안 가격이 달러로 환산한 가격의 약 4배라면 이를 환율로 사용하지 못할 이유가 무엇인가? 다시 말해 중국의 GDP를 달러당 4.39위안을 기준으로 해서 달러로 환산하면 중국의 빅맥은 미국과 동일한 가치를 갖게 될 것이다. 상품과 서비스의 가격을 동일하게 만드는 이러한 대체 환율을 구매력 평가 또는 PPP라고 한다. 5

『The Economist』가 오랫동안 사용해 온 빅맥 지수 덕분에 우리는 맥도날드 햄버거의 PPP를 계산할 수 있다. 하지만 아무리 맛있다고 해도 빅맥은 풍요로운 글로벌 자본주의 속에서 팔리는 하나의 상품에 불과하다. 따라서 국가 경제 전반에 걸쳐 이와 유사한 조정을 수행하려면 전 세계 여러 곳에서 수백 가지 상품과 서비스의 가격을 수집해야 한다. 6

7   Every few years, the World Bank leads an initiative to do just that. The International Comparison Programme, as it is called, has just concluded its latest effort, the tenth in the past 56 years. It gathered the prices of hundreds of items across 176 countries, taking care to look at similar products in each place. Within China alone teams consulted about 16,000 shops and other outlets. The exercise is not without its difficulties, both practical and conceptual. Not every good is as standardised as a Big Mac, making like-for-like comparisons a matter of judgment. And often the same consumer need is met by different goods in different parts of the world. In rural Thailand, workers live on rice. In similar parts of Ethiopia, they live on teff. But "rice is hard to find in Ethiopia and teff is impossible to find in Thailand, so price comparisons are not possible," as Angus Deaton of Princeton University and Alan Heston of the University of Pennsylvania have pointed out.

8   Nonetheless, when the programme completed its work, it discovered that prices around the world were, on average, about 4% cheaper than previously thought, which meant the spending recorded by the world's national accountants must have bought more stuff than previously guessed. The World Bank now calculates that global spending, across all countries and in a variety of currencies, had a purchasing power of $174trn in 2022. That is almost $7trn more than its prior estimate for the same year, which had drawn on the results of the pre-

세계은행은 몇 년마다 한 번씩 바로 그렇게 하기 위한 이니셔티 7
브를 주도한다. 국제비교 프로그램이라고 불리는 이 프로그램
은 최근에 막 마무리됐는데, 이는 지난 56년 동안 10번째로 추
진된 것이었다. 프로그램은 176개국에서 수백 가지 품목의 가
격을 수집하고 각 지역의 유사한 제품을 주의 깊게 살펴봤다.
중국 내에서만 여러 팀이 약 1만 6,000곳의 상점과 매장을 조
사했다. 조사 작업에는 현실적으로나 개념적으로 어려움이 적
지 않았다. 모든 상품이 빅맥처럼 표준화되어 있지 않기 때문에
유사 상품을 비교하는 것은 순전히 판단의 문제이기 때문이다.
또한 동일한 소비자의 니즈가 세계 각지에서 서로 다른 상품으
로 충족되는 경우도 많다. 태국 시골에서는 노동자들이 쌀로 생
활하고, 에티오피아의 비슷한 지역에서는 테프라는 곡물로 생
활한다. 그러나 프린스턴대학교 앵거스 디턴과 펜실베이니아대
학교의 앨런 헤스턴은 "에티오피아에서는 쌀을 구하기 어렵고
태국에서는 테프를 구할 수 없기 때문에 가격 비교가 불가능하
다"라고 지적했다.

그럼에도 불구하고 조사 작업을 끝낸 뒤 이 프로그램은 전 세계 8
물가가 평균적으로 이전에 생각했던 것보다 약 4% 저렴했다는
것을 발견했다. 이는 전 세계 국가 회계사들이 기록한 지출로 당
초 추측했던 것보다 더 많은 물건을 구입했을 수 있다는 뜻이다.
세계은행은 이제 모든 국가에서 다양한 통화로 쓴 전 세계 지출
이 2022년 174조 달러의 구매력에 해당한다고 계산하고 있다.
이는 같은 해에 대한 이전 추정치보다 약 7조 달러 더 많은 금액
이다. 이전 추정치는 몇 년 전에 실시한 이전 비교 프로그램의

vious comparison programme a few years ago, updated with national inflation rates.

9   This extra buying power is not evenly distributed. Almost $1.1trn of it was found in India, which is comfortably the third-biggest economy in the world by the PPP measure. The revisions also added $660bn to Russia's economy, making it bigger than Japan's. That is unwelcome news for Ukraine, which is fighting a costly war with its larger neighbour. But the embattled country can draw consolation from the extra $118bn that the revisions bestowed on it, increasing its purchasing power by more than a quarter.

10 The largest chunk of extra spending power—$1.4trn—accrued to China. The boost means its economy was 25% bigger than America's in 2022, if similar items are valued at similar prices. Using market exchange rates, by contrast, China's GDP was still almost 30% smaller. China's officials did not seem thrilled. "We need to interpret the...results with caution and correctly grasp the global economic landscape and the status of each economy in it," said the country's statistical association. It stressed that the data were not "official" and that China was still a developing country.

결과를 토대로 국가별 인플레이션율을 새로 반영해서 계산했던 것이다.

이러한 추가 구매력은 균등하게 분배되지 않았다. 이 중 1조 1,000억 달러 가까이는 인도에서 찾아냈다. 인도는 PPP 기준으로 세계에서 세 번째로 큰 경제 규모를 자랑한다. 또한 이번 개정으로 러시아의 GDP에는 6,600억 달러가 추가되어 러시아 경제는 일본보다 더 규모가 커졌다. 이는 러시아라는 더 덩치가 큰 이웃 국가와 값비싼 전쟁을 치르고 있는 우크라이나에게는 달갑지 않은 소식이다. 그러나 우크라이나는 이번 개정으로 GDP가 1,180억 달러 더 늘어나게 돼 구매력이 4분의 1 이상 증가했다는 점에서 위안을 삼을 수 있겠다.

추가 지출 여력 중 가장 큰 액수인 1조 4,000억 달러가 중국에게 생겼다. 이는 비슷한 품목을 비슷한 가격으로 평가할 경우 2022년 중국 경제가 미국보다 25% 더 컸다는 뜻이다. 반면 시장 환율을 적용하면 중국의 GDP는 여전히 미국보다 30% 가까이 더 적었다. 중국 관리들이 흥분한 것 같지는 않다. 중국통계협회(CSA)는 "이번 결과를 신중하게 해석하고 세계 경제 환경과 각국의 경제 상황을 정확하게 파악해야 한다"라고 밝히면서 세계은행 데이터는 '공식적'이지 않으며, 중국은 여전히 개발도상국이라는 점을 강조했다.

Bigger than a pea

11 Indeed, even with the additional purchasing power, China's GDP per person is mediocre, ranking 85th in the world and remaining firmly in line with the world average. Since China's saving rate is so high, its consumer spending ranks even lower. According to the World Bank, individual consumption came to less than $9,300 in 2021, compared with a global average of $12,950. China's figure, adjusted for purchasing power, remains lower than equivalent spending in South Africa or Peru. There is no point finding lost change down the sofa if you just stuff it under the mattress. (Jun 6th 2024)

여전히 작다

실제로 추가 구매력을 감안하더라도 중국의 1인당 GDP는 세계 185위로 세계 평균과 비슷한 수준을 유지할 정도로 평범하다. 중국의 저축률이 워낙 높기 때문에 소비자 지출 순위는 심지어 더 낮다. 세계은행에 따르면 2021년 중국의 개인 소비는 9,300달러로 세계 평균인 1만 2,950달러를 밑돌았다. 구매력을 조정한 중국의 개인 소비는 같은 방식으로 계산한 남아공이나 페루의 지출보다도 여전히 낮다. 잃어버린 잔돈을 매트리스 밑에 넣어두면 소파 밑에서 찾을 필요가 없는 법이다. (2024년 6월 6일)

각 나라마다 매달 또는 매분기마다 자국의 경제 상황을 보여주는 수많은 경제 지표 economic indicator 를 발표합니다.

미국의 예를 들자면 ▲소비자물가지수 consumer price index 와 생산자물가지수 producer price index 등 인플레이션 관련 지표 ▲소비자신뢰지수 consumer confidence index ▲산업생산 industrial production ▲소매 판매 retail sales ▲실업률 unemployment rate, 비농업부문 취업자 nonfarm payroll, 주간 신규 실업수당 청구건수 weekly jobless claim, 시간당 임금 hourly wage 같은 고용 관련 지표 ▲제조업 구매관리자지수 manufacturing PMI, 비제조업 구매관리자지수 nonmanufacturing PMI, 서비스업 구매관리자지수 services PMI ▲무역수지 balance of trade, 경상수지 current account ▲건설허가 building permits, 기존주택 판매 existing home sales, 주택착공 건수 housing starts, 케이스-쉴러 지수 Case-Shiller Index 같은 주택 관련 지표 등을 내보냅니다.

지표가 없는 주가 없다고 해도 과언이 아닙니다. 이런 지표들 중에서는 고용과 물가, 그리고 이제 곧 설명해 드릴 국내총생산 GDP 의 시장 영향력이 가장 큰 만큼 투자자들은 이 지표들을 특별히 더 자세히, 그리고 꼼꼼히 살펴봅니다. 이처럼 높은 관심을 반영해 기자들도 당연히 다른 지표들보다 방금 언급한 세 지표에 대해서 더 자세히 기사로 다룹니다.

미국의 주요 지표들은 서머타임 적용 시 한국시간으로 저녁 9시 반(서머타임 해제 시 저녁 10시 반)에 주로 나옵니다. 주식시장이 열리기 1시간 전에 나온다는 얘기입니다.

본장 개장 전에 지표가 나오기 때문에 지표 내용에 따라서 주가지수 선물(채권 시장에서는 채권 가격이)이 격하게 움직입니다. 이 움직임은 본장에도 반영됩니다.

예를 들어. 물가가 안정 상태를 유지하는데 경제성장률, 즉 GDP 성장률도 높게 나와 '경제가 높은 성장을 이루고 있더라도 물가 상승 압력이 없는' 일명 골디락스goldilocks 기대감이 커질 경우 주가지수 선물이 먼저 급등하고 이후 증시 본장에서 이 같은 상승세가 이어지는 식입니다.

이번 장에서는 세계은행이 전 세계의 추가 GDP를 찾아냈다는 2024년 6월 6일자 『The Economist』 기사와 함께 이처럼 경제 시표 중 중요도 면에서 가장 높은 축에 속하면서 많은 사람들의 관심을 끄는 GDP와 관련된 표현을 알아보겠습니다.

물가 관련 내용은 앞장에서 다뤘고, 고용 지표 관련 기사를 읽는 법은 뒷장에서 다시 자세히 다루겠습니다. 이번 장도 핵심적인 단락을 중심으로 설명하겠습니다.

Many people have experienced the joy of finding some spare change down the back of the sofa. On May 30th the World Bank experienced something similar, if on a grander scale. After rooting around in 176 countries, it discovered almost $7trn in extra global GDP—equivalent to an extra France and a Mexico. [1]

GDP는 Gross Domestic Product의 약자로 '국내총생산'을 뜻합니다. 일정 기간 동안 한 나라의 모든 최종 재화와 서비스의 총가치를 나타내는 지표입니다. 경제의 전반적인 건강 상태와 규모를 나타내기 때문에 경제 성장률을 평가하는 데 사용됩니다.

미국, 유럽연합EU, 중국, 일본, 영국 등 어느 나라든 GDP 통계를 발표하지 않는 나라는 없습니다. 하지만 금융 시장 영향력에서는 당연히 1등이 경제 규모가 가장 큰 미국이고 2위는 미국 다음으로 경제 규모가 큰 중국입니다. 그 다음 세계 GDP 3위 자리를 두고 싸우고 있는 일본과 독일의 GDP 지표는 미국과 중국에 비해서 당연히 시장 영향력이 뒤떨어집니다.

미국의 경제지 『포브스』에 따르면 2024년 7월 현재 세계 GDP 순위 1위인 미국의 GDP는 28조 7,830억 달러입니다. 2위 중국의 GDP는 18조 5,360억 달러이고, 3위 독일은 4조 5,900억 달러, 4위 일본은 4조 1,120억 달러, 5위 인도는 3조 9,420억 달러 순입니다. 한국은 1조 7,600억 달러로 세계 14위입니다.

세계 1위 미국의 GDP 통계는 연간 총 3차례에 걸쳐서 발표된다는 것을 앞서 4장에서 이미 말씀드렸습니다.

미국의 GDP는 연율 annualized rate로 발표됩니다. 연율이란 분기 GDP 성장률을 연간 기준으로 환산한 수치입니다. 즉, 해당 분기의 경제 성장이 같은 속도로 이어진다면 1년 동안 어느 정도 성장할지를 보여주는 게 연율입니다. 만일 1분기 GDP가 아래 예문처럼 연율로 1.6% 증가했다고 발표됐다면, 이는 1분기의 경제 성장 속도가 연말까지 계속 그대로 이어질 경우 연간 1.6% 성장할 것이라는 의미입니다.

> The U.S. economy grew at a 1.6% annualized rate in the first quarter of 2024, the Commerce Department said on Thursday.
> 미국 경제는 2024년 1분기에 연율 1.6%의 성장률을 기록했다고 상무부가 목요일에 발표했다. (AXIOS, 2024년 4월 25일)

같은 1분기 GDP에 대해서 CNBC는 다음과 같이 보도했습니다.

> Gross domestic product, a broad measure of goods and services produced in the January-through-March period, increased at a 1.6% annualized pace, below the 2.4% estimate.
> 1월부터 3월까지 생산된 재화와 서비스의 광범위한 척도인 미국의 GDP가 연율 1.6%로 증가하여 예상치인 2.4%를 밑돌았다. (CNBC, 2024년 4월 25일)

GDP는 실질 GDP real GDP 와 명목 GDP nominal GDP, 두 가지 형태로 나오는데, 명목 GDP는 특정 연도에 발생한 재화와 서비스의 총생산량을 현재 시장 가격으로 평가한 것이고, 실질 GDP는 이 명목 GDP에서 물가 변동의 영향을 뺀 겁니다.

실질 GDP는 real GDP로 표기하거나 GDP 다음에 adjusted for seasonality and inflation이라는 말을 붙여줍니다. 여기서 seasonality는 '계절적 요인'이라는 뜻입니다. '계절적 요인'이란 경제 활동이 계절에 따라 규칙적으로 변하는 현상을 의미합니다. 예를 들어, 겨울철에는 난방비와 관련된 지출이 증가하고 여름철에는 관광과 관련된 지출이 증가하는 식입니다. 이처럼 계절에 따라 바뀔 수 있는 요소의 변동성을 조정하지 않으면 성장률 지표가 왜곡되어 나올 수 있습니다.

따라서 GDP뿐만 아니라 많은 경제 지표가 계절적 변동 요인을 제거한 계절 조정 seasonally adjusted 으로 제공됩니다. 더 정확한 경제 상황을 보여주기 위해서입니다. 아래처럼 쓸 수도 있습니다.

Gross domestic product, a broad measure of goods and services produced in the January-through-March period, increased at a 1.6% annualized pace when adjusted for seasonality and inflation, according to the department's Bureau of Economic Analysis.

미 재무부 경제분석국에 따르면 1월부터 3월까지 생산된 재화와 서비스의 광범위한 척도인 미국의 GDP가 계절적 요인과 인플레이션을 반영해 조정했을 때 연율로 1.6% 성장했다. (CNBC, 2024년 4월 26일)

2 In fact, there may be a better analogy. What the World Bank discovered was not additional money to spend, but the equivalent of a discount voucher, which cuts 4% off the price of every good and service the world buys in a year. That means global spending can stretch further than previously thought.

여기서는 세계은행이 찾아낸 돈을 전 세계의 모든 상품과 서비스 가격을 4% 할인받을 수 있는 바우처에 비유하고 있습니다. 아시다시피 discount voucher는 상품이나 서비스 구매 시 일정 금액 또는 비율을 할인받을 수 있도록 제공되는 쿠폰 등을 말합니다. 이렇게 할인받는 효과를 누리면 위에 설명한 대로 그만큼 전 세계적인 지출 여력이 커질 수 있을 것입니다. stretch further는 '더 늘어날 수 있다'라는 뜻입니다.

Unfortunately, that is not how these calculations often work. America's national accountants value the country's <u>Big Macs</u> at American prices. China's value theirs at the yuan price prevailing in their economy, which is around 25 yuan. When making international comparisons, China's GDP is then converted into dollars using the market exchange rate of roughly 7.2 yuan to the dollar. The result is that China's Big Macs are valued at only $3.47 in calculations of global GDP and not $5.69. Even if China and America produced the same number of Big Macs a year, China's output would seem almost 40% smaller by conventional measures.

4

이 문단에서 맥도날드의 빅맥이 예로 나온 이유는 빅맥에서 이름을 따온 빅맥 지수 Big Mac Index 가 『The Economist』에서 1986년에 제안한 비공식적인 경제 지표이기 때문입니다. 이 지표는 세계 각국의 통화가 실제로 어떻게 평가되는지를 비교하는 데 사용됩니다. 즉, 맥도날드의 빅맥 햄버거 가격을 기준으로 각국의 통화가 과대평가되었는지, 아니면 반대로 과소평가되었는지를 판단하는 것이죠. 빅맥은 전 세계에서 거의 동일하게 제공되며, 다양한 나라에서 구매할 수 있는 제품이기 때문에 통화 가치를 비교하는 데 유용한 기준이 됩니다. 만약 미국에서 빅맥 가격이 10달러이고, 한국의 빅맥 가격이 1만 원이라면, 미국 달러와 한국 원화 간의 환율은 1달러 = 1,000원이어야 한다는 식입니다.

　　이 설명을 토대로 위 문단을 보면, 중국의 빅맥 가격이 25위안인데, 이 기사가 쓰였을 때 환율을 달러당 7.2위안 기준으로 해서 25위안을 달러로 환산하면 3.47달러(25 나누기 7.2)로 미국의 빅맥 가격 5.69달러보다 낮다는 겁니다. 이렇게 기존의 측정 방식 conventional measure으로 계산하면 40% 가까이 저렴(3.47달러는 5.69달러보다 약 40% 저렴)한 가격이죠. 결과적으로 빅맥 지수를 활용해서 미국과 중국에서 파는 같은 빅맥의 가격 차이를 비교해 보면 환율 때문에 중국이 GDP가 상대적으로 그만큼 낮아 보이는 문제가 발생한다는 것을 알 수 있습니다.

5 There is an obvious solution: ignore the currency markets and look at prices instead. If the yuan price of a Big Mac is roughly four times the dollar price, why not use that as the exchange rate? If China's GDP were converted into dollars at 4.39 yuan to the dollar, its Big Macs would have the same value as America's. These alternative exchange rates, which equalise the prices of goods and services, are known as <u>purchasing-power parities</u>, or <u>PPPs</u>.

경제학에서는 이런 문제를 해결하기 위해서 미국과 중국 사례처럼 두 나라 통화 간의 환율을 두 나라에서 동일한 양의 상품과 서비스를 구매할 수 있도록 조정해서 경제 상황을 비교합니다. 위에 나온 내용처럼 환율이 달러당 7.2위안이 아니고 4.39위안이라면 두 나라 빅맥의 가격은 같아질 것입니다. 중국의 빅맥 가격 25위안을 달러당 위안 가치인 4.39위안으로 나누면 5.69달러가 나오니까요. 이렇게 각국의 통화가 동일한 양의 상품과 서비스를 구매할 수 있는지를 평가할 때 쓰는 방법을 구매력평가PPP라고 합니다.

Indeed, even with the additional **purchasing power**,[11] China's **GDP per person** is mediocre, ranking 85th in the world and remaining firmly in line with the world average. Since China's **saving rate** is so high, its **consumer spending** ranks even lower. According to the World Bank, individual consumption came to less than $9,300 in 2021, compared with a global average of $12,950. China's figure, adjusted for purchasing power, remains lower than equivalent spending in South Africa or Peru. There is no point finding lost change down the sofa if you just stuff it under the mattress.

위 단락 앞에 나오는 세계은행의 계산 방법 관련 설명은 일반적인 외신 기사에서 거의 보기 드문 내용입니다. 하지만 앞서 말씀드린 이야기 정도로도 이해하시는 데 큰 어려움이 없으실 거라 판단하고 자세한 설명을 생략하겠습니다.

마지막 문장에는 외신에서 다루는 주요 경제 용어들이 많이 나오므로, 이에 대해 간단히 정리하고 이번 기사에 대한 설명을 마무리하겠습니다.

purchasing power는 말 그대로 '구매력'입니다. GDP per person은 '1인당 GDP', 즉 한 국가의 GDP를 그 국가의 인구로 나눈 값을 말합니다. 개인이 이론적으로 생산에 기여한 경제적 가치를 알려줍니다. GDP per capita와 같은 말입니다. saving rate은 '저축률'입니다. 저축률은 한 국가나 개인이 총소득 중에서 얼마를 저축하는지를 나타내는 비율입니다. consumer spending은 소비 지출이죠.

소비와 관련된 표현이나 용어는 뒤에 나올 Economists

and investors should pay less attention to consumers 편에서 더 자세히 설명을 드리겠습니다. 여기서는 '구매력'이나 '소비 지출' 같은 단어들이 나왔으니 이런 단어들이 나올 때 연상되는 재미있는 표현을 하나 말씀드릴까 합니다.

바로 Buy Now, Pay Later입니다. 줄여서 BNPL이라고 많이 쓰는데요, 말 그대로 '물건은 지금 사고, 돈은 나중에 내는 방식'의 소비를 말합니다. 일단 질러놓고, 돈은 나중에 할부로 나눠서 낸다는 의미로, BNPL이 유행하면 구매력과 소비 지출이 크게 늘어나는 효과를 냅니다. 소비자들이 할부를 이용할 때 보통 월 단위 할부로 내게 되는데 이걸 영어로는 monthly installment 라고 합니다. 그래서 ~paying for merchandise in monthly installments spread out over as many as 36 months라고 하면 '최대 36개월로 쭉 늘려서 매달 구매한 상품 가격을 지불하는 방식'을 말합니다. 그러다 못 갚는 것을 delinquency rate for BNPL purchase(BNPL 구매에 대한 연체율)라고 합니다. delinquency rate는 기한 내에 대금을 지불하지 않은 비율이죠.

이번 장에서는 GDP 기사를 읽는 법과 빅맥 지수 및 구매력평가 등에 대해 알아봤습니다. 그러나 본 기사는 일반적인 GDP 기사라기보다는 세계은행이 이례적으로 찾아낸 자료를 중심으로 작성된 것이라서 이와 다른 형식의 기사들도 함께 살펴볼 필요가 있습니다. 실제로 보다 일반적인 설명 위주로 작성된 타 매체의 몇 가지 기사를 더 살펴보겠습니다.

먼저 일본의 2분기 GDP에 대한 로이터 기사입니다. 이 기사는 매우 일반적인 GDP 기사인데 『The Economist』 기사로 설명했던 내용을 참조하며 읽어보겠습니다.

> Japan's economy expanded by a much faster-than-expected annualized 3.1% in the second quarter, rebounding from a slump at the start of the year thanks to a strong rise in consumption and backing the case for another near-term interest rate hike.
>
> The Bank of Japan had forecast that a solid economic recovery will help inflation sustainably hit its 2% target, and justify raising interest rates further after it hiked them last month in its continued quest to exit years of massive monetary stimulus.
>
> The increase in gross domestic product (GDP) compared with a median market forecast for a 2.1% gain, and followed an upwardly revised 2.3% contraction in the first quarter, government data showed on Thursday.
> The reading translates into a quarterly rise of 0.8%, beating a 0.5% increase expected by economists in the Reuters' poll.

강력한 소비 증가 덕분에 일본 경제는 2분기에 예상보다 훨씬 빠른 연율 3.1% 성장하며 연초의 부진에서 반등하면서 단기 금리 인상 명분에 힘을 실어줬다.

일본은행은 견조한 경제 회복이 인플레이션 목표치인 2%를 지속적으로 달성하는 데 도움을 주고, 수년간의 대규모 통화 부양책을 끝낸 지난달 금리 인상 이후의 추가 금리 인상을 정당화해줄 것으로 전망한 바 있다.

목요일 나온 정부 데이터에 따르면 2분기 GDP 성장률은 시장 전망치 중간값인 2.1%를 상회했다. 1분기 성장률도 마이너스 2.3%로 (마이너스 2.9%에서) 상향 조정됐다.

2분기 GDP 성장률은 전분기 대비로 0.8%라는 뜻으로, 이 역시 로이터의 설문 조사에서 경제학자들이 예상한 0.5%를 상회하는 수치이다. (Reuters, 2024년 8월 15일)

경제가 플러스 성장했다고 할 때는 위에 나온 expand 외에도 rise, grow, increase, go up 등을 쓰고, 반대로 역성장했다고 할 때는 fail, decline, shrink, decrease 등을 씁니다.

위 기사에서 annualized 3.1%는 앞서 말씀드린 대로 '연율 3.1%'를 말합니다. 즉 2분기 성장률 그대로 1년 동안 성장했을 때 일본이 연간 3.1% 성장하는 수준으로 성장했다는 뜻입니다. massive monetary stimulus는 대규모 통화 부양책입니다.

그 다음에 중요한 표현이 나오는데, 경제 지표 소개 기사에 자주 등장하는 median market forecast입니다. 여기서 핵심은 median, 즉 중앙값입니다. 중앙값은 '여러 개의 예측치나 데이터가 있을 때 그 값들을 크기 순서로 나열했을 때 가장 중간에 위치한 값'을 뜻합니다

그리고 이것은 전체 숫자를 합한 뒤 예측을 제시한 사람 수로 나누는 평균값인 average와 다릅니다. A가 3%, B가 4%, C가 6% 성장을 전망했다고 하면 중앙값은 4%이고 평균값은 13 나

누기 3의 값, 약 4.33%입니다. 중앙값은 평균과 달리 극단적인 값 outlier에 의해 왜곡되지 않는다는 장점이 있습니다.

다음으로 upwardly revised 2.3% contraction에서 contraction은 마이너스 성장을 말합니다. upwardly revised는 '상향 수정됐다'는 뜻이고요. 앞에서도 말씀을 드렸듯이 GDP 통계는 예비치, 수정치, 확정치 순으로 나옵니다. 여기선 revised라고 했으니 수정치를 말합니다. 상향 수정했으니 예비치에서 발표됐던 1분기 GDP는 마이너스 2.3%보다 더 내려갔다는 뜻이죠. 일본은 2024년 1분기에 마이너스 2.9% 성장했습니다.

끝 문장에서는 2분기 연율 성장률을 분기로 quarterly 환산해 translate into 보면 0.8% 성장했다는 계산이 나오므로, 이 역시 전문가들 전망치인 0.5% 성장을 상회 beating 한 결과라고 되어 있습니다.

보통 전월 대비 성장률을 알려준 뒤 이를 연율로 환산해서 보여주는 기사가 많은데, 이 로이터 기사는 먼저 연율로 성장률을 알려준 뒤 이를 분기 성장으로 환산했습니다. 여기서 translate into는 '번역하다'는 뜻이 아니라 '변환(환산)하다' 또는 '~로 이어지다'라는 의미입니다. 경제 기사를 쉽게 풀어서 설명할 때 자주 등장하는 표현입니다.

> Americans feel slightly better about the state of the economy, but that sentiment hasn't translated into an uptick in President Biden's approval rating, according to an AP-NORC poll out Thursday.
> 목요일에 발표된 AP-NORC 여론 조사에 따르면 미국인들은 경제 상황이 약간 더 나아졌다고 느끼지만 이러한 심리가 바이든 대통령의 지지율 상승으로 이어지지는 않았다. (AXIOS, 2024년 2월 1일)

한국은행은 전분기 대비 실질 성장률을 발표합니다. 이처럼 국가마다 발표하는 내용이 서로 조금씩 다릅니다. 우리나라는 2024년 1분기 전분기 대비 1.3% 성장했는데, 이를 영어로 기사화하면 아래처럼 됩니다.

> South Korea's economy grew at the fastest pace in over two years in the first quarter of the year as the recovery in exports continued and private spending remained firm, central bank data showed Wednesday.
> The country's real gross domestic product — a key measure of economic growth — <u>increased 1.3 percent on-quarter in the January-March period</u>, matching an earlier estimate, according to preliminary data from the Bank of Korea.

> 수출 회복세가 지속되고 민간 소비가 견고하게 유지되면서 올해 1분기 한국 경제가 2년 만에 가장 빠른 속도로 성장했다고 수요일 한국은행이 밝혔다.
> 한국은행의 잠정 자료에 따르면 경제 성장의 주요 척도인 한국의 실질 GDP는 1월부터 3월까지 전분기 대비 1.3% 증가하여 이전 추정치와 일치했다. (연합, 2024년 6월 5일자 영문판)

GDP가 2분기 연속 전분기 대비 마이너스 성장을 하면 경제는 '침체 recession 에 빠졌다'고 합니다. 외신에서 recession이라는 단어를 쓰며 경제 상황을 진단할 때 recession은 그냥 경제가 나빠졌다는 뜻이 아니라 경제가 2분기 연속 전분기 대비 역성장할 우려가 커졌다는 것을 뜻합니다. recession과 다른 경기 둔화를 뜻하는 표현이 어떻게 의미상 차이가 있는지는 뒤에서 다시 자세하게 설명을 드리기로 하고, 덧붙여 annualized와 annual rate의 차이를 더 알아보겠습니다.

지금까지 annualized는 '연율'을 가리킨다고 했는데, 이와 비슷하게 보이는 annual rate는 앞서 설명한 '연율'이 아니라 '연간'이라는 뜻입니다. 혼동하시면 안 됩니다.

> Optimism about India tends to spike now and again. In 1996, a few years after the country opened to foreign capital, the price of property in Mumbai, India's financial hub, soared to the highest of any global city, according to one account. In 2007 the country's economy grew at an <u>annual rate</u> of 9%, leading many to speculate that it might hit double digits. Yet after each of these booms, hopes were dashed. The late-2000s surge made way for financial turbulence in the 2010s.
>
> 인도 경제에 대한 낙관론이 때때로 급등하는 경향이 있다. 인도가 외국 자본에 개방된 지 몇 년 후인 1996년 금융 중심지인 뭄바이의 부동산 가격은 전 세계 도시 중 가장 높은 수준으로 치솟은 것으로 집계됐다. 2007년 인도 경제가 연간 9% 성장하자 많은 사람들이 이제 인도가 두 자릿수 성장률을 기록할 것이라고 추측했다. 하지만 이러한 호황이 지나고 나자 희망이 처참히 무너졌다. 2000년대 후반 급성장은 2010년대의 금융 혼란으로 이어졌다.
>
> (The Economist, 2024년 4월 11일)

8　To understand America's job market, look beyond unemployed workers

미국의 고용 시장 이해하려면 실업자 수만 봐서는 안 된다

Why talk of a skills shortage is overblown

기술 부족에 대한 이야기가 과장된 이유

1 Sitting in a medical clinic recently, as a young-looking nurse extracted blood from his veins, your columnist's mind turned to the flexibility of the American labour market. How long, exactly, had she been on the job? The somewhat shocking answer: it was her first month. Six weeks of training was all it took, she explained, to make the transition from eyelash technician to phlebotomist, which offered higher pay and better hours.

2 Workers ditching old jobs for better ones has been a feature of the post-covid American economy. Early last year about 3% of Americans quit their jobs in any given month, the highest in two decades. Since July that has fallen to 2.3%, back to its pre-pandemic level. The decline is a sign that the labour market is gradually normalising. It has gone from being ultra-tight—beset by a seemingly endless worker shortage—to merely moderately tight.

3 During the period of ultra-tightness, analysts and investors paid close attention to a chart. The Beveridge curve, named after William Beveridge, a mid-20th-century British economist, depicts the link between unemployment and job vacancies. It is an inverse relationship: vacancies rise as unemployment falls. The logic is simple. When nearly all would-be workers have jobs, companies struggle to find new staff and have more vacancies.

최근 병원에 앉아 한 젊은 간호사가 환자의 정맥에서 채혈하는 모습을 지켜보던 본 칼럼니스트는 문득 미국 노동 시장의 유연성이 어느 정도인지 궁금해졌다. 이 간호사는 정확히 얼마나 오래 이 일을 하고 있었던 걸까? 다소 충격적으로 들릴 수 있겠지만 그때가 그녀가 간호사로 일한 지 첫 번째 달이었다. 간호사는 속눈썹 기술자로 일하다가 6주간의 교육만을 받고 임금은 더 높지만 근무 시간은 더 짧은 채혈사로 전직할 수 있었다고 알려줬다.

COVID-19 사태 이후 근로자가 더 나은 곳으로 전직하기 위해 기존 직장을 그만두는 게 미국 경제에서 흔하게 볼 수 있는 광경이 되었다. 지난해 초에는 어느 달에나 미국인의 약 3%가 직장을 그만두었는데, 이는 20년 만에 가장 높은 수치였다. 7월 이후에는 이 수치가 2.3%로 내려가며 팬데믹 이전 수준으로 회귀했다. 이러한 하락세는 노동 시장이 점차 정상화되고 있다는 것을 보여주는 신호이다. 끝이 보이지 않는 것 같은 인력 부족으로 인해 극도로 타이트했던 시장 상황이 이제 적당히 타이트한 상황으로 바뀌었다.

고용시장이 극도로 타이트했던 기간 동안 애널리스트와 투자자들은 한 차트를 예의 주시했다. 20세기 중반 활동한 영국의 경제학자 윌리엄 베버리지의 이름을 따서 만들어진 베버리지 곡선이다. 이 곡선은 실업률(노동 공급)과 구인율(노동 수요) 사이의 상관관계를 보여준다. 즉, 실업률이 하락하면 구인율이 올라가는 역상관관계가 성립한다는 것이다. 논리는 이처럼 간단한다. 거의 모든 구직자들이 일자리를 갖게 되면 기업은 새로운 직원을 구하는 데 어려움을 겪게 되고 공석은 늘어나는 게 당연하다.

Pick your poison
United States, Beveridge curves
January 2001- August 2023, %

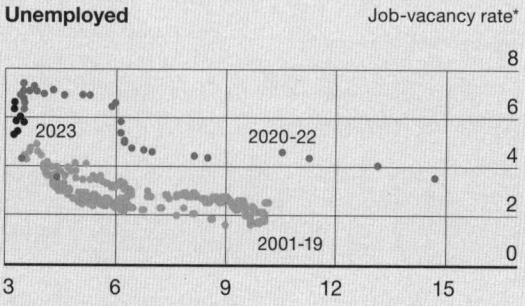

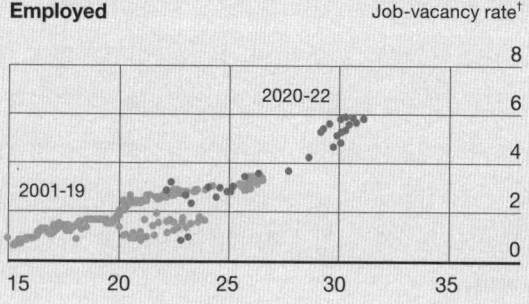

* Vacancies as % of employment
† Openings likely filled by job-switching workers
Source: Bureau of Labour Statistics; Federal Reserve Bank of St. Louis

4 What makes the Beveridge curve fascinating but also frustrating is that it moves around. There is no fixed relationship between vacancies and unemployment. Take, for instance, an unemployment rate of 6%. This was consistent with about 2.5% of jobs in America being unfilled in the early 2000s, but 3.5% in the 2010s

무엇이 더 나쁜가
미국의 베버리지 곡선
2001년 1월부터 2023년 8월까지 (단위: %)

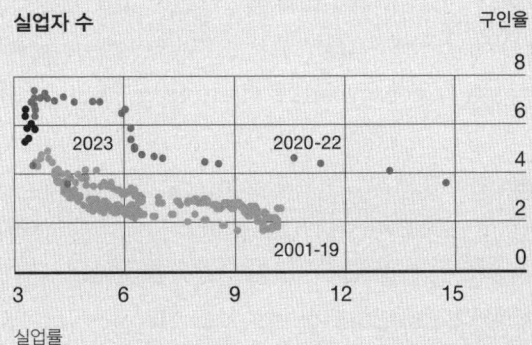

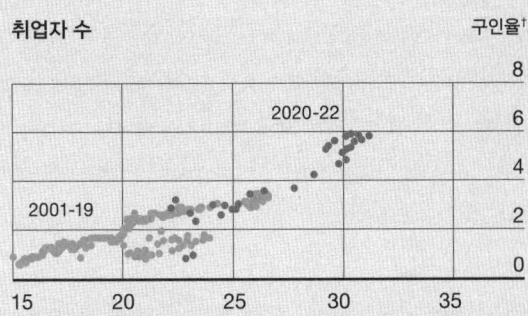

취업 상태에서 일자리를 찾는 근로자 수

* 취업자 대비 구인율
† 이직자들이 접수했을 가능성이 있는 공석
출처: 노동통계청 및 세인트루이스 연방준비은행

베버리지 곡선이 매력적이면서도 동시에 불만스러운 이유는 이 곡선이 계속 움직이기 때문이다. 구인율과 실업률 사이의 관계가 고정되어 있지 않다. 예를 들어, 실업률이 6%였을 때를 보자. 실업률이 이 상태를 유지했던 2000년대 초반에는 미국 내 일자리의 약 2.5%가 공석이었으나 2010년대에는 이 비율이 3.5%, 2021년에는 다시 6%로 상승했다. 일반적으로 실업률이 어떻든

and 6% in 2021. As a rule, the higher the vacancy level for any given unemployment rate, the less efficient the labour market, since firms must fight to find workers. In graphical terms, an inefficient Beveridge curve shifts outwards, away from the origin point.

5 The fascinating bit is the explanation for this. Normally, the location of the Beveridge curve is viewed as a measure of skills-matching. If workers lack the skills wanted by employers, the vacancy rate will be higher. During covid-19 and its aftermath, though, the problem was less a skills mismatch than a willingness mismatch. Many people were scared of illness and thus less willing to work. At the same time, having profited from a rapid recovery, many companies were willing to hire additional workers.

6 An exceedingly inefficient labour market was the result. There were two job openings per unemployed person at the start of 2022, the most on record. Given such a Beveridge curve, the dismal conclusion was that unemployment would soar as the Federal Reserve wrestled down inflation. The causal chain went like this: to tame inflation, the Fed had to generate slower wage growth; for wages to slow, vacancies had to fall; finally, in an inefficient labour market, a big fall in vacancies implied a big rise in unemployment.

상관없이 공석이 많을수록 기업은 근로자를 찾기 위해 경쟁해야 하기 때문에 노동 시장의 효율성이 떨어진다. 그래픽으로 표현하면 비효율적인 베버리지 곡선은 원점(왼쪽)에서 떨어져 바깥쪽(오른쪽)으로 이동한다.

흥미로운 점은 이런 현상이 생기는 이유에 대한 설명이다. 보통 베버리지 곡선의 위치는 '기술 일치'를 보여주는 척도로 간주된다. 즉, 근로자에게 고용주가 원하는 기술이 부족하면 구인율은 더 올라간다. 하지만 COVID-19 사태 때와 그 여파가 지속됐을 때는 '기술 불일치'보다는 '의지의 불일치'가 더 큰 문제였다. 많은 사람들이 감염에 대한 두려움으로 인해 일할 의지를 상실했기 때문이다. 동시에 빠른 경제 회복으로 이익을 본 많은 기업은 기꺼이 추가 인력을 고용하고자 했다.

그러자 극도로 비효율적인 노동 시장이 생겨났다. 2022년 초에는 미취업자 1명당 일자리 수가 사상 최대인 2개를 기록했다. 그러한 베버리지 곡선을 고려했을 때 연준이 인플레이션과 씨름하면서 실업률이 치솟을 것이라는 암울한 결론을 내릴 수 있었다. 인플레이션을 진정시키려면 연준이 임금 상승을 낮춰야 하는데, 그러려면 구인율이 하락해야 한다는 인과관계가 성립했기 때문이다. 결과적으로 비효율적인 노동 시장에서는 공석이 크게 줄어든다는 건 실업률이 크게 올라갈 거란 의미였다.

7 Skip ahead to the present, though, and these fears have receded. Job vacancies have declined without much unemployment. There are now 1.5 job openings per unemployed worker. The labour market, in other words, looks more efficient. The Beveridge curve has shifted inwards, reverting to somewhere close to its pre-pandemic location. The typical explanation is that the willingness mismatch has abated: Americans have re-entered the labour force, while companies have cut their help-wanted advertisements.

Question everything

8 That, at least, is the conventional story. But think about it for a second and it is does not sit quite right. After all, the Beveridge curve is supposed to depict the state of the labour market. If, however, the curve itself is liable to move around, as this story suggests, it surely cannot be of much use. Do adjustments take place along the curve or does the curve itself change locations? After the fact it seems clear enough. In the moment, it is guesswork.

9 There is a different, and better, way of constructing the Beveridge curve. The standard curve implies that it is the unemployed who fill job vacancies. The problem, as testified by your columnist's phlebotomist, is that in reality, holes are often filled by job-switchers, not the unemployed. In research published by the Fed's branch

하지만 현재로 넘어오면서 이러한 우려는 잠잠해졌다. 실업률 7
이 급등하지 않았는데도 일자리 공석은 감소했다. 이제 미취업
자 1명당 1.5개의 일자리가 존재한다. 다시 말해, 노동 시장은 더
효율적으로 보인다. 베버리지 곡선이 안쪽(좌측 원점 쪽)으로
이동하면서 팬데믹 이전과 비슷한 자리로 되돌아갔다. 이런 변
화를 두고 불일치가 완화되었다는 게 일반적인 설명이다. 즉, 미
국인들은 노동 시장에 재진입했고 기업들은 구인 광고를 줄였
다는 것이다.

모든 것에 의문을 제기하자

적어도 일반적인 이야기가 그렇다는 것이다. 하지만 잠시만 생 8
각해 보면 이것이 옳지 않은 이야기임을 알 수 있다. 결국 베버
리지 곡선은 노동 시장의 상태를 묘사해 줘야 하기 때문이다. 하
지만 이 기사에서 주장하듯 곡선 자체가 쉽게 움직인다면 베버
리지 곡선은 그다지 유용하지 않을 수 있다. 조정이 곡선을 따라
이루어질까, 아니면 곡선 자체의 위치가 바뀔까? 어떻게 될지는
실제 일이 일어난 뒤에 충분히 분명하게 알 수 있겠지만 일이 벌
어지는 그 순간에는 추측만 할 수 있을 뿐이다.

베버리지 곡선을 구성하는 더 나은 다른 방법이 있다. 표준 곡 9
선은 공석을 채우는 게 실업자임을 암시한다. 문제는, 본 칼럼니
스트가 만난 채혈사의 증언대로 실제로는 실업자가 아닌 전직
자가 빈자리를 채우는 경우가 많다는 점이다. 안톤 체레무킨, 프

in St Louis, Anton Cheremukhin, Praew Grittayaphong and Paulina Restrepo-Echavarría have reflected this, proposing a revised Beveridge curve that links prospective job-switchers to vacancies.

10 Instead of the inverse traditional curve, their one has a positive slope: as vacancies rise, more workers consider jumping ship for new jobs. Indeed, they find that about four-fifths of vacancies since 2015 have been geared towards job-switchers, not the jobless. Along with its faithfulness to reality, their curve has another advantage in that it appears to be mostly stable. The pandemic was unusual because of the large rise in both job vacancies and job seekers, but that was an extrapolation of their revised curve, not a shift to a new location. One conclusion is that a relatively soft landing looks more plausible today. Although a decline in vacancies is still needed to calm wage growth, that largely translates into less job-switching rather than higher unemployment.

11 There may be a more profound lesson to draw. In 2020 Katharine Abraham and colleagues at the University of Maryland also looked at whether they could improve the Beveridge curve, this time by incorporating job searchers who are already employed or out of the labour force. Their revised curve, like that of the St Louis Fed's economists, is more stable than the traditional curve. The implication of that stability is that the economy actually does a decent job of matching workers with jobs.

라우 그리타야퐁, 파울리나 레스트레포-에차바리아는 세인트루이스 연준 지부에서 발표한 연구에서 이 점을 감안해 잠재적 이직자와 공석의 관계를 보여주는 수정된 베버리지 곡선을 제안했다.

수정된 곡선은 기존의 역곡선이 아닌 양의 기울기를 가진 곡선이다. 즉 공석이 늘어날수록 새로운 일자리로 이직을 고려하는 근로자가 늘어난다는 점을 반영했다. 실제로 그들은 2015년 이후 생긴 공석의 약 5분의 4가 실업자가 아닌 이직자에 적합한 자리임을 알아냈다. 그들이 제안한 곡선은 현실을 더 충실히 반영한다는 점과 함께 대체로 안정적으로 보인다는 또 다른 장점이 있다. 팬데믹 때는 공석과 구직자가 모두 크게 증가한 이례적인 상황이 발생했는데, 그들은 곡선 자체를 새로운 위치로 이동시키지 않고도 수정된 곡선을 통해 이런 일을 추정해 냈다. 한 가지 결론은 현재로서는 상대적으로 연착륙할 가능성이 더 높아 보인다는 것이다. 임금 상승을 진정시키기 위해서는 여전히 공석 감소가 필요하지만, 그러려면 실업률이 올라가기보다는 이직이 줄어야 한다.

더 심오한 교훈을 이끌어낼 수도 있다. 메릴랜드대학교의 캐서린 에이브러햄과 동료들은 2020년에 이미 취업했거나 노동 시장을 떠난 사람까지 포함시켜 베버리지 곡선을 개선할 수 있는지 살펴봤다. 세인트루이스 연준의 경제학자들과 마찬가지로 이들이 수정한 곡선은 기존 곡선보다 더 안정적이다. 이러한 안정성은 경제가 실제로 노동자와 일자리를 잘 일치시키고 있다는 뜻이다.

12 Many people, including politicians from both sides of the aisle, declare that America is plagued by a skills mismatch. Yet the evidence suggests that workers respond to wages, and that firms which are willing to invest can train them up. The skills shortage may be more of a talking-point than a fundamental constraint to growth. Remember: America is a country in which eyelash technicians can become phlebotomists in a matter of weeks. (Oct 5th 2023)

여야 정치인을 포함한 많은 사람들이 미국이 기술 불일치에 시 12 달리고 있다고 주장한다. 그러나 근로자는 임금에 반응하고, 투자 의향이 있는 기업은 근로자를 훈련시킬 수 있다는 것을 보여준다는 게 입증됐다. 기술 부족은 성장을 가로막는 근본적인 제약이 아니라 하나의 화두일 수 있다. 미국은 속눈썹 기술자가 단 몇 주 만에 체혈사가 될 수 있는 나라라는 것을 명심하자. (2023년 10월 5일)

앞장에서 설명한 대로 미국의 경제 지표 중에서 글로벌 금융 시장에 미치는 영향력이 가장 큰 세 가지를 꼽으라면 GDP와 물가 및 고용 지표를 들 수 있습니다.

이번 장에서는 이 중 고용 지표로는 무엇이 있고, 『The Economist』를 포함한 외신에서 고용 지표를 어떻게 기사화하고 있는지 자세히 살펴보겠습니다.

GDP와 인플레이션 기사와 마찬가지로 고용 지표 기사를 잘 이해할 수 있다면 경제와 시장의 향후 흐름을 판단하는 데 큰 도움을 받을 수 있습니다.

다만 이번 장에 나온 『The Economist』 기사는 외신에서 흔히 볼 수 있는 실업률이나 취업률, 임금 등을 주제로 한 고용 기사는 아닙니다. 그보다는 외신에서 접하기 쉽지 않은 베버리지 곡선이란 것을 갖고서 이것이 미국의 노동 시장을 제대로 보여주지 못하는 문제를 지적하고 있습니다.

이 『The Economist』 기사를 이해하려면 먼저 베버리지 곡선이 무엇인지 알아봐야 합니다. 이어 본문 해설 이후에는 보다 자주 볼 수 있는 고용 관련 용어 및 표현들에 대해서 살펴보겠습니다.

기사에서 짧게 설명돼 있듯이, 베버리지 곡선은 한 나라의 실업률unemployment rate 과 구인율(일자리 공석률job vacancy rate) 사이의 관계를 보여주는 곡선입니다. 이 곡선은 노동 시장의 효율성을 평가하는 중요한 도구로 사용됩니다.

실업률은 일할 의사가 있는 사람 중 일자리를 찾지 못한 사람들의 비율이고, 구인율은 기업들이 채우지 못한 일자리의 비율입니다.

본문에 나온 차트처럼 베버리지 곡선은 일반으로 오른쪽 아래 방향으로 내려가는 모습을 보입니다. 구인율이 하락하면,

즉 기업이 뽑는 사람이 적으면 사람들이 일자리를 구하지 못해서 실업률이 올라가니까요. 차트에서 보시다시피 실업률은 가로축이고 구인율은 세로축입니다. 반대로 구인율이 상승하면 실업률은 당연히 하락하겠지요. 기업에서 뽑는 사람이 많으니 일자리가 없는 사람이 줄어들 테니까요.

이론적으로 경제가 확장 국면에 있을 때는 유휴노동력, 즉 취업할 수 있는 사람 수가 줄어들면 베버리지 곡선은 차트에서 왼쪽 윗방향으로 이동합니다. 사람을 구하려는 구인율은 올라가지만 실업률은 낮아지기 때문이죠.

반대로 경제가 하강 국면에 진입하면 유효노동력이 늘어나기 때문에 베버리지 곡선은 차트에서 오른쪽 아래쪽으로 이동합니다. 구인율은 낮아지지만 실업률은 상승하기 때문이죠.

기사에 나온 대로 베버리지 곡선 전체 entire curve 가 오른쪽 위(차트에서 바깥쪽)로 움직인다면 실업률에 비해 구인율이 올라갔다는 뜻입니다. 이는 일자리가 비어 있는 상태가 많아지면서도 실업률과 구인율이 잘 매칭되지 않는다는 의미입니다.

예를 들어, 실업자 수는 많지만, 이들이 요구하는 기술과 기업들이 원하는 인재가 일치하지 않아서 구직과 채용이 어려운 상황이 발생할 수 있습니다.

이처럼 노동 시장에서 노동 수요자와 공급자의 효율적인 매칭이 이루어지지 않는 경우를 '노동 시장의 효율성이 훼손됐다'고 합니다.

그럼 COVID-19 때는 베버리지 곡선이 어떤 모양이었을까요? 기사에 나와 있듯이 COVID-19 여파가 지속되는 동안에는 많은 사람들이 감염에 대한 두려움으로 인해 일할 의지를 상실해서 '기술'이 아닌 '의지'의 불일치가 생겼습니다. 이때는 베버리지 곡선 전체가 오른쪽 위로 크게 올라갔습니다. 빈 일자리가 채워

지지 않으며 노동 시장이 비효율적으로 변한 것이죠.

당시 상황에 대해 상황에 대해 한 국제금융기구가 발표했던 내용을 잠시 살펴보겠습니다.

> The Beveridge curve shifted substantially higher in the United States following the start of the COVID pandemic. In 2022, vacancies reached record highs across all sectors while unemployment fell to pre-pandemic lows. At the same time, the pandemic has resulted in severe labor shortages, and we estimate that the labor force was approximately 2 million below trend at the start of 2023.
> 미국에서 베버리지 곡선은 COVID-19 팬데믹이 시작된 이후 크게 상승했다. 2022년 모든 부문에서 공석이 사상 최대치를 기록한 반면 실업률은 팬데믹 이전 최저치로 떨어졌다. 동시에 팬데믹으로 인해 심각한 노동력 부족 현상이 발생했으며, 2023년 초에는 노동력이 추세보다 약 200만 명 부족할 것으로 추정된다. (IMF, 2024년 1월 12일자 보고서)

우리가 경제학자가 아닌 이상 베버리지 곡선에 대해 전문가처럼 알 필요는 없을 것입니다. 그리고 외신에서 베버리지 곡선을 다루는 경우도 사실 거의 없습니다. 따라서 이 내용은 이 정도로 끝내고 넘어가겠습니다.

Sitting in a medical clinic recently, as a young-looking 1
nurse extracted blood from his veins, your columnist's
mind turned to the flexibility of the American labour
market. How long, exactly, had she been on the job?
The somewhat shocking answer: it was her first month.
Six weeks of training was all it took, she explained, to
make the transition from eyelash technician to phle-
botomist, which offered higher pay and better hours.

위에 나온 labor market(『The Economist』에서는 labour market 으로 표기)은 다들 아시는 것처럼 노동 시장을 뜻하고, 노동 시장의 유연성을 말할 때는 flexibility라는 단어를 써서 표현합니다. 물론 '유연하다'는 표현은 flexibility의 형용사인 flexible을 쓰겠죠. 우리가 뉴스에서 자주 듣는 '노동 시장의 유연성'은 노동 시장이 경제 변화에 얼마나 빠르고 효과적으로 적응할 수 있는지를 나타내는 개념입니다. 이는 다양한 경제적 충격이나 변화에 대해 노동 시장이 어떻게 반응하는지를 평가하는 중요한 척도입니다.

    미국 노동 시장은 매우 유연하다는 평가를 받습니다. 그래서 위의 사례처럼 비교적 짧은 기간의 직업 훈련만 받고도 새로운 직업으로 쉽게 전환이 가능합니다. 여기서 on the job은 (어떤) 일을 하고 있다(doing a particular job or task)라는 뜻입니다. on-the-job과 같이 붙여서 on-the-job training 식으로 쓰면 '직무 교육'이란 뜻이 됩니다. He will receive on-the-job training이라고 하면 '그는 직무 교육을 받게 될 것'이라는 의미겠죠.

2 **Workers ditching old jobs for better ones has been a feature of the post-covid American economy. Early last year about 3% of Americans quit their jobs in any given month, the highest in two decades. Since July that has fallen to 2.3%, back to its pre-pandemic level. The decline is a sign that the <u>labour market</u> is gradually <u>normalising</u>. It has gone from being ultra-tight—beset by a seemingly endless <u>worker shortage</u>—to merely moderately <u>tight</u>.**

노동 시장 상황을 말할 때는 위 문단에 나온 것처럼 tight나 loose라는 단어를 주로 사용합니다.

tight는 타이트로, loose는 느슨한으로 번역하고, 전자는 노동 시장에서 일자리를 구하려는 사람들보다 채용하려는 기업이 더 많은 상황이고, 후자는 그 반대의 경우입니다.

따라서 Japan's labor market stays tight, supporting wage growth라는 기사 제목은 '일본 노동 시장은 타이트한 상태 유지하며 임금 성장 뒷받침해'로 번역할 수 있습니다.

노동 시장이 정상화된다고 할 때는 Labor market is normalizing이라고 하지만, 반대로 비정상화되면서 불안하거나 혼란에 빠졌을 때는 Laor market is destablizing이나 Labor market is becoming disrupted라고 합니다. 특히 최근에는 AI로 인한 노동 시장의 혼란 가능성을 예상하는 외신에서 disrupt나 이 단어의 명사형인 disruption를 자주 보실 수 있습니다.

IMF warns of massive <u>labour disruption</u> from AI
IMF, AI로 인한 대규모 노동 시장 혼란 경고
(Financial Times, 2024년 6월 17일 기사 제목)

worker shortage나 labor shortage는 노동력 부족을 뜻합니다. 반대말인 노동력 과잉은 worker surplus나 labor surplus가 되겠죠.

There is a different, and better, way of constructing the Beveridge curve. The standard curve implies that it is the unemployed who fill job vacancies. The problem, as testified by your columnist's phlebotomist, is that in reality, holes are often filled by job-switchers, not the unemployed. In research published by the Fed's branch in St Louis, Anton Cheremukhin, Praew Grittayaphong and Paulina Restrepo-Echavarría have reflected this, proposing a revised Beveridge curve that links prospective job-switchers to vacancies.

9

이 대목에서는 베버리지 곡선이 일반적으로는 실업자들이 일자리 공석을 채운다는 전제로 그려지지만, 실제로는 자주 직업을 바꾸는 사람들에 의해 빈자리가 채워진다는 점을 제대로 반영하지 못하는 문제가 있다고 지적하고 있습니다.

그러면서 이런 문제에 대한 해결책으로 세인트루이스 연방 은행의 연구원들이 직업을 바꾸려는 사람들을 일자리 공석과 연결짓는 수정된 베버리지 곡선을 제안하고 있다고 설명합니다.

여기서 일자리를 바꾸는 사람, 즉 전직자를 job-switcher (보통은 job switcher로 표기)라고 했는데, 이와 비슷한 영어 표현으로 job hopper가 있습니다. 외신을 읽다 보면 job switcher 보다는 job hopper(혹은 job hopping)란 표현을 훨씬 더 자주 보셨을 텐데, 이는 일자리를 뜻하는 job에 '깡충깡충 뛰다'라는 단어 hop을 붙여 만든 단어입니다. job hopper와 job switcher 모두 일자리를 옮기는 사람이란 뜻이긴 하나 전자는 hop이란 단어에서 유추할 수 있듯이 '짧은 기간 안에 여러 번 직장을 옮기는 사람'입니다. 후자는 '더 나은 조건을 찾거나 경력의 발전을 위해서 일자리를 바꾸는 사람'이라는 의미가 더 강합니다.

10 Instead of the inverse traditional curve, their one has a positive slope: as vacancies rise, more workers consider jumping ship for new jobs. Indeed, they find that about four-fifths of vacancies since 2015 have been geared towards job-switchers, not the jobless. Along with its faithfulness to reality, their curve has another advantage in that it appears to be mostly stable. The pandemic was unusual because of the large rise in both job vacancies and job seekers, but that was an extrapolation of their revised curve, not a shift to a new location. One conclusion is that a relatively soft landing looks more plausible today. Although a decline in vacancies is still needed to calm wage growth, that largely translates into less job-switching rather than higher unemployment.

베버리지 그래프 모양이 좌측에서 우측으로 갈수록 아래쪽으로 내려오는 것과 달리 세인트루이스 연방은행 연구원들이 만든 그래프 모양은 좌측에서 우측으로 갈수록 위쪽으로 상승하는 모양이라서 양의 기울기 positive slope 를 가진다고도 표현합니다.

공석이 늘어날수록 새로운 일자리로 이직을 원하는 근로자가 비례해서 증가한다는 뜻입니다. 양의 기울기의 반대는 당연히 음의 기울기 negative slope 입니다. 그래프가 오른쪽으로 갈수록 아래로 내려가는 경우를 말합니다.

extrapolation은 '추정' 또는 '추론'이란 뜻이죠. '외삽(外揷)'이라고도 합니다. 외삽이란 쉽게 말해서 이미 알고 있는 데이터나 관찰된 정보를 바탕으로 미래나 알 수 없는 값을 예측하는 것을 말합니다. 날씨 데이터를 통해 앞으로의 날씨를 추정하는 경우처럼요.

soft landing은 연착륙입니다. 반대말인 경착륙은 hard landing입니다. 연착륙은 경제적 충격을 최소화하고 안정적인 성장 패턴을 유지하는 것을 말하며, 경착륙은 경제가 급격히 둔화되거나 침체되는 상황을 뜻합니다.

Many people, including politicians from both sides of [12] **the aisle, declare that America is plagued by a skills mismatch. Yet the evidence suggests that workers respond to wages, and that firms which are willing to invest can train them up. The skills shortage may be more of a talking-point than a fundamental constraint**

to growth. Remember: America is a country in which eyelash technicians can become phlebotomists in a matter of weeks.

위의 내용을 간추려 보면, 정치인 등은 미국이 기술 불일치에 시달리고 있다고 주장하지만 여러 증거상 근로자들은 임금에 반응하며, 투자를 기꺼이 하는 기업들은 근로자들을 훈련시킬 수 있으므로 기술 부족은 성장에 대한 근본적인 제약이 아니라 단지 이야깃거리에 불과하다면서 끝을 맺습니다.

여기서 '괴롭히다' 또는 '성가시게 하다'라는 뜻의 plague라는 단어에 대해 조금 더 설명을 드리겠습니다. plague는 영어로 to be constantly troubled or affected by something negative(지속적으로 문제를 겪거나 부정적인 영향을 받다)라는 뜻인데, 우리가 부정적인 내용의 외신을 읽을 때 자주 접하는 단어입니다. 여기서처럼 주로 be plagued by로 쓰지만, 'scandle-plagued 스캔들에 시달리는+명사' 또는 'injury-plagued 부상에 시달리는+명사' 식으로도 씁니다. 이 외에 talking point는 '이야기 거리', in a matter of는 '불과 ~ 만에'라는 뜻입니다.

말씀드렸듯이 이번 장에 나온 『The Economist』 기사는 일반적인 고용 기사와는 차이가 있습니다. 따라서 다른 외신 기사들을 추가로 살펴보면서 관련된 용어와 표현에 대해 더 자세히 알아보겠습니다.

다음은 고용 시장에 대한 외신 기사에 자주 쓰이는 핵심 단어들입니다. 앞에서 설명한 단어들은 제외합니다.

workforce: 노동력

full employment: 완전 고용 / underemployment: 불완전 고용

labor force participation rate: 경제활동 참여율

job creation: 일자리 창출 / job loss: 일자리 상실

layoff: (경영상 이유의) 정리해고

temporary layoff: 일시적 정리해고

furloug: 휴직 (임시 휴가)

jobless claim: 실업수당 청구건수

initial jobless claim: 신규 실업수당 청구건수

four-week moving average of weekly jobless claim:
　　　주간 실업수당 청구 건수의 4주 이동 평균

continuing claims: 연속 실업수당 청구건수

unemployment benefit: 실업수당

employment report: 고용 보고서

employer: 고용주

hiring: 채용 건수

nonfarm payroll: 비농업부문 일자리 창출건수

average hourly earnings: 시간당 평균임금

wage: 임금 (wage growth=wage increase: 임금 상승)

minimum wage: 최저 임금

employment cost: 임금 등 총 고용 비용

labor productivity: 노동 생산성

위에 열거한 단어들 중 쓰인 글자만 보고 용어의 뜻을 잘못 이해할 수 있는 경우도 있으므로 특히 몇몇 단어는 유의해서 보셔야 합니다.

먼저 완전 고용입니다. 완전 고용은 모든 사람이 일할 수 있는 기회를 가진 상태를 의미합니다. 구체적으로는 자연실업률에 해당하는 실업자만 존재하는 상태입니다. 자연실업은 일자리를 찾는 과정에서 발생하는 실업이나 산업 구조의 변화나 기술 발전 등으로 인해 특정 기술이나 직업군의 수요가 줄어들어 발생하는 실업을 말합니다. 따라서 완전 고용이라고 하더라도 실업률이 0%는 아닙니다.

불완전 고용은 노동의 의지와 능력을 갖추고 취업을 희망하는 사람이 모두 고용되지는 못한 상태입니다. 주변에서 파트타임 아르바이트 같은 일을 하고 있지만 더 안정적인 일자리를 얻기를 원하는 사람을 볼 수 있는데, 이들은 불완전고용 상태입니다. 다만 이는 실업률 통계에 반영되지 않습니다.

다음으로 실업률입니다. 실업률은 취업자와 실업자를 모두 합한 수, 즉 노동 시장에 참여하고 있는 총 경제활동인구 total labor force 수에서 실업자 수가 차지하는 비율 the percentage of people who are not employed 을 말합니다. 비경제활동인구 those who are no longer looking for works 는 노동 시장에 참여하지 않는 학생, 은퇴자, 주부 등을 말합니다. 또 임금이나 근로 조건에 대한 개인의 선택으로 인해 일자리를 찾지 않는 경우는 통상 실업자 통계에서 제외됩니다.

미국의 경우 다양한 고용 지표들이 나오는데, 그중 가장 관심도가 높은 지표를 순위대로 살펴보면 당연히 매달 미국 노동부 노동통계국 Bureau of Labor Statistics 이 발표하는 실업률과 비농업부문 일자리 창출건수가 1위이고, 그 다음이 목요일마다 역시 노동통계국이 발표하는 주간 신규 실업수당 청구건수입니다. 이어 미국의 인사 및 급여 관리 소프트웨어 회사인 ADP Automatic Data Processing 가 매달 발표하는 ADP 민간고용지표 ADP National Employment Report, 그리고 챌린저, 그레이 & 크리스마스 Challenger,

Grey & Christmas가 발표하는 챌린저 감원보고서 Challenger Job Cuts 도 적지 않은 주목을 받습니다.

ADP 민간고용지표는 노동부에서 발표하는 비농업부문 고용 지표보다 며칠 일찍 나옵니다. 이 지표는 민간 부문의 고용 상황을 반영하기 때문에 정부 발표의 고용 통계와 함께 사용하여 보다 포괄적인 경제 상황 분석 기회를 제공해 줍니다.

신규 실업수당 청구건수가 발표될 때 주간 실업수당 청구건수의 4주 이동 평균과 연속 실업수당 청구건수가 같이 나옵니다. 4주 이동 평균은 주간 실업수당 청구건수에 대한 최근 4주간의 평균값입니다. 즉, 최근 4주 동안의 주간 실업수당 청구건수의 평균을 계산합니다. 일시적인 변동성을 완화하고 추세를 파악하기 위해 사용됩니다.

연속 실업수당 청구건수는 지난주부터 계속 실업수당을 받고 있는 사람들의 수를 나타냅니다. 즉, 이전에 실업수당을 청구한 후 현재까지 계속해서 수당을 받고 있는 사람들의 수로, 실업자들이 얼마나 오랜 기간 동안 일자리를 찾지 못하고 있는지를 보여줍니다.

시간당 평균임금은 노동 시장의 급여 수준을 측정 a gauge of wage growth 하는 데 사용됩니다. 평균 시급은 전체 근로자의 총급여를 총 근로 시간으로 나누어 계산합니다.

이제 신규 실업수당 청구건수를 다룬 기사 예문을 살펴보겠습니다.

> **First-time applications for unemployment benefits** rose last week to 231,000, the highest level since August, in another sign that the white-hot labor market is starting to cool off.

지난주 신규 실업수당 신청건수는 23만 1,000건으로 8월 이후 최고치를 기록하며 뜨거운 노동 시장이 식어가고 있다는 또 다른 신호를 보내줬다. (https://www.pimco.com/us/en)

위 지문에서 first-time applications for unemployment benefits는 initial jobless claim을 풀어 쓴 것입니다.

끝으로 지난 몇 년 사이 미국의 고용시장에 등장한 재미있는 신조어 몇 가지를 알려드리고 이번 장을 마무리하겠습니다.

COVID-19 사태가 터지면서 미국에는 Great Resignation이라는 말이 생겨났습니다. Big Quit 또는 Great Reshuffle이라고도 하는데, 방금 말씀드린 COVID-19 사태로 인해 2021년 초부터 미국 내 직원들이 대규모로 일자리를 잃게 되면서 생긴 말입니다. 우리말로 '대퇴사'라고 합니다.

lazy girl job이라는 신조어도 있습니다. 2023년 미국의 한 인플루언서가 틱톡에 관련 영상을 올리면서 화제가 된 용어인데, 게으른 사람이라고 느껴질 정도로 유연한 근무 형태를 지닌 고연봉 화이트칼라의 일자리를 말합니다. 영어 그대로 '레이지 걸 잡'이라고 합니다.

rage applying이란 말도 나왔습니다. '분노에 찬 지원'으로 번역할 수 있는데, 이 말은 엄청난 양의 이력서를 써서 되는 대로 모든 일자리에 지원하는 근로자를 가리킵니다. 풀어서 쓰면 applying to as many jobs as possible out of frustration or anger(좌절이나 분노로 인해 최대한 많은 일자리를 지원하는 것)가 되겠습니다.

quiet quitting과 quiet cutting이란 것도 있습니다. 전자는 '조용한 퇴사'로, 후자는 '조용한 해고'로 번역됩니다.

조용한 퇴사는 업무에 필요한 최소한의 요구 사항만을 수행할 뿐 절대적으로 필요한 시간, 노력 또는 열정은 더 이상 투입하지 않는 것을 말합니다. 단, 실제로 직장을 그만두지는 않은 채 급여를 계속 받는 것이기 때문에 '퇴사'라는 단어를 사용하는 게 적절치 않다는 의견도 있습니다. 조용한 퇴사는 2020년대 초반 소셜 미디어를 통해서 유행하기 시작했습니다.

조용한 해고는 고용주가 인력을 은밀하게 감축하는 방식으로 직원을 줄이는 것을 말합니다. 직원의 직위를 박탈하거나, 급여를 깎거나, 다른 직무로 재배치하는 등의 방법으로 자발적 퇴사를 유도하는 것입니다.

다음 장에서는 미국 경제의 3분의 2를 차지한다는 소비와 관련해 공부해 보겠습니다.

9 Economists and investors should pay less attention to consumers

경제학자와 투자자는 소비자에 신경을 덜 써도 된다

Their thoughts can be misleading
그들의 생각이 틀렸을 수 있으므로

1 It is an idea so seemingly obvious as to need little elaboration: people's feelings influence their behaviour. In the economic realm this truism helps explain why surveys of consumer sentiment garner attention. They are seen as predictive of spending trends and, by extension, the state of the economy. But pause for a moment to examine how exactly sentiment affects the economy, and the causal chain starts to look sketchier. At the current juncture, when many think America is on the brink of recession, this oft-cited but fallible leading indicator merits closer inspection.

2 Understanding consumer spending is a holy grail for forecasters, since it accounts for about two-thirds of American GDP. Get it right, and the rest of the economy becomes much clearer. But the past couple of years have not been kind to those who focus on sentiment as a guide to future spending. The most closely watched index of consumer sentiment, published monthly by the University of Michigan, plunged to its lowest reading in more than four decades in 2022, and yet consumer spending remained resilient, even after accounting for inflation. This year, by contrast, the Michigan gauge has gained ground, and yet other indicators, including bond yields and lending flows, are flashing warning signs.

3 The main explanation for why sentiment has been more of a misleading than a leading economic indicator is that inflation has outweighed much else in consumers'

사람들의 행동이 심리의 영향을 받는다는 건 너무 분명해서 별 다른 설명이 필요 없을 것 같은 사실이다. 경제 분야에서 이처럼 자명한 사실은 소비자 심리에 대한 설문 조사가 주목받는 이유를 설명하는 데 유용하다. 이런 조사 결과가 소비 트렌드는 물론 더 나아가 경제 상황까지 예측할 수 있게 해 준다고 간주되기 때문이다. 하지만 잠시 숨을 고르면서 심리가 경제에 정확히 어떤 영향을 미치는지 따져보면 둘 사이의 인과관계는 그다지 크지 않아 보이기 시작한다. 따라서 많은 사람들이 미국이 경기 침체 진입 직전에 있다고 생각하는 지금 같은 시기에 자주 인용되지만 종종 오류가 있는 이 선행 지표를 면밀히 살펴볼 만한 가치가 있다.

소비자 지출은 미국 GDP의 약 3분의 2를 차지하기 때문에 경제 예측가들에게 이것의 이해는 힘들지만 매우 가치 있는 일이다. 소비자 지출을 제대로 이해한다면 나머지 경제 상황이 훨씬 더 명확해진다. 하지만 지난 몇 년은 미래 지출에 대한 가이드로 현재의 소비자 심리를 예의 주시해 온 사람들에게 의외의 결과를 선사했다. 미시간대학교에서 집계해서 매월 발표하는, 가장 주목받는 소비자심리지수는 2022년 40여 년 만에 최저치로 떨어졌지만, 인플레이션을 감안하더라도 소비자 지출은 여전히 탄력적 상태를 유지했다. 반면 올해 이 지수는 상승세를 보였지만 채권 수익률과 대출 흐름을 비롯한 다른 지표들은 경고 신호를 번쩍이고 있다.

심리가 경제 선행 지표로서 더 오해를 불러일으키는 이유는 소비자들의 마음속에서 인플레이션이 다른 많은 요인보다 더 중요한 비중을 차지하기 때문이다. 조사자들은 (소비자 심리)지수

minds. To generate their measures, interviewers ask people questions such as whether they think the economy is heading in a good direction and whether they are planning to make big purchases. Consumers tend to be gloomy when prices soar, as happened last year. They give short shrift to slightly more complex factors, such as the big stash of savings many accumulated during the covid-19 pandemic.

4 But the gap between subjective pessimism and objective reasons for greater optimism highlights a quandary. The claim is that people's feelings, whether justified or not, matter. When gloomy, they ought to spend less. If they contradict their own feelings and keep spending, then what exactly is the value of sentiment data?

5 It is a question that has bugged economists since consumer surveys got going after the second world war. In 1955 the Federal Reserve examined re-interviews of respondents, conducted a year after initial surveys, to see whether expectations predicted subsequent expenditures. Officials concluded that they did not. Rather than that being the final word, however, the sentiment industry only expanded over the years. In 1967 the Conference Board introduced its own consumer survey. In the 1980s ABC, a television network, started sponsoring a weekly version, which was later taken over by Bloomberg, a data and media firm. Morning Consult, a pollster, launched a daily survey in 2018. Evidently, there is a big market

를 산출하기 위해 사람들에게 경제가 양호한 방향으로 나아가고 있다고 생각하는지와 거액의 지출을 계획하고 있는지 등을 질문한다. 소비자들은 지난해처럼 물가가 급등할 때 우울해지는 경향이 있다. 그들은 COVID-19 팬데믹 기간 동안 많은 사람들이 많이 쌓아놓은 저축액처럼 조금 더 복잡한 요인에 대해서는 그다지 신경을 쓰지 않는다.

그러나 이런 주관적인 비관론과 경제를 훨씬 더 낙관적이라고 판단하게 해 줄 객관적인 이유 사이의 간극은 중요한 난제다. 정당하건 아니건 간에 사람들의 심리가 중요하다고 한다. 실제로 소비자들은 우울할 때 소비를 줄일 것이다. 그런데 만약 그들이 자신의 감정과 모순되게 소비를 계속한다면 심리 데이터는 정확히 어떤 가치가 있다고 볼 수 있을까? 4

이것은 제2차 세계대전 이후 소비자 설문 조사가 시작된 이래 경제학자들을 괴롭혀온 질문이다. 연준은 1995년 1차 설문 조사를 마치고 1년 뒤 응답자들을 대상으로 다시 실시한 인터뷰를 통해 소비자 기대치가 후속 지출을 예측하게 해 주는지를 조사했다. 그런데 관리들은 그렇지 않다는 결론을 내렸다. 그러나 이것이 최종 결론으로 자리 잡지는 못한 상태에서 소비자 심리와 관련된 산업은 이후 수년에 걸쳐 오로지 확장의 길을 걸었다. 컨퍼런스보드는 1967년 자체 소비자 설문 조사를 도입했다. 1980년대에는 텔레비전 네트워크인 ABC가 주간 설문 조사를 후원하기 시작했는데, 이후 데이터 및 미디어 회사인 블룸버그가 이 사업을 인수했다. 여론조사 기관인 모닝컨설트는 2018년에 매일 설문 조사를 실시하기 시작했다. 이처럼 결함이 무엇이건 상 5

appetite for sentiment indices, whatever their flaws.

6 To understand why, it is useful to consider a weaker case for such indices: not that they foretell the future but that they can reveal the present. An article in 1994 in the American Economic Review found that data on consumer confidence significantly improved forecasts of consumption growth when it was the sole explanatory factor. The problem is that when other variables such as incomes or employment were known, confidence data contributed little to the forecasts. On an intellectual level that is a damning assessment of the role of sentiment, showing that feelings by themselves have little bearing on the economy. But it indicates that surveys may have some use: sentiment reflects what people personally know about their incomes and their jobs, and it is these variables that ultimately influence their spending.

7 Sentiment gauges are especially prized given the time lag in economic data. The University of Michigan, for instance, published its preliminary consumer-sentiment index for April on the 14th. The Bureau of Economic Analysis will not publish data on personal incomes for April until May 26th. But even in such instances, their usefulness can easily be overstated. Monthly variations in sentiment surveys tend to be minor and volatile, much like the variations in spending patterns that they foreshadow.

관없이 이런 심리 지수에 대한 시장의 욕구는 상당하다.

그 이유를 이해하려면 이러한 지수가 미래를 예측하기보다 현재를 드러내 줄 수 있다는 다소 약해 보이는 주장을 따져보는 게 유용하다. 1994년 『아메리칸 이코노믹 리뷰』 저널에 실린 한 논문에 따르면 소비자 신뢰도 데이터만이 단독 설명 요인으로 사용되었을 때는 소비 성장에 대한 예측을 크게 개선해 주는 것으로 나타났다. 문제는 소득이나 고용 같은 다른 변수들이 알려졌을 때 소비자 신뢰도 데이터가 예측에 거의 기여하지 못했다는 사실이다. 이는 논리적으로나 이성적으로 봤을 때 심리 자체가 경제와 별로 연관성이 없다는 것을 보여주면서 심리의 역할을 깎아내리는 평가다. 그러나 그러한 평가도 설문 조사가 어느 정도 유용할 수 있음을 시사한다. 심리는 자신의 소득과 직업에 대한 사람들 자신의 지식을 반영하는데, 궁극적으로 그들의 지출에 영향을 미치는 게 그런 변수들이기 때문이다.

경제 데이터의 시차 때문에 심리 지표는 특히 중요하게 여겨진다. 예를 들어, 미시간대학교는 소비자심리지수 예비치를 4월 14일에 발표했다. 반면 경제분석국은 5월 26일 이후에나 4월 개인 소득에 대한 데이터를 발표할 예정이다. 그러나 심지어 그러한 경우에도 심리 지표의 유용성을 과장해서 말하기 쉬울 수 있다. 실제로 심리 조사결과의 월별 변화는 그것으로 예상되는 소비 패턴의 변화처럼 미미하면서도 변동성이 큰 경향을 보이기 때문이다.

8   A paper by the European Central Bank in 2011 found that sentiment indices were most useful in periods of upheaval. The bottom fell out of consumer surveys, for example, towards the start of the global financial crisis of 2007-09. Likewise, John Leer of Morning Consult notes that his company's consumer index turned sharply negative in late February 2020, a month before the covid-induced downturn. Yet in truth, sentiment was far from the only sign that the economy was in trouble: a sharp sell-off in the stockmarket occurred at the same time, reflecting the barrage of bad news about the pandemic. Consumer surveys added to the picture of economic malaise. They hardly conjured it out of thin air.

Head in the clouds

9   Arguably the biggest virtue of sentiment surveys is simply that so many in the market monitor them. And it is not just investors. When the Fed raised interest rates by a whopping three-quarters of a percentage point last June—its first of four increases of that size—Jerome Powell, the central bank's chairman, said that one factor was a jump in inflation expectations in the University of Michigan consumer survey. Duly informed, investors paid extra heed to the Michigan inflation reading for the next few months.

2011년 유럽중앙은행 ECB이 발표한 논문에 따르면 격변기에 8
는 심리 지표가 가장 유용하다는 사실이 밝혀졌다. 예를 들어,
2007년부터 2009년 글로벌 금융 위기가 시작될 무렵 소비자
설문 조사 결과는 바닥을 찍었다. 마찬가지로 모닝 컨설트의 존
리어는 코로나로 인해 경기가 곤두박질치기 한 달 전인 2020년
2월 말 그의 회사가 집계한 소비자 지수가 마이너스로 급선회했
다고 지적한다. 그러나 실제로는 소비자 심리만 경제가 곤경에
처했다는 것을 알려주는 신호는 결코 아니었다. 팬데믹에 대한
나쁜 소식이 쏟아져 나오면서 주식 시장의 급격한 매도세가 동
시에 촉발됐다. 소비자 설문 조사는 경제 불안을 가중시켰지만
그것이 갑자기 그렇게 한 건 아니었다.

비현실적 생각

단언컨대 심리 조사의 가장 큰 장점은 시장의 많은 사람들이 이 9
를 주시한다는 점이다. 그리고 투자자만 주시하는 것도 아니다.
연준이 지난 6월 기준 금리를 무려 75bp 인상했을 때(같은 규모
로 한 총 네 차례 금리 인상 중 첫 번째 인상) 제롬 파월 연준 의
장은 미시간대학교 소비자 설문 조사에서 인플레이션 기대치
가 급등한 것이 (대폭적인 금리 인상을 결심하게 된) 한 요인으
로 작용했다고 말했다. 이 소식을 접한 투자자들은 이후 몇 달
동안 미시간대학교 인플레이션 수치에 더욱 주의를 기울였다.

10 Could the downbeat sentiment indices of the past year eventually look prescient? There is, beyond consumer surveys, plenty of reason to think that an American recession may be in the offing at last: fallout from banking-sector turmoil and the ongoing debt-ceiling debacle come just as the labour market is starting to cool. But as Zachary Karabell wrote in a book about leading indicators in 2014, the conclusion is a more frustrating one: "Sentiment gauges are right just often enough to make them compelling and wrong far too frequently to make them reliable." You do not want to look at them too closely, even if you cannot make yourself look away. (Apr 27th 2023)

지난해 나온 우울한 심리 지표는 결국 선견지명이 있었던 것일까? 소비자 설문 조사 외에도 미국의 경기 침체가 마침내 조만간 시작될 수 있다고 생각할 만한 충분한 이유가 있다. 이제 막 노동 시장이 냉각되기 시작하는 가운데 은행 부문의 혼란과 계속되는 부채한도 상향 합의 실패 여파가 나타나고 있기 때문이다. 하지만 자카리 카라벨이 2014년에 출간한 선행 지표를 주제로 쓴 책에서 "심리 지표는 주목하지 않을 수 없을 만큼만 자주 맞을 뿐 신뢰하기에는 너무 자주 틀린다"라고 지적했듯이 결론은 매우 실망스럽다. 누구나 그것에서 완전히 눈을 떼지는 못하더라도 그것을 너무 자세히 들여다보고 싶지도 않을 수 있다. (2023년 4월 27일)

세계 최대 경제국가 미국은 소비의 나라country of consumption 라고 할 만큼 미국 소비자들은 소비하기를 좋아하고, 미국의 경제 활동에서 소비는 매우 큰 비중을 차지합니다. 앞에서도 설명했고 이번 장에서도 나와 있듯이 소비 지출은 미국 GPD의 3분의 2를 차지합니다. 즉, 미국의 경제 성장이 주로 소비자들의 지출에 좌우된다고 해도 과언이 아닙니다. 그렇다 보니 소비 관련 지표를 미국 경제 상황 상황을 판단하는 잣대로 삼는 건 당연합니다.

미국에서는 소비자들이 상품과 서비스에 지출한 금액을 알려주는 개인소비지출personal consumption expenditure, 소비자들이 소매업체에서 상품을 구매한 총금액인 소매 판매retail sales, 소비자들이 현재와 미래의 경제 상황에 대해 어떻게 느끼는지를 보여주는 소비자신뢰지수consumer confidence index, 미국 소비자들의 경제에 대한 감정, 개인 재정 상황, 경제 전망 등을 알려주는 미시간대 소비자심리지수University of Michigan Consumer Sentiment Index 등 다양한 소비 관련 지표들이 매달 쏟아져 나옵니다

개인소비지출은 상무부 산하 경제분석국Bureau of Economic Analysis, 소비자신뢰지수는 경제 조사 기관인 컨퍼런스보드Conference Board, 소매 판매는 상무부 인구통계국Bureau of Census, 미시간대 소비자심리지수University of Michigan Consumer Sentiment Index 는 이름 그대로 미시간대가 집계해서 발표합니다.

전문가나 투자자들은 이렇게 다양한 소비 지표가 나올 때마다 이를 확인해 가면서 미국의 소비 상황을 판단하려고 합니다.

언론들도 고용이나 인플레이션, 금리 정책만큼 미국의 소비 상황을 자세히 보도합니다. 2024년 한 해 기사만 찾아봐도 『The Economist』 역시 미국의 소비를 주제로 다양한 분석 기사를 쓴 것을 알 수 있습니다.

American consumers are finally cheering up
미국 소비자들, 마침내 환호하다 (2024년 2월 16일)

Is America's economy heading for a consumer crunch?
미국 경제는 소비경색으로 향하고 있는가? (2024년 6월 4일)

위의 첫 번째 기사는 미국 경제가 인상적인 성장을 하고 있다는 전문가들 진단과 달리 소비자들은 이를 체감하지 못했으나 이제 비로소 체감하기 시작했다는 내용이 담긴 기사 제목입니다. 그런데 불과 넉 달 뒤에 나온 위 제목의 기사에는 COVID-19 때 지원금으로 받았다가 모아놓은 돈 savings 을 미국인들이 다 써버리는 바람에 이제 소비에 경고 신호 warning sign 가 나타나고 있음에도 불구하고 여전히 경제를 낙관할 이유 reasons for optimism 가 충분하다는 내용이 담겼습니다.

    미국에서 11월 네 번째 목요일인 추수감사절 Thanksgiving Day 다음 날 열리는 대규모 할인 행사 블랙프라이데이 Black Friday 에 대한 기사도 쏟아집니다. 전통적으로 이날은 미국 소매업체들이 연말 쇼핑 시즌을 시작하며 큰 폭의 할인 혜택을 제공하는 날로, 많은 사람들이 쇼핑에 몰리는 날이니까요. 블랙프라이데이는 이제 미국뿐만 아니라 다른 나라에서도 인기를 끌며, 전 세계적으로 많은 소매업체들이 이 기간에 맞춰 할인 행사를 진행합니다.

Inflation puts US Black Friday crowds in a bargain-hunting mood
인플레이션으로 인해 미국 블랙프라이데이 할인 쇼핑 인파로 북새통 (Financial Times, 2023년 11월 22일 기사 제목)

Black Friday Sales Signal Tough Holidays for US Retailers
블랙프라이데이 판매, 미국 소매업체의 힘든 연말 예고

(Bloomberg, 2023년 11월 29일 기사 제목)

위 기사들은 모두 2023년 블랙프라이데이 때 고금리 장기화로 소비 여력이 줄어든 미국 소비자들이 싼 것만 찾아 소매업체들이 울상을 지을 수 있다는 기사입니다.

Economists and investors should pay less attention to consumers라는 제목의 2023년 4월 27일자 『The Economist』 기사는 위에 언급한 소비 관련 지표 중에 '미시간대 소비자심리지수'를 중심으로 소비자 심리 지수가 인플레이션 등으로 인해 왜곡될 수 있으므로 이에 대한 맹신을 경계해 줄 것을 당부합니다.

이번 장에서는 미국의 소비 지표를 중심으로 설명하면서 관련된 영어 표현과 단어를 알아보겠습니다.

1 It is an idea so seemingly obvious as to need little elaboration: people's feelings influence their behaviour. In the economic realm this truism helps explain why surveys of consumer sentiment garner attention. They are seen as predictive of spending trends and, by extension, the state of the economy. But pause for a moment to examine how exactly sentiment affects the economy, and the causal chain starts to look sketchier.

At the current juncture, when many think America is on the brink of recession, this oft-cited but fallible leading indicator merits closer inspection.

심리가 향후 소비자들의 소비를 예측하게 해 줄 선행 지표leading indicator로 여겨지나 반드시 그런 것만은 아닐 수 있다는 전제로 시작하는 문단입니다. 여기서 나오는 consumer sentiment는 '소비자 심리'입니다. 소비자 심리는 소비자들이 제품이나 서비스에 대해 갖는 주관적 인식, 태도, 믿음, 감정 등을 말합니다. 미국에서는 앞서 설명한 대로 미시간대와 컨퍼런스보드가 매달 소비자 심리에 대한 조사를 실시해서 지수index로 발표합니다.

다음은 미시간대 소비자심리지수에 대한 기사입니다.

> The latest University of Michigan consumer sentiment survey released Friday showed that sentiment ticked higher in August. The index reading for the month came in at 67.8, up from 66.4 in July and above the 66.9 economists had expected. It was the highest reading of consumer sentiment since June.
>
> 금요일에 발표된 미시간대학교의 최신 소비자 심리 조사에 따르면 8월 소비자 심리가 개선된 것으로 나타났다. 8월 지수는 7월의 66.4보다 상승한 67.8을 기록했으며, 이는 경제학자들이 예상했던 66.9를 상회하는 수치다. 이는 지난 6월 이후 가장 높은 소비자심리지수에 해당한다. (Yahoo Finance, 2024년 8월 16일)

여기서 tick은 '움직이다'라는 뜻입니다.

컨퍼런스보드의 소비자신뢰지수는 현재의 상황 present situation과 미래의 기대 expectations를 지수화해서 발표합니다.

다음 기사문을 보시죠.

> US consumer confidence rose to a six-month high in August as more upbeat views of the economy and inflation offset waning optimism about the labor market.
> 경제와 인플레이션에 대한 낙관적인 전망이 노동 시장에 대한 약해진 낙관론을 상쇄하면서 8월 미국의 소비자신뢰지수가 6개월 만에 최고치로 상승했다. (Bloomberg, 2024년 8월 27일)

2 Understanding consumer spending is a holy grail for forecasters, since it accounts for about two-thirds of American GDP. Get it right, and the rest of the economy becomes much clearer. But the past couple of years have not been kind to those who focus on sentiment as a guide to future spending. The most closely watched index of consumer sentiment, published monthly by the University of Michigan, plunged to its lowest reading in more than four decades in 2022, and yet consumer spending remained resilient, even after accounting for

inflation. This year, by contrast, the Michigan gauge has gained ground, and yet other indicators, including bond yields and lending flows, are flashing warning signs.

이 문단에서는 채권 금리와 대출 흐름 등 다른 지표들은 경제가 안 좋다는 경고 신호를 보내고 있지만 지난해 40여 년 만에 최저 수준까지 급락했던 미시간대 소비자심리지수는 인플레이션을 감안 accounting for inflation 하고도, 즉 인플레이션의 영향을 고려하여 지표의 변화나 분석을 조정하더라도 회복 탄력적 resilient 인 모습을 보이고 있다는 다소 아이러니한 상황을 설명하고 있습니다.

여기에 나온 대부분의 중요한 영어 표현들은 이미 충분히 살펴봤으니 holy grail만 추가로 설명하겠습니다. holy grail은 우리말로 그대로 옮기면 고난을 상징하는 거룩한 잔을 뜻하는 성배(聖杯)가 되겠으나, something that people want very much but that is very hard to get or achieve(사람들이 매우 원하지만 얻거나 달성하기 매우 어려운 것)란 의미로 쓰입니다.

The main explanation for why sentiment has been more of a misleading than a leading economic indicator is that inflation has outweighed much else in consumers' minds. To generate their measures, interviewers ask people questions such as whether they think the economy is heading in a good direction and whether they are planning to make big purchases. Consumers tend to be

gloomy when prices soar, as happened last year. They give short shrift to slightly more complex factors, such as the big stash of savings many accumulated during the covid-19 pandemic.

여기서는 소비자들이 소비자 심리를 알아보는 설문 조사에 참여할 때 물가를 의식하고 반응한다는 것을 설명하고 있습니다. COVID-19 때 지원받아 모아둔 돈이 많이 있는데 이런 것보다 인플레이션에 더 신경을 쓰면서 현재 소비할 마음이 어느 정도인지를 알려준다는 뜻입니다.

미시간대의 소비자심리지수 조사 때는 현재의 경제 상황에 대한 평가와 향후 경제 전망, 구매 계획, 경제적 불안과 불확실성 등을 문의합니다.

여기서 잠깐, COVID-19 사태 때 대체 미국 정부가 국민들에게 얼마나 많은 돈을 뿌렸길래 미국인들이 이때 모아둔 accumulated 돈이 엄청나다 big stash of savings 고 하는지 말씀을 드리겠습니다.

한 연구 결과를 보면 COVID-19 감염병이 전 세계로 확산하던 2020년 3월부터 2021년 8월 사이에 미국 소비자들이 정부로부터 보조금을 받거나 외출을 못해 씀씀이를 줄여 모은 초과저축 excessive savings, 즉 COVID-19 사태가 터지기 전에 저축한 수준을 넘어서는 저축액이 2021년 8월 2조 1,000억 달러로 정점을 찍은 것으로 추산하고 있습니다. 우리 돈으로 2023년 한국의 GDP인 2,236조 원을 넘는 약 2,800조 원이나 되는 액수입니다. 미국인들은 이 돈을 2024년 봄까지 다 쓴 것으로 추정됩니다. 2,800조 원을 쓰는 데 2년 반 정도 걸린 셈이죠.

그래서 2024년 봄에는 이에 대한 자료나 기사가 많이 나왔습니다.

Pandemic Savings are gone: What's Next for U.S. Consumers?
팬데믹 때 모은 돈 사라져... 미국 소비자들은 이제 어떻게 되나? (샌프란시스코 연방준비은행 자료 제목, 2024년 5월 3일)

아래는 위 자료보다 앞서 나온 기사입니다.

Pandemic savings helped keep the economy afloat. What happens when they're gone?
팬데믹 때 저축, 미국 경제 유지에 도움...저축이 사라지면 일어날 일은? (Vox, 2023년 12월 13일 기사 제목)

But the gap between subjective pessimism and objective reasons for greater optimism highlights a quandary. The claim is that people's feelings, whether justified or not, matter. When gloomy, they ought to spend less. If they contradict their own feelings and keep spending, then what exactly is the value of sentiment data? 4

It is a question that has bugged economists since consumer surveys got going after the second world war. In 1955 the Federal Reserve examined re-interviews of respondents, conducted a year after initial surveys, to see whether expectations predicted subsequent expendi- 5 tures. Officials concluded that they did not. Rather than that being the final word, however, the sentiment industry only expanded over the years. In 1967 the Conference Board introduced its own consumer survey. In the 1980s ABC, a television network, started sponsoring a weekly version, which was later taken over by Bloomberg, a data and media firm. Morning Consult, a pollster, launched a daily survey in 2018. Evidently, there is a big market appetite for sentiment indices, whatever their flaws.

소비자 심리 조사에 문제가 있을 수 있는데도 불구하고 미시간대 외에도 컨퍼런스보드 등 여러 조사기관들이 관련 조사를 실시했다는 내용입니다. 소비자들이 우울하게 gloomy 느낄 때는 소비를 덜 할 것으로 추정되나, 반대로 계속 소비를 한다면 과연 소비심리 조사 결과가 무슨 가치가 있는 건지가 경제학자들을 괴롭혀 온 bug 문제임에도 그렇다는 것입니다. 심지어 연준이 소비자 심리 조사에 참여한 응답자들을 다시 인터뷰 re-interview 해 봤을 때 소비자들의 전망이 향후 지출 subsequent expenditure 과 연관성이 없었는데도 불구하고 말이죠.

6   To understand why, it is useful to consider a weaker case for such indices: not that they foretell the future but that they can reveal the present. An article in 1994 in the American Economic Review found that data on con-

sumer confidence significantly improved forecasts of consumption growth when it was the sole explanatory factor. The problem is that when other variables such as incomes or employment were known, confidence data contributed little to the forecasts. On an intellectual level that is a damning assessment of the role of sentiment, showing that feelings by themselves <u>have little bearing on the economy</u>. But it indicates that surveys may have <u>some use</u>: sentiment reflects what people personally know about their incomes and their jobs, and it is these <u>variables</u> that ultimately influence their spending.

소비자 심리 지표가 미래의 경제 상황을 정확하게 예측하기 어렵고 그보다는 현재의 경제 상황을 더 잘 반영할 수 있다는 점을 알려준다는 뜻입니다. 그래서 머리로 곰곰이(논리적으로) 생각해보면 이 말이 마치 이 지표가 경제와 거의 관련이 없는 have little bearing on 것처럼 보이나 그래도 어느 정도 쓸모 some use 가 있다는 것입니다. 심리가 결국 소비자의 지출에 영향을 주는 변수 variable 이기 때문이란 것이죠.

Sentiment gauges are especially prized given the <u>time lag</u> in economic data. The University of Michigan, for instance, published its preliminary consumer-sentiment index for April on the 14th. The Bureau of Economic

7

Analysis will not publish data on <u>personal incomes</u> for April until May 26th. But even in such instances, their <u>usefulness</u> can easily be <u>overstated</u>. Monthly variations in sentiment surveys tend to be minor and volatile, much like the variations in spending patterns that they foreshadow.

이 문단에서는 특히 미시간대 소비심리 지표가 4월 지표인 경우 4월 조사 시점과 지표 발표 시점 사이에 시차 time lag 가 없어 5월 말이나 돼야 4월 지표가 나오는 개인 소득 personal income 지표보다 시사적인 건 사실이나 그럼에도 불구하고 이 지표의 유용성 usefulness 이 쉽게 과장될 수 있다 overstated 고 지적합니다.

8 A paper by the European Central Bank in 2011 found that sentiment indices were most useful in periods of upheaval. The bottom fell out of consumer surveys, for example, towards the start of the global financial crisis of 2007-09. Likewise, John Leer of Morning Consult notes that his company's consumer index turned sharply negative in late February 2020, a month before the covid-induced downturn. Yet in truth, sentiment was far from the only sign that the economy was in trouble: a sharp sell-off in the stockmarket occurred at the same time, reflecting the barrage of bad news about

the pandemic. Consumer surveys added to the picture of economic malaise. They hardly conjured it out of thin air.

이 문단에서는 그래도 2011년 유럽중앙은행 ECB 은 논문에서 2009년 글로벌 금융 위기 같은 격변기에는 심리 지표가 가장 유용하다는 사실이 밝혀졌지만 모닝컨설트 Morning Consult 의 존 리어 John Leer 의 분석 결과를 인용해서 꼭 그런 것도 아니라는 얘기를 하고 전하고 있습니다. 소비자 심리 조사 결과가 경제 상황을 판단할 수 있는 좋은 자료이긴 하나 그게 전부는 아니라는 것이죠.

Arguably the biggest virtue of sentiment surveys is simply that so many in the market monitor them. And it is not just investors. When the Fed raised interest rates by a whopping three-quarters of a percentage point last June—its first of four increases of that size—Jerome Powell, the central bank's chairman, said that one factor was a jump in inflation expectations in the University of Michigan consumer survey. Duly informed, investors paid extra heed to the Michigan inflation reading for the next few months. 9

어쨌든 그래도 제롬 파월 연준 의장도 미시간대 소비자심리지수에 신경을 쓴다는 내용입니다. 이 지수가 맞고 틀리고 여부를 떠나 시장에서 많은 사람들이 지수를 모니터링하니(이는 결국 지수가 옳으냐 아니냐가 중요한 게 아니라 지수의 내용에 따라 시장이 움직일 수 있다는 게 중요하다는 뜻이겠죠) 신경을 안 쓸 수 없다는 것입니다.

10 Could the downbeat sentiment indices of the past year eventually look prescient? There is, beyond consumer surveys, plenty of reason to think that an American recession may be in the offing at last: <u>fallout from banking-sector turmoil</u> and the ongoing <u>debt-ceiling debacle</u> come just as the labour market is starting to cool. But as Zachary Karabell wrote in a book about leading indicators in 2014, the conclusion is a more frustrating one: "Sentiment gauges are right just often enough to make them compelling and wrong far too frequently to make them reliable." You do not want to look at them too closely, even if you cannot make yourself look away.

이 마지막 문단을 더 잘 이해하기 위해서는 은행 부문의 혼란 banking-sector turmoil과 부채한도 상향 합의 실패 debt-ceiling debacle 여파 fallout 가 나타나고 있기 때문이라는 말이 나온 배경을 이해하고 있어야 합니다.

　이 기사는 2024년 4월에 나왔습니다. 기사가 나오기 1년 전인 2023년 3월 미국에서는 16번째로 큰 은행인 실리콘밸리은행 Silicon Valley Bank 이 단 며칠 만에 파산하고, 이어 시그니처뱅크

Signature Bank와 퍼스트리퍼블릭뱅크First Republic Bank가 잇따라 무너지면서 2008년 워싱턴뮤추얼뱅크Washington Mutual Bank 파산 이후 최대 규모의 파산이 이어졌습니다.

그러자 일명 뱅크런bank run이라고 불리는 대규모 예금 인출deposit outflow 사태가 촉발되면서 미국 나머지 은행 부문의 건전성soundness에 대한 우려가 고조됐죠. 이때 무보증 예금 unsecured deposit, 미실현 손실(보유 중인 자산의 현재 시장 가치가 구매 가격보다 낮아졌을 때 발생하는 손실unrealized loss), 상업용 부동산 commercial real estate에 노출되어 있는 비슷한 규모의 은행들도 같이 무너지는 게 아니냐는 걱정이 커졌습니다.

다행히 이런 걱정은 미국 정부의 발 빠른 대응으로 빠른 시간 안에 진정이 되며 기우로 끝났지만, 투자자들에게 큰 상흔을 입히면서 여진이 이어졌습니다.

이와 같은 은행 혼란이 진정되고 얼마 안 가 2023년 5월에 미국 여야인 민주당과 공화당이 부채 한도 상향 합의에 실패하면서 미국 연방정부가 6월 1일자로 디폴트default라고 불리는 국가 부도(채무 불이행) 위기에 빠졌습니다.

미국 연방정부가 차입할 수 있는 총부채 규모에는 한도액이 정해져 있습니다. 미국 의회는 2021년 12월 법정 부채 한도를 31조 3,810억 달러로 증액했으나 2024년 1월 상한선에 도달했습니다. 참고로, 부채 한도는 영어로 the maximum amount of money that the United States can borrow cumulatively to meet its existing legal obligations(미국이 기존 법적 의무를 이행하기 위해 누적적으로 빌릴 수 있는 최대 금액)를 말하고, 간단히 debt ceiling이나 debt limit이라고 씁니다.

이에 따라 의회가 이를 상향하거나 한도 적용을 유예하는 등의 조치가 필요했던 거죠. 의회가 반대할 경우 국채의 원금 상환이나 이자 지급 등에 필요한 자금을 조달할 수 없게 돼 연방정부는 디폴트에 빠질 수 있었습니다. 하지만 공화당과 민주당이 합의점을 찾지 못해 부채한도 상향 조정 합의가 잠시 난항에 빠졌습니다. 그러다 결국 2023년 5월 말에 양당이 극적으로 합의하면서 미국은 디폴트를 면했습니다.

이번 장에서는 주로 소비 심리를 중심으로 소비에 관련된 영어 용어들을 알아 봤습니다. 그리고 내용이 다소 복잡할 수 있다는 판단에 따라 각 문단을 쉽게 풀어서 정리했습니다. 외신에서는 소비를 주제로 한 기사들이 정말 많이 나옵니다. 그만큼 소비가 경제 전반에 미치는 영향이 워낙 강하다는 뜻이기도 합니다. 지면 관계상 모든 용어를 전부 다룰 수는 없으므로 소비 관련 외신에 자주 나오는 용어 위주로 추가 정리하면서 미국에서 가장 중요한 소비 시즌인 연휴 시즌 holiday season 과 함께 이번 장 설명을 마치겠습니다. 다만, 생활비 cost of living 처럼 너무 쉬운 용어나 앞에 이미 설명했던 소비자 지출 consumer spending 등은 생략하겠습니다.

첫 번째 알아 둬야 할 용어는 disposable income(가처분 소득)입니다. 가처분 소득은 세금과 필수 지출을 제외하고 소비자가 자유롭게 쓸 수 있는 돈을 말합니다. 미국 투자 정보 사이트인 인베스토피디아 Investopedia 는 가처분 소득을 the amount of money that a person or family has left after paying their taxes. It is the portion of income that can be spent on necessities, such as food and rent(개인이나 가족이 세금을 납부한 후 남은 금액으로 식비나 임대료와 같은 생활에 꼭 필요한 곳에 쓸 수 있는 소득의 일부)라고 정의해 놓고 있습니다.

두 번째는 purchasing power(구매력)입니다. 구매력은 소비자가 돈으로 재화나 용역을 구매할 수 있는 능력을 말합니다.

세 번째는 impulse buying 또는 impulse purchase(충동구매)입니다. Impulse purchases are costing consumers almost 100,000 won a year라고 하면 '충동구매로 인해 소비자는 연간 10만 원에 가까운 비용을 지불하고 있다'란 뜻이 됩니다.

네 번째는 panic buying(사재기)입니다. 2024년 8월에 기후변화로 인한 작황 부진과 태풍과 지진 등에 대한 우려로 일본 소비자들이 사재기에 나서자 일본 슈퍼마켓에서 쌀이 떨어지는 일이 벌어졌습니다. 그때 Japanese supermarkets are out of rice. Why are consumers panic buying?(일본 슈퍼마켓에 쌀 동나… 소비자들, 사재기 이유는?) 등 panic buying이란 표현을 쓴 기사들이 자주 나왔습니다.

다섯 번째는 same-store sales(동일매장매출)입니다. 일정 기간 동안 같은 매장에서 발생한 매출을 비교하여 매출 성장률을 측정하는 기준입니다. The company's same-store sales increased by 5% this quarter라고 하면 '회사의 동일매장매출이 이번 분기에 5% 증가했다'는 뜻입니다. 이는 신규 매장 오픈이나 폐점의 영향을 배제하고, 순수하게 기존 매장의 매출 성장만을 의미합니다. Best Buy's Quarterly Earnings Increased Despite Declining Same-Store Sales(동일매장매출 감소에도 불구하고 베스트바이 분기별 순이익 증가)라는 식의 기사도 많이 볼 수 있습니다.

여섯 번째는 pent-up demand(억눌린 소비 수요)입니다. 사회적, 경제적 이유 등으로 소비자들이 소비를 미루거나 할 수 없다가 일정 기간이 지난 후 폭발적으로 소비를 늘리는 것을 말합니다. COVID-19 사태가 끝나면서 특히 여행 소비가 늘자 이를 보도한 외신에서 항상 이 표현을 사용했습니다.

당시 After the lockdown, there was a pent-up demand for travel, leading to a surge in bookings(COVID-19 봉쇄 조치 이후 여행에 대한 억눌린 수요가 발생하여 예약이 급증했다) 같은 제목의 기사가 쏟아져 나왔습니다.

> China's Air Passengers Surge in First Quarter, Helped by Pent-Up Demand
> 억눌렸던 수요에 힘입어 1분기 중국 항공 여행객 수 급증
> (WSJ, 2024년 4월 17일자 기사 제목)

끝으로 줄여서 PCE라고도 하는 personal consumption expenditure(개인소비지출)입니다. 이는 가계가 재화와 서비스를 구매하는 데 쓴 비용을 측정하는 경제 지표입니다. PCE는 경제 활동을 평가하는 중요한 요소로, 미국 경제분석국이 발표합니다.

PCE는 개인이 일상생활에서 소비하는 상품(예: 음식, 의류)과 서비스(예: 의료, 교육)에 대한 지출을 모두 포함하며, 인플레이션 정도를 측정하는 데 사용됩니다.

다음 장에 더 자세히 설명할 PCE 물가 지수 price index 는 연준이 CPI보다 더 유심히 바라보는 인플레이션 측정 지표입니다. 소비자가 실제로 지불하는 가격 변화를 반영하기 때문이죠. 그래서 외신을 보면 PCE price index 관련 기사에서 Fed's preferred inflation gauge(연준이 선호하는 물가 지수)라는 말이 따라붙는 경우를 자주 볼 수 있습니다.

> The Fed's preferred inflation indicator is out Friday.
> 연준이 선호하는 물가 지표 금요일 발표 (CNBC, 2024년 8월 29일 기사 제목)

Fed's preferred inflation gauge rose 0.2% in July.
연준이 선호하는 인플레이션 지표 7월 0.2% 상승 (UPI, 2024년 8월 30일 기사 제목)

앞서 말씀드렸지만, 미국에서 11월 네 번째 목요일인 추수감사절 다음날인 금요일은 대규모 할인 행사가 열리는 블랙프라이데이입니다. 이때를 시작으로 크리스마스와 새해를 포함해 다양한 연말 연휴가 이어지는데, 이를 '홀리데이 시즌'이라고 합니다. 이 기간 동안 쇼핑과 가족 모임이 활발히 이루어지기 때문에 소비도 많이 늘어 미국 기업들에게는 대목과 같습니다.

    기업들은 이때 매출을 최대한 늘리려고 하고, 언론들은 홀리데이 시즌이 시작되기 몇 달 전부터 기업들의 준비 상황과 판매 예상 기사를 내놓기 시작합니다. 그만큼 소비에 중요한 시즌이기 때문입니다.

    아래 제목의 기사들은 모두 홀리데이 시즌 두 달 전인 9월 중순에 나온 기사들입니다.

US companies to hire thousands of seasonal workers for holiday season.
홀리데이 시즌 맞아 미국 기업들 수천 명의 계절근로자 고용 예정 (Reuters, 2024년 9월 20일자 기사 제목)

US retailers brace for softer holiday hiring season
미국 소매업체들, 고용 줄인 홀리데이 시즌 대비 (Retail Insight, 2024년 9월 18일 제목)

10 Why America can't escape inflation worries

미국은 왜 인플레 걱정에서 벗어날 수 없을까

The Federal Reserve sticks to its plans, despite an uncertain situation

불확실한 상황에도 불구하고 기존 계획 고수하는 연준의 고집

1 Some hikers believe that the last mile is the hardest: all the blisters and accumulated aches slow progress at the very end. Others swear that it is the easiest because the finishing line is in sight. For the Federal Reserve, the last mile of its trek to bring inflation back to its 2% target has been simultaneously easy and hard. Easy in the sense that the central bank has not budged on interest rates for eight months, instead letting its previous tightening do the work. Hard because the wait for inflation to recede has felt rather long.

2 The slow easing of price pressures and America's continued economic vigour have fuelled debate about whether the Fed might chart a more aggressive course for the last mile of its anti-inflation journey. Policymakers had telegraphed that they would make three quarter-point rate cuts this year. But since then some prominent measures of inflation have seemingly got stuck at around 3-4%, while the unemployment rate has remained below 4%. So the big question heading into a monetary-policy meeting that concluded on March 20th was whether the Fed might pare its projection to two cuts. In the end, the central bank (or, to be a little more precise, the median voting member of its rate-setting committee) opted to maintain its outlook for three cuts in 2024, though it lowered its projection for 2025 from four cuts to three.

3 An important gap in inflation measures helps explain the Fed's rationale for sticking with its plan for this year.

하이커 중에선 결승선을 앞둔 마지막 구간이 가장 힘들다고 믿 1
는 사람이 더러 있다. 물집과 누적된 통증으로 인해 진행 속도가
더뎌진다는 것이다. 반대로 결승선이 눈에 보이기 때문에 마지
막 구간이 결단코 가장 쉽다고 단언하는 하이커도 있다. 연준 입
장에서는 인플레이션을 목표치인 2%로 되돌리기 위한 이 마지
막 구간이 쉬우면서 동시에 어려웠다. 연준이 8개월 동안 금리
를 동결하고 이전의 긴축 조치가 효과를 발휘하도록 했다는 점
에서는 쉬웠다. 반대로 인플레이션이 진정되기를 기다리는 것이
다소 길게 느껴졌기 때문에 어려웠다.

물가 상승 압력이 더디게 완화되고 미국의 경제 활력이 지속되 2
면서 연준이 인플레이션을 막기 위한 여정의 최종 구간에서 보
다 공격적인 행보를 보일지 여부를 둘러싼 논쟁이 가열됐다. 정
책 입안자들은 올해 세 차례 25bp씩 금리 인하를 단행하겠다
고 예고한 바 있다. 그러나 이후로 몇몇 주요 인플레이션 지표는
약 3~4%에 머물러 있고 실업률은 4% 미만을 유지하고 있는 것
처럼 보였다. 따라서 3월 20일 끝난 통화 정책 회의를 앞두고 가
장 큰 관심사는 연준이 금리 인하 횟수를 두 차례로 축소할지
여부였다. 결국 연준(좀 더 정확히 말해서 공개시장위원회에서
금리 전망 중앙값을 제시한 투표권을 가진 위원)은 2024년 세
차례 인하 전망을 유지하기로 결정했지만 2025년 전망은 네 차
례 인하에서 세 차례로 낮췄다.

인플레이션 목표치와 실제 지표 사이의 큰 격차는 연준이 올해 3
계획을 고수하는 근거를 설명하는 데 도움이 된다. 인플레이션

Much of the concern about the persistence of inflation stems from recent readings of the consumer price index. "Core" CPI, which strips out volatile food and energy costs, decelerated throughout much of 2022 and early 2023, but since last June has picked up speed. In both January and February it rose at a monthly clip of roughly 0.4%, a rate which, if sustained for a full year, would lead to annual inflation of about 5%—far too high for comfort for the Fed. In such a scenario America's central bankers would be fretting not about cutting rates but about whether to resume raising them.

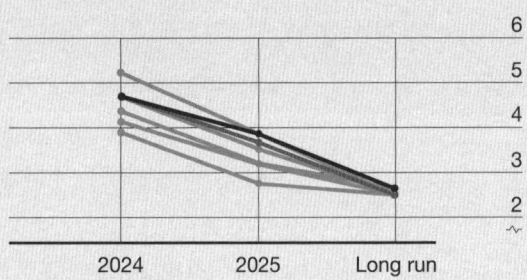

Gradual descent
United States, projections for federal funds rate, %
Forecast made:
— Sep 22-Sep 23   — Dec 23   — Mar 24

Sourde: Federal Reserve

4   Yet whereas investors and commentators tend to emphasise the CPI, in no small part because it is the first inflation data point each month, the central bank's focus is a separate gauge: the price index for personal

의 지속성을 둘러싼 우려의 대부분은 최근 소비자 물가 지수 CPI 수치 때문에 생겼다. 변동성이 큰 식품과 에너지 비용을 제외한 '근원' CPI는 2022년 대부분과 2023년 초에 걸쳐 둔화됐지만 지난 6월부터 상승 속도가 빨라졌다. 1월과 2월에는 모두 매월 약 0.4%씩 상승했는데, 이러한 상승세가 1년 내내 지속된다면 연간 인플레이션이 약 5%에 달해 연준이 안심하기에는 너무 높은 수준이다. 이러한 시나리오에서 연준 위원들은 금리 인하가 아니라 금리 인상을 재개해야 할지를 두고 초조해할 것이다.

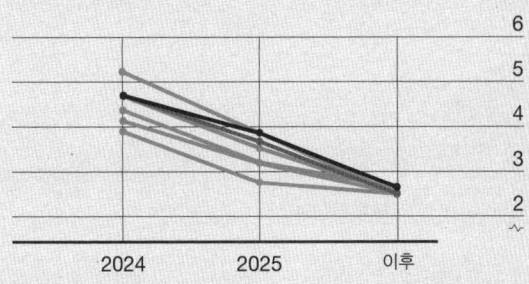

점진적 인하
미국 연방기금금리 전망 (단위: %)
FOMC 개최 시기별 전망 / 이후

— 9월 22-23일 — 12월 23일 — 3월 24일

출처: 연방준비제도

그러나 투자자와 논평가들이 CPI가 매달 처음 나오는 인플레이션 데이터라 그것의 중요성을 강조하는 경향이 있지만, 연준이 주목하는 것은 CPI가 나오고 몇 주 뒤에 발표되는 개인소비지출 PCE 물가 지수라는 별도의 지표이다. 근원 PCE 물가는

consumption expenditures, which comes out several weeks later. Core PCE prices have been better behaved. Although they heated up in January, their annualised pace over the past half-year has been smack in line with the Fed's 2% inflation target. This has helped give central bankers the confidence that they can start trimming rates relatively soon.

5 At a press conference after its meeting Jerome Powell, the Fed's chairman, studiously avoided giving any strong hints about when the central bank will make its first cut. But the market—as implied by the price of rate-hedging contracts—expects that it will get under way in June. And Mr Powell was generally satisfied with price trends. "We continue to make good progress in bringing inflation down," he said.

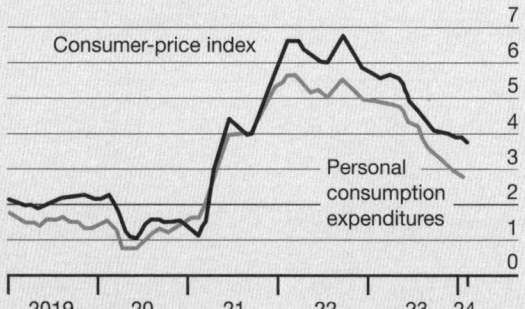

Sticky situation
United States, core consumer prices*,
% increase on a year earlier

Sources: BLS, BEA
*Excludes energy and food

(CPI보다) 더 양호한 상태를 보여주고 있다. 1월에는 가열되는 듯한 모습도 보였지만 지난 반년 동안의 연간 상승률은 연준의 2% 인플레이션 목표에 정확히 부합하는 수준으로 유지됐다. 이는 연준 위원들이 비교적 빨리 금리 인하를 시작해도 되겠다는 자신감을 갖게 하는 데 도움을 줬다.

FOMC 이후 열린 기자회견에서 제롬 파월 연준 의장은 연준의 첫 금리 인하 시기에 대해 확실한 힌트를 주는 것을 애써 피하려는 모습을 보였다. 그러나 금리 헤지 목적의 계약 가격에서 알 수 있듯이 시장에서는 6월에 금리 인하가 단행될 것으로 예상하고 있다. 그리고 파월 의장은 물가 동향에 대체로 만족해했다. "인플레이션을 낮추는 데 계속해서 좋은 진전을 보이고 있다"라는 그의 말을 통해 그러한 사실을 알 수 있다.

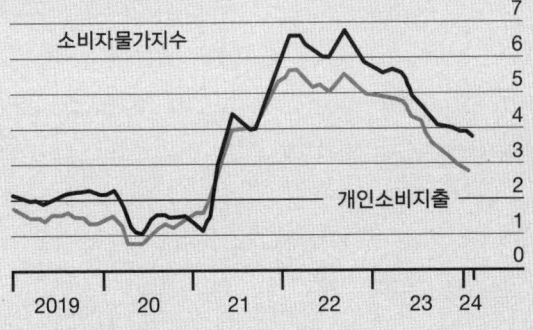

고질적 상황
미국의 근원 소비자물가지수*
(전년 대비 변동률(%))

출처: 미 노동통계국(BLS), 경제분석국(BEA)
*에너지와 식료품 제외

6 What accounts for the CPI-PCE divergence? The CPI is more rigid, with its components adjusted annually; the PCE is in effect adjusted every month, reflecting, for example, whether consumers substitute cheaper apples for dearer oranges. Over time that leads to slightly lower PCE price growth. Different weightings have also had a big impact this year. Housing makes up about a third of the CPI basket but just 15% of the PCE one, and stubbornly high rents have kept the CPI elevated. There are other differences, too. For instance, airfares pushed up the CPI in February, based on prices for a fixed set of flight routes. The PCE, which considers distances actually flown, has been lower.

Neutral territory

7 Once inflation does come down, the Fed's officials face another debate. In an ideal world central bankers would guide a full-employment, stable-inflation economy to what is known as the neutral rate of interest, the level at which monetary policy is neither expansionary nor contractionary. In reality, although there is no way of observing the neutral rate the Fed still tries to aim for it, with its policymakers writing down their estimates every quarter. Since 2019 their median projection has, in real terms, been 0.5% (ie, a Fed-funds rate of 2.5% and a PCE inflation rate of 2%).

CPI와 PCE 사이에 차이가 생긴 원인은 무엇일까? CPI는 1년에 한 번만 이것의 통계를 낼 때 사용하는 구성 요소가 조정될 만큼 보다 경직되어 있는 반면 PCE는 소비자가 더 비싼 오렌지 대신 더 싼 사과로 대체하는지 여부 등을 반영해 매월 조정된다. (소비자들이 저렴한 물건을 찾는 경향이 높다 보니) 이렇게 되면 시간이 지날수록 PCE 물가 상승률은 약간 낮아지게 된다. 올해에는 가중치의 차이도 큰 영향을 미친다. 주택은 CPI 구성요소에서 약 3분의 1의 비중을 차지하지만 PCE에서는 15%를 차지할 뿐이다. 그리고 좀처럼 내려오지 않는 높은 임대료로 인해 CPI는 계속 높은 수준을 유지했다. 다른 차이점도 있다. 예를 들어, 2월에는 고정된 항공편 노선의 가격을 기준으로 한 항공료가 CPI를 끌어올렸다. 실제 비행 거리를 고려하는 PCE는 더 낮아졌다.

중립적 영역

인플레이션이 하락하더라도 연준 위원들은 또 다른 논쟁에 직면하게 된다. 이상적인 세계에선 그들이 완전 고용에다 인플레이션도 안정적인 경제를 통화 정책이 확장적이거나 수축적이지 않은 수준인 소위 '중립 금리'로 안내할 것이다. 실제로는 중립 금리를 실제로 관찰할 수 없지만 연준 위원들은 분기마다 추정치를 기록하면서 여전히 중립 금리를 목표로 삼고 있다. 2019년 이후 연준의 (중립 금리) 전망치 중앙값은 실질적으로 0.5%(즉, 연방기금금리 2.5%와 PCE 인플레이션율 2%)였다.

8   That has changed, albeit pretty imperceptibly. Narrowly, the Fed's new median projection for rates in the long run shifted up to 2.6%, implying a real neutral rate of 0.6%. This may sound like a puny, academic difference. But it lies at the core of central-bank thinking about post-pandemic growth, in particular whether officials believe that rates should be higher on an ongoing basis in order to avoid economic overheating, perhaps because of rising productivity or excessive government spending. They appear to be heading towards that view, though Mr Powell demurred on drawing any conclusions based on the upward creep in long-run rates. The Fed still has to travel the last mile in its fight against inflation. Even once the journey comes to an end, though, a difficult interest-rate question will remain. (Mar 20th 2024)

눈에 잘 띄지는 않지만 여기에 큰 변화가 생겼다. 연준의 새로운 8
장기 금리 전망치 중앙값이 2.6%로 약간 상향 조정되면서 실질
중립 금리는 0.6%가 되었다. 이는 큰 의미가 없는 학문적인 차
이처럼 들릴 수 있다. 그러나 이 같은 금리는 연준 위원들이 팬데
믹 이후의 성장, 특히 생산성 증가나 과도한 정부 지출로 인한 경
제 과열을 피하기 위해 금리를 지속적으로 더 높여야 한다고 믿
는지 여부에 대한 생각의 중심에 자리하고 있다. 파월 의장은 장
기 금리의 상승을 근거로 어떤 결론을 내리는 것을 거부했지만
연준은 이러한 견해로 향하고 있는 것으로 보인다. 연준은 인플
레이션과의 싸움에서 여전히 최종 구간을 통과해야 한다. 하지
만 그러한 여정이 끝나더라도 어려운 금리 문제는 계속 남아있
을 것이다. (2024년 3월 20일)

앞의 3장에서 연준은 '완전 고용과 물가 안정'이라는 '이중 책무'를 다하기 위해서 애쓴다는 설명과 함께 연준이 2% 인플레이션 목표 달성을 고집하는 이유에 대해서 설명했습니다. 이번 장에서는 Why America can't escape inflation worries라는 제목의 2024년 3월 20일자 『The Economist』 기사와 함께 연준의 금리 정책과 인플레이션의 관계에 대해 보다 자세히 알아보는 시간을 갖겠습니다.

먼저 이 기사에 대한 이해를 돕기 위해서 기사가 쓰여진 당시의 미국의 인플레이션 상황을 잠시 살펴본 뒤 본격적인 본문 설명으로 넘어가겠습니다. 이 기사는 연준이 3월 FOMC를 끝낸 직후 나온 것입니다. 3월 FOMC에서 연준은 기준 금리를 5.25~5.5%로 그대로 유지했습니다. FOMC 이후 열린 기자회견에서 파월 의장은 소비자와 PCE 물가 지수가 1월과 2월 모두 올랐는데도 "I think they haven't really changed the overall story, which is that of inflation moving down gradually on a sometimes bumpy road toward 2%(인플레이션이 2%를 향해 때로는 순탄치 않은 (울퉁불퉁한) 길을 걸으며 점진적으로 하락한다는 사실 자체는 변하지 않았다고 생각한다)"라며 인플레 전망 및 정책 여건에 대해 비교적 낙관적 시각을 표출했습니다.

당초 금융 시장에서는 2024년 연준이 두 차례 금리 인하에 그치고 말 수 있다고 우려했지만 FOMC 회의에서 연준 위원들은 점도표dot plot를 통해 총 세 차례 금리 인하 전망을 재확인해 줬고, 이날 미국 증시는 사상 최고치를 경신하고 국채금리는 하락했으며, 달러는 약세를 보였습니다. 여기서 점도표는 연준 위원들이 각자의 금리 전망을 점으로 표시한 도표입니다. 연준에 관한 외신 기사에 단골로 나오는 용어입니다.

3월 FOMC 이후 증시가 강세를 보이자 "Investors are relieved to see three cuts stay in the dot plot, supporting markets and risk appetite(점도표상으로 세 차례의 금리 인하가 유지되자 투자자가 안도하면서 시장과 위험 투자 성향이 지지됐다)"라는 반응이 기사화되기도 했습니다.

점도표에는 현재 및 향후 몇 년 동안의 금리 예상이 표시되는데 점들이 어떻게 분포되어 있는지를 통해 금리 변화에 대한 위원들의 의견 차이를 시각적으로 확인할 수 있습니다. 다시 말해 점들이 좁게 모여 있으면 금리에 대한 위원들의 전망이 일관된다는 것을 의미하고, 넓게 퍼져 있으면 위원들 사이에 이견이 크다는 것을 뜻합니다.

기사에서는 앞장에서 연준이 CPI보다 선호하는 물가 지수라고 말씀드린 PCE 물가 지수와 CPI의 차이점과 함께 중립 금리에 대한 설명 등이 나옵니다. 이 책이 경제학 책이 아닌 만큼 이 용어들에 대해 너무 자세히 설명하기보다는 앞으로 CPI나 PCE 물가 지수, 중립 금리 등의 단어가 쓰인 기사를 이해하는 데 어려움을 느끼지 않을 정도로만 간단히 짚고 넘어가도록 하겠습니다. 더불어 연준 FOMC의 구성과 역할에 대한 짤막한 설명도 추가하겠습니다.

Some hikers believe that the last mile is the hardest: all the blisters and accumulated aches slow progress at the very end. Others swear that it is the easiest because the finishing line is in sight. For the Federal Reserve, the last mile of its trek to bring inflation back to its 2% target [1] has been simultaneously easy and hard. Easy in the sense that the central bank has not budged on interest rates for eight months, instead letting its previous tightening do the work. Hard because the wait for inflation to recede has felt rather long.

연준이 1%나 3%가 아닌 2%의 인플레이션 목표를 위해 매진하는 이유에 대해서는 3장에서 연준의 관련 자료와 함께 살펴봤던 것을 기억하실 겁니다. 이처럼 연준과 관련된 기사에는 '2% 목표'라는 표현이 아주 자주 나온다는 것을 알 수 있습니다.

    연준은 2023년 7월 FOMC 이후 이 기사가 나오기 직전 끝난 2024년 3월 FOMC까지 기준 금리를 동결했기 때문에 '8개월 동안' 금리를 동결하다 not budged 라고 했습니다. 보통 금리를 현 수준으로 유지할 때는 keep을 쓰는데 『The Economist』답게 budge라는 동사로 표현을 했습니다.

2 The slow easing of price pressures and America's continued economic vigour have fuelled debate about whether the Fed might chart a more aggressive course for the last mile of its anti-inflation journey. Policymakers had telegraphed that they would make three quarter-point rate cuts this year. But since then some prominent measures of inflation have seemingly got stuck at around 3-4%, while the unemployment rate has remained below

4%. So the big question <u>heading into</u> a monetary-policy meeting that concluded on March 20th was whether the Fed might <u>pare</u> its projection to two cuts. In the end, the central bank (or, to be a little more precise, the <u>median voting member</u> of its <u>rate-setting committee</u>) opted to maintain its outlook for three cuts in 2024, though it lowered its projection for 2025 from four cuts to three.

2024년 3월 FOMC가 개최되기 전의 배경을 설명한 단락입니다. 서론에서 설명한 내용과 일치합니다. 연준 위원들은 2024년 3차례의 25bp 인하를 신호했지만, CPI와 PCE 물가 지수 상승률처럼 눈에 띄는 prominent 수치들이 3~4%로 높은 수준에서 계속 머물러 stick 있는 반면 실업률은 4% 아래로 안정적이라 3월 FOMC로 갈수록 heading into 과연 연준이 금리 인하 전망치를 3회가 아닌 2회로 하향 조정 pare 할지 궁금증이 커졌다는 뜻입니다.

괄호 안의 금리결정위원회 rate-setting committee 는 FOMC를 달리 표현한 것입니다. 여기서 median voting member, 즉 '(금리 전망) 중앙값을 제시한 위원'이라는 말이 나오는데 이 말의 뜻을 이해하기 위해서 FOMC의 구성에 대해 잠시 설명을 드리겠습니다.

미국 중앙은행인 연준의 금리 정책을 결정하는 FOMC는 총 12명의 위원으로 이루어집니다. 이 중 7명은 연준 이사회 Board of Governors 구성원이고 5명은 지역연방은행 Federal Reserve Bank 총재입니다. '중앙값을 제시한 위원'은 금리 결정이나 경제 전망 등에서 위원들의 의견을 정렬했을 때 중앙값, 즉 정중앙에 해당하는 의견을 낸 위원을 말합니다. 이는 전체 위원들 중 중간에 위치한 의견을 대표하며, 금리 결정의 방향성이나 위원회의 정책 전망을 이해하는 데 중요한 지표로 사용됩니다. 미국의 지역연방은행 총재는 원래 총 12명이나 그중 5명이 FOMC에서 매년 돌아가면서 투표권rotating seats을 가집니다. 5명이 투표권을 갖는 동안 7명은 투표권이 없는 거죠. 이는 전체 총재들이 공평하게 투표권을 행사하도록 하기 위해 도입된 시스템입니다. 더 정확히 말해서 뉴욕연방은행 Federal Reserve Bank of New York 총재는 항상 투표권을 갖기 때문에 나머지 4명의 총재가 매년 돌아가며 투표권을 갖습니다. 따라서 지역은행 총재의 발언을 소개하는 외신기사는 항상 그 총재에게 투표권이 있는지 없는지를 알려줍니다. 투표권 유무 여부에 따라서 발언의 영향력이 달라질 수 있기 때문입니다. 예를 들어 다음과 같은 식입니다.

> Federal Reserve Bank of Cleveland President Loretta Mester, who will retire at the end of June, is currently a voting member of the FOMC. She told reporters that three rate cuts for this year remain a "reasonable" forecast while deeming it a "close call."
> 6월 말에 퇴임하는 로레타 메스터 클리블랜드 연방준비은행 총재는 현재 FOMC의 투표권을 가진 위원이다. 그녀는 기자들에게 올해 세 차례의 금리 인하 전망은 여전히 '합리적'이라며 다만 그것이 '아슬아슬한 결정'이 될 것이라 생각한다고 말했다. (Reuters, 2024년 4월 3일)

close call은 '아슬아슬한 결정' 또는 '간발의 차이'라는 뜻으로, 만장일치로 금리 결정이 안 되고 통화 정책 위원들 사이에 이견이 있을 때 자주 사용되는 표현입니다.

An important gap in inflation measures helps explain the Fed's rationale for sticking with its plan for this year. Much of the concern about the persistence of inflation stems from recent readings of the consumer price index. "Core" CPI, which strips out volatile food and energy costs, decelerated throughout much of 2022 and early 2023, but since last June has picked up speed. In both January and February it rose at a monthly clip of roughly 0.4%, a rate which, if sustained for a full year, would lead to annual inflation of about 5%—far too high for comfort for the Fed. In such a scenario America's central bankers would be fretting not about cutting rates but about whether to resume raising them.

Yet whereas investors and commentators tend to emphasise the CPI, in no small part because it is the first inflation data point each month, the central bank's focus is a separate gauge: the price index for personal consumption expenditures, which comes out several weeks later. Core PCE prices have been better behaved. Although they heated up in January, their annualised pace over the past half-year has been smack in line with the Fed's 2% inflation target. This has helped give central bankers the confidence that they can start trimming rates relatively soon.

기사는 CPI과 PCE 물가 지수 사이의 차이에서 연준이 2024년 세 차례 금리를 내리기로 한 통화 정책 계획을 그대로 고수해야 할 합당한 이유rationale를 찾을 수 있다고 봅니다. 즉, CPI 중 변동성이 큰 식품과 에너지 물가를 제외하고 산출하는 '근원' CPI가 다시 상승세로 돌아섰지만, 그보다는 연준이 주시하는 PCE를 봐야 한다는 것이죠.

위 두 단락에서 annual이나 annulized(annulised)는 모두 '전년과의 비교'를 의미합니다. 또한 smack 대신 precisely를, trimming 대신 lowering이나 cutting을 쓰는 게 훨씬 더 일반적이나 『The Economist』답게 굳이 어려운 표현을 사용했습니다. 주의할 점은, 영국식 영어에서 주로 smack이 '정확히' 또는 '정통으로'라는 뜻으로 쓰인다는 것입니다.

5   At a press conference after its meeting Jerome Powell, the Fed's chairman, studiously avoided giving any strong hints about when the central bank will make its <u>first cut</u>. But the market—as implied by the price of <u>rate-hedging contracts</u>—expects that it will get under way in June. And Mr Powell was generally satisfied with price trends. "We continue to make good progress in bringing inflation down," he said.

위 단락에서 첫 번째 금리 인하first cut로 표현된 이유는 연준이 기준 금리를 계속 동결해 왔기 때문에(3월 FOMC 때까지를 기준으로도 8개월 동안 동결한 상황) 그렇습니다.

rate-hedging contracts는 금리 변동에 대한 리스크를 헤지(상쇄)하기 위한 계약을 말합니다. 어떤 계약인지는 나와 있지 않지만 두 당사자가 고정 금리와 변동 금리의 지불을 교환하는 금리 스왑interest rate swap 등이 이런 목적으로 사용된다는 정도만 말씀드리고 넘어갑니다.

What accounts for the CPI-PCE divergence? The CPI is more rigid, with its components adjusted annually; the PCE is in effect adjusted every month, reflecting, for example, whether consumers substitute cheaper apples for dearer oranges. Over time that leads to slightly lower PCE price growth. Different weightings have also had a big impact this year. Housing makes up about a third of the CPI basket but just 15% of the PCE one, and stubbornly high rents have kept the CPI elevated. There are other differences, too. For instance, airfares pushed up the CPI in February, based on prices for a fixed set of flight routes. The PCE, which considers distances actually flown, has been lower. 6

CPI와 PPI의 산출 방식의 차이점을 설명하는 단락입니다. 위 설명으로도 충분할 수 있겠지만, 독자 여러분이 더 쉽게 이해하실 수 있도록 둘 사이의 산출 방식을 다시 정리해 드리겠습니다. PCE는 미국에서 개인 소비의 가격 변화를 측정하는 중요한 경제 지표로, 소비자들이 구매하는 상품과 서비스의 가격 변화를 측정합니다. 주거비용, 식료품, 의료 서비스 등 다양한 항목이 포함되며, 가격 지수는 월별 소비 패턴 변화와 가격 변동을 반영해 최신 경제 상황을 신속하게 보여줍니다. 위의 사과와 오렌지 사례처럼 소비자들이 가격이 변동할 때 어떤 상품과 서비스로 대체하는지 반영할 수 있도록 합니다. 그리고 PCE의 구성 요소는 소비자 지출 패턴에 따라 가중치가 조정됩니다. 가중치는 정기적으로 업데이트됩니다.

CPI 역시 소비자들이 구매하는 상품과 서비스의 가격 변화를 측정하는 지표입니다. 다만, CPI는 소비자 바스켓basket이라고 불리는 특정 상품과 서비스의 집합을 기반으로 계산됩니다. 이 바스켓은 일반 가정에서 구매하는 상품과 서비스의 평균적인 소비 패턴을 반영해 식료품, 주거비, 의류, 교통비, 의료 서비스, 여가 및 기타 등 다양한 항목이 들어갑니다. 역시 각 항목마다 가중치가 있습니다. 특히 이 중 주거비가 가계 지출에서 큰 비중을 차지해서 가중치가 가장 높습니다. 2024년 중반까지 CPI가 좀처럼 하락하지 않은 큰 이유 중 하나가 높은 주거비 때문이었습니다. 주거비는 shelter라고 합니다. 그래서 '주거비 인플레이션'을 뜻하는 shelter inflation이라는 말이 나오기도 했습니다. 이때 CNN은 Shelter inflation remains the biggest hurdle to CPI slowing(주거비 인플레이션은 여전히 CPI 둔화의 가장 큰 장애물이다, 2024년 7월 11일)'이라고 전하기도 했습니다.

Once inflation does come down, the Fed's officials face   7
another debate. In an ideal world central bankers would
guide a full-employment, stable-inflation economy to
what is known as the neutral rate of interest, the level
at which monetary policy is neither expansionary nor
contractionary. In reality, although there is no way of
observing the neutral rate the Fed still tries to aim for
it, with its policymakers writing down their estimates
every quarter. Since 2019 their median projection has, in
real terms, been 0.5% (ie, a Fed-funds rate of 2.5% and a
PCE inflation rate of 2%).

That has changed, albeit pretty imperceptibly. Narrowly,   8
the Fed's new median projection for rates in the long run
shifted up to 2.6%, implying a real neutral rate of 0.6%.
This may sound like a puny, academic difference. But it
lies at the core of central-bank thinking about post-pandemic growth, in particular whether officials believe
that rates should be higher on an ongoing basis in order
to avoid economic overheating, perhaps because of
rising productivity or excessive government spending.
They appear to be heading towards that view, though
Mr Powell demurred on drawing any conclusions based
on the upward creep in long-run rates. The Fed still has
to travel the last mile in its fight against inflation. Even
once the journey comes to an end, though, a difficult
interest-rate question will remain.

인플레이션이 안정되더라도 연준은 목표로는 하고 있으나 이루지 못하고 있는 중립 금리에 대한 논란에 휘말릴 수 있다는 내용입니다. 중립 금리 neutral rate of interest/neutral interest rate/long-run equilibrium interest 는 인플레이션을 유발하지 않으면서 고용과 경제 성장을 적정 수준으로 유지할 수 있는 금리입니다. 이때 경제는 위에서 언급한 대로 팽창 expansionary 하거나 수축하지 contractionary 않은 상태를 유지합니다. 중립 금리는 연준이 정하는 게 아닙니다. 경제와 고용과 성장이 매우 안정적인 상태가 됐을 때 중립 금리에 도달했다고 추정만 할 수 있을 뿐입니다. 연준은 이 추정 결과를 가지고 통화 정책 결정에 반영합니다. 경제를 냉각 cool 시키려면 중립 금리 위로 기준 금리를 정하고, 경제를 부양 stimulus 하려면 중립 금리 아래로 기준 금리를 정하는 식이죠. 이런 면에서 중립 금리는 통화 정책의 이정표 guidepost 역할을 합니다.

위 단락에 나온 대로 2019년 이후 연준은 최근까지 중립 금리 추정치의 중앙값 median projection 을 실질적으로 real terms 0.5%로 보고 있었습니다. 실질 금리는 명목 금리에서 인플레이션을 뺀 값입니다. 연준의 경우 명목 금리 Fed-funds rate 는 2.5%, PCE 물가 상승률은 2%라고 계산했을 때, 실질 중립 금리는 0.5%가 되는 겁니다. 그런데 이제 장기 명목 금리 중앙값 추정치가 2.6%로 어쨌든 알아차리기 힘들 정도로 imperceptibly 올라갔으니 실질 중립 금리는 2.6%에서 2%를 뺀 0.6%, 그러니까 0.5%에서 약간 올라갔다는 뜻입니다.

이번 장에서는 연준 FOMC의 구성과 위원들의 투표권에서 CPI와 PCE 물가 지수의 차이 및 중립 금리에 이르기까지 연준의 통화 정책 결정과 관련해서 외신을 읽고 이해하는 데 도움이 될 다양한 용어와 표현에 대해서 공부했습니다. 『The Economist』 특유의 어려운 단어나 복잡한 설명이 적지 않으나 수준의 기사를 잘 이해할 수 있으면 연준 정책에 대한 다른 외신은 더 쉽게 읽으실 수 있을 겁니다.

앞서 통화 정책 관련 내용을 다루면서 연준 정책 기사가 중요도 면에서 가장 높다고 말씀드렸습니다. 하지만 중요도 면에서 높을 뿐이지 그렇다고 ECB와 중국 인민은행과 일본은행 등의 통화 정책 기사를 소홀히 다룰 수 있다는 뜻은 아닙니다. 특히 우리와 이웃한 중국과 일본 중앙은행의 결정은 국내 금융 시장에도 큰 영향을 미칠 수 있으니 관련 외신 기사를 정확히 읽어낼 수 있으면 시장의 흐름을 이해하는 데 도움을 받을 수 있습니다. 일본은행의 통화 정책 운용 방식에 대해서는 앞에서 다뤘고, ECB의 통화 정책 운용 방식과 관련 용어, 표현은 연준과 거의 같으니 굳이 별도로 설명하지 않겠습니다.

마지막으로, 중국 인민은행의 통화 정책 운용에 관한 용어와 표현을 좀 더 살펴보겠습니다. 중국 중앙은행의 정책(기준) 금리 policy rate 는 1년 만기 중기 정책 대출금리 one-year medium-term lending facility와 대출우대금리 Loan prime rates 입니다. 전자의 경우 국내 기사에서는 medium-term lending facility를 줄인 MLF로 씁니다. 따라서 '중국 중앙은행인 인민은행이 1년 만기 중기 MLF로 ~' 식으로 쓴 국내 (번역) 기사를 자주 접할 수 있습니다. 외신에서는 아래처럼 씁니다.

China central bank leaves medium-term rate unchanged
중국 인민은행은 중기 금리 동결 (Reuters, 2024년 7월 15일자 기사 제목)

대출우대금리는 줄여서 LPR이라고 부릅니다. 이것은 중국의 은행들이 기업과 개인에게 대출할 때 적용하는 기준 금리입니다. 인민은행은 이 외에도 다양한 금리 수단을 동원합니다. 단, 이 수단은 인민은행만 쓰는 건 아닙니다. 다른 중앙은행도 씁니다.

하나는 역레포 금리 reserve repo rate 라는 겁니다. 말만 들으면 복잡해 보이나 꼭 그렇지는 않습니다. 중앙은행이 (채권을 공개시장에서 매입 또는 매각하는) 공개시장조작 open market operation 을 통해 시중은행 commercial bank 으로부터 채권을 매입하고 향후 되팔기로 약정하여 은행에 단기 유동성을 공급할 때 적용되는 금리입니다. 역레포 금리가 높으면 금융 기관들이 중앙은행에 더 많은 자금을 맡기고 이자를 받으려 하기 때문에 시장에서 자금이 흡수되어 금융 시스템 내 유동성을 줄이는 효과를 줍니다.

The central bank also injected 129 billion yuan through seven-day reverse repos while keeping borrowing costs unchanged at 1.80%.
인민은행은 또한 7일물 역레포 금리를 기존의 1.80%로 동결하는 동시에 역레포를 통해 1,290억 위안을 시장에 투입했다. (Reuters, 2024년 7월 15일)

이 외에 인민은행이 자주 쓰는 통화 정책 수단 중 지급준비율 Reserve Requirement Ratio, RRR 이 있습니다. 우리말로는 줄여서 '지준율'이라고 합니다. 지급준비율은 은행이 보유한 예금 중 중앙은행에 예치해야 하는 비율입니다. 지급준비율이 10%라면 은행은 고객이 예치한 예금의 10%를 중앙은행에 예치하고, 나머지 90%는 대출이나 투자에 활용할 수 있습니다. 지급준비금은 은행이 고객이 맡긴 예금 중 일정 비율을 중앙은행에 의무적으로 예치해야 하는 자금을 말합니다. 이는 은행이 갑작스러운 예금 인출 요구에 대응할 수 있도록 유동성을 확보하기 위한 목적입니다.

지급준비율을 높이면 은행이 더 많은 돈을 중앙은행에 예치해야 하므로 대출 가능 자금이 줄어들고, 경제 전반의 유동성이 감소합니다. 반대로 지급준비율을 낮추면 은행이 더 많은 자금을 대출할 수 있게 되어 경제에 더 많은 자금이 풀리게 되고, 유동성이 늘어납니다. 은행이 법적 의무보다 더 많은 자금을 중앙은행에 예치한 경우, 이를 초과 지급준비금(줄여서 '초과 지준')이라고 하는데 영어로는 excess reserve로 씁니다. 중앙은행은 초과 지급준비금에 대해서 이자를 지급해야 합니다.

> Reserve ratio requirements for banks will be cut by 50 basis points from Feb. 5, which will provide 1 trillion yuan ($139.8 billion) in long-term capital.
> 2월 5일부터 은행의 지급준비율 요건이 50bp 인하되어 1조 위안(1,398억 달러)의 장기 자본이 공급될 예정이다.
> (CNBC, 2024년 1월 24일)

11 America may soon be in recession, according to a famous rule

미국이 조만간 경기 침체에 빠질 것을 예상하는 샴의 법칙

But is it right?
샴의 법칙은 맞을 것인가?

1   For financial markets the Holy Grail is a perfect leading indicator—a gauge that is both simple to monitor and consistently accurate in foretelling the future. In reality, such predictive perfection is unattainable. It is often hard enough to grasp what is happening in the present, let alone the future. A perfect real-time indicator would thus be a potent goblet of knowledge, if not quite the Holy Grail, for investors and analysts to drink from. Recently they have turned their attention towards one impressive candidate: the Sahm rule.

2   Developed by Claudia Sahm, a former economist at the Federal Reserve, in 2019, the rule would have been capable of identifying every recession since 1960 in its early stages, with no false positives. This is no mean feat given that the body which officially declares whether the American economy is in recession sometimes needs a full year of data. The Sahm rule, by contrast, typically needs just a few months.

3   Like all good rules, it is parsimonious. If the unemployment rate increases by half a percentage point from its trough of the past 12 months, the economy is said to be in a recession. To smooth out the figures, which jump around, both the current unemployment rate and the trough are measured as three-month moving averages. At present the Sahm indicator stands at 0.33 percentage points. It would not take much for it to reach the half-point mark. If the unemployment rate, which hit 3.9%

금융 시장에서 간절히 원하지만 손에 넣기 힘든 성배 같은 완벽한 선행 지표는 모니터링하기 쉬우면서 동시에 일관되고 정확하게 미래를 예측해 주는 지표다. 하지만 현실에서 그렇게 완벽하게 예측해 주는 지표를 구하기는 사실상 불가능하다. 미래는 말할 것도 없고 현재에 무슨 일이 일어나고 있는지 파악하는 것조차 어려운 경우가 많기 때문이다. 따라서 완벽한 실시간 지표는 방금 말한 성배까지는 아니더라도 투자자와 애널리스트가 들고 마실 수 있는 강력한 '지식의 잔'이 될 수 있을 것이다. 그런데 최근 그들은 한 가지 인상적인 후보인 '샴의 법칙'에 주목하기 시작했다.

연방준비제도 경제학자 출신인 클라우디아 샴 박사가 2019년에 개발한 이 법칙은 1960년 이후 모든 경기 침체를 초기 단계에서 잘못 판단하지 않고 정확히 예측할 수 있었다. 미국 경제가 침체에 빠졌는지 여부를 공식적으로 선언하는 기관에서도 1년치 데이터 분석을 보고 판단하는 경우도 종종 있다는 점을 감안하면 이는 실로 대단한 업적이 아닐 수 없다. 이와 달리 샴의 법칙은 일반적으로 몇 달치 데이터만 있으면 족하다.

모든 좋은 법칙이 그렇듯 이 법칙도 간단하다. 실업률이 지난 12개월 동안의 최저치보다 0.5%포인트 위로 올라가면 경제가 침체에 빠진 것으로 판단한다. 변동성이 심한 수치 사이의 차이를 없애려고 현재 실업률과 실업률 최저치 모두를 3개월 이동평균으로 측정한다. 현재 기준, 샴 지표는 0.33%포인트이다. 이 수치가 0.5%포인트에 도달하는 데까지 그리 많은 시간이 걸리지 않을 수 있다. 10월에 3.9%를 찍은 실업률이 이번 달에 4.0%, 다

in October, rises to 4.0% this month and 4.1% next month, the economy would, according to the Sahm rule, be in a recession.

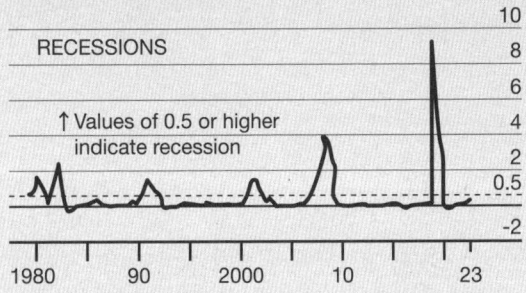

Made to be broken
United States, Sahm rule
Unemployment rate, three-month moving average minus 12-month low, percentage points

Sources: Federal Reserve

4   What about in reality? As Ms Sahm herself is quick to point out, her rule describes an empirical regularity, not an immutable law. What is more, the post-pandemic economy may have fostered the exact kind of conditions that violate this regularity. During downturns companies fire workers, and the layoffs typically go well beyond the Sahm rule's half-point line.

5   This time, though, the increase in the jobless rate appears to have been driven less by a reduction in demand for workers and more by an increase in their supply. The American labour force, including both people in

음 달 4.1%로 상승하면 샴의 법칙대로라면 미국 경제는 침체기에 접어든 게 된다.

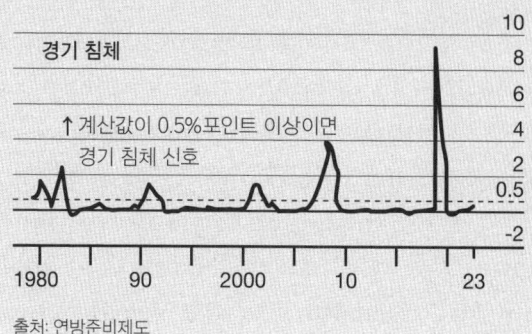

깨질 운명
미국 경제에서 샴의 법칙
실업률 3개월 이동 평균에서 12개월 저점을 뺀 %포인트

출처: 연방준비제도

그렇다면 현실은 어떨까? 샴 박사 자신도 주저 없이 밝혔듯이 그녀가 만든 법칙은 불변의 법칙이 아니라 경험적 규칙성을 설명하는 법칙일 뿐이다. 게다가 팬데믹 이후의 경제 상황이 이러한 규칙성을 따르지 않는 상황을 조성했을 수도 있다. 경기가 하강기에 접어들면 기업은 근로자를 해고하는데, 이때 해고 규모는 통상 샴의 법칙에서 말하는 0.5%포인트 기준선을 훨씬 뛰어넘는다.

하지만 이번에 실업률은 근로자 수요가 감소해서가 아니라 근로자 공급이 증가해서 상승한 것처럼 보인다. 취업자와 구직자를 모두 포함한 미국의 노동 인구는 지난해 말 이후 지금까지 약

work and looking for jobs, has expanded by nearly 3m, or 1.7%, since the end of last year. During that same time the number of jobs has increased by about 2m, or 1.2%. "If workers come back and the jobs haven't caught up with them, the unemployment rate can drift up," says Ms Sahm. "But then as the jobs catch up, the unemployment rate doesn't spiral upwards."

6   For Ms Sahm the sudden fame of her measure has brought with it an additional wrinkle. She has had to grapple with the world taking her rule in a different direction from her initial intent. Ms Sahm was not trying to get into the forecasting business, much less into timing financial markets. Rather, she wanted to come up with a benchmark for triggering automatic payments to individuals in order to insulate them from a recession. "Many people have asked me if we are going into a recession," she says. "Almost no one has asked me what policymakers can do about it."

7   Considering the paralysis in Congress, it is a fair bet that policymakers will not do much of anything if unemployment continues to rise in the coming months. So Ms Sahm is now in the curious position of rooting against her own rule, and hoping that America skirts a recession. (Nov 14th 2023)

300만 명, 즉 1.7% 증가했다. 그런데 같은 기간 일자리 수는 약 200만 개, 다시 말해 1.2% 증가하는 데 그쳤다. 샴 박사는 "근로자가 다시 일자리를 구하려고 할 때 일자리 수가 구직자 수보다 적으면 실업률이 상승할 수 있다"면서 "다만 일자리 수가(일자리를 구하려는 근로자 수를) 다시 따라잡으면 실업률은 더 이상 상승하지 않는다"고 말했다.

자신이 만든 법칙이 갑자기 유명세를 치르면서 샴 박사에게는 다른 고민이 생겼다. 자신의 처음 의도와 다르게 그녀의 규칙을 받아들이는 세상 때문에 애를 먹어야 했던 것이다. 즉, 그녀는 예측 사업은 물론이고 금융 시장 타이밍을 맞추는 일에 뛰어들려고 한 것이 아니었다. 오히려 경기 침체로부터 사람들을 보호하기 위해 정부가 사람들에게 자동적으로 구제금융을 지급해야 할 기준을 제시하고 싶었던 것뿐이다. 샴 박사는 "많은 사람들이 내게 미국이 경기 침체기에 접어들 건지 물어봤다"면서 "정책 입안자들이 그것에 대해 무엇을 할 수 있는지 물어본 사람은 거의 없었다"고 말했다. 6

의회가 마비 상태에 있다는 점을 고려하면 앞으로 몇 달동안 실업률이 계속 상승하더라도 정책 입안자들이 할 수 있는 일이 많지 않을 가능성이 상당히 높다. 따라서 샴 박사는 이제 자신의 법칙대로 되지 않고 미국이 경기 침체를 피하기를 바라는 기묘한 입장에 처하게 됐다. (2023년 11월 14일) 7

이번 장에서는 경기 침체를 족집게처럼 잘 알아맞힌다고 하여 유명해진 '샴의 법칙'과 이를 주제로 한 『The Economist』 기사를 중심으로 경기 침체 recession 와 이에 관련된 다양한 영어 표현에 대해 공부해 보겠습니다.

America may soon be in recession, according to a famous rule이란 제목의 이 기사는 2023년 11월 14일자로 발행됐습니다만, 이때는 실제로 샴의 법칙이 발동 trigger 되지 않았습니다 ('샴의 법칙'대로 됐다고 할 때 '발동'이라는 표현을 씁니다).

샴의 법칙은 이 기사가 나온 지 약 9개월 후 미국의 2024년 7월 실업률이 4.3%로 나왔을 때 3년 만에 발동됐습니다. 이때 7월 실업률이 높게 나오는 바람에 7월 실업률 포함 3개월 실업률 이동평균 moving average 이 4.13%로 올라갔는데, 이는 지난 1년 중 실업률 이동평균이 가장 낮았을 때보다 0.53%포인트가 높아 샴의 법칙에 부합했기 때문입니다.

3개월 이동평균은 최근 3개월의 데이터를 평균하여, 해당 시점의 평균값을 계산하는 방식입니다. 이동평균을 쓰는 이유는 단기적인 변동성을 줄이고, 장기적인 추세를 파악하기 위해서입니다. 예를 들어, 2024년 7월 실업률의 3개월 이동평균을 계산하려면 2024년 5월과 6월, 7월의 실업률을 평균 내어 구합니다.

미국의 실업률이 5월엔 4.0%, 6월 4.1%에 이어 7월에는 4.3%로 2021년 10월 이후 가장 높은 수치를 기록했으니 3개월 이동평균은 정확히 4.133%가 됐습니다.

이때 샴의 법칙이 발동되면서 경기 침체 우려가 커지자 금융 시장은 요동쳤습니다. 이후 8월 미국의 실업률은 7월보다 낮은 4.2%를 기록했으나 3개월 이동평균은 4.2%로 오히려 7월 때보다 더 올라가는 바람에 1년 중 실업률 이동평균이 가장 낮았을 때보다 0.57%포인트로 격차가 더 벌어지는 사태가 벌어졌습니다. 그러자 2024년 8월 실업률이 발표된 그해 9월 6일 미국 증시의 3대 지수는 1~2.5% 급락 마감했습니다.

사실 미국에서 공식적인 경기 침체 선언은 미국국립경제연구소NBER가 담당합니다. NBER은 National Bureau of Economic Research의 약자입니다. NBER은 통상 국내총생산GDP 성장률이 2분기 연속 감소, 즉 마이너스 성장을 보일 때 이를 경기 침체에 빠졌다고 정의합니다. 그래서 외신에서 recession이라는 단어를 쓸 때 다음과 같은 설명이 붙는 경우가 자주 있습니다.

> A recession typically occurs when there are two consecutive quarters of decline in a country's real GDP.
> 경기 침체는 보통 한 국가의 실질 GDP가 2분기 연속 감소할 때 발생한다. (CNBC, 2024년 8월 22일)

그런데 NBER은 현재의 경제 상황보다 과거의 고용, 생산, 투자, 소비 등의 데이터에 기반해 경기 침체 여부를 판단하기 때문에 경기 침체의 정확한 시점을 파악하는 데 시간이 걸립니다. 보통 실제 경기 침체가 시작된 후 6개월에서 1년 정도 시간이 지난 뒤 경기 침체가 판단되기 때문에 '뒷북 선언'이라는 말을 자주 듣습니다.

본격적인 설명에 앞서 recession, 그리고 이와 유사한 단어들부터 정리하고 가겠습니다. 외신을 읽을 때 자주 헷갈릴 수 있기 때문입니다.

먼저 recession과 이와 유사한 정도로 경제 상황이 나빠졌을 때 자주 나오는 단어 slowdown부터 구분해 보겠습니다. 외신에서 recession이라고 하면 이는 지금까지 설명한 '경기 침체'에 해당합니다. 반면, slowdown은 '침체'보다는 약한 '경기 둔화'를 뜻합니다. 경제 성장 속도가 느려지고 있는 상황이라고 보시면 됩니다. 경기 침체 때처럼 역성장(마이너스 성장)이 아니라 경제가 실제로 성장하고는 있지만 그 속도가 더뎌졌을 때도 역시 slow-down을 쓸 수 있습니다.

recession과 비슷한 표현으로 contraction도 있습니다. 우리말로 '수축(위축)' 또는 '역성장'으로 번역합니다. contraction은 2분기 연속 역성장하는 recession 전 단계를 가리키는 말입니다. contraction은 보통 기업의 경기 사이클이 정점peak에 도달한 후 바닥trough으로 떨어지기 전까지의 단계에 해당합니다. 경제가 수축 국면에 도달하면 생산economic output이 감소하기 때문에 과거보다 상품과 서비스 생산이 줄어듭니다. 이런 상황이 닥쳤을 때 아래처럼 contraction을 씁니다.

> Weak private consumption and plunging activity in the construction sector sent the German economy back into contraction in the second quarter.
> 민간 소비의 약세와 건설 부문의 활동 급감으로 2분기 독일 경제는 다시 위축세로 돌아섰다. (ING 보고서, 2024년 8월 27일)

> New Zealand's Contraction Stokes Recession Fears
> 뉴질랜드 경제 위축으로 경기 침체 우려 고조
> (WSJ, 2023년 12월 13일자 기사 제목)

경제 상황이 나빠졌을 때 depression이라는 단어도 씁니다. economic depression이라고 하면 우리말로 '경제 불황'으로 번역하면 되겠습니다. recession보다 일반적으로 기간은 짧지만 강도는 딜한 불황을 가리킬 때 씁니다. 영어로는 a sustained period of significant economic decline that sees a nation's GDP drop, unemployment rates rise and consumer confidence suffer(한 국가의 GDP가 하락하고, 실업률은 상승하고, 소비자 신뢰도가 하락하는 심각한 경제 하락이 지속되는 시기)로 설명됩니다.

이 외에도 slump나 stagnation으로 나빠진 경제 상황을 표현하기도 합니다. 전자는 a period of poor performance or inactivity in an economy, market, or industry(경제, 시장 또는 산업의 실적이 저조하거나 활동이 활발하지 않은 기간)를 말합니다. stagnation은 경제 성장이 정체되거나 거의 없는 상태입니다. 경제가 성장하지도 않지만 그렇다고 마이너스 성장도 아닌 애매모호한 상태를 말할 때 이 단어를 씁니다. 영어로 표현하자면 the state of being still, or not moving이 되겠습니다.

For financial markets the Holy Grail is a perfect leading indicator—a gauge that is both simple to monitor and consistently accurate in foretelling the future. In reality, such predictive perfection is unattainable. It is often hard enough to grasp what is happening in the present, let alone the future. A perfect real-time indicator would thus be a potent goblet of knowledge, if not quite the Holy Grail, for investors and analysts to drink from. Recently they have turned their attention towards one impressive candidate: the Sahm rule. [1]

위 내용 중 holy grail에 대한 설명은 Economists and investors should pay less attention to consumers 편에서 자세히 다루었으므로 여기서는 넘어가겠습니다. 앞에서도 자주 나온 leading indicator는 경제 활동의 변화를 예측하게 해 주거나 그 예측을 선제적으로 나타내는 선행 지표입니다. 소비자신뢰지수와 주식 시장이 이런 선행 지표 역할을 합니다. 이와 짝을 이뤄 경제 활동의 '현재' 상태를 반영하는 지표는 동행 지표라고 하는데, 영어로는 coincident indicator입니다. GDP나 산업생산 등이 동행 지표입니다.

이 밖에도 경기가 전체적으로 바뀐 다음에 나타내는 지표로 후행 지표 lagging indicator가 있는데 실업률이 대표적인 후행 지표입니다. 경제가 성장하거나 경기가 회복되기 시작한 후 기업은 경기 회복을 자신한 후에야 고용을 늘리고, 경기 침체가 시작될 경우 기업은 비용 절감을 위해 고용을 줄이는데 보통 고용 감소는 경제가 이미 하강기에 진입한 후에 일어나기 때문입니다.

2 **Developed by Claudia Sahm, a former economist at the Federal Reserve, in 2019, the rule would have been capable of identifying every recession since 1960 in its early stages, with no false positives. This is no mean feat given that the body which officially declares whether the American economy is in recession sometimes needs a full year of data. The Sahm rule, by contrast, typically needs just a few months.**

여기서 false positive는 문자 그대로 번역하면 '거짓 긍정'이 됩니다. 의료 관련 자료에서는 이 말을 '위양성(僞陽性)'이라고 번역합니다. 위양성은 어떤 검사나 테스트에서 실제로는 그렇지 않은데, 긍정적(양성) 결과가 나오는 것을 말합니다. 즉, 질병 검사를 했는데 실제로는 병이 없지만 검사 결과에서 병이 있는 것처럼 나오는 게 위양성입니다. 위 단락에서는 샴의 법칙이 1960년도 이후 경기 침체가 아닌데도 경기 침체로 잘못 판단하는 경우가 없었다는 뜻으로 쓰였습니다.

Like all good rules, it is parsimonious. If the unemployment rate increases by half a percentage point from its <u>trough</u> of the past 12 months, the economy is said to be in a recession. To smooth out the figures, which jump around, both the current unemployment rate and the trough are measured as three-month moving averages. At present the Sahm indicator stands at 0.33 percentage points. It would not take much for it to reach the half-point mark. If the unemployment rate, which hit 3.9% in October, rises to 4.0% this month and 4.1% next month, the economy would, according to the Sahm rule, be in a recession. 3

위 내용에서는 서문에서 자세히 설명한 샴의 법칙에 대해 이야기하고 있습니다. trough는 앞서 말씀드렸듯이 (경기의) 저점을 말합니다. peak and trough라고 하면 '최고점과 최저점'이란 뜻입니다. 이 기사가 쓰인 시점이 2023년 11월이므로, 위 단락 마지막 문장은 2023년 10월부터의 실업률에 대한 설명입니다.

4 What about in reality? As Ms Sahm herself is quick to point out, her rule describes an <u>empirical regularity</u>, not an immutable law. What is more, the post-pandemic economy may have fostered the exact kind of conditions that violate this regularity. During downturns companies fire workers, and the layoffs typically go well beyond the Sahm rule's half-point line.

샴의 법칙이 경험적 규칙성 empirical regularity 을 보인다는 건 샴 박사 자신이 한 말입니다. 샴 박사는 "The Sahm rule is an empirical regularity. It's not a proposition; it's not a law of nature", 즉 "샴의 법칙은 경험적 규칙성을 보인다. 명제도 아니고, 자연 법칙도 아니다."라고 말했습니다. 이 말은 샴의 법칙이 '경험이나 관찰에 의해 발견된 패턴이나 규칙'을 따를 뿐이고 명제 같은 특정 이론이나 가설 또는 자연법칙처럼 보편적으로 적용되는 원리도 아니라는 뜻입니다.

This time, though, the increase in the jobless rate appears to have been driven <u>less by a reduction in demand for workers and more by an increase in their supply</u>. The American labour force, including both people in work and looking for jobs, has expanded by nearly 3m, or 1.7%, since the end of last year. During that same time the number of jobs has increased by about 2m, or 1.2%. "If workers come back and the jobs haven't caught up with them, the unemployment rate can drift up," says Ms Sahm. "But then as the jobs catch up, the unemployment rate doesn't spiral upwards." **5**

이 기사가 나왔을 무렵 미국 고용시장이 탄탄한 상황이라서 위와 같은 해석이 가능했습니다. 즉, 실업률이 높아진 원인을 기업들의 근로자 수요 감소가 아닌 일자리를 찾는 근로자의 증가라는 일시적 원인에서 찾을 수 있었던 거죠.

For Ms Sahm the sudden fame of her measure has brought with it an additional <u>wrinkle</u>. She has had to grapple with the world taking her rule in a different direction from her <u>initial intent</u>. Ms Sahm was not trying to get into the forecasting business, much less into timing financial markets. Rather, she wanted to come up with a benchmark for triggering <u>automatic</u> **6**

payments to individuals in order to insulate them from a recession. "Many people have asked me if we are going into a recession," she says. "Almost no one has asked me what policymakers can do about it."

위 단락에서 automatic payment to individuals는 정부가 경기 침체 시 사람들을 보호하기 위해 자동으로 지급하는 돈을 말합니다. 샴 박사는 자신이 만든 법칙이 경기 침체 예측을 목적으로 만든 게 아닌데도 불구하고 자신의 초기 의도 initial intent 와 달리 시장에서 이 법칙을 경기 침체 예측 또는 진단 용도로 쓰려고 해서 고민 wrinkle 이 늘게 됐다는 얘기입니다.

7   Considering the **paralysis in Congress**, it is a fair bet that policymakers will not do much of anything if unemployment continues to rise in the coming months. So Ms Sahm is now in the curious position of rooting against her own rule, and hoping that America skirts a recession.

2023년 10월에 케빈 매카시 Kevin McCarthy 하원의장이 불신임 투표로 해임된 후에 미국 의회가 마비 paralysis 되는 사태가 발생했습니다. 이 사태는 하원에서 새로운 의장을 선출한 후에 해결되었습니다.

경기 침체를 예측하기란 쉽지 않습니다. 2024년 8월에 샴의 법칙이 발동됐을 때도 기관들마다 미국의 경기 침체 가능성에 대해 엇갈린 예측을 내놓았습니다. 미래를 내다볼 수 있는 '수정 구슬' 같은 게 없는 이상 이런 혼란은 언제나 계속됐습니다. 그러다 보니 투자자나 시장 참가자들은 경제 지표 같은 전통적인 conventional 경제 지표 말고 비전통적인 unconventional 지표나 신호 등을 통해서도 경제를 예측하려고 합니다. 주로 경기 침체를 예측하거나 주식 시장 폭락을 예측할 때 이런 것들에 의존합니다.

지금은 객장이란 게 거의 없지만 예전에는 증시가 호황일 때 지팡이를 든 연세 지긋한 분들이나 만삭인 임산부가 뒤뚱거리며 객장에 나오면 이는 증시 호황의 끝물을 상징한다는 말이 많았습니다. 대표적인 위험자산인 증시에 관심이 없을 것 같은 사람들까지 관심을 갖기 시작하면 이미 그 시장은 변곡점을 넘어섰다는 것을 의미한다는 것이죠.

미국에서도 이런 비슷한 사례를 소재로 한 유명한 이야기가 있습니다. 바로 케네디 가문의 이야기입니다. 1929년 미국의 경제 호황이 절정에 달했을 때 존 F. 케네디 전 대통령의 아버지인 조셉 케네디 시니어가 월스트리트에서 주식 중개인으로 일하고 있었습니다. 그때 그가 구두를 닦으러 갔는데 구두를 닦는 동안 구두닦이 소년 shoeshine boy 이 그에게 자신이 가장 좋아하는 종목을 몇 가지 알려줬습니다. 조셉은 구두닦이 소년까지 주식을 한다고 자랑하는 것을 듣고 경제 호황이 곧 끝날 테니 시장을 떠나야 할 시간이라고 판단했습니다. 그는 곧바로 투자한 것을 정리하면서 증시 하락 시 돈을 버는 데 베팅했고, 이로 인해 엄청난 돈을 벌 수 있었습니다. 실제로 얼마 지나지 않아 미국 증시가 폭락했기 때문입니다. 1929년 10월 28일 월요일 시장은 약 13% 하락했고, 다음 날에는 12% 더 빠졌습니다. 이때는 검은 월요일 Black Monday 과

악몽의 화요일 Black Tuesday 이란 말로 잘 알려지게 되었고, 이후 미국의 대공황 Great Depression 이 시작됐습니다(Great Depression과 Great Recession을 혼동하면 안 됩니다. 후자는 2009년 9월 서브프라임 사태로 미국과 전 세계가 경기 침체에 빠진 상황을 말합니다. Great Depression에 빗대서 일컫는 말인 거죠).

이런 비전통적인 지표들이 정말로 맞는지 틀리는지 과학적으로 검증되지는 않았습니다. 그래도 전문가들조차 경기 침체를 예측할 수 있게 해 준다고 믿을 만큼 사람들이 많은 관심을 두는 비전통적 지표들도 상당히 많습니다. 그런 비전통적 지표 한두 개 정도만 경기 침체를 신호하면 무시하고 넘어갈 수 있을지 모르지만 거의 모든 비전통적 지표가 동시에 경기 침체 신호를 보낸다면 이를 그냥 간과하고 넘어가기엔 불안할 수 있을 것 같습니다. 이런 지표들 중 관심도가 높은 지표들을 간략히 소개하며 이번 장을 마치겠습니다.

첫째는 립스틱 판매 증가가 경기 침체를 의미한다는 립스틱 효과 lipstick effect 입니다. 화장품 회사인 에스티 로더 Estée Laude 의 명예 회장인 레너드 로더 Leonard Lauder 가 처음 만든 용어인데, 소비자들이 고가의 품목 구매를 줄이면서 립스틱처럼 작고 저렴한 사치품을 선택하는 게 조만간 도래할 경기 침체의 신호라는 것입니다.

두 번째는 스트리퍼 지수 Stripper Index 입니다. 이것은 성인 엔터테인먼트 업계, 특히 스트립 클럽에서 일하는 사람들의 경제적 상황과 관련된 이론입니다. 경제가 좋을 때는 사람들이 여가 활동에 더 많은 돈을 쓰는 경향이 있어 이러한 성인 엔터테인먼트 업계의 수익이 늘어나지만, 불황일 때는 반대로 사람들이 지출을 줄이기 때문에 업계의 수익도 감소하곤 한다는 데서 나온 말입니다.

세 번째는 데이팅 앱 사용 증가입니다. 호황기에는 사람들이 직접적인 대면 활동을 통해 파트너를 만나는 경향이 강하나 경기 침체기에는 파트너를 만날 수 있는 더 저렴한 방법을 찾는 경향이 강하다 보니 데이팅 앱 참여도가 높아진다는 데서 나온 이론입니다. 실제로 2008년 금융 위기 당시에도 이러한 경향이 나타났다고 합니다.

네 번째는 남성 속옷 판매 감소입니다. 경기 침체가 오기 전 눈에 보이지 않는 남성 속옷 같은 필수품에 대한 씀씀이가 줄어든다는 것을 말합니다. 이것은 앨런 그린스펀Alan Greenspan 전 연준 의장이 주장한 이론입니다. 실제로 2008년과 2009년 금융 위기 이전이나 COVID-19 팬데믹 기간에도 남성 속옷 판매량이 줄어든 것으로 알려졌습니다.

끝으로 전당포의 호황입니다. 전당포가 성업 중이라는 건 신속한 현금 융통을 위해 전당포를 찾는 사람들이 늘어났다는 뜻이겠죠. 전당포에 물건을 맡기고 빌리는 돈에 고금리가 적용된다는 점에서 전당포가 성업 중이라는 건 사람들의 재정적 압박이 커지고 있음을 뜻하니까요.

12   # Is the bull market about to turn into a bubble?

강세장이 곧 거품으로 바뀔까?

Share prices are surging. Investors are delighted—but also nervous
주가가 급등하자 투자자들은 기뻐하면서도 긴장하고 있다

1. Two years ago, pretty much everyone agreed that one of the great bubbles was bursting. An era of rock-bottom interest rates was coming to a close, shaking the foundations of just about every asset class. Share prices were plunging, government bonds were being hammered, crypto markets were in freefall. Wall Street's prophets of doom were crowing with delight. The consensus of the previous decade—that inflation was dead and cheap money here to stay—looked as ludicrous as the groupthink of any previous financial mania. Thus the pendulum was about to swing: from exuberance to scepticism, risk-taking to cash-hoarding and greed to fear. It would take a long time to swing back.

2. Or not. The trough in American stocks came in October 2022. Less than 18 months later stockmarkets around the world are back at all-time highs (see chart 1). America's in particular is on an eye-popping run, with the S&P 500 index of large firms having risen in 16 of the past 19 weeks. The value of Nvidia, a maker of microprocessors essential for artificial intelligence (AI), has risen by more than $1trn in the space of a few months. Bitcoin hit another record on March 14th. Disorientingly for those who blamed the previous mania on near-zero interest rates, this comes after a brutal campaign by central bankers to yank them back to more normal levels (see chart 2). Once again, every conversation about markets veers unerringly back to the same question: is this a bubble?

2년 전만 해도 사실상 누구나 거대한 거품 중 하나가 터지고 있 1
다는 데 동의했다. 초저금리 시대가 막을 내리면서 거의 모든 자
산군의 기반이 흔들리고 있었다. 주가는 폭락하고, 국채 가격도
타격을 받고, 암호화폐 시장은 말 그대로 '자유낙하' 중이었다.
월가 비관론자들은 기쁨에 겨워 자신의 전망이 맞았다며 마구
떠들어대고 있었다. 당시 인플레이션은 끝났고 저리 자금이 시
중에 머물 것이라는 지난 10년간 이어진 공통된 믿음은 과거 등
장하곤 했던 금융 광신도들의 집단사고만큼 우스꽝스러워 보였
다. 따라서 환희에 들떴던 시장 분위기가 회의적으로 바뀌자 투
자자들은 위험을 줄이고자 현금 보유를 늘렸고, 탐욕은 공포에
자리를 내줬다. 다시 예전으로 돌아가는 데는 오랜 시간이 걸릴
것 같았다.

그런데 아니었다. 미국 증시는 2022년 10월 바닥을 찍었다. 그 2
로부터 18개월이 채 지나지 않아 전 세계 증시는 다시 사상 최
고치를 경신했다(차트 1 참조). 특히 대기업들로 구성된 S&P
500 지수는 지난 19주 중 16주나 상승할 만큼 눈이 휘둥그레질
정도로 오르고 있다. 인공지능 AI에 필수적인 마이크로프로세
서 제조업체인 엔비디아의 시가총액은 불과 몇 달 사이에 1조
달러 이상 증가했다. 비트코인은 3월 14일에 사상 최고치를 갈
아치웠다. 이전의 광풍을 제로금리에 가까운 금리 탓으로 돌렸
던 사람들은 혼란스럽게 느껴졌을 수 있겠으나 이는 중앙은행
들이 금리를 다시 보다 정상 수준으로 돌려놓기 위해 '잔인한'
캠페인을 시작한 이후에 나온 결과이다(차트 2 참조). 그러자 또
다시 시장에 대한 모든 대화는 '지금이 거품인가'라는 똑같은
질문으로 되돌아갔다.

Fear is the mind killer
Stockmarket indices, January 3rd 2022=100
$ terms

3   For many, the parallel that springs to mind is not the most recent bull market but that of the late 1990s, when the dotcom bubble inflated. Then, as now, new technology promised to send productivity and profits to the moon, the innovation in question being the internet rather than artificial intelligence. Bulls in the 1990s were right that advances in telecommunication would transform the world and spawn new corporate giants. Yet plenty still ended up losing their shirts—even by betting on firms that went on to be wildly successful. The canonical example is Cisco, which, like Nvidia, made hardware crucial for the new age. Although in the most recent fiscal year its net profit was $12.8bn, up from $4.4bn in 2000 (both in today's money), those who bought shares at their peak in March 2000 and are still holding today have taken a real-terms loss of nearly 66%.

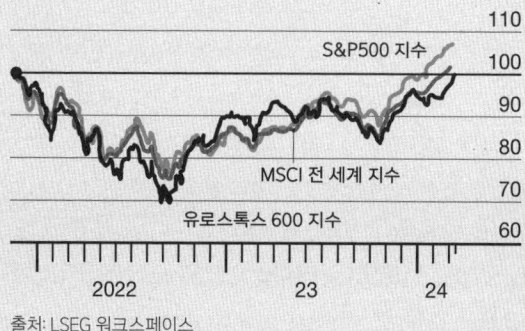

마음의 살인자, 두려움 ①
주가지수, 2022년 1월 3일=100달러 기준

출처: LSEG 워크스페이스

지금 상황을 보고 가장 최근의 강세장보다는 1990년대 후반 닷 3
컴 버블이 부풀어 올랐을 때를 떠올리는 사람이 많다. 당시에도
지금과 마찬가지로 새로운 기술이 생산성과 수익을 대폭 개선
해 줄 것으로 약속했지만, 그때 문제의 혁신은 AI가 아닌 인터넷
이었다. 통신의 발전이 세상을 변화시키고 새로운 거대 기업을
탄생시킬 것이라는 1990년대 증시 강세론자들의 생각은 옳았
다. 하지만 심지어 큰 성공을 거둔 기업에 투자했는데도 여전히
손실을 본 사람들이 많았다. 그렇게 만든 대표적인 예가 바로 시
스코였다. 시스코는 지금의 엔비디아와 마찬가지로 새로운 시
대를 여는 데 꼭 필요한 하드웨어를 만들었다. 가장 최근 회계연
도에 시스코의 순이익은 128억 달러로 2000년에 기록했던 44
억 달러에서 증가했지만(모두 현재 금액 기준), 2000년 3월 최고
점에 이 회사의 주식을 매수한 뒤 현재도 보유하고 있는 사람들
은 실질적으로 66%에 가까운 손실을 입었다.

4   Cisco therefore illustrates the defining feature of bubbles. They inflate when investors buy assets at prices that are entirely unmoored from economic fundamentals such as supply and demand or future cash flows. The question of what the asset is "worth" goes out of the window; all that matters is whether it can later be sold for more. That in turn depends on how many people the speculative frenzy can pull in and how long it can last—in other words, how mad the crowd becomes. Once buyers run out, the craze dissipates and there is nothing holding prices up. Predicting the size of the subsequent fall is as much of a fool's game as trying to time the top.

5   The good news is that this sort of mania is some way off. Researchers at Goldman Sachs, a bank, have analysed the valuations of the ten biggest stocks in America's S&P 500 index, around which much of the AI hype has

시스코가 거품의 결과를 확실히 보여준 대표적 사례가 된 건 이 4
런 이유 때문이다. 투자자들이 수요와 공급 내지는 미래현금흐
름 같은 경제 펀더멘털과 전혀 무관한 가격으로 자산을 매수할
때 거품이 형성된다. 자산의 '가치'에 대한 질문은 온데간데없고,
나중에 그것을 더 높은 가격에 팔 수 있는지 여부만 중요해진다.
이는 결국 투기 열풍이 얼마나 많은 사람을 (자산 매수로) 끌어
들일 수 있고, 이런 현상이 얼마나 오래 지속될 수 있는지, 즉 군
중이 얼마나 열광하는지에 달려 있다. 구매자가 사라지면 열풍
은 사그라든다. 즉 가격을 지탱할 수 있는 존재가 없어진다. 이후
하락의 규모를 예측한다는 건 고점을 예측하려는 시도만큼이
나 바보 같은 짓이다.

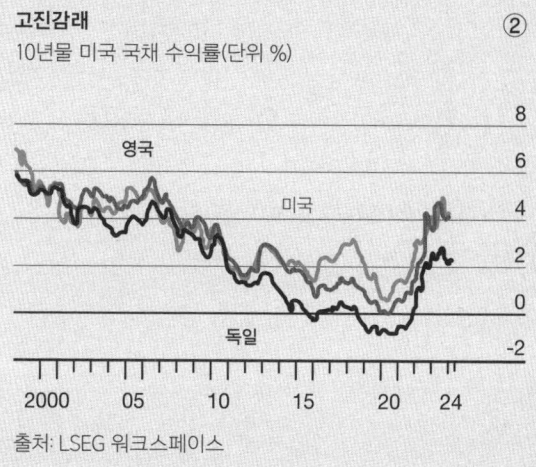

고진감래
10년물 미국 국채 수익률(단위 %)
출처: LSEG 워크스페이스

그래도 아직 이런 수준의 광풍에 이르지는 못했다는 건 다행이 5
다. 투자 은행인 골드만삭스의 연구원들이 미국 S&P 500 지수
에서 시가총액이 가장 큰 10대 종목의 밸류에이션을 분석한 결
과 AI 관련주 열풍이 이 10개 종목을 중심으로 주로 일어난 것

revolved. With prices at an average of 25 times their expected earnings for the coming year, they are on the expensive side. But they are cheaper than they were last year, and a bargain compared with the peak of the dotcom bubble, when prices were 43 times earnings.

6 There are other tell-tale signs that, in spite of soaring share prices, euphoria is absent. Bank of America's latest monthly survey of fund managers finds them more bullish than they have been for around two years, but not particularly so by long-term standards. Their average cash holdings are low, but not extremely so, meaning that they have not piled into the market with everything they have (and are also not hoarding cash in anticipation of a plunge, which they were in the late 1990s). Among retail investors, the crowd that typically sustains the final and most dangerous stage of a bubble, there has been no repeat of the stampede into tech funds and meme stocks witnessed in 2021.

Manic episodes

7 What, then, would it look like if things were to take a euphoric turn? A strong signal would be for gains that have so far been concentrated in a few mega-cap stocks to spread through the market more broadly. The winning streak of the past few months has been dominated not by America's "magnificent seven" tech giants, but by

으로 나타났다. 분석 결과, 이들의 주가는 평균적으로 내년 주당 예상 순이익의 25배에 달할 만큼 비싼 편에 속했다. 하지만 그래도 지난해보다는 저렴한 편이었다. 특히 닷컴 시대 거품이 절정에 달했을 때 이런 포워드 주가수익비율PER이 43배였던 것과 비교하면 특히 더 그랬다.

주가가 치솟고 있지만 행복감이 사라졌다는 것을 보여주는 다른 숨길 수 없는 징후도 존재한다. 뱅크오브아메리카가 최근 펀드 매니저를 상대로 실시한 월간 설문 조사에 따르면 펀드 매니저들은 약 2년 동안보다 (증시에) 더 낙관적이지만 장기적인 기준에서도 꼭 그렇지는 않은 것으로 나타났다. 이들의 평균 현금 보유액은 낮지만 극단적으로 낮지는 않은 것으로 나타났는데, 이는 그들이 가진 모든 돈을 시장에 투자하지 않았다는 뜻이다 (물론 그들이 1990년대 후반에 그랬든 급락을 예상하고 현금을 비축하고 있지도 않다). 일반적으로 거품의 마지막이자 가장 위험한 단계를 지탱해 주는 개인 투자자들 사이에서는 2021년에 목격된 것처럼 기술 펀드와 밈 주식으로의 쏠림 현상이 반복되지 않고 있다.

조증 에피소드

그렇다면 행복감이 넘치는 상황으로 전환된다면 어떤 모습이 될까? 지금까지 몇몇 대형주 위주로 일어났던 상승세가 시장 전체로 확산된다는 강력한 신호가 등장할 것이다. 지난 몇 달 동안 증시의 연이은 상승세는 소위 '매그니피센트 7'이라고 불리

just four of them. Amazon, Meta, Microsoft and Nvidia have left the other 496 stocks in the S&P 500 in the dust. Those others, in turn, have recovered from the shellacking of 2022 far better than the smaller firms represented in the Russell 2000 index (see chart 3). If investors really do start throwing caution to the winds, expect them to start betting on riskier corporate minnows as well as on giants—especially those that manage to shoehorn the letters "AI" into their annual reports.

8 A corollary is that the pipeline of initial public offerings (IPOs) ought at last to start gushing. In both 1999 and 2021 it got going, with rising share prices and ebullient investors proving irresistible to bosses searching for capital. A puzzling feature of the current bull market is that it has taken place amid an IPO drought.

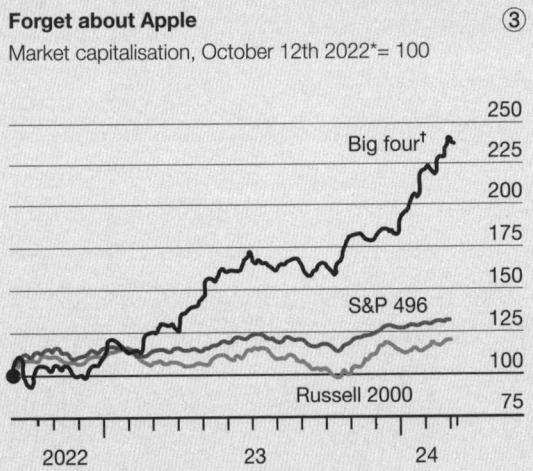

Forget about Apple ③
Market capitalisation, October 12th 2022*= 100

*S&P 500 trough †Amazon, Meta, Microsoft and Nvidia
Sources: Bloomberg; *The Economist*

는 대형 테크기업이 아닌 단 4개 기업이 주도했다. 아마존, 메타, 마이크로소프트, 엔비디아의 주가는 S&P 500에 포함된 나머지 496개 종목 주가보다 훨씬 더 높은 상승률을 보였다. 대신 그 나머지 종목들은 러셀 2000 지수에 포함된 소규모 기업들보다 2022년 폭락장에서 훨씬 더 잘 회복했다(차트 3 참조). 투자자들이 모험을 걸고 위험 투자를 시작한다면 연례 보고서에 'AI'라는 글자를 집어넣을 수 있는 거대 기업뿐만 아니라 더 위험한 소규모 기업에도 베팅을 시작할 것으로 예상된다.

결론적으로 기업공개IPO 파이프라인이 마침내 분출하기 시작해야 한다는 것이다. 1999년과 2021년 주가가 상승하고 열정적인 투자자들이 자본을 구하려는 경영자들에게 거부할 수 없는 존재임을 입증하자 IPO가 활기를 띠었다. 현재 강세장에서 이해하기 힘든 특징은 IPO가 가뭄인 가운데 이런 분위기가 연출되고 있다는 점이다.

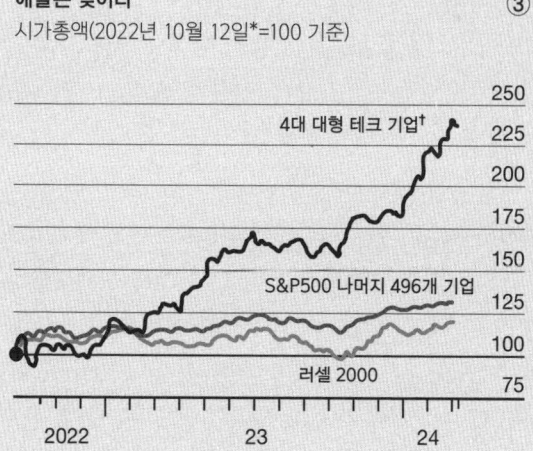

EY, a consultancy, estimates that firms going public in America raised just $23bn in 2023, compared with $156bn in 2021. It might be that bosses are simply more worried about economic headwinds than investors are. In a euphoric market such level-headedness becomes impossible to maintain.

9 Similar dangers stalk professional money-managers, whose job is to beat the market whether or not they think it is moving rationally. When pockets look dangerously overvalued, it makes sense to avoid them. But in a bubble, avoiding overvalued stocks—which, after all, are the ones rising the most—starts to look suspiciously like routine mediocrity. As the dotcom frenzy reached its peak, Julian Robertson, one of the 20th century's most revered hedge-fund managers, stalwartly refused to buy tech stocks. His investors eventually revolted and withdrew their money, forcing his fund to close right as the crash was about to start. Hence another sign that a bubble is about to pop: some of the market's gloomier voices are fired.

10 Investors do not yet seem excitable enough for any of this to take place. But as in 2021, cheaper debt could help get them in the mood. Lenders are shovelling money in the direction of risky high-yield (or "junk") corporate borrowers, narrowing the spread they pay above the yield on government debt (see chart 4). When the Federal Reserve's officials meet on March 20th, any hint that

컨설팅 업체 EY는 2023년 미국에서 상장하는 기업이 2021년의 1,560억 달러보다 훨씬 더 적은 230억 달러만을 조달한 것으로 추산하고 있다. 어쩌면 투자자보다 경영자들이 경제의 역풍을 더 걱정하고 있을 수도 있다. 그렇지만 행복감이 만연한 시장에서는 이러한 수준의 평정심을 유지하기가 불가능해진다.

시장이 합리적으로 움직인다고 생각하는지 여부와 상관없이 시장을 이겨야 하는 게 직업인 전문 자금 운용역에게도 비슷한 위험이 도사리고 있다. 주가가 위험할 정도로 고평가된 것처럼 보이면 주식 투자를 피하는 게 타당하다. 하지만 시장에 거품이 끼었을 때는 고평가된 주식(결국 가장 많이 오르는 주식)을 피하는 것이 평범하고 무난한 투자 전략 같은 의심이 들기 시작한다. 닷컴 열풍이 절정에 달했을 때 20세기 가장 존경받는 헤지 펀드 매니저 중 한 명인 줄리언 로버트슨은 기술주 매수를 완강히 거부했다. 그러자 결국 반발한 투자자들이 환매에 나서자 그가 운용하던 펀드는 폭락이 시작되기 직전에 강제 청산됐다. 따라서 거품이 곧 꺼질 것이라는 또 다른 신호는 바로 시장의 일부 우울한 목소리가 내팽개쳐진다는 것이다.

투자자들은 아직 이런 일이 일어날 만큼 흥분하지는 않은 것 같다. 하지만 2021년과 마찬가지로 더 저렴한 금리로 빌릴 수 있는 부채는 투자자들이 기분을 내게 만들어줄 수 있다. 은행은 위험한 하이일드(또는 '정크') 회사채 투자에 적극적으로 나서자 이러한 고수익 및 고위험 채권과 국채 수익률과의 스프레드가 좁아지고 있다(차트 4 참조). 연준이 3월 20일 회의에서 어떤 식으

rate cuts are imminent could be exactly the sort of high for which investors are looking. Just have some paracetamol on hand for the comedown. (Mar 11th 2024)

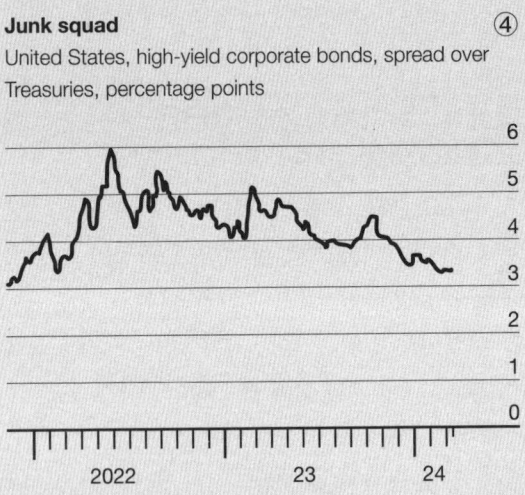

Junk squad
United States, high-yield corporate bonds, spread over Treasuries, percentage points

Source: Federal Reserve Bank of St Louis

로나 금리 인하가 임박했다는 것을 시사하면 이는 투자자들은 기다리던 일종의 황홀감을 맛볼 수도 있다. 하지만 그런 흥분된 감정이 가라앉을 때를 대비해 파라세타몰(해열·진통제)를 준비해 둘 필요가 있다. (2024년 3월 11일)

정크 본드
미국 하이일드 회사채의 국채 대비 스프레드
(단위: %포인트)

④

출처: 세인트루이스 연방준비은행

이번 장의 주제는 미국 증시 거품론을 둘러싼 논란입니다. 연준의 3월 공개시장위원회 FOMC 회의를 일주일 정도 앞둔 2024년 3월 11일 나온 이 기사를 읽기 전에 먼저 당시 미국 증시 상황에 대해 간단히 말씀을 드리겠습니다.

2023년 미국 증시는 COVID-19 팬데믹 충격으로부터 빠르게 회복하면서 급등 마감했습니다. S&P 500 지수는 1년 동안 24% 이상 상승했고, 다우 지수도 13% 오른 가운데 사상 최고치를 경신했습니다. 나스닥 지수는 엔비디아, 아마존, 마이크로소프트 등 대형 기술 기업주의 상승에 힘입어 두 지수보다 상대적으로 더 높은 43%나 급등했습니다. 특히 마지막 두 달 동안 인플레이션은 완화되고, 경기는 회복하고, 금리 인하 전망은 커지면서 투자자들 사이에서 증시 낙관론이 퍼졌습니다.

미국 증시의 랠리는 2024년에도 이어졌습니다. 더 정확히 말하면 이 기사가 나온 1분기 때는 분위기가 더 뜨거워졌습니다. 그런데 증시가 계속 사상 최고치를 찍으면서 사실상 논스톱으로 오르다 보니 일부 전문가들 사이에서 '거품' 논란이 커졌습니다.

본 기사는 거품 논란이 한창일 때 나왔습니다. 이러한 랠리는 2024년 내내 이어졌습니다. 다음은 1분기 미국 증시 상황에 대한 한 외신의 보도입니다. 1분기 때까지도 뜨거웠던 미국 증시의 분위기를 잘 보여주고 있습니다.

> The S&P 500 has climbed more than 10% so far this year to post its biggest first-quarter gain since 2019. The benchmark index in late January hit its first record high in two years, as it built on a surge in late 2023, and has not looked back, setting more than a dozen highs without a significant pullback so far in 2024.

S&P 500 지수는 올해 들어 지금까지 10% 이상 상승하여 2019년 이후 최고 1분기 상승률을 기록했다. 이 벤치마크 지수는 2023년 말 급등세를 바탕으로 추가로 오르면서 1월 말 2년 만에 사상 최고치를 기록했으며, 2024년 현재까지 큰 하락 없이 12번 넘게 사상 최고치를 경신하며 하락할 기미를 보이지 않고 있다. (Business Standard, 3월 28일)

이번 장에서는 증시 거품에 대한 『The Economist』 기사를 중심으로 거품, 주가수익비율 PER, 밸류에이션 valuation, 시가총액 market capitalization 부터 강세장 bull market 과 약세장 bear market, 기업공개 IPO 등 주식 내용을 다룬 외신에서 자주 접하게 되는 용어에 대해 살펴보겠습니다.

주식 시장이 쉬는 날을 제외하고는 1년 내내 열리고, 주식에 투자하는 사람이 워낙 많다 보니 금융 관련 기사 중에서는 주식 시장 소식만큼 많은 관심을 끄는 기사가 없습니다. 따라서 국제부 기자들은 새벽 출근 후(혹은 특파원이 있으면 특파원이 담당) 미국 증시 마감 기사를 쓰고, 이어 우리 시간으로 오전 9시에 우리나라 증시와 함께 일본 증시가 열리면 그 기사를 씁니다. 곧 이어 10시 반부터 중국 증시 기사를 쓰죠. 이후 아시아 증시가 마감하면 마감 순서대로 기사를 쓴 뒤 이어 유럽 증시 기사를 씁니다. 또 중간중간 일본이나 대만 지진이나 북한의 미사일 발사처럼 예상치 못했던 사건이 터져 주식 시장이 갑자기 흔들리는 경우에도 역시 증시의 변동성이 커진 이유를 넣어 기사를 쓰곤 합니다.

투자자들은 특히 앞으로 증시가 어떤 방향으로 움직일지에 관심이 많습니다. 증시가 계속 랠리를 펼쳐왔다면 앞으로 랠리가 지속될지, 아니면 중단될지 여부를 다룬 기사를 많이 봅니다. 따라서 2024년 상반기처럼 미국 증시가 뜨거운 상승세를 이어갔을 때는 이런 랠리를 단번에 중단시킬 수 있는 '거품'에 대한 우려도 동시에 커졌기 때문에 거품 기사는 큰 주목을 받았습니다.

1 Two years ago, pretty much everyone agreed that one of the great bubbles was bursting. An era of rock-bottom interest rates was coming to a close, shaking the foundations of just about every asset class. Share prices were plunging, government bonds were being hammered, crypto markets were in freefall. Wall Street's prophets of doom were crowing with delight. The consensus of the previous decade—that inflation was dead and cheap money here to stay—looked as ludicrous as the groupthink of any previous financial mania. Thus the pendulum was about to swing: from exuberance to scepticism, risk-taking to cash-hoarding and greed to fear. It would take a long time to swing back.

COVID-19 팬데믹에서 벗어나면서 2021년 미국 증시는 강력한 회복세를 보였습니다. 연준의 저금리 유지 기조 속에 기술주와 대형 성장주가 동반 상승하면서 S&P 500 기준 1년 동안 27%나 급등했습니다. 그러다가 이 기사에서 말하는 2년 전 two years ago인 2022년에는 러시아의 우크라이나 침공, 인플레이션을 막기 위한 연준의 금리 인상 등으로 기술주와 성장주가 급락했습니다. 결국 S&P 500 지수는 2022년 19.4%나 하락했습니다. 그러다 보니

2021년 증시 급등 시 부풀었던 거대한 거품 great bubble 이 마침내 터지고 있다 bursting 는 얘기가 나왔습니다. 2021년은 연준이 금리를 올리기 전이라 금리가 초저금리 rock-bottom interest 시대는 막을 내렸습니다.

위 단락에서 흥미로운 표현은 주식, 채권, 암호화폐 가격이 모두 급락하고 있다는 것을 plunge, hammer, in freefall이라는 서로 같은 의미지만 다른 단어를 써서 나타냈다는 것입니다.

여기서 prophets of doom은 월가에서 '경제 또는 시장의 하락과 관련된 부정적인 예측을 자주 하는 전문가'를 말합니다. 과도한 낙관론을 경계하는 비관론자입니다. 한 단어로 doomsayer라고도 합니다.

cheap money는 money that can be borrowed with a very low interest rate or price for borrowing, 다시 말해, '매우 낮은 이자율 또는 차용 비용으로 빌릴 수 있는 돈'을 말합니다. cheap lending이나 cheap borrowing에서의 cheap도 모두 같은 뜻입니다.

pendulum was about to swing은 문자 그대로 번역하면 '시계추(진자)가 흔들리기 직전'이란 뜻이나 보통 은유적인 표현으로 생각이나 분위기, 방법이 바뀌고 있다는 뜻으로 씁니다.

Or not. The trough in American stocks came in October 2022. Less than 18 months later stockmarkets around the world are back at all-time highs (see chart 1). America's in particular is on an eye-popping run, with the S&P 2

500 index of large firms having risen in 16 of the past 19 weeks. The value of Nvidia, a maker of microprocessors essential for artificial intelligence (ai), has risen by more than $1trn in the space of a few months. Bitcoin hit another record on March 14th. Disorientingly for those who blamed the previous mania on near-zero interest rates, this comes after a brutal campaign by central bankers to yank them back to more normal levels (see chart 2). Once again, every conversation about markets veers unerringly back to the same question: is this a bubble?

서두에서 이야기한 것처럼 2022년과 2023년 미국 증시에 대한 설명입니다. 2022년 10월에 미국 증시가 바닥 trough 을 찍고 18개월도 채 지나지 않아 사상 최고치 all-time high 에 도달했다는 것을 말해주고 있습니다. 눈이 휘둥그레질 정도로 eye-popping 깜짝 놀랄 랠리라는 거죠.

    여기서 trough 대신 bottom을 써도 됩니다. 잠깐 bottom 이란 단어에 대해 이야기하자면, 보통 증시를 포함해서 시장이 바닥을 찍었다고 할 때 bottom out이라는 표현을 자주 씁니다. 예를 들어, stocks to bottom out in Q3이라고 하면 '3분기에 증시가 바닥을 찍는다'는 것을 뜻합니다. German housing market has yet to bottom out이라고 하면 '독일 주택 시장, 아직 바닥 찍지 않았다'는 뜻입니다.

    value of Nvidia에서 value는 '시가총액'을 말합니다. 시가총액은 기업의 주식 가격과 발행된 주식 수를 곱한 값으로, 기업의 전체 가치를 나타내는 지표입니다. 쉽게 말해, 회사가 시장에서 평가받는 총금액이라고 할 수 있습니다. 기사에서는 엔비디아의 시가총액이 불과 몇 달 사이에 1조 달러 이상 늘어났다는 말을 하고 있습니다. 뒤에 엔비디아 기사에서 다시 소개하겠지만 엔비디아의 시가총액은 2024년 6월 초에 3조 달러, 우리 돈으로 4,000조 원을 돌파하게 됩니다. 2023년 기준 우리나라의 GDP가 약 1조 7,100억 달러이니까 엔비디아의 시가총액이 우리나라 GDP의 1.7배가 넘는다는 뜻입니다. 2024년 12월 기준 미국 기업들 중 시가총액이 3조 달러 부근인 기업은 애플, 마이크로소프트, 엔비디아 3곳입니다.

3 For many, the parallel that springs to mind is not the most recent bull market but that of the late 1990s, when the dotcom bubble inflated. Then, as now, new technology promised to send productivity and profits to the moon, the innovation in question being the internet rather than artificial intelligence. Bulls in the 1990s were right that advances in telecommunication would transform the world and spawn new corporate giants. Yet plenty still ended up losing their shirts—even by betting on firms that went on to be wildly successful. The canonical example is Cisco, which, like Nvidia, made hardware crucial for the new age. Although in the most recent fiscal year its net profit was $12.8bn, up from $4.4bn in 2000 (both in today's money), those who

bought shares at their peak in March 2000 and are still holding today have taken a real-terms loss of nearly 66%.

위 단락은 2024년 초의 증시 분위기를 보고 1990년대 말 닷컴 거품이 터졌을 때를 떠올리는 사람이 많다면서 당시 상황에 대해 간략하게 설명하고 있습니다. 1990년대 말에서 2000년대 초반에 걸쳐 IT 및 인터넷 관련 주식이 과도하게 부풀어 올랐습니다. 이 시기에 많은 인터넷 기반 스타트업들이 급성장하면서 투자자들의 과도한 기대와 투자를 받았고, 그로 인해 주가가 비정상적으로 상승했다가 결국은 무너지게 됩니다. 이후 많은 기업이 파산하면서 기술주에 대한 신뢰를 크게 훼손시켰습니다.

특히 인터넷과 네트워크 장비를 제조하는 글로벌 기술 기업인 시스코 시스템즈 Cisco Systems 는 닷컴 사태 당시 주가가 가장 많이 오른 기업이었습니다. 1998년 초부터 2000년 3월 27일 최고점 peak 에 도달하는 동안 주가는 무려 761.8%가 상승했습니다. 그러나 거품이 꺼지자 2001년 3월 시스코는 대규모 비용 감축 cost-cutting 계획과 함께 대규모 정리해고 layoff 를 발표했고, 주가는 2000년 3월 고점이었을 때의 80.06달러에서 2002년 10월 저점인 8.06달러까지 90%가 폭락했습니다. 이 기사가 나온 2024년 3월 무렵에 시스코의 주가는 50달러 부근에서 거래됐습니다. 시스코는 지난 24년을 보내는 동안 2000년 3월 고점을 다시는 찍지 못했습니다. 그저 살아남은 것으로도 만족해야 했습니다.

엔비디아가 제2의 시스코가 되는 게 아니냐며 우려하거나 두 회사를 비교하는 기사가 많이 나온 건 엔비디아가 AI 붐을 타고 단기간 내에 너무 빨리 올랐기 때문입니다. 엔비디아의 주가는 2023년 239%가 올랐고, 이 기사가 나올 때까지도 랠리를 이어갔습니다.

Nvidia Is No Cisco, but It Is Getting Expensive
엔비디아는 시스코는 아니지만 점점 더 비싸져
(WSJ, 2024년 6월 22일자 기사 제목)

Is Nvidia Doomed to be the Next Cisco?
엔비디아는 다음 시스코가 될 운명인가?
(The Motley Fool, 2024년 3월 6일자 기사 제목)

Cisco therefore illustrates the defining feature of bubbles. They inflate when investors buy assets at prices that are entirely unmoored from economic fundamentals such as supply and demand or future cash flows. The question of what the asset is "worth" goes out of the window; all that matters is whether it can later be sold for more. That in turn depends on how many people the speculative frenzy can pull in and how long it can last—in other words, how mad the crowd becomes. Once buyers run out, the craze dissipates and there is nothing holding prices up. Predicting the size of the subsequent fall is as much of a fool's game as trying to time the top. 4

본 아티클에서는 결국 거품이 지속될 수 있느냐 여부는 얼마나 많은 사람들이 얼마나 오랫동안 계속 그 주식을 사 주느냐에 달려있다고 진단합니다. 금융 시장(및 관련 기사)에서 닷컴 사태만큼 자주 인용되는 거품 사태는 17세기 네덜란드에서 일어났던 튤립 투기 파동입니다. 영어로 tulip mania라고 합니다. 튤립 구근(튤립 씨앗의 일종)의 가격이 급등하면서 많은 사람들이 튤립 구근을 투자 자산으로 간주하게 되면서 이 일이 발생했습니다. 특히 희귀한 튤립 품종의 가격이 매우 비쌌습니다. 그러다 갑자기 가격이 하락했고, 많은 투자자들은 경제적으로 큰 손실을 봤습니다. 이 사태는 금융 거품 financial bubble 의 고전적 사례로 여겨집니다. 위 기사에서 지적한 대로 자산의 내재(본질적) 가치 intrinsic value 가 아니라 이익을 보고 팔 수 있다는 기대감만 가지고 사려는 사람이 몰리면서 자산 가격이 계속해서 올라갈 때 이런 거품이 생긴다는 것을 보여주는 역사적 사례죠.

사실 외신에서 엔비디아의 주가가 17세기 튤립 파동 때 튤립 가격이 급락한 것처럼 폭락할 수 있다는 기사도 실제로 나왔습니다. 다음 기사를 보시죠.

Nvidia stock is a bubble waiting to burst – and the AI rush may be a modern version of 17th-century tulip mania, note says
엔비디아 주식은 터지기만을 기다리는 거품이며, AI(투자) 러시는 17세기 튤립 사태의 현대판일 수 있다는 연구 결과가 나왔다 (Business Insider, 2023년 9월 23일 기사 제목)

투자는 investment라고 하지만 투기는 speculation이라고 합니다. '투기적인'이라고 할 땐 speculative를 쓰고요. 투자는 장기적인 수익을 추구하는 반면, 투기는 단기적인 가격 변동에서 이익을 얻으려 한다는 점에서 차이가 있습니다. 그리고 투기는 위에서 말한 '내재 가치'보다 가격 변동에 더 집착합니다.

The good news is that this sort of mania is some way off. 5
Researchers at Goldman Sachs, a bank, have analysed
the valuations of the ten biggest stocks in America's
S&P 500 index, around which much of the AI hype has
revolved. With prices at an average of 25 times their
expected earnings for the coming year, they are on the
expensive side. But they are cheaper than they were
last year, and a bargain compared with the peak of the
dotcom bubble, when prices were 43 times earnings.

위에 나온 valuation은 영어 그대로 '밸류에이션'이라고 번역합니다. 밸류에이션은 기업의 가치를 말합니다. 투자자는 밸류에이션을 평가해 주식의 가격이 적정한지, 고평가 overvalued 상태인지 아니면 반대로 저평가 undervalued 상태인지를 판단합니다. 고평가되어 있다는 건 적정 가치에 비해서 비싸다는 뜻입니다. 저평가되어 있다는 건 반대로 적정 가치에 비해서 싸다는 뜻이고요.

밸류에이션이 적정한지 알아보는 대표적인 방법 중 하나가 위에 나온 주가수익비율입니다. 영어로 price-to-earnings ratio라고 하며, 주가를 주당 순이익으로 나눈 값을 뜻합니다. 주가가 100원이고 주당 순이익이 100원이면 PER은 1(배)이고, 주가가 1,000원이고 주당 순이익이 100원이면 PER은 10(배)입니다. 당연히 후자가 버는 돈에 비해서 주가가 훨씬 더 높으니 고평가되어 있는 셈입니다.

최근에는 현재 실적 대비 평가를 기준으로 기업 가치를 알려주는 PER보다 미래 12개월 동안 예상되는 주당 순이익을 추정해서 기업의 가치를 평가하는 포워드 PER Forward PER이 밸류에이션 평가 도구로 더 많이 쓰입니다. 12개월 동안 예상되는 주당 순이익이 1,000원이고, 현재 기업의 주가가 100원이면 포워드 PER은 10(배)입니다. 아주 단순하게 말하자면 이것이 낮을수록 저평가되어 있는 기업으로 간주될 수 있습니다. 위 단락에서 expected years for the coming year는 이 포워드 PER을 풀어서 쓴 것입니다. 즉, S&P 500에서 시가총액이 가장 큰 10대 주식의 포워드 PER이 평균 25배라는 뜻입니다. 이 기사에서는 역사적 평균이 20배를 약간 넘으니 25배면 높은 편이라 비싼 축 expensive side 에 속하지만, 이 정도면 2023년이나 닷컴 거품이 정점에 도달했을 때(포워드 PER이 43배였을 때)에 비해서는 낮다고 설명합니다.

> S&P 500 <u>Forward P/E Ratio</u> Rises Above 20.0 For First Time in 2 Years.
> S&P 500 포워드 PER, 2년 만에 처음으로 20배 이상으로 상승 (FactSet, 2024년 12월 12일자 보고서 제목)

위에 나온 AI hype은 'AI 광풍'을 말합니다. 2022년 11월 오픈AI OpenAI가 생성형 AI generative AI 인 챗GPT를 출시한 후 AI 광풍이 불기 시작하면서 외신에도 AI hype이라는 표현이 하루에도 수없이 등장하고 있습니다.

6 There are other tell-tale signs that, in spite of soaring share prices, euphoria is absent. Bank of America's latest monthly survey of fund managers finds them more <u>bullish</u> than they have been for around two years,

but not particularly so by long-term standards. Their average cash holdings are low, but not extremely so, meaning that they have not piled into the market with everything they have (and are also not hoarding cash in anticipation of a plunge, which they were in the late 1990s). Among retail investors, the crowd that typically sustains the final and most dangerous stage of a bubble, there has been no repeat of the stampede into tech funds and meme stocks witnessed in 2021.

위 단락에서는 두 가지 주식 용어에 대해 알아보겠습니다. bullish와 meme stock입니다. 주식 기사에서 bullish는 '상승'을 말합니다. 낙관적 분위기 속에서 증시가 상승할 때 쓰는 표현입니다. bullish market 또는 bull 뒤의 ~ish를 뺀 형태의 bull market이라고 하면 모두 '상승장'을 의미합니다. 반대말은 bearish입니다. bearish market이나 bear market은 하락으로, 즉 미래에 대한 전망이 비관적임을 나타냅니다.

> Americans are really, really bullish on stocks
> 미국인들은 주식에 정말, 정말 낙관적이다 (WSJ, 2024년 9월 3일자 기사 제목)

> Is Sentiment Bearish Enough to Signal a Market Bottom?
> (증시 투자) 심리가 시장 바닥을 알릴 만큼 충분히 비관적인가? (Investing.com, 2024년 9월 9일 자료 제목)

밈meme은 본래 한 문화권 내에서 모방을 통해 퍼지는 아이디어, 행동, 스타일을 말합니다. 여기에는 특정 현상이나 주제를 나타내는 상징적인 의미가 포함되어 있는 경우가 많습니다. 최근 들어서 밈은 주로 소셜 미디어, 포럼, 메시징 앱 등을 통해 빠르게 퍼지는 이미지, 동영상, 텍스트 등을 뜻합니다. 이 후자의 의미에서 나온 meme stock, 즉 밈 주식은 소셜 미디어나 온라인 커뮤니티에서 인기를 끌며 주가가 급격히 상승한 주식을 말합니다.

    가장 대표적인 사례가 게임스톱GameStop입니다. 2010년대 중후반에 비디오 게임 판매 채널이 온라인 쇼핑으로 전환되자 비디오 게임을 팔던 게임스톱의 실적이 곤두박질쳤습니다. 그런데 2021년 미국의 온라인 커뮤니티인 레딧Reddit의 개인 투자자들이 이 회사의 공매도(주가 하락 베팅) 비율이 100%를 초과한 것을 발견한 후 매수에 뛰어들자 이 회사의 주가는 주당 17.25달러에서 500달러 이상으로 급등했습니다. 개인 투자자들이 주식 하락에 베팅한 기관에 맞서 반란을 일으켰던 것이죠. 하지만 매수 열풍이 가라앉자 게임스톱의 주가는 다시 폭락해서 본래 오르기 전 가격으로 돌아갔습니다. 그래도 게임스톱은 밈 주식 개념을 알리는 데 중요한 역할을 했습니다. 대표적인 밈 주식으로는 게임 스톱 외에도 AMC 엔터테인먼트, 블랙베리, 노키아 등이 있습니다.

    가상화폐 시장에서도 밈 코인meme coin이란 게 있습니다. 이건 어떤 용도로 사용되기보다는 재미있는 이미지와 투자자를 끌어들이기 위한 암호화폐를 말합니다.

What, then, would it look like if things were to take a euphoric turn? A strong signal would be for gains that have so far been concentrated in a few mega-cap stocks to spread through the market more broadly. The winning streak of the past few months has been dominated not by America's "magnificent seven" tech giants, but by just four of them. Amazon, Meta, Microsoft and Nvidia have left the other 496 stocks in the S&P 500 in the dust. Those others, in turn, have recovered from the shellacking of 2022 far better than the smaller firms represented in the Russell 2000 index (see chart 3). If investors really do start throwing caution to the winds, expect them to start betting on riskier corporate minnows as well as on giants—especially those that manage to shoehorn the letters "AI" into their annual reports.

위에 나온 메가캡 mega-cap 은 '시가총액이 수천억 달러인 초대형주'를 말합니다. 위에서 최근 몇 달 동안 증시의 연이은 상승세 winning streak 가 매그니피센트 7 Magnificent 7 이 아닌 4개 대형주 중심으로 이루어졌다고 설명합니다. 여기서는 미국 증시가 2023년 매그니피센트 7 주도로 상승했지만 이제는 7개가 아니라 4개 주 중심으로, 즉 더 적은 수의 주식에 의해 증시가 좌우되고 있는 상황을 말하고 있습니다. 매그니피센트 7은 애플, 마이크로소프트, 구글 모회사 알파벳, 아마존, 엔비디아, 메타 플랫폼, 테슬라를 말합니다.

　　미국인들은 이런 약자를 만들어 내는 것을 좋아하나 봅니다. 매그니피센트 7이란 용어가 등장하기 전에는 팡 FANG 주식이란 용어가 주식 투자자들의 관심을 모았습니다. 페이스북Facebook, 아마존Amazon, 넷플릭스Netflix, 구글Google을 합친 말입니다. 이 회사들의 영어 이름 앞 글자를 모아 만든 단어가 FANG입니다.

매그니피센트 7이라는 용어는 2023년에 뱅크오브아메리카 애널리스트인 마이클 하트넷Michael Hartnett이 처음 쓰면서 알려졌습니다. 1960년대 서부 영화에 이와 같은 제목의 영화가 있었다고 합니다. 이들은 모두 AI, 클라우드 컴퓨팅, 온라인 게임, 최첨단 하드웨어와 게임 등 첨단 기술 개발을 전문으로 하는 기업들입니다.

여기서 러셀 2000 지수는 소형주small-cap 주식을 대표하는 주가지수입니다. 대형주large-cap보다 상대적으로 시가총액이 작은 기업들로 구성됩니다. 이러한 소형주는 성장 잠재력은 크지만, 대형주에 비해 변동성이 더 크고 리스크가 높을 수 있습니다. 따라서 변동폭이 상당히 큽니다. 러셀 2000이라는 이름에서 알 수 있듯이 2,000개 소형 기업이 들어가 있습니다.

마지막 문장에 나온 연례 보고서에 AI를 넣는다(shoehorn the letters "AI" into their annual reports)라는 말에 대해서 조금 더 설명을 드리겠습니다. 미국 기업들은 실적 발표 후 관례적으로 실적 내용에 대해 투자자에게 설명하고 향후 전망을 알려주는 '컨퍼런스콜'을 자주 합니다. conference call 또는 earnings conference call이라고도 합니다. 여기서 earnings는 '실적'을 뜻합니다.

이 컨퍼런스콜에서 어떤 용어가 얼마나 자주 언급됐느냐가 중요한 관심 대상인데, 금융데이터 리서치 회사인 팩트셋FactSet이 기업 컨퍼런스콜에서 최근 유행하는 특정 용어가 몇 차례 언급됐는지 통계를 내어 다음과 같은 제목의 보고서를 내기도 합니다.

Highest Number of S&P 500 Companies Citing "AI" on Earnings Calls Over Past 10 Years
실적 발표에서 AI 언급한 S&P 500대 기업, 지난 10년 만에 최다 (2024년 5월 24일 보고서 제목)

A corollary is that the pipeline of initial public offerings (IPOs) ought at last to start gushing. In both 1999 and 2021 it got going, with rising share prices and ebullient investors proving irresistible to bosses searching for capital. A puzzling feature of the current bull market is that it has taken place amid an IPO drought. EY, a consultancy, estimates that firms going public in America raised just $23bn in 2023, compared with $156bn in 2021. It might be that bosses are simply more worried about economic headwinds than investors are. In a euphoric market such level-headedness becomes impossible to maintain.

여기서는 기업공개 IPO 가 봇물이 터져야 진짜 '강세 장세'로 볼 수 있는데, 현재는 IPO가 신기할 만큼 적다는 사실을 지적합니다. IPO와 관련된 표현은 Why the stockmarket is disappearing 편에서 자세히 설명했습니다.

9 Similar dangers stalk professional <u>money-managers</u>, whose job is to <u>beat the market</u> whether or not they think it is moving rationally. When pockets look dangerously overvalued, it makes sense to avoid them. But in a bubble, avoiding overvalued stocks—which, after all, are the ones rising the most—starts to look suspiciously like routine mediocrity. As the dotcom frenzy reached its peak, Julian Robertson, one of the 20th century's most revered hedge-fund managers, stalwartly refused to buy tech stocks. His investors eventually revolted and <u>withdrew</u> their money, forcing his fund to close right as the crash was about to start. Hence another sign that a bubble is about to pop: some of the market's gloomier voices are fired.

money manager는 fund manager처럼 개인이나 기관의 자산을 대신 관리하고 투자해 주는 사람을 말합니다. 다른 사람들의 돈을 대신 투자해 주는 전문가이다 보니 그만큼 이들에 대한 투자 성과와 관련된 기대치가 높습니다. 그래서 이런 자산 관리자들은 beat the market하는 수익을 올리려고 노력합니다.

beat the market은 achieving a higher return on your investments than the overall performance of a designated benchmark, 즉 '지정된 벤치마크(기준 지수)의 성과보다 더 높은 투자 성과(수익)을 달성하는 것'을 말합니다. 미국 증시의 경우 벤치마크는 S&P 500 지수입니다.

위에 나온 withdraw는 은행에서 '돈을 빼다(인출하다)' 또는 펀드 등을 '환매하다' 뜻입니다. 명사는 withdrawal입니다.

2023년 봄 미국 지역은행 위기가 터지고 시간이 좀 지난 시점에 SNB는 은행들이 향후 위기 재발을 막기 위해서 준비를 단단히 해놓고 있어야 한다고 조언했는데, 이 내용을 다룬 로이터 기사 제목은 다음과 같았습니다.

> Banks should slow deposit withdrawals, prepare better collateral to evade crises – SNB
> SNB "은행은 예금 인출 속도 늦추고 위기 모면 위해 더 나은 담보 준비해야" (Reuters, 2023년 11월 10일자 기사 제목)

Investors do not yet seem excitable enough for any of [10] this to take place. But as in 2021, cheaper debt could help get them in the mood. Lenders are shovelling money in the direction of risky high-yield (or "junk") corporate borrowers, narrowing the spread they pay above the yield on government debt (see chart 4). When the Federal Reserve's officials meet on March 20th, any hint that rate cuts are imminent could be exactly the sort of high for which investors are looking. Just have some paracetamol on hand for the comedown.

앞에서 설명했듯이 cheaper debt는 저금리로 빌리는 대출을 말합니다. 위 단락에서는 채권을 발행해서 돈을 빌리려는 기업 corporate borrowers 이 발행하는 하이일드 high-yield, 즉 고금리 또는 정크 등급 junk 채권 수익률 yield 과 가장 안전하다고 평가받는 국채 government debt 수익률 간의 격차 spread 가 좁아지고 있다고 말하고 있습니다. 은행들 lenders 이 전자에 대거 투자를 하고 있기 때문이라는 겁니다. 여기서 정크 등급 채권, 줄여서 '정크 본드'라고 하는 상품은 신용기관이 투기등급 speculative grade 을 부여한 채권입니다. 자금 손실 위험이 커 투자하기 어려운 채권입니다. 또한 정크 본드는 금리가 높은 하이일드 채권입니다. 채권은 구매자에게 만기가 됐을 때, 즉 만기일 maturity date 에 반환하는 원금 principal 외에도 만기 때까지 이자를 주는데 부실 회사의 경우 투자하면 위험하니 회사채를 발행하면서 이자를 낮게 주겠다고 하면 아무도 그 채권을 안 사줄 것입니다. 따라서 이런 회사는 아주 이자를 높게 제시해서 회사채를 발행하려고 합니다. 이런 채권이 정크 본드입니다. 정크 본드는 위험합니다.

Investors shun riskier junk bonds as bankruptcy filings jump.
파산 신청 급증하자 투자자들, 위험한 정크 본드 기피

(Financial Times, 2024년 7월 11일자 기사 제목)

그런데 채권 가격은 금리와 반대로 움직입니다. 사겠다는 수요가 많으면 당연히 발행하는 쪽에서는 높은 금리를 제시할 필요가 없습니다. 그런데 정크 본드는 금리가 높다고 앞서 말씀드렸지만 위 내용처럼 은행들이 위험을 무릅쓰고 너도나도 사겠다고 달려들 경우 정크 본드 금리도 당연히 내려갈 것입니다. 그럴 경우 기준이 되는 국채 금리와의 격차가 좁혀집니다. 한편 국채, 특히 미국 국채는 세계에서 가장 안전하다고 평가되기 때문에 금리가 높은 편은 아닙니다. 물론 반대로 금융 시장 상황이 불안해지면 정크 본드 수요는 줄어들고 금리는 올라갈 테니 미국 국채 금리와의 격차는 커질 것입니다. 아래 기사 내용처럼요.

> U.S. **junk bond spreads** over yields on risk-free Treasuries widened further on Monday, after ending last week with the biggest daily points surge since March 2023, indicating financial markets see much more risk with stocks sharply lower as investors rushed to the safety of U.S. government debt.
> 지난주 2023년 3월 이후 일일 최대 폭으로 벌어진 무위험 (미국) 국채 수익률 대비 미국 정크 본드 스프레드가 월요일 더욱 확대됐다. 이는 증시 급락으로 금융 시장 투자자들이 훨씬 더 위험성이 커졌다고 보고 안전한 미국 국채로 몰리고 있다는 것을 의미한다. (The Financial Express, 2024년 8월 6일)

2023년에 미국 증시가 AI 붐을 타고 급등하자 거품론을 제기하는 사람이 많이 나타났습니다. 그러나 거품이 터지지 않자 그중 일부는 쓸쓸히 퇴장하기도 했습니다. 가장 대표적인 사람이 마르코 콜라노비치 Marko Kolanovic JP모건 전 수석 글로벌시장 전략가입니다. 콜라노비치는 2월에 2018년 미국 증시에 일어났던 볼마겟돈 Volmageddon 이 일어날 수 있다고 경고하며 투자자들을 공포에 떨게 했습니다. 볼마겟돈이란 변동성 volatility 과 선과 악의 세력이 싸울 최후의 전쟁터란 뜻의 아마겟돈 Armageddon 을 붙여서 만든 합성어로 변동성이 폭발하며 시장이 급락하는 경우를 말합니다.

 한 달 뒤인 3월 중순에는 실리콘밸리은행 SVB 과 시그니처뱅크 파산에 이어 스위스 대형은행인 크레디트스위스 Credit Suisse 유동성 위기가 커지면서 은행 위기가 심각해졌고, 이에 대해 콜로

나보치는 민스키 모멘트Minsky Moment 가능성마저 경고했습니다. '민스키 모멘트'란 과도한 부채로 인해 경기 호황이 끝나고 채무자의 부채 상환 능력이 악화되면서 건전한 자산까지 팔기 시작하는 등 자산 가치가 폭락하고 금융 위기가 시작되는 시기를 말합니다. 그런데 실제로는 볼마겟돈과 민스키 모멘트 모두 일어나지 않았습니다. 콜라노보치는 한 술 더 떠 미국의 경기 침체도 전망했지만 역시 미국 경제는 침체에 빠지지 않았고, 그는 자신의 잘못된 전망으로 고객들이 혼란에 빠진 데 대해 책임을 지고 2024년 7월 19년 동안 머물었던 JP모건을 떠나게 됩니다.

콜라노보치는 통찰력 있는 분석과 정확한 예측으로 J.RR. 톨킨의 소설 『반지의 제왕』에 나오는 지혜롭고 강력한 마법사 간달프Gandalf로 불리기도 했습니다. 하지만 연이어 틀린 전망이 그의 커리어에 오점으로 남게 됐습니다. 이는 금융 시장을 예측하고 맞추는 게 얼마나 어려운 일인지를 잘 보여주는 단적인 사례입니다.

끝으로 증시가 거품 상태인지 여부를 판단하는 데 자주 인용되는 지수를 소개하며 이번 장을 마치겠습니다. 바로 버핏 지수Buffett Indicator 인데요, 이것은 투자의 대가 워런 버핏이 시장이 과열인지 아닌지를 판단하는 데 사용하는 지표로, 증시의 전체 가치를 GDP로 나눠서 산출합니다. 물론 이 지수도 100% 맞는 건 아닙니다만, 워낙 자주 거론되는 지수이니 알아두시는 게 좋습니다.

버핏 지수가 100%를 초과하면 주식 시장의 시가총액이 GDP보다 크다는 의미로, 주식 시장이 과대평가되었을 가능성이 있다고 해석됩니다. 반대로 이 지수가 100% 미만이면 주식 시장의 시가총액이 GDP보다 작다는 의미로, 주식 시장이 저평가되었을 가능성이 있다고 봅니다. 물론 이 지수 하나만으로 주식 시장이 과열인지 아닌지 정확히 판단하기는 힘듭니다. 이 지수가 100%를 넘어갔다고 하더라도 기업 실적이 아주 튼튼하면 크게 거품을 걱정하지 않아도 될 수 있습니다. 하지만 미국 증시가 2023년에 이어 2024년도에도 급등하면서 전체 시가총액이 급격히 불어나자 버핏 지수 기준으로 100%가 넘어 증시가 과열 상태에 있다는 경고성 기사가 쏟아졌습니다.

심지어 2024년 7월에는 이런 기사까지 나왔습니다.

> 'Warren Buffett Indicator' Sounds Alarm: Stock Market Levels Now Surpass Dot-Com Bubble, Great Financial Crisis
> '워런 버핏 지수' 경종을 울려…주식 시장 수준, 닷컴 버블과 금융 위기 때 넘어서 (Benzinga, 2024년 7월 12일자 기사 제목)

이 기사가 나오기 4개월 전에도 역시 버핏 지수를 근거로 증시 과열을 경고하는 보도가 있었습니다.

> Warren Buffett's favorite market indicator is flashing red.
> 워런 버핏이 가장 좋아하는 시장 지수, 경고 신호 보내
> (CNN, 2024년 3월 27일자 기사 제목)

13 Why the stockmarket is disappearing?

주식 시장이 사라지는 이유

Large companies such as ByteDance, OpenAI and Stripe are staying private

바이트댄스, 오픈AI, 스트라이프와 같은 대기업은 비상장 기업으로 남아 있다

1 The law of supply and demand is one of the first things that students of economics learn. When the price of something goes up, producers bring more to market. What, then, is going on in global stockmarkets?

2 Global share prices have never been higher, having risen by 14% over the past year. At the same time, the supply of stocks is shrinking. As analysts at JPMorgan Chase, a bank, note, the pace of company listings is slower this year than last, and last year was already a slow one. This means that equity issuance net of stock buy-backs so far this year is already negative, at minus $120bn—the lowest such figure since at least 1999. Companies including ByteDance, OpenAI, Stripe and SpaceX have valuations in the tens or even hundreds of billions of dollars, and remain private.

3 Jamie Dimon, JPMorgan's boss, is among those to have voiced concern. He identifies demand for environmental, social and governance reporting and the pressure of quarterly earnings reports as part of the trend's explanation. But for the most part, the disappearing stockmarket is a side-effect of something more positive for company founders: they simply have more options. Private-equity funds managed $8.2trn by the middle of 2023, according to McKinsey, a consultancy—more than twice the amount in 2018. If founders do not want to go public, they now face less pressure to do so. There

경제학을 공부하는 학생들이 가장 먼저 배우는 법칙 중 하나가   1
수요와 공급의 법칙이다. 이 법칙대로라면 어떤 상품의 가격이
오르면 생산자는 더 많은 상품을 시장에 내놓기 마련이다. 그렇
다면 글로벌 주식 시장에서는 대체 무슨 일이 일어나고 있는 걸
까?

글로벌 주가는 지난 한 해 동안 14% 상승하며 역대 신고가를 찍   2
었다. 이와 동시에 신주 공급은 줄어들고 있다. 투자 은행인 JP모
건 체이스의 애널리스트들은 올해 기업 상장 속도가 이미 느렸
던 작년보다도 더 느리다고 지적한다. 이는 올해 들어 지금까지
자사주 매입을 제외하고 계산한 주식 발행액이 이미 1,200억
달러 마이너스를 기록 중이라는 뜻이다. 적어도 1999년 이후 가
장 적은 액수다. 바이트댄스, 오픈AI, 스트라이프, 스페이스X
같은 기업들은 기업 가치가 수백억 달러 내지 심지어 수천억 달
러에 달하는데도 여전히 비상장 기업으로 남아 있다.

그러자 제이미 다이먼 JP모건 회장 역시 이에 대해 우려를 표명   3
했다. 그는 이런 추세가 생긴 주요 원인을 기업을 대상으로 한
ESG 보고에 대한 요구와 분기별 실적 보고 발표 압박이 커지는
데서 찾았다. 그러나 대부분의 경우 사라지는 주식 시장은 기업
창업자에게는 더 긍정적인 부작용이다. 그들은 더 많은 선택지
를 갖고 있기 때문이다. 컨설팅 업체 맥킨지에 따르면 2023년 중
반 기준 사모펀드는 2018년의 두 배가 넘는 8조 2,000억 달러
를 운용했다. 창업자가 기업공개를 원하지 않는다고 해도 이제
그래야 할 부담이 줄어들었다는 뜻이다. 상장 여부에 상관하지

are plenty of funds that are willing to invest in them regardless.

4 Founders have many reasons to stay private. The rise of intangible assets is a big one. Such assets range from copyrights, software and other intellectual property to brand recognition. René Stulz of Ohio State University notes that requirements for disclosure of financial information and strategy favour companies with tangible assets, such as machinery and real estate. When a firm announces it owns a building, competitors can hardly steal the asset. When it comes to ideas, research and other intangibles, the less rival firms know, the better. If a company tries to withhold information when listing, it may be undervalued. Worse still, it may be breaking the law.

5 People other than company founders may be worried by the trend, however. Public markets are more transparent than private ones. Thus their reduced importance matters not just for investors, but for regulators monitoring financial stability and analysts assessing the market. Stocks also still tend to be the cornerstone of portfolios for less sophisticated retail investors. Alexander Ljungqvist, Lars Persson and Joacim Tag, three economists, suggest that the disappearance of markets may reduce public support for business-friendly government policies, as voters benefit less from corporate profits.

않고 그들의 기업에 기꺼이 투자할 의향이 있는 펀드가 많기 때문이다.

창업자가 비상장으로 남고자 할 이유는 많다. 무엇보다 무형 자산 가치의 부상이 큰 이유다. 무형 자산의 종류는 저작권과 소프트웨어, 기타 지식재산부터 브랜드 인지도에 이르기까지 다양하다. 르네 스툴츠 오하이오주립대 교수는 재무 정보와 전략에 대한 공시 요건이 기계나 부동산과 같은 유형 자산을 보유한 기업에 유리하게 작용한다고 지적한다. 기업이 건물 한 채를 소유하고 있다고 발표해도 경쟁사가 그것을 훔쳐 가기는 어렵다. 하지만 아이디어와 연구, 기타 무형 자산의 경우 경쟁사가 모를수록 기업에게 더 유리하다. 그래서 기업이 상장할 때 그런 정보를 숨기려고 한다면 저평가될 위험이 있다. 설상가상 그것은 법 위반일 수도 있다.

그러나 기업 창업자 외에 다른 사람들은 이러한 추세를 걱정할지도 모른다. 공개(상장) 시장은 비공개(비상장) 시장보다 더 투명하다. 따라서 투자자뿐만 아니라 금융 안정성을 모니터링하는 규제 당국과 시장을 평가하는 애널리스트들에게도 공개 시장의 중요성이 줄어드는 것은 중요한 문제다. 또한 주식은 덜 수준 높은 개인 투자자들에게는 여전히 포트폴리오의 초석이 되는 경향이 있다. 알렉산더 융크비스트, 라스 페르손, 요아킴 태그 등 세 명의 경제학자가 시장이 사라지면 유권자는 기업이 올린 이익으로부터 얻는 혜택이 줄어들기 때문에 기업 친화적인 정부 정책에 대한 대중의 지지가 줄어들 수 있다고 주장한 것도

6 Might anything be done to revive stockmarkets? The changing behaviour of institutional investors may blunt some of the trend's more damaging consequences. Allocations from such investors to private equity have grown in recent years, rising to 10% of their assets in 2023 from 6% five years earlier, at the same time as allocations to listed equities have dropped by a similar amount. This will provide households with exposure to privately held investments through their pension and mutual funds.

7 But institutional investors will do little to improve transparency in private markets. One option that might appeal to regulators is to impose tighter requirements on large companies that choose not to list, in order to close the gap between the rules faced by public and private firms. A less coercive option would be to reduce the amount of information that companies are forced to share when they go public.

8 Unfortunately, such efforts have produced mixed results in the past. The Jumpstart Our Business Startups (JOBS) Act, which was introduced in America in 2012, reduced disclosure requirements for public firms. Although an assessment in 2015 indicated that it had boosted initial public offerings by 25%, another in 2022 suggested that it had done so by encouraging low-quality offerings that ended up underperforming the market.

이런 이유 때문이다. 주식 시장을 되살리기 위해 할 수 있는 일 6
은 없을까? 기관 투자자의 행동 변화는 이러한 추세가 야기할 수
있는 일부 부정적인 결과를 약화시킬 수 있다. 최근 몇 년간 기관
투자자들의 사모펀드에 대한 자산 배분이 증가해 5년 전 6%였
던 자산 투자 비중이 2023년에는 10%로 증가했다. 반면에 같은
시기 동안 상장 주식에 대한 배분은 비슷한 비율로 감소했다. 이
는 가계가 연금과 뮤추얼 펀드를 통해 비상장 주식에 투자할 수
있는 기회를 줄 것이다.

그러나 기관 투자자는 비공개 시장의 투명성 개선에는 거의 기 7
여하지 못할 것이다. 규제 당국이 관심을 가질 수 있는 한 가지
옵션은 상장과 비상장 기업에 적용되는 규제 간 격차를 줄이기
위해 상장하지 않기로 선택한 대기업에 더 엄격한 요건을 부여
하는 것이다. 덜 강압적인 옵션은 기업이 상장할 때 반드시 공유
해야 하는 정보의 양을 줄여놓는 결과로 이어진다.

그런데 안타깝게도 과거에도 시행된 이러한 노력은 엇갈린 결 8
과를 초래했다. 2012년 미국에서 도입된 일명 '잡스법'은 상장
기업의 공시 요건을 완화했다. 2015년 실시된 평가 결과는 이
법 덕분에 기업공개가 25% 증가했음을 시사했지만, 2022년에
발표된 또 다른 평가에서는 이것이 저질 기업공개를 조장하여
시장의 성과 부진으로 이어졌다고 지적했다.

9 As a result, the best hope for stockmarkets may lie with the greed of private-equity investors. Public markets still provide an unparalleled exit route for those who would like to turn corporate holdings into ready cash. Bain, another consultancy, notes that private-equity funds are currently sitting on $3.2trn in unsold assets. At some point, end-investors will want the money back. But until then, Mr Dimon is right: shrinking public markets are cause for concern. (Apr 18th 2024)

결과적으로 주식 시장이 최선의 희망대로 될지는 사모펀드 투 9
자자들이 얼마나 탐욕을 부리느냐에 달려 있을지 모른다. 공개
시장은 그래도 여전히 기업 지분을 현금으로 전환하려는 투자
자들에게 비할 데 없이 좋은 투자처 역할을 한다. 또 다른 컨설
팅 업체 베인은 사모펀드가 현재 3조 2,000억 달러의 미매각 자
산을 보유하고 있다고 지적한다. 언젠가 최종 투자자들은 (사모
펀드로부터) 돈을 돌려받기를 원할 것이다. 하지만 그때까지는
다이먼이 우려한 대로 공개 시장의 위축이 걱정된다. (2024년 4
월 18일)

기업공개 Initial Offering·IPO, 즉 상장 listing에 성공한 기업은 큰돈을 만질 수 있는 기회를 얻습니다. 무엇보다 상장에 성공하면 언론 등에서 대서특필해 줄 때가 많으니 투자자의 관심을 끌어모아 주가가 상장 전 거래 가격보다 더 오를 가능성이 커지기 때문입니다. 상장하면 누구나 거래소에서 상장 주식을 살 수 있어 주식에 대한 잠재적 매수자도 늘어납니다.

기업 입장에서 상장은 연구개발 R&D과 마케팅, 설비 투자 등에 필요한 자본을 조달 raising capital 하고, 회사 부채 corporate debt를 줄일 수 있고, 회사의 주식 가치 stock valuation 제고 효과를 누릴 수 있는 좋은 기회입니다. 이렇게 해서 기업 가치가 높아지면 인수합병(M&A)에 필요한 자금 조달 funding 역량도 강화되겠죠.

하지만 이런 여러 가지 이점에도 불구하고 비상장 기업 private company으로 남을 때의 이득이 더 크다고 판단하는 기업은 굳이 상장에 나서지 않기도 합니다. 상장했을 때보다 오히려 그렇지 않았을 때 사모펀드 private equity 나 벤처 캐피털 펀드 venture capital fund 등을 통해 자금 조달을 더 유연하게 할 수 있다고 믿거나, 부담스러운 공시 disclosure 규제에서 벗어날 수 있어 높은 규제 준수 비용 compliance cost 을 짊어지지 않아도 된다고 판단할 때 그렇습니다(사모펀드는 일정 수 이하의 제한된 투자자를 모집해 비공개적으로 운영되는 펀드로서 고수익기업투자펀드라고도 합니다. 특히 이 중 벤처 캐피털 펀드는 경쟁력 있는 벤처 기업을 발굴해 투자하는 사업을 하는 사모펀드를 말합니다).

상장 과정 또한 번거롭기 그지없습니다. 시간도 많이 듭니다. 상장을 계획 중인 기업은 기하급수적으로 증가하는 공개 조사 public scrutiny 에 대비해야 할 뿐만 아니라 상장 기업을 감독하는 증권 규제 당국의 요구 사항을 충족하기 위해 수많은 서류와 재무 공개 자료를 제출해야 합니다. 미국의 경우 이 증권 규체 당국은 증권거래위원회 Securities and Exchange Commission 가 되겠죠.
　이런 복잡한 과정을 거쳐야 해서 상장을 계획하는 기업은 일반적으로 투자 은행 investment bank 과 같은 주관사를 고용해 IPO에 대한 컨설팅과 함께 주식 공모가를 책정하는 데 도움을 받습니다. 주관사는 투자자를 위해 주요 문서를 작성하고 로드쇼 roadshow 라는 잠재 투자자와의 미팅 일정을 잡는 등 경영진의 IPO 준비를 도와줍니다.
　이번 장에 나오는 2024년 4월 18일자 『The Economist』 기사에서는 미국 증시가 강력한 랠리를 펼치고 있는데도 불구하고 바이트댄스, 오픈AI, 스트라이프, 스페이스X처럼 기업 가치가 수백억 달러 내지 심지어 수천억 달러에 달하는 것으로 평가받는 기업들이 여전히 비상장 기업으로 남아 있어 증시에서 거래되는 주식 수가 줄어드는 문제와 그 이유를 분석했습니다. 기업 가치가 수천억 달러면 우리 돈으로 수백조 원이나 되는 큰 금액입니다. 참고로 국내 시가총액 1위 기업인 삼성전자의 시가총액은 2024년 12월 중순 현재 약 330조 원 정도입니다.
　바이트댄스는 숏폼 소셜 미디어인 틱톡 TikTok 서비스를 제공하는 중국 IT 기업이고, 오픈AI는 2022년 말 '생성형 AI', 즉 명령어를 넣으면 텍스트, 이미지, 기타 미디어를 생산해 주는 챗GPT를 내놓아 AI 붐을 일으키며 유명해진 회사입니다. 스트라이프는 결제 중개 시장의 절대 강자였던 페이팔 PayPal 에 맞서고 있는 핀테크 기업이고, 스페이스X는 테슬라의 일론 머스크가 이끄는 우주 탐사 기업입니다.
　이제 기사 본문을 살펴본 후 주식 관련 외신 기사에 단골로 등장하는 용어들도 알아보겠습니다.

1   **The law of supply and demand** is one of the first things that students of economics learn. When the price of something goes up, producers bring more to market. What, then, is going on in global stockmarkets?

이 책을 읽는 독자들이라면 첫 문단에 나오는 '수요와 공급의 법칙' 정도는 이미 알고 계실 겁니다. 경제학의 기본 원칙이죠. Law of supply and demand는 수요와 공급의 법칙, 즉 제품의 수요가 많고 공급이 적으면 가격이 오르고, 반대로 수요가 적고 공급이 많으면 가격이 하락한다는 뜻입니다. 수요와 공급이 교차하여 안정적인 가격이 형성될 때 시장의 균형market equilibrium이 형성됩니다. 다만 항상 수요와 공급의 법칙대로 되는 건 아닙니다. COVID-19 팬데믹 때 사회적 거리두기social distancing가 시작된 직후 사람들이 화장지, 휴지나 손 소독제부터 빵을 만들 때 쓰는 밀가루와 이스트까지 닥치는 대로 사재기에 나서면서 이런 생필품essential items이 판매대에서 거의 사라졌지만(공급 감소), 이후로도 생필품 가격은 오르지 않았습니다. 『The New York Times』는 2020년 5월 20일자 '수요와 공급의 법칙이 공정하지 않다The Law of Supply and Demand Isn't Fair'라는 제하의 기사에서 이런 현상이 빚어진 이유를 공정성fairness에서 찾았습니다. 즉, 팬데믹 같은 비상 상황에서는 가격을 올리는 게 사회적으로 용인socially acceptable되지 않아 공급자가 가격을 올리지 못해 이런 일이 일어났다는 것입니다. 영어로 '수요와 공급의 법칙을 따른다'고 할 때 'follow the law of supply and demand라고 쓰고, 이를 어기는 것은 defy the law of supply and demand라고 씁니다.

Global share prices have never been higher, having risen [2] by 14% over the past year. At the same time, the supply of stocks is shrinking. As analysts at JPMorgan Chase, a bank, note, the pace of company listings is slower this year than last, and last year was already a slow one. This means that <u>equity issuance</u> net of stock <u>buy-backs</u> so far this year is already negative, at minus $120bn— the lowest such figure since at least 1999. Companies including ByteDance, OpenAI, Stripe and SpaceX have <u>valuations</u> in the tens or even hundreds of billions of dollars, and <u>remain private</u>.

위 문단에서 기자는 글로벌 증시가 호황인데도 불구하고 기업들이 상장을 기피하는 바람에 주식 발행이 줄어들고 있다는 이야기를 합니다. 여기서 equity issuance는 (새로운) 주식 발행을 뜻합니다. 신주를 발행한다는 뜻이죠. issue라는 말은 여러 면에서 아주 자주 쓰이는 단어입니다. 채권을 발행할 때도 issue bonds라고 하고, 주식을 발행할 때도 issue equites 또는 issue stocks라고 합니다. 더 나아가 유가증권의 '발행 가격'은 issue price라고 합니다.

    buy-back은 회사가 자기 주식을 주식 시장에서 사들이는 자사주 매입을 말합니다. 환매수라고도 하죠. 명사로는 buy-back이라고 하지만 동사로 쓸 때는 buy back으로 씁니다. UBS begins major share buy-back programme(UBS, 대규모 자사주 매입 프로그램 개시)이나 Seatrium buys back 1.24 million shares(시트리움, 124만 주 환매수하다)와 같이 쓸 수 있습니다. 기업은 일반적으로 자기 회사 주식, 즉 '자사주' 공급을 줄여 남은 주식의 가치를 높이기 위해 자사주를 매입합니다. 또한 대주주 major shareholder 가 회사의 지배 지분 controlling stake 을 확보하는 것을 막기 위해 자사주를 매입할 수도 있습니다. 대주주가 주식 수를 늘려 회사를 장악하지 못하게 막는 겁니다.

  valuation은 가치 평가란 뜻입니다. 우리말로도 영어 그대로 '밸류에이션'이라 쓰기도 하는데, 이는 자산이나 회사의 현재(또는 예상) 가치를 결정하는 분석 과정을 말합니다. 밸류에이션에 대해서는 Is the bull market about to turn into a bubble? 편에서 자세하게 설명했습니다.

3 **Jamie Dimon, JPMorgan's boss**, is among those to have voiced concern. He identifies demand for environmental, social and governance reporting and the pressure of **quarterly earnings reports** as part of the trend's explanation. But for the most part, the disappearing stockmarket is a side-effect of something more positive for company founders: they simply have more options. Private-equity funds managed $8.2trn by the middle of 2023, according to McKinsey, a consultancy—more than twice the amount in 2018. If founders do not want to **go public**, they now face less pressure to do so. There are plenty of funds that are willing to invest in them regardless.

위 문단에서는 이처럼 거래되는 주식 수가 줄어든 데 대해서 제이미 다이먼 JP모건 회장 등과 같이 우려하는 이들도 있지만 창업자들이 굳이 상장에 나설 필요성을 못 느끼다 보니 이런 일이 벌어진다는 것을 말해주고 있습니다. 여기서 언급된 다이먼은 2016년부터 JP모건을 세계 1위 투자은행으로 만들어 월가의 황제 Wall Street Emperor라고 불려 온 인물입니다. 이름만큼 유명한 사람이다 보니 외신에 자주 등장합니다. 투자자들은 그의 말 한마디 한마디에 주의를 기울입니다. 이렇게 영향력이 큰 사람이라 2024년 5월에 당초 공언했던 것보다 이른 시기에 회장직에서 물러날 것을 시사하자 JP모건의 주가가 4.5%나 급락하기도 했습니다. 그가 자리에서 물러나면 JP모건이 누린 영광을 이어가지 못할까 봐 걱정하는 투자자들이 많기 때문입니다.

기업들은 보통 분기 실적을 발표하는데 이를 quaterly earnings reports라고 합니다. 상장 기업이 3개월마다 최근 재무 실적을 보고하는 것을 말합니다. 이때 분기 동안 올린 순이익, 주당 순이익, (순)매출 등의 항목을 투자자에게 알려야 합니다. go public은 기업공개를 말합니다. 비상장으로 남는다는 뜻을 가진 stay private 또는 remain private과 반대되는 개념입니다. 개인이나 소수의 주주에 의해 설립되었던 회사가 일반 대중에게 회사의 주식을 매출하거나 모집하여 소유 지분을 개방하는 것을 말합니다.

Founders have many reasons to stay private. The rise of intangible assets is a big one. Such assets range from 4 copyrights, software and other intellectual property to brand recognition. René Stulz of Ohio State University notes that requirements for <u>disclosure</u> of financial information and strategy favour companies with tangible assets, such as machinery and real estate. When a firm announces it owns a building, competitors can hardly steal the asset. When it comes to ideas, research and other intangibles, the less rival firms know, the better. If a company tries to withhold information when listing, it may be <u>undervalued</u>. Worse still, it may be breaking the law.

위 문단에서 disclosure는 공시公示를 뜻합니다. 기업의 사업 내용, 재무 상황, 영업 실적 등을 투자자 등 이해관계자에게 알리는 제도를 말합니다.

      undervalue는 (가치를) 실제 가치나 시세보다 싸게 평가한다는 뜻입니다. 예를 들어, The company had undervalued the building by £10,000(그 회사는 건물의 가치를 1만 파운드나 저평가하고 있었다)나 She felt undervalued and underpaid(그녀는 자신의 가치가 저평가되어 보수가 적다고 느꼈다) 식으로 씁니다. 주식 기사에서 투자를 권유할 때 거의 빠짐없이 나오는 단어입니다. 쉽게 말해서 지금은 실제 가치보다 싸니 얼른 사두라고 할 때 이 표현을 씁니다. Top undervalued growth stocks라고 하면 '가장 가치가 저평가된 성장주 10선'이 되겠습니다. Is Cisco undervalued at $46 (Forbes, 2024년 6월 21일자 기사 제목)는 '시스코의 주가가 46달러면 저평가된 것인가?'라는 뜻입니다.

People other than company founders may be worried by 5 the trend, however. Public markets are more transparent than private ones. Thus their reduced importance matters not just for investors, but for regulators monitoring financial stability and analysts assessing the market. Stocks also still tend to be the cornerstone of portfolios for less sophisticated retail investors. Alexander Ljungqvist, Lars Persson and Joacim Tag, three economists, suggest that the disappearance of markets may reduce public support for business-friendly government policies, as voters benefit less from corporate profits.

여기서 public market은 공개 시장, 다시 말해 상장 기업의 증권securities이 거래되는 거래소exchange를 말합니다. 반대말은 비공개(비상장) 시장private market입니다. 두 시장의 가장 큰 차이점은 구매자와 판매자 등 시장 참여자가 투자와 자본 조달raising capital을 위해 시장에 접근하는 방식에 있습니다. 예를 들어, 미국 증시의 벤치마크인 S&P 500 같은 공개 주식 시장에서는 기업이 주식을 판매하여 자금(자본)을 조달합니다. 이때 미국 증시는 말 그대로 '공개' 시장이라서 누구나 시장에 상장된 회사의 주식을 구매할 수 있습니다. 단, 기업은 시장 규제 기관이 정한 다양한 기준을 충족한 경우에만 자본 조달을 위해 시장에 진입할 수 있습니다. 이후 상장 기업 상태를 유지하려면 계속해서 정보를 공개해야 합니다. 그런데 공개 시장은 주주가 원할 때 자신의 재량에 따라 주식을 처분하거나 판매할 수 있어 유동적liquid 시장이라고 할 수 있습니다. 반면에 비공개 시장에서는 기업이 자금을 조달하기 위해 무엇을 제공해야 하는지, 어떤 정보를 지속적으로 공개해야 하는지에 대한 엄격한 지침이 없습니다. 따라서 기업은 누구로부터 어떤 조건으로 자금을 조달할지 자유롭게 선택할 수 있게 되죠. 이런 면에서 비공개 시장은 비유동적illiquid이라 공개 시장에서 주식을 자유롭게 사고팔 수 없어 비공개 시장의 기업 투자자는 이러한 비유동성에 대한 대가로 더 높은 수익을 기대합니다.

retail investor는 전문가가 아닌 일반 개인 투자자를 뜻합니다. 경제 기사에서 retail은 도매wholesale와 대비되는 개념인 소매 판매retail sales 등으로 쓰였을 때 '소매'로 번역하지만, retail investor는 '개인 투자자'로 번역합니다. 개인 투자자는 다른 말로 individual investor라고도 합니다. 이처럼 직접 투자하는 개인 투자자와 달리 고객을 대신해 돈을 투자하는 기업이나 조직은 기관 투자자institutional investor라고 합니다.

corporate profits는 '기업 이익'을 말합니다. 한 마디로 기업이 모든 비용을 지불하고 남는 돈입니다. 기업 이익은 크게 매출 총이익gross profit, 영업 이익operating profit, 장부상 이익book profit, 순이익net profit으로 나뉩니다. 미국 기업들의 실적 발표 때 매출revenue과 더불어 외신에서 자주 접하게 되는 단어입니다. 매출 총이익은 매출에서 매출원가를 뺀 금액이고, 영업 이익은 총수익에서 임금 같은 내부 운영 비용을 제외한 금액입니다. 장부상 이익은 영업 이익에서 재고와 감가상각비를 뺀 것이고, 순이익은 이 장부상 이익에 세금이나 금융 이자 등을 제외한 금액이라는 데 차이가 있습니다. 기업 실적 발표에서는 EPSearnings per share라고 불리는 '주당 순이익'이라는 말이 자주 등장하는 것을 볼 수 있습니다. 기업 가치를 평가하는 객관적인 자료로 EPS가 가장 일반적으로 쓰이고 있기 때문입니다. EPS는 기업이 벌어들인 순이익(당기순이익)을 주식 수로 나눈 값으로, 1주당 얼마나 많은 돈을 벌었는지를 보여주는 기업의 수익성을 나타냅니다.

Might anything be done to revive stockmarkets? The changing behaviour of institutional investors may blunt some of the trend's more damaging consequences. <u>Allocations</u> from such investors to private equity have grown in recent years, rising to 10% of their assets in 2023 from 6% five years earlier, at the same time as allocations to listed equities have dropped by a similar amount. This will provide households with <u>exposure to privately held investments</u> through their pension and mutual funds.

여기서 allocation은 '(자산) 배분'이란 뜻입니다. 자산 배분은 주식, 채권, 현금 등 다양한 자산에 투자금을 분배하는 것을 말합니다. exposure to는 America's interest rates are unlikely to fall this year 편에서도 잠깐 언급했지만 '~에 노출되어 있다'는 뜻입니다. 외신 기사에서 (be) exposed to~라는 표현을 많이 보게 되는데 이는 '위험에 노출되어 있다'는 의미로 쓰입니다.

> European firms <u>exposed to</u> China at most risk from Trump presidency, Norway fund official says
> 노르웨이 펀드 관계자 "트럼프 재임 시 유럽 기업 중국 위험에 가장 크게 노출돼"
> (Reuters, 2024년 10월 23일자 기사 제목)

privately held investment는 '상장되어 거래되지 않는 비상장 주식'을 말합니다.

7   But institutional investors will do little to improve transparency in private markets. One option that might appeal to regulators is to impose tighter requirements on large companies that choose not to list, in order to close the gap between the rules faced by public and private firms. A less coercive option would be to reduce the amount of information that companies are forced to share when they go public.

이 대목에서는 내용을 이해하는 데 크게 걸릴 것이 없어, 핵심적인 단어와 숙어의 뜻만 간단히 살펴보겠습니다. 먼저 do little to 는 '별로 도움이 안 된다'는 의미이고 impose ~ on은 '~에 부과하다' 또는 '~에 부담을 주다'라는 뜻입니다.

8   Unfortunately, such efforts have produced mixed results in the past. The Jumpstart Our Business Startups (JOBS) Act, which was introduced in America in 2012, reduced disclosure requirements for public firms. Although an assessment in 2015 indicated that it had boosted initial public offerings by 25%, another in 2022 suggested that it had done so by encouraging low-quality offerings that ended up underperforming the market.

Jumpstart Our Business Startups Act는 '잡스법'이라고 합니다. 이것은 미국의 신생 기업 지원법으로, 버락 오바마 전 미국 대통령이 2012년 4월 5일 신생 기업들의 자금 조달을 용이하게 만들어 일자리를 창출한다는 목적으로 이 법안에 서명했습니다.

disclosure requirement는 말 그대로 '공시 요건'을 말합니다. offerings은 '발행 주식'입니다. 경제지를 보면 offering이 들어간 표현을 많이 볼 수 있습니다. Initial public offering IPO은 공모발행이란 뜻으로, 불특정 다수를 대상으로 유가증권을 모집 또는 매출하여 유가증권을 발행하는 것을 말합니다. right offering (또는 right issue)이란 말도 자주 나오는데, 기업이 신규 주식을 발행해 자금을 조달하는 '유상증자'를 말합니다. 또 direct offering이란 것도 있는데, 우리말로도 '다이렉트 오퍼링'으로 번역하고, 발행 회사가 중개인을 통하지 않고 투자자에게 직접 증권을 매각하는 경우를 뜻합니다. 주식을 추가로 발행하는 유상증자와 달리 주식을 추가로 발행하지 않고 회사가 가진 주식을 투자자에게 매각하는 방식입니다.

underperform은 Bitcoin ETFs are off to a bad start. Will things improve? 편에서 설명했듯이 사전상 의미로는 '실적이 부진하다'라는 뜻이지만 금융 업계에서는 '수익률이 평균치 이하'라는 의미로도 쓰입니다. 상승장에서는 코스피 지수 상승률만큼이나 그 이상의 상승률을 기록하지 못하는 주식은 성과가 저조할 때 underperform한 주식이라고 하고, 하락장에서는 전체 시장보다 더 빠르게 하락하는 주식을 underperform한 주식이라고 합니다. 애널리스트들이 특정 주식에 대해 underperform 하다고 할 경우 이를 '시장 (평균) 수익률 하회'와 같이 번역합니다. 이런 주식은 보통 매도 추천 대상입니다. 반대말은 outperform 입니다.

9 As a result, the <u>best hope</u> for stockmarkets may lie with the greed of private-equity investors. Public markets still provide an <u>unparalleled</u> exit route for those who would like to turn corporate holdings into <u>ready cash</u>. Bain, another consultancy, notes that private-equity funds are currently <u>sitting on</u> $3.2trn in unsold assets. At some point, <u>end-investors</u> will want the money back. But until then, Mr Dimon is right: shrinking public markets are cause for concern.

여기서도 핵심적인 단어와 숙어를 중심으로 살펴보겠습니다. best hope를 '최선의 희망'으로 번역했지만, 더 구체적으로는 '미래에 일어나길 바라는 좋은 일이나 앞으로 일어날 일에 대한 확신'을 말합니다. unparalleled는 '비할(견줄) 데 없는'이란 뜻이고, ready cash는 '(즉시 쓸 수 있는) 현금'을 말합니다. 다른 표현으로 ready money라고도 합니다. sit on (money)는 '누군가가 돈을 투자하거나 사용하지 않고 들고 있다'는 뜻입니다. 예를 들어, He was sitting on the money, unwilling to invest it in such an uncertain economy라는 말은 '그는 아주 불확실한 경제 상황 때문에 돈을 투자하지 않고 그냥 들고 있었다'라는 뜻입니다. end-investor는 '금융 상품을 최종적으로 구매하는 기관 투자자와 개인 투자자'를 가리킵니다.

지금까지 다양한 증시 용어와 표현 등을 살펴봤습니다. 국내에서도 증시 투자자가 1,000만 명이 넘을 만큼 증시 투자에 대한 관심이 높습니다. 요새는 '서학개미'라고 해서 미국에 투자하는 투자자도 점차 증가하는 추세고요. 이렇다 보니 해외 증시, 특히 규모 면에서 세계 1위인 미국 증시에 대해 특히 관심이 상당하기 때문에 미국 증시와 관련된 외신 기사는 다른 어떤 자산 시장 기사보다도 많은 관심을 받습니다.

이번 장에서는 Is the bull market about to turn into a bubble? 편과 마찬가지로 증시 기사를 읽을 때 도움이 될 용어나 표현을 자세히 다뤘습니다. 이 외에도 유용한 단어나 표현 몇 가지를 더 짚자면 다음과 같습니다

먼저 short selling이 있습니다. 우리말로 '공매도'라고 합니다. 공매도를 하는 사람은 short seller입니다. 공매도는 쉽게 말해 주가가 하락할 것을 예상하고 주식을 빌려서 매도한 후, 나중에 주가가 하락했을 때 다시 사들여 차익을 얻는 투자 방법입니다. 만약 A 회사의 주식을 1,000원에 빌려서 매도했을 때 이후 주가가 700원으로 하락하면 다시 그 주식을 700원에 매수하여 빌렸던 주식을 갚고, 300원의 차익을 얻는 식입니다. 불법으로 이런 공매도를 하는 경우라면 illegal short selling (trade)이라고 합니다.

그리고 hit the bottom은 '바닥을 치다'란 뜻으로, 이제 내려올 만큼 내려와서 올라갈 일만 남았다는 뜻입니다. 최근에는 여기에 rock을 더해 hit rock bottom이라고도 많이 씁니다. 주식 시장에만 사용되는 표현은 아니고, '인생이 바닥을 치다'와 같은 표현에서도 당연히 사용됩니다. Indo-Canadian ties hit rock bottom(인도와 캐나다 관계 바닥 쳐)처럼 관계가 이제 호전될 기미가 보인다고 할 때도 씁니다. 반대말은 '고점을 찍다'라는 뜻의 reach a peak입니다.

주가가 바닥을 쳤는지 알 수 없지만 가격이 내려 밸류에이션이 저렴해졌다고 판단할 때 사는 경우는 buy the dip이라고 합니다. 영어로 설명하면 purchasing an asset after it has dropped in price(자산 가격이 떨어졌을 때 하는 매수)라는 뜻입니다. 우리말로는 '저가매수'로 번역하기도 합니다. 국내 누리꾼들 사이에서는 이를 '떨롱'이라고도 부릅니다. '떨'은 '떨어지다'의 앞 글자 '떨'이고, '롱'은 '매수'를 뜻하는 영어 단어 long입니다.

이렇게 바닥을 치고 오를 때처럼 '반등'하는 경우라면 gain some ground라고 합니다. bounce back이나 rebound도 모두 같은 뜻입니다. 반대로 반등의 힘을 잃는 경우를 lose a ground라고 합니다. gain some ground는 물론 '인기를 얻다' 또는 '더 광범위하게 받아들여진다'라는 뜻도 가집니다.

바닥을 치건 계속 오르건 주가가 충분히 올랐을 때 이익을 챙기는 경우는 profit taking이라고 합니다. 우리말로 '차익실현'입니다. 사전적 의미로는 the sale of securities that have risen in price(가격이 오른 증권의 매도)라는 뜻을 갖고 있습니다. 모든 자산에 두루 쓸 수 있는 용어입니다.

내재 가치 intrinsic value, 즉 기업의 실질적인 가치보다 높게 평가된 상태에서 주식을 사는 경우를 과매수 overbought 했다고 하고, 그 반대의 경우를 과매도 oversold 했다고 합니다. 통상 과매수 상태인 주식은 하락할 가능성이 높고, 과매도 상태인 주식은 상승할 가능성이 높다고 판단됩니다. 다소 전문적인 내용이긴 하지만, 주식이 둘 중 어느 상태인지를 가늠하는 잣대로 상대강도지수라는 RSI Relative Strength Index 가 쓰입니다. 상대강도지수, 즉 0~100의 값을 지니고 이 지수가 30 이하면 과매도, 70 이상이면 과매수로 판단하는데, 이것은 증시의 기술적 분석 technical analysis 에서 활용되는 지수이므로 여기서는 이 정도로만 알아보겠습니다. 과매수와 과매도는 주식 외에 다른 자산에서도 얼마든지 쓸 수 있는 용어입니다. 예를 들어, The price of gold may consolidate over the remainder of the month as the Relative Strength Index (RSI) falls back from overbought territory라고 하면 '상대강도지수 RSI가 과매수 영역에서 다시 하락함에 따라 남은 한 달 동안 금 가격은 횡보할 수 있다'는 뜻입니다. 여기서 consolidate는 가격에 큰 움직임이 없는 것을 말합니다.

주식 관련 용어나 표현은 너무나 다양하고 방대해서 지면의 제약상 여기에 모두 실을 수는 없습니다. 하지만 그중에서도 가장 흔히 마주칠 수 있는 내용을 추려서 살펴봤으니 여기서 쌓은 지식을 바탕으로 앞으로 많은 외신 기사들을 직접 읽으시면서 그 지식에 살을 붙여 나가면 될 것입니다.

14

Nvidia is not the only firm cashing in on the AI gold rush

AI 골드러시에서 엔비디아만 수익을 창출하는 건 아니다

Selling specialist chips and infrastructure is becoming a trillion-dollar industry

전문 칩과 인프라 판매가 수조 달러 규모의 산업으로 성장하고 있다

1. A grey rectangular building on the outskirts of San Jose houses row upon row of blinking machines. Tangles of colourful wires connect high-end servers, networking gear and data-storage systems. Bulky air-conditioning units whirr overhead. The noise forces visitors to shout.

2. The building belongs to Equinix, a firm which leases data-centre space. The equipment inside belongs to corporate customers that are increasingly using it to run their artificial-intelligence (AI) systems. The AI gold rush, spurred by the astounding sophistication of "generative" models such as ChatGPT, a hit virtual conversationalist, promises rich profits for those who harness the technology's potential. As in the early days of any gold rush, though, it is already minting fortunes for the sellers of the requisite picks and shovels.

3. On May 24th Nvidia, which designs the semiconductors of choice for many AI servers, beat analysts' revenue and profit forecasts for the three months to April and said it expected sales of $11bn in its current quarter, half as much again as what Wall Street was predicting. On May 29th Nvidia's boss, Jensen Huang, declared that the world is at "the tipping point of a new computing era". The next day the company's market value, which had leapt by 30% after its earnings, briefly hit $1trn.

4. Other chip firms, from fellow designers like AMD to manufacturers such as TSMC of Taiwan, have been

새너제이 외곽의 회색 직사각형 건물에는 깜빡이는 기계들이 줄지어 서 있다. 이리저리 얽혀있는 형형색색의 전선들이 고사양 서버, 네트워킹 장비, 데이터 저장 시스템을 연결하고 있다. 부피가 큰 에어컨 장치가 머리 위에서 윙윙거리니 소음 때문에 방문객들은 소리를 지를 수밖에 없을 지경이다.

이 건물은 데이터 센터 공간 임대업에 종사하는 회사 에퀴닉스의 소유다. 내부에 설치된 장비 주인은 인공지능AI 시스템 운영을 위해 장비 사용을 늘리고 있는 기업 고객이다. 놀랍도록 정교한 인기 가상 대화 프로그램인 챗GPT와 같은 '생성형 AI' 모델로 인해 촉발된 AI 골드러시는 이 기술의 잠재력을 활용하려는 기업들에게 풍족한 수익을 약속한다. 하지만 골드러시 초기 때와 마찬가지로 지금 필수적인 도구 picks and shovels 를 파는 기업들은 이미 큰돈을 벌고 있다.

많은 AI 서버가 선택하는 칩을 설계하는 회사 엔비디아는 5월 24일 회계연도 1분기(2~4월)에 애널리스트들의 매출과 순이익 전망치를 상회하는 실적을 발표한 뒤 2분기에도 월가가 예상했던 것보다 최대 50%나 더 많은 110억 달러의 매출을 예상한다고 밝혔다. 젠슨 황 엔비디아 CEO는 5월 29일 "세계가 새로운 컴퓨팅 시대의 티핑 포인트에 도달했다"라고 선언했다. 다음날 실적 발표 후 이미 30%나 급등했던 엔비디아의 시가총액은 한때 1조 달러를 돌파했다.

AMD 같은 칩 설계 업체부터 대만의 TSMC와 같은 파운드리 (반도체 제조) 업체에 이르기까지 다른 칩 회사들도 AI 열풍에

swept up in the AI excitement. So have providers of other computing infrastructure—which includes everything from those colourful cables, noisy air-conditioning units and data-centre floor space to the software that helps run the AI models and marshal the data. An equally weighted index of 30-odd such companies has risen by 40% since ChatGPT's launch in November, compared with 13% for the tech-heavy Nasdaq index (see chart). "A new tech stack is emerging," sums up Daniel Jeffries of the AI Infrastructure Alliance, a lobby group.

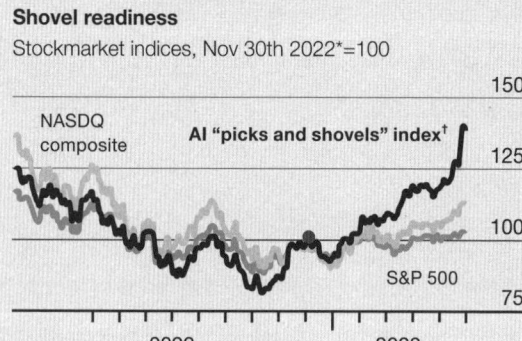

Shovel readiness
Stockmarket indices, Nov 30th 2022*=100

*ChatGPT launched
†Equallly weighted index of 32 AI-proximate companies
Source: Refinitiv Datastream; *The Economist*

5   On the face of it, the AI gubbins seems less exciting than the clever "large language models" behind Chat GPT and its fast-expanding array of rivals. But as the model-builders and makers of applications that piggyback on the models vie for a slice of the future AI pie, they need computing power right now—and lots of it.

휩싸였다. 형형색색의 케이블, 시끄러운 공조 장치, 데이터 센터 상면 공간부터 AI 모델을 구동하고 데이터를 수집하는 데 필요한 소프트웨어까지 그 모든 것을 만드는 다른 컴퓨팅 인프라 공급업체도 마찬가지이다. 이러한 30여 개 기업의 가중치를 동일하게 적용한 지수는 11월 챗GPT가 출시된 이후 40% 상승한 반면, 기술주 위주의 나스닥 지수는 13% 상승에 그쳤다(차트 참조). 로비 단체인 AI 인프라 얼라이언스의 다니엘 제프리스는 이 상황을 "새로운 기술 스택이 등장하고 있다"라는 말로 요약했다.

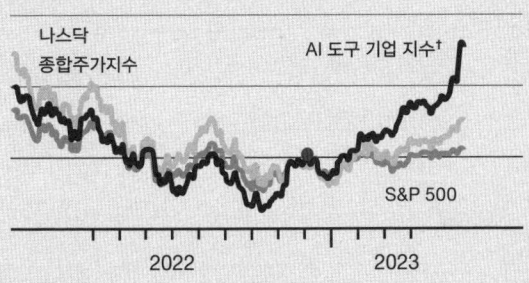

AI 도구 기업 주가 동향
주가 지수, 2022년 11월 30일=100 기준

*챗GPT 출시
†32개 AI 관련 기업 동일 가중치 적용 지수
출처: 레피니티브 데이터스트림, 『The Economist』

겉보기엔 AI 기술을 구성하는 요소들이 챗GPT와 빠르게 늘어나고 있는 그것의 경쟁 제품들의 뒤에 자리한 '대형언어모델'만큼 흥미로워 보이지는 않는다. 하지만 모델 개발자와 그 모델을 기반으로 애플리케이션을 만드는 사람들이 미래의 AI 파이를 차지하기 위해 경쟁하면서 그들에겐 지금 당장 연산력, 그것도 아주 많은 연산력이 필요하다.

The latest AI systems, including the generative sort, are much more computing-intensive than older ones, let alone non-AI applications. Amin Vahdat, head of AI infrastructure at Google Cloud Platform, the internet giant's cloud-computing arm, observes that model sizes have grown ten-fold each year for the past six years. GPT-4, the latest version of the one which powers ChatGPT, analyses data using perhaps 1trn parameters, more than five times as many as its predecessor. As the models grow in complexity, the computational needs for training them increase correspondingly.

6 Once trained, AIS require less number-crunching to be used. But given the range of applications on offer, this "inference" will, cumulatively, also demand plenty of processing oomph. Microsoft has more than 2,500 customers for a service that uses technology from OpenAI, ChatGPT's creator, of which the software giant owns nearly half. That is up ten-fold since the previous quarter. Google's parent company, Alphabet, has six products with 2bn or more users globally—and plans to turbocharge them with generative AI.

7 The most obvious winners from surging demand for computing power are the chipmakers. The products of companies like Nvidia and AMD, which design chips and have them made at foundries like TSMC, are in hot demand, notably from the big providers of cloud computing that powers most AI applications. AI is

생성형 AI를 포함한 최신 AI 시스템은 비AI 애플리케이션은 말할 것도 없고 구형 시스템보다 훨씬 더 컴퓨팅 집약적이다. 인터넷 대기업 구글의 클라우드 컴퓨팅 부문인 구글 클라우드 플랫폼의 AI 인프라 책임자 아민 바닷은 지난 6년 동안 모델의 크기가 매년 10배씩 커졌다고 말한다. 챗GPT를 구동하는 모델의 최신 버전인 GPT-4는 이전 버전보다 5배 이상 많은 1조 개 이상의 매개변수를 사용해 데이터를 분석한다. 모델의 복잡성이 증가하자 그 학습을 위한 컴퓨팅 요구 사항도 그에 따라 증가하고 있다.

일단 학습이 끝나고 나면 AI 시스템은 실제로 사용될 때 많은 연산 작업이 필요하지는 않다. 그러나 이런 '추론'이 다양한 응용 분야에 제공된다는 점에서 누적으로는 상당한 처리 능력을 요구하게 된다. 마이크로소프트는 현재 지분 과반을 소유하고 있는 챗GPT 개발사인 오픈AI의 기술을 활용하는 서비스를 이용하는 고객을 2,500곳 이상 확보하고 있다. 이는 전 분기 대비 10배 증가한 수치다. 구글 모회사인 알파벳은 전 세계 사용자 수만 20억 명이 넘는 6개 제품을 보유하고 있는데, 생성형 AI를 통해 이 제품들의 성능을 더욱 강화할 계획이다. [6]

컴퓨팅 성능에 대한 수요 폭증의 가장 확실한 승자는 칩 제조사들이다. 칩을 설계하고 TSMC와 같은 파운드리에서 그것을 제조하는 엔비디아와 AMD 같은 회사 제품은 특히 대부분의 AI 애플리케이션을 구동하는 클라우드 컴퓨팅 공급 대형 업체로부터 수요가 많다. 따라서 AI 기술 발전은 칩 개발사들에게 큰 [7]

thus a boon to the chip designers, since it benefits from more powerful chips (which tend to generate higher margins), and more of them. UBS, a bank, reckons that in the next one or two years AI will increase demand for specialist chips known as graphics-processing units (GPUs) by $10bn-15bn. Nvidia's data-centre revenue, which accounts for 56% of its sales, could double. AMD will this year launch a new GPU. A much smaller player in the GPU-design game than Nvidia, the firm is poised to benefit "even if it just gets the dregs" of the market, says Stacy Rasgon of Bernstein, a broker. Chip-design startups focused on AI, such as Cerebras and Graphcore, are trying to make a name for themselves. PitchBook, a data provider, counts about 300 such firms.

8 Naturally, some of the windfall will also accrue to the manufacturers. In April TSMC's boss, C.C. Wei, talked cautiously of "incremental upside in AI-related demand". Investors have been rather more enthusiastic. The company's share price rose by 10% after Nvidia's latest earnings, adding around $20bn to its market capitalisation. Less obvious beneficiaries also include companies that allow more chips to be packaged into a single processing unit. Besi, a Dutch firm, makes the tools that help bond chips together. According to Pierre Ferragu of New Street Research, a firm of analysts, the Dutch company controls three-quarters of the market for high-precision bonding. Its share price has jumped by more than half this year.

이익을 선사한다. 높은 마진을 창출하는 고성능 칩을 많이 만들어 판매할수록 더 많은 이익을 챙길 수 있기 때문이다. 스위스 은행 UBS는 향후 1~2년 내에 AI가 그래픽처리장치 GPU라는 특수 칩 수요를 100억~150억 달러 가량 끌어올릴 것으로 예상하고 있다. 그럴 경우 매출의 56%를 담당하는 엔비디아의 데이터센터 매출은 두 배로 늘어날 수 있다. AMD는 올해 새로운 GPU를 출시할 예정이다. 브로커인 번스타인의 스테이시 라스곤은 AMD가 엔비디아에 비해 GPU 설계 분야에서 훨씬 존재감이 떨어지지만 '시장의 찌꺼기'만 가져가더라도 쏠쏠히 챙길 수 있을 것으로 전망했다. 세레브라스와 그래프코어처럼 AI에 중점을 둔 칩 설계 스타트업은 이름을 알리기 위해 노력 중이다. 데이터 제공 업체인 피치북은 그런 기업 수를 약 300개 정도로 집계하고 있다.

이로 인해 올린 횡재의 일부는 제조사에게도 돌아갈 게 당연하다. 지난 4월 C.C. 웨이 TSMC CEO는 'AI 관련 수요가 점진적으로 증가'하는 데 그칠 것이라는 신중한 태도를 보였다. 그래도 투자자들은 오히려 더 열광했다. 엔비디아의 최근 실적 발표 후 TSMC의 주가도 10% 상승하여 시가총액은 약 200억 달러가 더 붙어났다. 엔비디아만큼 눈에 띄는 정도는 아니더라도 더 많은 칩을 단일 처리 장치에 패키징할 수 있는 회사들도 수혜를 받고 있다. 네덜란드 기업인 베시는 칩을 서로 결합하는 데 필요한 도구를 만든다. 리서치 회사인 뉴 스트리트 리서치의 피에르 페라구에 따르면 베시는 고정밀 본딩 시장의 4분의 3을 장악하고 있다. 이 회사의 주가는 올해 들어 절반 이상 급등했다.

9 UBS estimates that GPUs make up about half the cost of specialised AI servers, compared with a tenth for standard servers. But they are not the only necessary gear. To work as a single computer, a data centre's GPUs also need to talk to each other. And that requires advanced switches, routers and specialist chips. The market for such networking gear is expected to grow by 40% annually in the next few years, to nearly $9bn by 2027, according to 650 Group, a research firm. Nvidia, which also sells such kit, accounts for 78% of global sales. But rivals like Arista Networks, a Californian firm, are getting a look-in from investors, too: its share price is up by nearly 70% in the past year. Broadcom, which makes chips that help networks operate, said that its annual sales of these would quadruple in 2023, to $800m.

10 The AI boom is also good news for assemblers of servers that go into data centres, says Peter Rutten of IDC, another research firm. Dell'Oro Group, one more firm of analysts, predicts that the world's data centres will increase the share of servers dedicated to AI from less than 10% today to about 20% within five years: this kit's share of data centres' capital spending on servers will rise from about 20% to 45%.

11 This will benefit server manufacturers like Wistron and Inventec, both from Taiwan, which produce custom-built servers chiefly for giant cloud providers such as Amazon Web Services (AWS) and Microsoft's Azure.

UBS는 GPU가 AI에 특화된 서버 운영 비용의 절반 정도나 차지한다고 추정한다. 이는 표준 서버에서 GPU가 차지하는 비중인 약 10%보다 훨씬 더 높은 수준이다. 하지만 GPU만 있다고 끝나는 게 아니다. 단일 컴퓨터로 작동하려면 데이터 센터의 GPU도 서로 통신해야 한다. 이를 위해서는 첨단 스위치, 라우터, 특수 칩이 필요하다. 리서치 회사인 650 그룹에 따르면 이러한 네트워킹 장비 시장은 향후 몇 년 동안 매년 40%씩 성장해 2027년이 되면 90억 달러 가까이로 커질 것으로 예상된다. 이러한 장비도 같이 판매하는 엔비디아는 전 세계 매출의 78%를 장악하고 있다. 그러나 캘리포니아에 본사를 둔 아리스타 네트웍스와 같은 경쟁사들도 투자자들의 관심을 받으면서 이 회사의 주가는 지난 1년 동안 70% 가까이 올랐다. 네트워크 작동을 돕는 칩을 만드는 브로드컴은 "2023년에는 칩의 연간 매출이 4배 불어나 8억 달러에 이를 것"이라고 밝혔다.

또 다른 리서치 회사인 IDC의 피터 루튼은 "AI 붐은 데이터 센터에 들어가는 서버 조립업체에게도 희소식"이라고 말한다. 다른 분석기관인 델오로 그룹은 전 세계 데이터 센터의 AI 전용 서버 비중이 현재 10% 미만에서 5년 내 약 20%로 늘어나고, 데이터 센터의 서버 자본 지출에서 AI 전용 서버가 차지하는 비중은 약 20%에서 45%로 증가할 것으로 예측했다.

이는 주로 아마존 웹 서비스AWS나 마이크로소프트의 애저 같은 대형 클라우드 제공업체를 위해 맞춤형 서버를 생산하는 대만의 위스트론이나 인벤텍 같은 서버 제조업체에 도움이 될 것

Smaller manufacturers should do well, too. The bosses of Wiwynn, another Taiwanese server-maker, recently said that AI-related projects account for more than half of their current order book. Super Micro, an American firm, said that in the three months to April AI products accounted for 29% of its sales, up from an average of 20% in the previous 12 months.

[12] All this AI hardware requires specialist software to operate. Some of these programs come from the hardware firms; Nvidia's software platform, called CUDA, allows customers to make the most of its GPUs, for example. Other firms create applications that let AI firms manage data (Datagen, Pinecone, Scale AI) or host large language models (HuggingFace, Replicate). PitchBook counts around 80 such startups. More than 20 have raised new capital so far this year; Pinecone counts Andreessen Horowitz and Tiger Global, two giants of venture capital, as investors.

[13] As with the hardware, the main customers for a lot of this software are the cloud giants. Together Amazon, Alphabet and Microsoft plan to undertake capital spending of around $120bn this year, up from $78bn in 2022. Much of that will go to expanding their cloud capacity. Even so, demand for AI computing is so high that even they are struggling to keep up.

이다. 소규모 제조업체도 선전할 것이다. 대만의 또 다른 서버 제조업체인 위원의 경영진은 최근 AI 관련 프로젝트가 현재 주문량의 절반 이상을 차지한다고 말했다. 미국 기업인 슈퍼 마이크로는 4월까지 3개월 동안 AI 제품이 전체 매출의 29%를 차지했으며, 이는 지난 12개월 동안의 평균 20%에서 높아진 수치라고 말했다.

이 모든 AI 하드웨어가 작동하려면 전문 소프트웨어가 있어야 한다. 이러한 프로그램 중 일부는 하드웨어 회사가 만든다. 예를 들어, 엔비디아의 소프트웨어 플랫폼인 쿠다는 고객이 GPU를 최대한 활용할 수 있도록 지원해 준다. AI 기업이 데이터를 관리하거나(데이터젠, 파인콘, 스케일 AI) 대형언어모델을 호스팅할 수 있는 애플리케이션(허깅페이스와 레플리케이트)을 개발하는 기업도 있다. 피치북은 그런 스타트업 수를 약 80개로 보고 있다. 올해까지 20곳이 넘는 스타트업이 신규 자본을 유치했다. 파인콘은 거대 벤처 캐피털인 앤드리슨 호로위츠와 타이거 글로벌을 투자자로 확보했다.

하드웨어와 마찬가지로 이러한 소프트웨어의 주요 고객은 대부분 클라우드 대기업이다. 아마존, 알파벳, 마이크로소프트는 올해 2022년도의 780억 달러에서 늘어난 약 1,200억 달러의 자본 지출을 계획하고 있다. 이 자금 중 대부분은 클라우드 용량을 확장하는 데 사용될 것이다. 그럼에도 불구하고 AI 컴퓨팅에 대한 수요가 너무 강하다 보니 이들조차도 이를 따라잡느라 애를 먹을 정도다.

14 That has created an opening for challengers. In recent years IBM, Nvidia and Equinix have started to offer access to GPUs "as a service". AI-focused cloud startups are proliferating, too. In March one of them, Lambda, raised $44m from investors such as Gradient Ventures, one of Google's venture arms, and Greg Brockman, co-founder of OpenAI. The deal valued the firm at around $200m. A similar outfit, CoreWeave, raised $221m in April, including from Nvidia, at a valuation of $2bn. Brannin McBee, CoreWeave's co-founder, argues that a focus on customer service and infrastructure designed around AI help it compete with the cloud giants.

15 The last group of AI-infrastructure winners are closest to providing actual shovels: the data-centre landlords. As demand for cloud computing surges, their properties are filling up. In the second half of 2022 data-centre vacancy rates stood at 3%, a record low. Specialists such as Equinix or its rival, Digital Realty, compete with big asset managers keen to add data centres to their property portfolios. In 2021 Blackstone, a private-markets giant, paid $10bn for Realty Trust, one of America's biggest data-centre operators. In April Brookfield, Blackstone's Canadian rival, which has been investing heavily in data centres, bought Data4, a French data-centre firm.

16 Continued growth of the AI-infrastructure stack may yet run up against constraints. One is energy. A big investor in data centres notes that access to electricity, of which

이는 도전자들에게는 기회를 제공한다. 최근 몇 년 동안 IBM, 14 엔비디아, 에퀴닉스는 GPU를 '서비스형'으로 제공하기 시작했다. AI에 초점을 맞춘 클라우드 스타트업도 급증하는 추세다. 그중 한 곳인 람다는 지난 3월 구글의 벤처 부문 중 하나인 그래디언트 벤처와 오픈AI의 공동 창업자인 그렉 브로크만 등의 투자자로부터 4,400만 달러를 유치했다. 이 거래에서 회사 가치는 약 2억 달러로 평가받았다. 비슷한 업체인 코어위브는 4월에 엔비디아 등으로부터 2억 2,100만 달러의 투자를 유치했다. 회사 가치는 20억 달러로 평가받았다. 코어위브의 공동 창업자인 브래닌 맥비는 "고객 서비스와 AI를 중심으로 설계된 인프라에 초점을 맞추면 거대 클라우드 기업과 경쟁할 수 있다"라고 주장했다.

마지막으로 언급할 AI 인프라의 승자 그룹은 실제 도구를 제공 15 하는 것과 가장 근접한 일을 하는 데이터 센터 소유주이다. 클라우드 컴퓨팅에 대한 수요가 급증하자 이들이 보유한 데이터 센터가 가득 차고 있다. 2022년 하반기의 데이터 센터 공실률은 3%로 사상 최저치를 기록했다. 에퀴닉스나 경쟁사인 디지털 리얼티 같은 전문기업들은 데이터 센터를 부동산 투자 포트폴리오에 추가하려는 대형 자산 운용사들과 경쟁 중이다. 사모 시장의 거물인 블랙스톤은 2021년 미국 최대 데이터 센터 운영업체 중 하나인 리얼티 트러스트에 100억 달러를 지불했다. 4월에는 데이터 센터에 막대한 자금을 투자를 해 온 블랙스톤의 캐나다 경쟁사 브룩필드가 프랑스 데이터 센터 업체인 데이터4를 인수했다.

AI 인프라 스택의 지속적인 성장도 여러 제약에 직면할 수 있다. 16 그중 하나가 바로 에너지이다. 데이터 센터의 한 대형 투자자는 '데이터 센터가 엄청나게 사용 중인 전기 확보 문제로 북부 버지

such assets are prodigious users, is expected to slow development of new ones in hubs like northern Virginia and Silicon Valley. But a shift away from vast AI models and cloud-based inference to smaller systems may lower demand, since these require less computing power to train and can run inference on a smartphone, as is the case for Google's recently unveiled scaled-down version of its Palm model.

17 The biggest question-mark hangs over the permanence of the AI boom itself. Despite the popularity of ChatGPT and its ilk, profitable use cases for the technology remain unclear. In Silicon Valley, hype can turn to disappointment on a dime. Nvidia's market value surged in 2021, as its GPUs turned out to be perfect for mining bitcoin and other cryptocurrencies, then collapsed as the crypto boom turned to bust. And if the technology does live up to its transformative billing, regulators could clamp down. Policymakers around the world, worried about generative AI's potential to eliminate jobs or spread misinformation, are already mulling guardrails. Indeed, on May 11th lawmakers in the EU proposed a set of rules that would restrict chatbots.

18 All these limiting factors may slow AI's deployment, and in doing so dampen the prospects for AI-infrastructure firms. But probably only a bit. Even if generative AI does not turn out to be as revolutionary as its boosters claim, it will almost certainly be more useful than crypto. And

니아나 실리콘밸리와 같은 허브에서 새로운 데이터 센터의 개발이 늦어질 것으로 예상된다'고 지적했다. 그러나 방대한 AI 모델과 클라우드 기반 추론에서 소규모 시스템으로 전환하면 학습에 컴퓨팅 성능이 덜 필요하고 최근 구글이 공개한 팜 모델의 축소 버전처럼 스마트폰에서 추론을 실행할 수 있기 때문에 전기 수요를 줄일 수 있다.

다만 가장 큰 물음표는 AI 붐 자체가 영원히 지속될지 여부다.[17] 챗GPT 및 유사 기술의 인기에도 불구하고 이 기술이 수익성 있게 사용되고 있다는 것을 보여주는 사례가 있는지는 여전히 불분명하다. 실리콘밸리에서는 AI 열풍이 한순간에 실망으로 바뀔 수 있다. 엔비디아의 GPU가 비트코인 등 여러 암호화폐 채굴에 완벽히 적합한 것으로 밝혀지면서 2021년 회사의 시장 가치가 급등했다가 암호화폐 붐이 꺼지면서 주가가 폭락한 적이 있다. 그리고 이 기술이 혁신적인 기대에 부응한다면 규제 당국이 단속에 나설 수 있다. 일자리를 없애거나 잘못된 정보를 퍼뜨릴 수 있는 AI의 잠재력을 우려하는 전 세계 정책 입안자들은 이미 규제 방안을 검토하고 있다. 실제로 유럽연합EU 의원들은 5월 11일 챗봇을 제한하는 일련의 규칙을 제안했다.

이러한 모든 제한 요인으로 인해 AI의 확산이 더뎌질 수 있으며,[18] 이로 인해 AI 인프라 기업의 전망이 어두워질 수 있다. 하지만 아마도 잠시만 그러다가 말 것이다. 생성형 AI가 지지자들의 주장대로 혁명적이지 않더라도, 암호화폐보다 더 유용할 것이 거

there are plenty of other, non-generative AIs that also need lots of computing power. Nothing short of a global ban on generative AI, which is not on the horizon, is likely to stop the gold rush. And so long as everybody is rushing, the pedlars of picks and shovels will be cashing in. (May 29th 2023)

의 확실시된다. 그리고 많은 연산력을 필요로 하는 다른 비(非)생성형 AI도 많다. 당장 일어날 가능성은 낮지만, 전 세계적으로 설사 생성형 AI를 금지한다고 하더라도 골드러시를 막지 못할 것이다. 그리고 모두가 서두르는 한 AI 골드러시에 필수적인 도구를 파는 곳들은 계속 돈을 벌 것이다. (2023년 5월 29일)

이번 장에서는 최근 몇 년 사이 세계에서 가장 많은 관심을 받고 있는 AI 붐과 함께, 이를 이끌고 있는 회사 엔비디아를 중심으로 AI 관련 기사를 살펴보겠습니다.

엔비디아가 기술 기업임에도 불구하고 이 회사에 대한 기사를 다루는 이유는 엔비디아가 기술 분야를 뛰어넘어 전 세계 경제에 미치는 파급력이 엄청나기 때문입니다.

AI 붐이 본격화된 2023년에 239%, 즉 전년 대비 두 배 반 가까이 오른 엔비디아의 주가는 2024년 상반기에도 150% 가까이 추가 상승했습니다. 2024년 9월 기준 시가총액은 3조 달러로 애플과 마이크로소프트에 이어 세계 3위입니다. 이 기사가 나온 건 2023년 5월 29일인데, 이때는 내용에도 쓰여 있듯이 엔비디아의 시가총액이 1조 달러 수준에 불과했습니다. 기사에서는 실적 발표earnings 후 주가가 30%나 급등한 결과 비로소 시가총액이 잠시 1조 달러를 넘어섰다고 설명(The next day the company's market value, which had leapt by 30% after its earnings, briefly hit $1trn)하고 있을 정도이니 지금 엔비디아의 시가총액을 보면 이 회사의 가치가 얼마나 높아졌는지를 잘 알 수 있습니다.

국제통화기금IMF 자료에 따르면 시가총액 3조 달러는 2024년 GDP 규모가 세계 5위인 인도의 3.41조 달러보다는 낮고, 6위인 영국의 2.67조 달러보다는 높은 수준입니다. 세계 1위인 미국의 GDP는 약 28.8조 달러이고, 2위인 중국의 GDP는 약 18.5조 달러입니다. 3위는 독일(4.6조 달러), 4위는 일본(4.1조 달러) 순입니다.

업계에서 엔비디아의 영향력이 커지고 위상이 높아지자 엔비디아를 다루는 외신 기사가 봇물처럼 쏟아지고 있습니다. 좀 과장해서 말하면 엔비디아가 언급되지 않은 미국 주식 기사가 없을 정도입니다.

우리가 들여다볼 이 기사는 AI 붐이 본격적으로 불기 시작할 무렵 나왔습니다. 기사에서는 엔비디아가 기술 업계나 금융 시장에서 가장 큰 주목을 받고 있지만, AI 붐의 수혜는 엔비디아 외에도 AI 분야와 관련된 다른 많은 업체들이 같이 보게 될 것으로 전망하고 있습니다. 그러면서 AI 붐이 어느 정도 지속될지 회의적인 시각이 있지만 붐이 이어질 것임을 낙관하고 있습니다.

엔비디아를 다룬 외신 기사를 이해하기 위해서는 먼저 AI 관련 보도에 주로 등장하는 용어들을 알고 있어야 합니다. 컴퓨터 또는 기계와 관련한 용어들이 많이 쓰이기 때문에 그 말뜻을 모르면 읽는 데는 문제가 없어도 무슨 이야기를 하는 건지 정확히 이해하기 어렵습니다.

따라서 이번 장에서는 엔비디아를 포함한 AI 관련 기사에서 자주 나오는 용어들과 이 용어들의 관계에 대해 알아본 후 본문 중에서 핵심적인 부분만 간추려 살펴보기로 하겠습니다.

1. **생성형 AI와 범용 AI**: AI가 인간의 지능을 모방한 기능을 갖춘 컴퓨터 시스템을 말한다면 생성형 AI는 프롬프트 prompt에 따라 텍스트, 이미지, 음성, 동영상 등과 같은 새로운 콘텐츠를 생성하는 AI 기술을 가리킵니다. 프롬프트는 'AI 모델에 입력하는 명령어나 질문'을 말합니다. 예를 들어, 오픈AI가 만든 생성형 AI 모델인 챗GPT에서 사용자가 텍스트나 질문을 입력할 때 그렇게 입력하는 내용이 프롬프트입니다. 줄여서 AGI라고 하는 범용 AI는 이미지, 음성, 동영상 등의 데이터를 일반적인 인간에 가까운 지능으로 만들어낼 수 있는 시스템을 말합니다. 인간의 명령이나 개입이 없이도 스스로 사고하고 개발할 수 있습니다.

여기서 AI 중에서 가장 많은 주목을 받는 생성형 AI는 줄여서 LLM이라고 불리는 대형언어모델 Large Language Model 을 기반으로 합니다. LLM은 대량의 텍스트 데이터를 학습하여 자연어 이해 및 생성 작업을 수행할 수 있는 AI 모델을 말합니다. '대규모언어모델'이라고도 합니다. 오픈AI의 챗GPT 시리즈나 구글 제미나이 Gemini, 마이크로소프트 코파일럿 CoPilot 등이 모두 LLM을 기반으로 한 생성형 AI입니다. 생성형 AI와 LLM의 차이점은, 전자가 위에서 설명한 대로 대량의 텍스트 데이터를 학습하여 자연어 이해 및 생성 작업을 수행할 수 있는 AI 모델이라면, 후자는 자연어 처리를 사용하여 텍스트 입력을 이해하고 주어진 입력을 기반으로 인간과 유사한 텍스트를 생성하는 데 중점을 두는 AI의 한 형태라는 데 있습니다. LLM은 생성형 AI의 하위 집합 subset 으로 주로 언어 관련 작업에 중점을 둔다고 보시면 되겠습니다.

2. **토큰**: 자연어 처리에서 텍스트의 기본 단위입니다. 단어나 구두점, 음절, 글자까지 모두 토큰이 될 수 있습니다. AI 모델은 입력 데이터를 처리하기 위해 텍스트를 토큰화 tokenization, 즉 의미 있는 단위인 토큰으로 분할한 뒤 토큰들을 분석하고 학습합니다. 가령 I love you를 단어 단위로 토큰화하면 I, love, you로 나뉩니다. 문자 기반으로 토큰화한다면 I, l, o, v, e, y, o, u 식이 됩니다.

3. **봇**: AI 기사를 읽다 보면 bot이라는 단어를 자주 볼 수 있습니다. 이 bot은 robot의 약어로 자동으로 특정 작업을

수행하는 소프트웨어입니다. 일반적으로 인터넷에서 상호작용하거나 사람 대신 자동화된 작업을 수행하는 AI 기반 프로그램을 봇이라고 합니다. 사용자의 질문에 대답하거나 사용자와 대화를 나누는 챗봇 Chatbot 이 대표적인 예입니다. 가상 비서인 아마존의 알렉사 Alexa 나 애플의 시리 Siri 가 이런 챗봇이죠. 그 밖에 검색 엔진에서 웹 페이지를 자동으로 탐색하고 인덱싱하는 봇인 웹 크롤러 Web Crawler 도 있습니다.

OpenAI has released a new ChatGPT bot that you can talk to
오픈AI, 사람과 대화할 수 있는 챗GPT 새로 출시
(MIT Technology Review, 2024년 7월 30일자 기사 제목)

4. **데이터 센터:** AI가 사용자의 질문이나 지시에 제대로 답하게 만들려면 AI 모델을 학습시켜야 합니다. 그러려면 엄청난 양의 데이터가 필요하겠죠. 많은 데이터를 학습해 놓고 있어야 모델이 제대로 대답을 할 테니까요. 이 대량의 데이터를 저장하고 처리할 수 있는 인프라가 데이터 센터입니다.

5. **그래픽처리장치:** 데이터 센터는 GPU와 같은 강력한 하드웨어를 통해 AI 모델의 훈련과 추론을 지원합니다. GPU는 AI 연산을 위한 핵심 칩으로 대표적인 비메모리 분야 반도체 중 하나입니다. 그리고 이 GPU 시장을 장악하고 있는 게 엔비디아입니다. 엔비디아의 GPU는 대량의 데이터 처리와 복잡한 계산을 신속하게 수행할 수

있어 AI 모델의 학습과 추론에 매우 효과적입니다. 2024년 10월 현재 엔비디아는 전 세계 GPU 시장의 약 80%를 장악하고 있는 것으로 알려져 있습니다. 사실상 독점입니다. 엔비디아는 반도체 설계만 하고, 제조는 대만의 TSMC가 맡고 있습니다. TSMC처럼 반도체를 위탁생산하는 것을 파운드리 foundry 라고 합니다. 세계 반도체 파운드리 업체 1위는 TSMC입니다. 2위가 삼성전자입니다. AI 모델이 하는 추론을, 기사에도 나왔듯이, inference라고 합니다. Inference는 학습된 AI 모델이 새로운 데이터에 대한 예측을 하거나 답변을 생성하는 과정을 말합니다. 즉 AI 모델이 주어진 입력 데이터를 바탕으로 패턴을 분석하고, 이를 기반으로 특정 작업을 수행하는 것을 추론이라고 합니다. 이번 기사 본문에서는 Once trained, AIS require less number-crunching to be used. But given the range of applications on offer, this "inference" will, cumulatively, also demand plenty of processing oomph(일단 학습이 끝나고 나면 AI 시스템은 실제로 사용될 때 많은 연산 작업이 필요하지는 않다. 그러나 이런 '추론'이 다양한 응용 분야에 제공된다는 점에서 누적으로는 상당한 처리 능력을 요구하게 된다.)라는 부분에서 추론이라는 단어가 나옵니다.

　　위에서 GPU가 비메모리 분야 반도체 중 하나이고 GPU 시장을 장악하고 있는 게 엔비디아라고 했습니다. 부연 설명을 하자면, 반도체는 크게 시스템 반도체 system semiconductor 와 메모리 반도체 memory semiconductor 로 나뉩니다. 전자를 비메모리 반도체 nonmemory semiconductor 라고 하고, 후자를 메모리 칩 memory chip 이라고도 합니다.

시스템 반도체는 논리와 계산 등을 제어하는 반도체로 CPU, GPU 중앙처리장치, AP 등이 여기에 해당합니다. 여기서 AP는 Application Processor의 약자로, 스마트폰이나 태블릿에서 CPU 역할을 하는 핵심 부품인 비메모리 반도체입니다.

우리나라 삼성전자가 강점을 가지고 있는 메모리 반도체에는 DRAM과 NAND가 있습니다. DRAM은 주로 컴퓨터의 메인 메모리 RAM로 사용됩니다. 스마트폰, 태블릿, 서버, PC 등의 운영 프로그램이나 데이터를 일시적으로 저장해 CPU가 빠르게 접근할 수 있게 합니다. 속도가 매우 빠르지만, 휘발성 volatile 이라 전원이 꺼지면 데이터가 사라집니다. NAND는 비휘발성 non-volatile 저장 장치로, 전원이 꺼져도 데이터를 유지하기 때문에 장기적인 데이터 저장에 적합합니다. USB 드라이브, SSD, 메모리 카드, 스마트폰의 저장 공간 등에서 사용됩니다.

6. **AI 가속기:** AI 반도체 중 가장 유명한 게 'AI 가속기'입니다. AI 가속기는 AI 칩 외에도 딥러닝 deep learning 프로세서 또는 신경처리장치 NPU 라고도 합니다. 이것은 AI 신경망 neural network, 딥러닝, 머신 러닝 machine learning의 속도를 높이기 위해 구축된 하드웨어 가속기로, 스마트폰, PC, 자율주행차, 사물인터넷 IoT 등에서 두루 활용됩니다. 지난 수십 년 동안 컴퓨터 시스템은 다양한 특수 작업을 위해 가속기에 의존해 왔습니다. 이런 가속기의 대표적인 예가 GPU, 사운드 카드, 비디오 카드 등입니다. 그런데 10년간 AI 애플리케이션이 성장함에 따라 기존의 CPU 와 일부 GPU로는 AI 애플리케이션 실행에 필요한 대량의 데이터를

처리할 수 없게 됐습니다. 그러다 보니 한 번에 수십억 개의 계산을 수행할 수 있는 특수 병렬 처리 기능을 갖춘 엔비디아의 텐서 코어 Tensor Core GPU, A100, H100 같은 AI 가속기가 등장했습니다.

7. **AI 신경망과 딥러닝, 머신 러닝:** AI 신경망은 인간의 뇌 구조에서 영감을 받아 설계된 컴퓨터 프로그램으로, 데이터를 처리하고 학습하는 데 사용됩니다. 딥러닝은 다중 신경망 deep neural network 이란 것을 활용해서 데이터를 처리하고 학습하는 기술입니다. 대량의 데이터에서 복잡한 패턴을 인식하고, 자동으로 특징을 추출하는 데 강력한 성능을 발휘합니다. 기계 학습이라고도 하는 머신 러닝은 컴퓨터가 데이터를 통해 학습하고 경험을 바탕으로 성능을 자동으로 향상시키는 기술입니다.

8. **클라우드:** 데이터 센터를 얘기할 때 빼놓을 수 없는 게 클라우드입니다. 클라우드는 인터넷을 통해 데이터를 저장하고 처리하는 기술 및 서비스의 집합을 의미합니다. 클라우드는 사용자에게 필요한 저장 공간, 서버, 데이터베이스, 네트워크 등을 인터넷을 통해 제공받을 수 있게 해 줍니다. 이 클라우드 서비스도 데이터 센터를 기반으로 운영됩니다. 데이터 센터에 클라우드 서비스를 제공하기 위한 물리적 인프라가 갖춰져 있기 때문입니다.

9. **고대역폭 메모리:** High Bandwidth Memory의 약자인 HBM은 D램을 여러 개 쌓아 올려 데이터가 지나가는 통로의 폭(대역폭)을 넓혀줌으로써 GPU와 CPU 간의

데이터 전송 속도를 극대화해 줍니다. 이렇다 보니 대량의 데이터를 처리해야 하는 AI 작업에 유리합니다. SK하이닉스가 2013년 처음 개발했습니다.

10. **서비스형 소프트웨어**: Software as a Service, 줄여서 SaaS로 쓰기도 합니다. '서비스형 소프트웨어'는 소프트웨어를 인터넷을 통해 서비스 형태로 제공하는 모델을 뜻합니다. 사용자는 소프트웨어를 따로 다운로드하거나 설치할 필요 없이 웹 브라우저를 통해 즉시 접근해 이용할 수 있어 원격 근무나 협업을 할 때 유리합니다. 대표적인 SaaS로 화상 회의 때 자주 쓰는 줌Zoom이나 마이크로소프트 365가 있습니다. 이번 기사에서는 That has created an opening for challengers. In recent years IBM, Nvidia and Equinix have started to offer access to GPUs "as a service"(이는 도전자들에게는 기회를 제공한다. 최근 몇 년 동안 IBM, 엔비디아, 에퀴닉스는 GPU를 '서비스형'으로 제공하기 시작했다)와 같이 언급되고 있습니다.

11. **멀티모달**: 텍스트, 이미지, 오디오, 비디오 등 여러 유형의 데이터나 정보를 함께 활용해서 AI 시스템을 구축하는 것을 말합니다. AI 관련 기사에 너무도 자주 등장하므로 반드시 이해하고 있어야 하는 용어입니다.

12. **온디바이스 AI**: 클라우드 서버가 아닌 디바이스 자체에서 AI 모델을 실행하는 기술을 의미합니다. 스마트폰, 스마트워치, IoT 기기, 자동차 등 다양한 디바이스에

AI 모델을 탑재하여 실시간으로 데이터를 처리하고 의사결정을 내릴 수 있습니다. 사용자가 PC에서 오픈AI의 생성형 AI인 챗GPT를 열어 질문이나 요청사항을 입력하면 챗GPT가 PC 내에서 직접 연산해 답을 찾는 게 아니라 인터넷을 통해 입력 내용을 데이터 센터로 보내 답을 얻습니다. 사용자는 이렇게 PC로 전송된 답을 챗GPT가 제공한 답으로 생각하게 됩니다. 하지만 온디바이스 AI는 이런 과정을 거치지 않고 디바이스 내에서 바로 답을 해결해 주기 때문에 디바이스가 네트워크에 연결되어 있지 않은 오프라인 상태에서도 언제나 사용할 수 있습니다.

13. **AI 비서와 AI 에이전트:** AI 비서는 주로 사용자와의 상호작용을 통해 특정 작업을 돕는 AI 시스템을 말합니다. 사람의 명령이나 요청에 따라 즉각적인 도움을 제공하고, 사용자가 필요로 하는 다양한 서비스를 제공하는 것이 주된 역할입니다. 위에서 말한 아마존의 알렉사와 애플의 시리가 AI 비서의 대표적인 예입니다. AI 에이전트는 AI 비서보다 자율적인 특성을 가진 AI 시스템입니다. AI 에이전트는 주어진 환경 내에서 자율적으로 목표를 달성하기 위해 작업을 수행하며, 상황에 따라 능동적으로 의사결정을 할 수 있습니다. AI 비서와 달리 특정한 사용자 명령에만 반응하는 것이 아니라, 자신이 맡은 역할을 스스로 처리할 수 있는 능력을 갖고 있습니다.

14. **기술 스택:** 기업이 웹이나 모바일 애플리케이션을 만들기 위해 사용하는 기술 조합을 말합니다. 개발자가 사용하는 서버, 소프트웨어, 프로그래밍 언어, 프레임워크, 패턴, 툴

등을 모두 합친 것을 말합니다. 이번 기사 본문에서는 "A new tech stack is emerging," sums up Daniel Jeffries of the AI Infrastructure Alliance, a lobby group(로비 단체인 AI 인프라 얼라이언스의 다니엘 제프리스는 이 상황을 "새로운 기술 스택이 등장하고 있다"라는 말로 요약했다)이라는 인용 부분에서 언급됩니다.

15. **연산력:** 영어 그대로 '컴퓨팅 파워'라고도 하는데 쉽게 말해 컴퓨터나 서버가 데이터 처리 및 계산을 수행할 수 있는 능력(성능)을 말합니다. 본 기사에서는 But as the model-builders and makers of applications that piggyback on the models vie for a slice of the future AI pie, they need computing power right now—and lots of it(하지만 모델 개발자와 그 모델을 기반으로 애플리케이션을 만드는 사람들이 미래의 AI 파이를 차지하기 위해 경쟁하기 위해서는 지금 당장 많은 연산력이 필요하다) 부분에 나옵니다. piggyback on은 '이미 존재하는 것을 자신의 작업을 지원할 목적으로 사용한다'는 뜻입니다.

16. **매개변수:** AI 모델을 학습시키는 과정에서 최적화되는 값들로, 입력 데이터를 처리하고 예측을 만드는 데 사용됩니다. 매개변수의 수가 많을수록 모델이 더 많은 정보를 저장하고 학습할 수 있는 능력을 가집니다. 이는 특히 이미지, 텍스트, 음성 데이터와 같은 복잡한 입력 데이터에 대해 중요한 역할을 합니다. 그러나 매개변수가 너무 많으면 과적합overfitting이라는 문제가 발생할 위험이

있습니다. 과적합은 모델이 훈련 데이터에 너무 잘 맞춰져 새로운 데이터에 대한 일반화 능력이 떨어지는 현상입니다. 따라서 적절한 매개변수 수를 설정하는 것이 중요합니다.

17. **라우터:** 컴퓨터 네트워크에서 데이터를 전송하고 관리하는 장비입니다. 이 단어는 AI 관련 용어는 아니지만 이 기사에 나와 있어서 함께 설명 드립니다.

18. **환각:** 조금 생뚱맞지만 AI의 문제점을 얘기하는 기사에 자주 등장하는 단어입니다. 환각이란 실제로 존재하지 않거나 사실이 아닌 정보를 생성하거나 제공하는 현상을 말합니다. 이는 AI가 입력된 정보에 대해 부정확한 답변을 하거나, 허구의 사실을 진짜인 것처럼 서술하는 경우도 포함됩니다. AI 모델이 학습하는 데이터에 오류fallacy 나 편향bias 이 포함되어 있거나 AI가 언어와 패턴을 학습하지만, 그 의미나 맥락을 실제로 이해하지 못해 이런 문제가 생기는 것으로 추정되고 있습니다.

이제 기사의 본문을 찬찬히 들여다보면서 함께 읽어나가 보겠습니다. 이번에도 핵심적인 문장만 추려서 설명드리려고 합니다.

2 **The building belongs to Equinix, a firm which leases data-centre space. The equipment inside belongs to corporate customers that are increasingly using it to run**

their arti cial-intelligence (AI) systems. The AI gold rush, spurred by the astounding sophistication of "generative" models such as ChatGPT, a hit virtual conversationalist, promises rich profits for those who harness the technology's potential. As in the early days of any gold rush, though, it is already minting fortunes for the sellers of the requisite picks and shovels.

여기서 pick은 곡괭이, shovel은 삽인데 뭉뚱그려 (돈을 버는 데 필요한) '도구'라고 번역했습니다. picks and shovels는 19세기 일어난 골드러시 당시 금을 찾던 이들보다 금을 캐는 데 필요한 곡괭이와 삽 등을 팔던 가게들이 오히려 더 안정적인 수익을 꾸준히 올렸던 일에서 유래한 비유적인 표현입니다. 경제 관련 외신에 자주 등장합니다. 지금의 AI 붐을 골드러시 때에 비유한 이 기사에서도 그때처럼 AI 모델을 운영하는 데 필요한 도구를 파는 곳들이 돈을 벌고 있다는 것을 말하기 위해서 picks and shovels라는 표현을 썼습니다.

On May 24th Nvidia, which designs the semiconductors of choice for many AI servers, beat analysts' revenue and profit forecasts for the three months to April and said it expected sales of $11bn in its current quarter, half as much again as what Wall Street was predicting. On May 29th Nvidia's boss, Jensen Huang, declared that the world is at "the tipping point of a new computing era". The next day the company's market value, which had leapt by 30% after its earnings, briefly hit $1trn.

상대적으로 중요도 면에서 비중이 떨어진다고 판단해 위 용어 설명에서 말씀드리지 않았는데 AI 서버는 AI 애플리케이션을 실행하고 AI 모델을 학습시키기 위해 특별히 설계된 서버입니다. 이러한 서버는 대량의 데이터를 처리하고, 복잡한 계산을 수행하며, AI 알고리즘을 효율적으로 실행할 수 있도록 구성되어 있습니다.

 엔비디아를 세운 사람은 젠슨 황입니다. 우리나라에서는 황 회장이나 황 사장으로 통하기도 합니다. 엔비디아가 전 세계의 주목을 받는 만큼 젠슨 황 CEO의 말 한마디에도 전 세계 투자자나 기술 업계 종사자 등으로부터 엄청난 주목을 받습니다.

 AI 거품 논란이 점차 고개를 들고 있던 2024년 9월 황 CEO는 골드만삭스 테크 컨퍼런스Goldman Sachs Communacopia and Technology Conference에 참석해서 "Demand is so great that delivery of our components, our technology, infrastructure, and software is really emotional for people. Because it directly affects their revenues, it directly affects their competitiveness(수요가 너무 강력해서 우리 구성 요소, 기술, 인프라 및 소프트웨어 배송이 사람들에게 정말 감정적인 문제가 되고 있다. 그것이 그들의 수익에 직접적인 영향을 미치고, 그들의 경쟁력에 직접적인 영향을 미치기 때문이다)"라며 엔비디아 제품에 대한 수요가 강력하다고 밝히자 그날 엔비디아의 주가는 10% 가까이 급등했을 정도입니다. 시가총액 3조 달러에 달하는 회사가 CEO의 긍정적인 말 한 마디에 3000억 달러, 즉 400조 원 가까이 가치가 늘어난 겁니다.

Other chip firms, from fellow designers like AMD to manufacturers such as TSMC of Taiwan, have been swept up in the AI excitement. So have providers of other computing infrastructure—which includes everything from those colourful cables, noisy air-conditioning units and data-centre floor space to the software that helps run the AI models and marshal the data. <u>An equally weighted index of 30-odd such companies</u> has risen by 40% since ChatGPT's launch in November, compared with 13% for the tech-heavy Nasdaq index (see chart). "A new tech stack is emerging," sums up Daniel Jeffries of the AI Infrastructure Alliance, a lobby group. 4

위에 나온 '이러한 30여 개 기업의 가중치를 동일하게 적용한 지수'는 각 구성 종목에 동일한 가중치 equal weight 를 부여한 'AI 도구 지수'를 말합니다. 이 지수는 차트에 소개해 놓은 대로 32개 AI 관련 기업 주가에 동일한 가중치를 부여해서 산출하는 주가 지수입니다. 이런 동일 가중치 지수의 경우 각 기업의 시가총액이나 주식 수에 관계없이 가중치가 같기 때문에 작은 기업의 주가 변화도 지수에 동일한 영향을 미치게 됩니다. 동일 가중치 지수는 주가가 상승한 기업이 많을수록 지수가 올라가고, 하락한 기업이 많을 경우 지수가 하락하게 됩니다.

    참고로, 이와 대비되는 방식은 시가총액 가중치 지수 capitalization-weighted index 입니다. 이 지수의 경우 기업의 시가총액에 따라 가중치를 부여하여 계산합니다.

17 The biggest question-mark hangs over the permanence of the AI boom itself. Despite the popularity of ChatGPT and its ilk, profitable use cases for the technology remain unclear. In Silicon Valley, hype can turn to disappointment on a dime. Nvidia's market value surged in 2021, as its GPUs turned out to be perfect for mining bitcoin and other cryptocurrencies, then collapsed as the crypto boom turned to bust. And if the technology does live up to its transformative billing, regulators could clamp down. Policymakers around the world, worried about generative AI's potential to eliminate jobs or spread misinformation, are already mulling guardrails. <u>Indeed, on May 11th lawmakers in the EU proposed a set of rules that would restrict chatbots.</u>

이 문단 앞까지의 내용은 AI 붐 덕에 반사이익을 누리고 있는 AI 모델 운영 도구 개발 기업들의 사례를 열거해 놓은 것들이라 설명을 생략하고 바로 이 단락으로 넘어왔습니다.

　이 단락에서는 이처럼 AI 붐으로 인해서 그 중심에 서 있는 엔비디아뿐만 아니라 다른 많은 기업들도 수혜를 보고 있으나 AI 붐이 과연 영구히 지속될지를 둘러싸고 여러 가지 논란이 계속되고 있다는 사실을 지적합니다. 여기서 2023년 5월 11일 유럽연합 EU이 제안한 챗봇 규제는 EU 의회가 AI 기술에 대한 규제를 강화하기 위한 첫 단계로서, 생성형 AI 사용에 대한 규칙을 지지하는 법안 초안을 통과시킨 것을 말합니다. 이 법안에는 AI 시스템을 사용하는 제품과 서비스를 규제하려는 AI법의 일환으로 챗GPT와 같은 생성형 AI 기술을 고위험 시스템으로 분류하고 그 사용을 제한하려는 내용이 포함되어 있습니다.

All these limiting factors may slow AI's deployment, and [18] **in doing so dampen the prospects for AI-infrastructure firms. But probably only a bit. Even if generative AI does not turn out to be as revolutionary as its boosters claim, it will almost certainly be more useful than crypto. And there are plenty of other, non-generative AIs that also need lots of computing power. Nothing short of a global ban on generative AI, which is not on the horizon, is likely to stop the gold rush. And so long as everybody is rushing, the pedlars of picks and shovels will be cashing in.**

이 단락에서는 위에서 언급한 모든 제한적 요소들이 AI의 보급 속도를 늦출 수 있을지 몰라도 결국은 약간 늦추는 정도에 불과하고 생성형 AI에 대한 전면적 금지 같은 조치가 마련되면서 AI 붐(골드러시에 비유)을 중단시키는 일은 없을 것이고, AI 도구 판매사들은 계속 돈을 벌 것이라는 긍정적인 전망으로 끝을 맺고 있습니다.

이번 장의 기사는 AI 붐이 뜨겁게 달아오르던 2023년 5월에 나왔습니다. AI에 대한 관심도가 높은 만큼 『The Economist』에서는 이 외에도 AI를 주제로 많은 기사를 썼습니다.

    AI 붐이 한창일 때는 AI가 인류에게 선사할 긍정적인 미래에 대한 기사를 많이 썼지만, 2024년 중반부터 많은 기업이 앞다퉈 AI 분야에 자본을 투자capital spending 하고 있지만 실제로 얻은 게 무엇이냐는 회의론skepticism이 점차 고개를 들자 이 주제를 다루기도 했습니다.

    2024년 7월에 나온 What happened to the artificial-intelligence revolution?(인공지능 혁명은 어떻게 되었나?)이나 8월에 나온 Artificial intelligence is losing hype(AI 열풍이 식고 있다) 기사 등이 대표적인 사례입니다.

    이번 기사에서도 언급된 AI 회의론은 많은 기업들이 천문학적인 돈을 AI 분야에 쏟아붓고 있지만 그로 인해 얻은 게 무엇이냐는 문제와 관련되어 있습니다.

    『The Economist』는 위 8월 기사에서 이를 A growing number of investors worry that artificial intelligence (AI) will not deliver the vast profits they seek(인공지능이 자신이 추구하는 막대한 수익을 가져다주지 못할 것이라고 우려하는 투자자가 점점 더 늘고 있다)라는 한 줄로 투자업계에서 부는 회의론을 압축적으로 설명했습니다. 투자한 만큼 얻는 게 없는데 관련 기업 주가는 급등했으니 AI 관련주는 거품이 낀 게 아니냐는 논란도 당연히 커졌습니다.

    이번 장 서두에서 젠슨 황 CEO의 말 한마디에 엔비디아의 주가가 급등했다고 했는데, 황의 말이 나오기 전까지 엔비디아 주가 역시 거품론에 휘말리면서 조정correction을 받고 있었습니다.

    다른 외신들 역시 AI 거품론을 다룬 기사를 계속 내보냈습니다. 다음은 2024년 9월경에 나온 관련 기사 제목들입니다. 출처는 굳이 밝히지 않겠습니다.

Is there an AI bubble — and is it about to pop?
AI 거품은 존재하며, 거품은 곧 터질까?

Beware the Great AI Bubble Popping
엄청난 인공지능의 거품이 꺼질 가능성에 주의하라

Has the AI bubble burst? Wall Street wonders if artificial intelligence will ever make money.
인공지능 거품은 꺼졌나? 인공지능이 돈을 벌 수 있을지 궁금해하는 월가

물론 이런 우려 섞인 시각 속에서도 새로운 생성형 AI 제품 발표는 계속되고 있고, 기업들의 AI 투자도 계속 이어지고 있습니다.

엔비디아가 계속해서 AI 업계를 주름잡기 위해서는 경쟁사들의 거센 도전을 물리쳐야 합니다. 엔비디아의 경쟁사로는 AMD, 세레브라스 시스템즈 Cerebras Systems, 그래프코어 Graphcore 등이 있습니다. 이 외에 마이크로소프트와 아마존, 구글 같은 대기업들도 자체 AI 반도체 개발에 나서고 있습니다.

이런 상황에서 앞으로 엔비디아가 경쟁사들을 물리치고 주가 상승세를 이어갈지, 아니면 결국 실적이 하향 곡선을 그리면서 주가도 아래로 방향을 틀지는 더 시간을 두고 지켜봐야 하겠습니다.

15　High bond yields imperil America's financial stability

미국의 금융 안정성 위협하는 높은 채권 금리

Talk of a "Goldilocks" situation belies real danger

'골디락스' 기대 뒤에 숨어 있는 실질적 위험

1. Interrogating a fairy tale is not usually the best use of an investor's time. But there may be an exception. The internal logic of "Goldilocks and the Three Bears", and the idea that the economy can be "just right" for financial markets, merits some inspection.

2. Earlier this year, the prospect of a seemingly inevitable American recession—the result of rising interest rates—peppered conversations across the financial world. Now, with inflation falling rapidly, economic growth looking strong and the Federal Reserve at least slowing the pace of interest-rate rises, talk is instead of a "Goldilocks" situation: an economy that is neither too hot (with surging inflation) nor too cold (with unpleasantly high unemployment). As the economic picture has grown brighter, yields on American government bonds have ticked ever higher. The yield on ten-year Treasuries is now 4.2%, up from 3.8% at the beginning of the year. Real yields, adjusted for inflation expectations, are at their highest since 2009.

3. They are unlikely to fall any time soon. On top of buoyant growth figures—one closely followed estimate suggests that the American economy may be growing at nearly 6%—underlying supply and demand also point upwards. The government ran a deficit of almost 9% of GDP in the year to July, an elevated level that is expected to persist. Meanwhile, the Fed has allowed around $765bn of Treasuries on its balance-sheet to mature without replacement since last summer.

투자자 입장에서 동화처럼 비현실적이거나 과장된 이야기를 깊이 따져본다는 건 보통 시간 낭비일 수 있다. 하지만 예외가 있을 수도 있다. 《골디락스와 곰 세 마리》 동화의 내적 논리와 미국 경제가 금융 시장에 '아주 적합한 상황'일 수 있다는 생각은 점검해 볼 가치가 있기 때문이다.

올해 초 금리 상승으로 인해 미국 경제의 침체가 불가피할 것 같다는 전망이 금융계 전반의 뜨거운 화두였다. 그런데 지금 인플레이션이 빠르게 하락하고 경제가 견조한 성장세를 보이는 것 같고 연준이 적어도 금리 인상 속도를 늦추자 대신 (인플레가 급등하며) 너무 뜨겁지도 않고 (실업률이 불쾌할 정도로 높지도 않아) 그렇다고 너무 차갑지도 않은 일명 '골디락스' 상황에 대한 논의가 활발해졌다. 이처럼 경제 전망이 밝아지자 미국 국채 수익률은 계속해서 상승하고 있다. 연초 3.8%에 머물던 10년 만기 국채 수익률은 현재 4.2%로 올랐다. 인플레이션 기대치를 조정한 실질 수익률은 2009년 이후 최고치이다.

당분간 금리가 떨어질 가능성은 낮다. 미국 경제가 6%에 육박할 만큼 강하게 성장할지 모른다는 고무적인 성장률 추정치마저 나오며 주목을 받는 가운데 기초 수요와 공급도 증가세를 보이고 있다. 미국 정부는 올해 7월까지 GDP의 9%에 달하는 재정 적자를 기록했으며, 이 같은 적자는 계속 높은 수준을 유지할 것으로 예상된다. 한편 연준은 지난 여름부터 대차대조표에 있는 약 7,650억 달러의 국채를 대체하지 않고 만기가 올 수 있게 허용했다.

4 The recent good economic news has less rosy implications for the financial outlook than might be expected. Indeed, various markets are already being squeezed by rising yields in a manner that threatens financial stability. Sky-high bond yields mean considerable financial distress is baked in, even if it is not yet visible. And the threat is growing with every piece of strong economic data.

5 Consider commercial property. American office-vacancy rates reached 16.4% in the middle of the year, according to Colliers, an estate agency, above the previous record that was set after the global financial crisis of 2007-09. The combination of firmly entrenched work-from-home habits and rising interest rates has been brutal for owners of office buildings. Capital Economics, a research firm, forecasts an additional 15% decline in prices by the end of next year, with the west coast being struck particularly hard.

6 The situation faced by commercial-property owners may deteriorate even if the economy further improves. One or two extra percentage points of growth will bring back few tenants. But the resulting increase in interest rates will put pressure on businesses unable to refinance the debt they accumulated at low rates in the covid-19 pandemic. Newmark, a property-services firm, identifies a maturity wall of $626bn in troubled commercial-property debt—where the senior debt of the borrower is worth

그런데 최근의 경제에 관한 희소식은 금융 전망에 기대만큼 장 4
밋빛 영향을 미치고 있지는 못하다. 실제로 다양한 시장이 이미
금융 안정성에 위협을 느낄 만큼 채권 수익률 상승으로 압박을
받고 있다. 높은 채권 수익률은 아직 가시화되지는 않고 있더라
도 금융 부문에 상당한 재정적 어려움이 내재되어 있음을 의미
한다. 그리고 이러한 위협은 경제 지표가 호조를 보일 때마다 더
커지고 있다.

상업용 부동산을 예로 들어보자. 부동산 중개업체 콜리어스에 5
따르면 올해 중반 미국 오피스 공실률은 16.4%로, 2007~09년
글로벌 금융 위기 이후 최고치를 뛰어넘었다. 확고하게 굳어진
재택근무 습관과 금리 상승의 조합은 오피스 빌딩 소유주에게
는 잔인한 결과로 이어졌다. 리서치 회사인 캐피털 이코노믹스
는 특히 서해안 지역의 타격이 극심한 가운데 내년 말까지 상업
용 부동산 가격이 15% 추가 하락할 것으로 예상했다.

경제가 더욱 개선되더라도 상업용 부동산 소유주들이 직면한 상 6
황은 악화될 수 있다. 경제가 1~2%포인트 추가 성장하더라도 세
입자를 되찾기 힘들 것이다. 그러나 금리가 상승하면 결과적으
로 COVID-19 팬데믹 시절 저금리로 빌려 쌓인 부채를 재융자할
수 없는 기업들은 압박을 받을 것이다. 부동산 서비스 회사인 뉴
마크는 2023년에서 2025년 사이 만기 도래하는 상업용 부동산
부채(이중 대출자의 선순위 부채가 부동산 가치의 80% 이상)의
만기 집중에 대한 부담은 6,260억 달러에 달하는 것으로 파악하

80% or more of the value of the property—that will come due between 2023 and 2025. Without a let-up in the bond market, plenty of companies will smash into the wall.

7   Problems in commercial property could spread. Many American lenders have extended credit to the industry. In early August Moody's downgraded ten small and mid-sized institutions, and placed several larger ones on watch for downgrades. Banks with under $10bn in assets have exposure to commercial real estate worth 279% of their equity cushions, the rating agency noted, compared with 51% for those with over $250bn.

8   The problems that felled Silicon Valley Bank, First Republic Bank and Signature Bank in March and April have not gone away, either. Deposits across the industry have barely recovered since their tumble in the spring, rising by 0.02% a week on average over the past four months, compared with 0.13% on average over the past four decades. The allure of money-market funds, where high yields offer investors an alternative to low-interest bank accounts, means the pressure is hardly letting up.

9   For less leveraged firms, workers and stock investors, the economic porridge seems to be at just the right temperature. Even in the residential property market, which provided the spark for the global financial crisis, owners have largely shrugged off the Fed's rapid interest-rate increases. But the parts of the American market most

고 있다. 채권 시장이 회복되지 않는다면 많은 기업이 이러한 벽에 부딪힐 것이다.

상업용 부동산의 문제가 확산될 수도 있다. 많은 미국 은행이 상업용 부동산 업계에 대출해 줬다. 무디스는 8월 초 10개 중소형 은행의 신용등급을 강등하고, 몇몇 대형 은행의 신용등급을 하향 조정하기 위한 감시 대상에 올려놓았다. 무디스는 자산 규모가 100억 달러 미만인 은행의 상업용 부동산 익스포저는 완충 자본의 279%로, 자산 규모가 250억 달러 이상인 은행의 51%에 비해서 훨씬 더 높다는 점을 문제로 지적했다. 7

3월과 4월에 실리콘밸리은행, 퍼스트리퍼블릭뱅크, 시그니처뱅크를 무너뜨린 문제도 사라지지 않았다. 은행 업계 전반의 예금은 지난 4개월 동안 주당 평균 0.02% 증가하는 데 그칠 만큼 봄철 급감 이후 거의 회복되지 못했다. 이는 지난 40년간의 평균 증가율 0.13%에 한참 못 미치는 수준이다. 높은 수익률 때문에 투자자들에게 저금리 은행 계좌의 대안 역할을 하는 머니마켓펀드의 인기는 은행이 받는 압박이 좀처럼 줄어들지 않고 있음을 의미한다. 8

레버리지가 적은 기업이나 근로자, 주식 투자자에게 경제라는 '죽'은 적절한 온도를 유지하고 있는 것처럼 보인다. 글로벌 금융위기의 도화선이 된 주거용 부동산 시장에서도 소유주들은 연준의 급격한 금리 인상에도 크게 개의치 않고 있다. 그러나 미국 9

vulnerable to rising refinancing costs are faced with an unappetising bowl of cold porridge. A Goldilocks outcome for some is a bearish nightmare for others. If Treasury yields stay high, it could become increasingly hard to keep the two realities separate. (Aug 29th 2023)

시장에서 재융자 비용 상승에 가장 취약한 부분은 식욕을 돋구지 않는 차가운 죽 한 그릇을 마주하고 있다. 일부에게는 골디락스 같은 결과가 다른 이들에게는 악몽이 될 수 있다. 국채 수익률이 지금처럼 높은 상태를 유지한다면 이 두 가지 현실을 분리하기가 점점 더 힘들어질 수도 있다. (2023년 8월 29일)

이번 장에서는 2023년 8월 말에 나왔던 High bond yields imperil America's financial stability라는 기사를 중심으로 외신에 나오는 채권 기사를 읽는 방법에 대해 소개하겠습니다.

먼저 이 기사를 잘 이해하기 위해서는 앞쪽에 나온 '골디락스'라는 말부터 알아둬야 합니다. 골디락스는 기사 중간에 나와 있듯이 경제도 적당히 성장하고 물가도 너무 높지 않은, 말 그대로 경제가 '딱 좋은 상태'에 있는 것을 말합니다. 골디락스 상태에 있다는 것을 영어로 goldilocks zone에 있다고 합니다. The economy is in a goldilocks zone(경제가 골디락스 상태에 있다)과 같이 씁니다. 또는 goldilocks situation이라고도 합니다. 골디락스로 인해 주가가 상승하는 것을 goldilocks stock-market rally라고 합니다.

원래 이 단어는 앞서 첫 문단에 나온 것처럼 19세기 영국의 전래 동화 《골디락스와 곰 세 마리 Goldilocks and the Three Bears》에서 유래됐습니다. 동화에서는 골디락스라는 이름의 어린 소녀가 숲속을 거닐다가 곰 가족의 빈 집에 들어갑니다. 골디락스는 집 안에서 식탁 위에 놓인 아빠 곰, 엄마 곰, 아기 곰의 죽을 발견합니다. 그런데 아빠 곰의 죽은 너무 뜨겁고, 엄마 곰의 죽은 너무 차가운 반면 아기 곰의 죽은 온도가 딱 적당해서 그걸 먹습니다. 그리고 의자를 세 개 발견하는데, 아빠 곰의 의자는 너무 크고, 엄마 곰의 의자는 너무 작은 반면, 아기 곰 의자는 딱 맞아 거기에 앉지만, 곧 의자가 부서져 버립니다. 골디락스는 결국 침실로 들어서는데, 침대도 세 개입니다. 아빠 곰의 침대는 너무 딱딱하고, 엄마 곰의 침대는 너무 푹신하지만, 아기 곰 침대는 딱 편안해 거기서 잠이 들지요. 그런데 곧 집에 돌아온 곰 가족은 골디락스가 자신들의 죽을 먹고 의자도 부서뜨린 뒤 아기 곰 침대에서 자고 있는 것을 발견합니다. 놀란 골디락스는 잠에서 깨어나 도망칩니다.

이제 기사 마지막 문단에서 '죽' 얘기가 나온 이유를 이해하실 겁니다. 누차 말씀드리지만 『The Economist』 기사는 이처럼 배경지식이 없이는 이해하기 힘든 경우가 자주 있습니다. 그렇지만 다른 대부분의 외신 기사들과 달리 기사에서 배경 설명을 자세히 해 주지 않습니다. 따라서 이런 내용을 모른 채 기사를 읽다가는 '죽' 얘기가 나오는 것을 보고 porridge에 '죽' 외에 다른 뜻이 있는지 열심히 사전을 찾아봐야 하는 일이 생길 수도 있습니다.

이어서 채권 이야기를 하자면, 미국 채권을 다룬 외신 기사는 사실상 대부분이 국채 treasuries 관련 기사입니다. 국채는 정부가 사업 집행이나 자금 조달을 목적으로 발행하는 채권이죠. 그래서 미국 국채 기사에서 bond라고 나와도 국채를 말합니다.

Is the bull market about to turn into a bubble? 편에서 채권 가격 price 과 금리 yield 사이의 역상관관계에 대해 잠시 설명을 드렸습니다. 즉, 금리가 상승하면 채권 가격은 하락하고, 금리가 하락하면 채권 가격은 상승합니다. 영어로 Bond yields rise as prices fall. Yields and prices move in opposite directions와 같이 쓸 수 있습니다.

미국 국채 중에서 10년물 국채 10-year U.S. Treasury 와 2년물 국채 2-year U.S. Treasury 가 외신에서 가장 많이 나옵니다. 전자는 전 세계 조달금리의 기준 benchmark for borrowing rates globally 이라서 그렇고, 후자는 금리 전망 interest rate expectations 에 민감하게 반응하기 때문입니다.

국채는 정부가 지급을 보증하는 안전 자산 safe haven 입니다. 미국 국채는 세계 1위 경제국이 지급을 보증하기 때문에 가장 안전한 자산으로 평가받습니다. 따라서 전 세계의 주요국이 미국 국채에 투자하고 있고, Foreign holdings of US Treasuries rise to a record in July(7월 외국인 미국 국채 보유액 사상 최대치 기록)처럼 세계 주요국들이 여기에 얼마나 투자하고 있는지 집계한 결과를 알려주는 기사가 정기적으로 나옵니다. 따라서 경제 불확실성 economic uncertainty 이 높아지거나 위험 회피 risk aversion 심리가 강해질 때 국채를 매수하는 움직임이 강해집니다. 그러면 가격은 오를 테니 국채 수익률은 떨어집니다.

미국 경제가 안 좋을 때 The 10-year Treasury yield fell on Monday as investors' concerns on the economic outlook rise amid a global stock market-selloff(글로벌 증시 매도세로 경제 전망에 대한 투자자들의 우려가 커지자 월요일 10년 만기 미 국채 수익률은 하락했다)와 같은 내용의 외신 기사를 많이 접하게 되는 것도 이런 이유 때문입니다.

2년물과 10년물 국채 수익률 움직임을 통해 경기 침체를 예측하는 기사도 많이 나오는데, 이때 빠짐없이 들어가는 용어가 수익률 곡선 yield curve 입니다. 수익률 곡선은 특정 시점에서 다양한 만기를 가진 채권의 수익률을 시각적으로 표현한 그래프입니다. X축은 국채 만기 기간, Y축은 금리입니다. X축은 좌측에서 우측으로 갈수록 만기가 길어지고, Y축은 아래에서 위로 올라갈수록 금리가 올라간다고 보시면 됩니다.

보통 2년물보다는 10년물 금리가 더 높아야 정상입니다. 당연히 만기가 늦으니 그만큼 불확실성을 감안해 금리를 더 쳐주는 게 맞겠죠. 돈이 오랫동안 묶여있는데 중간에 무슨 일이 터질지 모르니까요. 보통 경제가 안정적이고 장기적으로 성장할 때는 이렇게 수익률 곡선은 우상향하는 정상적인 상태 normal yield curve 가 만들어집니다.

그런데 만기가 짧은 2년물 금리가 만기가 긴 10년물 금리보다 높아지는 경우가 생기곤 하는데 이때 수익률 곡선이 역전됐다 inverted 고 말합니다. 이는 투자자들이 장기 경제 전망에 대해 부정적인 시각을 갖고 있다는 신호로 해석됩니다. 예를 들어, 경제가 침체에 들어설 것이라는 우려가 커지면 투자자들은 위험을 회피하기 위해 단기 채권보다 상대적으로 안전한 장기 채권을 더 많이 사게 됩니다. 이로 인해 장기 채권의 가격이 오르고 수익률은 떨어집니다. 반면, 단기 채권의 수익률은 오르게 되어 역전 현상이 발생하는 겁니다. 수익률 곡선이 역전되면 보통 1~2년 안에 경제가 침체에 빠질 거란 신호로 받아들여지는 건 이런 이유 때문입니다. 따라서 수익률 곡선이 역전되는 일이 벌어졌을 때 미국의 경기 침체를 전망하는 기사가 자주 등장합니다. 2024년 봄에 이 수익률 곡선 역전 yield curve inversion 현상이 장기간 지속되자 미국의 경기 침체 우려가 절정에 달했습니다.

  수익률 곡선 역전이 풀리는 건 uninverted라고 합니다. 수익률 곡선이 역전됐다가도 경기 침체 우려가 수그러들어 역전 현상이 다시 풀렸다는 것을 말할 때 이 단어를 씁니다. 이제 기사 내용을 자세히 살펴보겠습니다.

Earlier this year, the prospect of a seemingly inevitable American recession—the result of rising interest rates—peppered conversations across the financial world. Now, with inflation falling rapidly, economic growth looking strong and the Federal Reserve at least slowing the pace of interest-rate rises, talk is instead of a "Goldilocks" situation: an economy that is neither too hot (with surging inflation) nor too cold (with unpleas-

antly high unemployment). As the economic picture has grown brighter, yields on American government bonds have ticked ever higher. The yield on ten-year Treasuries is now 4.2%, up from 3.8% at the beginning of the year. **Real yields**, adjusted for inflation expectations, are at their highest since 2009.

'골디락스'에 대한 설명이 나오는 문단입니다. 기사에서는 연초에만 해도 미국이 고금리로 인해 경기 침체가 불가피해 inevitable 보였지만 이제 동화 속 골디락스가 선택한 '죽'처럼 너무 뜨겁지도 않고 차갑지도 않은 양호한 경제 상태에 대한 기대가 높아지자 국채 금리가 올라가고 있다고 설명하고 있습니다. 말씀드렸듯이 미국 국채 기준물이 10년물이기 때문에 이 기사에서도 10년물 금리를 인용했습니다. real yield는 '실질 수익률'로, 위에 나온 것처럼 '인플레이션 기대치를 감안해 조정한' 수익률입니다. 금융 상품에 투자할 때 기대하는 수익률을 명목 수익률 nominal yield 이라고 한다면, 여기서 물가 상승률을 뺀 뒤 실제로 손에 쥐는 수익률을 실질 수익률이라고 합니다. 즉 '실질 수익률 = 명목 수익률 – 인플레이션율'입니다. 아주 단순하게 말해서, 국채 금리가 5%인데 물가 상승률이 2%라면 실질 수익률은 3%입니다.

3 They **are unlikely to fall any time soon**. On top of **buoyant** growth figures—one closely followed estimate suggests that the American economy may be growing at

nearly 6%—underlying supply and demand also point upwards. The government ran a deficit of almost 9% of GDP in the year to July, an elevated level that is expected to persist. Meanwhile, the Fed has allowed around $765bn of Treasuries on its balance-sheet to mature without replacement since last summer.

여기서는 국채 금리가 당분간 높은 상태를 유지할 가능성이 높은unlikely to fall any time soon 이유를 설명하고 있습니다. 하나는 경제가 강한buoyant 상태를 유지하고 있고, 둘째는 정부가 장시간 높은 재정적자를 기록 중이며, 셋째는 연준이 국채 만기가 도래한 후 재매입하지 않고 그대로 상환을 허용했기 때문입니다.

    경제가 강하게 성장하면 금리가 내려갈 가능성이 낮겠죠. 또 재정적자가 많다는 것은 정부가 지출을 위해 국채 발행을 통해 많은 자금을 빌리고 있다는 의미이므로 금리가 높은 상태를 유지하게 만드는 원인이 됩니다. 많이 발행한 국채의 매수자를 구하려면 가격은 싸게, 금리는 높게 제시해야 매수자가 관심을 갖겠죠.

    그리고 연준이 지난 여름부터 재무제표balance-sheet에 있는 7,650억 달러 규모의 채권을 대체하지 않고 만기가 돌아오게 하고 있다는 건, 만기가 돌아와도 다시 국채를 매입하지 않고 장부에서 털어내고 있다는 뜻입니다. 만기가 돌아오는 국채를 재매입하면 시중에 유동성을 공급하는 게 되는데, 그렇게 하지 않겠다는 뜻이므로 이는 시중에서 유동성을 흡수하는 긴축적 정책 수단에 해당합니다.

5 Consider <u>commercial property</u>. American office-vacancy rates reached 16.4% in the middle of the year, according to Colliers, an estate agency, above the previous record that was set after the global financial crisis of 2007-09. The combination of firmly entrenched <u>work-from-home</u> habits and rising interest rates has been brutal for owners of office buildings. Capital Economics, a research firm, forecasts an additional 15% decline in prices by the end of next year, with the <u>west coast</u> being struck particularly hard.

이 대목에서는 금리 상승으로 인해 가장 큰 피해를 입을 수 있는 곳으로 미국의 상업용 부동산 시장commercial property market을 들었습니다. 여기서 west coast, 즉 서부 해안 지역의 상업용 부동산 상황이 특히 더 안 좋다고 이야기하는 까닭은 실리콘밸리나 샌프란시스코가 있는 이 지역이 기술 산업의 중심지이기 때문입니다. COVID-19 팬데믹이 터진 이후 기술 기업들은 다른 기업들보다 상대적으로 빠르게 원격 근무work-from-home를 도입하면서 비용 절감 차원에서 더 저렴한 지역으로 이사했습니다. 또 고금리 장기화 속에서 기술 기업들은 구조조정을 통해 인력을 감축하는 일도 많았습니다. 기술 기업들의 감원이 이어지다 보니 관련 기사도 많이 나왔습니다. 미국 웹사이트인 Layoffs.fyi는 기업 발표와 언론 보도 내용을 토대로 주요 기술 기업의 감원 상황을 집계해 발표할 정도입니다.

참고로 상업용 부동산이란 사업 활동business activities에 사용되는 부동산을 말합니다. 상업용 부동산은 일반적으로 기업이 입주하는 건물을 의미하지만, 수익 창출에 사용되는 토지land나 대규모 주거용 임대 부동산residential rental properties도 포함될 수 있습니다.

The situation faced by commercial-property owners may deteriorate even if the economy further improves. One or two extra percentage points of growth will bring back few tenants. But the resulting increase in interest rates will put pressure on businesses unable to refinance the debt they accumulated at low rates in the covid-19 pandemic. Newmark, a property-services firm, identifies a maturity wall of $626bn in troubled commercial-property debt—where the senior debt of the borrower is worth 80% or more of the value of the property—that will come due between 2023 and 2025. Without a let-up in the bond market, plenty of companies will smash into the wall.

위 문단에서는 refinance the debt와 maturity wall에 대해 주목해 볼 필요가 있습니다. refinance the debt는 '부채를 재융자(재조정)하다'라는 뜻입니다. 이는 기존 부채 existing credit 를 더 유리한 조건 terms 으로 다시 차입하거나, 새로운 대출로 기존 대출을 상환하는 과정을 의미합니다. 보통 이자율을 낮추거나 상환 기간을 연장하기 위해 부채를 재융자합니다. 외신을 보면 Why Refinancing Your Mortgage Right Now May Be a Good Idea(지금 모기지 대출을 재융자하는 것이 좋은 이유)와 같이 모기지 대출 재융자에 대한 기사가 많이 나옵니다. 그만큼 대출 시장에서 모기지 대출이 차지하는 비중이 크기 때문입니다.

maturity wall은 특정 시점에 채권의 만기가 도래해 대규모로 부채가 상환되어야 하는 상황을 말합니다. 2010년에 국제적인 신용평가사 무디스가 발표한 보고서에서 이 단어가 처음 쓰인 것으로 알려져 있습니다. (장)벽을 뜻하는 wall은 경제 영어에서 뭔가 막혀 있는 답답한 상황을 묘사할 때 자주 사용됩니다. 기업이 대출이나 신용(부채) 만기가 도래해 어려움을 겪는 상황을 신용(부채) 만기 벽 credit(debt) maturity wall 이라고 하고, 법률, 규제, 관세처럼 특정 경제 활동이나 거래를 방해하는 요소들을 말할 때 경제 장벽 economic wall 이라고 합니다.

High-yield bond issuers face a wall of maturity debt over the next four years(하이일드 채권 발행사는 향후 4년 동안 만기 부채의 벽에 직면하게 된다)는 credit(debt) maturity wall의 예가 될 수 있습니다.

만일 looming maturity wall이라는 표현이 나온다면 이는 '다가오는 신용 만기의 벽'이 되겠습니다. 곧 여러 채권 만기가 도래한다 come due 는 뜻입니다. 아시다시피, 채권의 만기가 도래한다는 것은 채권의 약정 기간이 끝나서 원금을 상환해야 하는 시점이 된다는 의미입니다. 채권은 일정 기간 동안 돈을 빌려주고 이자를 받는 투자 상품이니까요. 예를 들어, 10년 만기 국채라면 투자자가 국채를 매수한 날로부터 10년이 지나면 만기가 도래하게 됩니다. 이때 발행자는 국채 원금을 투자자에게 돌려주고, 약정된 이자를 모두 지급하게 됩니다.

7 Problems in commercial property could spread. Many American lenders have extended credit to the industry. In early August Moody's downgraded ten small and mid-sized institutions, and placed several larger ones

on watch for downgrades. Banks with under $10bn in assets have exposure to commercial real estate worth 279% of their equity cushions, the rating agency noted, compared with 51% for those with over $250bn.

무디스Moody's 외에 S&P와 피치 레이팅스Fitch Ratings를 세계 3대 신용평가 기관credit ratings agency이라고 합니다. 이들은 기업과 정부의 신용등급을 매기고, 발행되는 채권의 신용 위험을 평가해서 채권이 얼마나 안전한지를 알려줍니다. 외신에서 Moody's keeps Aa2 rating on S. Korea with stable outlook(무디스, 한국 국가 신용등급 'Aa2' 및 안정적 전망 유지) 같은 기사를 많이 보셨을 겁니다. 보통 신용등급을 유지할 때는 keep (또는 affirm), 내릴 때는 downgrade (또는 cut/drop lower), 올릴 때는 upgrade (또는 lift)를 씁니다. 이들 신용평가 기관들은 신용등급 결정을 발표한 후 긍정적positive, 중립적neutral, 부정적negative으로 신용 전망outlook도 내놓습니다. 일반적으로 신용 전망은 향후 수개월 또는 수년 안에 전망한 대로 신용등급을 조정할 수도 있다는 것을 시사합니다. 국가 신용등급은 sovereign rating 또는 long-term credit rating이라고 합니다. 예를 들어, S&P cuts Israel's long-term credit ratings, citing 'military escalation risks'라고 하면 'S&P, '확전 위험' 이유로 이스라엘의 장기 신용등급 하향'으로 번역할 수 있습니다. 그리고 watch for downgrade는 '하향 조정 감시 대상'이란 뜻입니다. 이는 대상 기업이나 정부의 신용등급이 하향 조정(강등)될 가능성이 높다는 의미입니다.

8   The problems that felled <u>Silicon Valley Bank, First Republic Bank</u> and Signature Bank in March and April have not gone away, either. Deposits across the industry have barely recovered since their tumble in the spring, rising by 0.02% a week on average over the past four months, compared with 0.13% on average over the past four decades. The allure of <u>money-market funds</u>, where high yields offer investors an alternative to low-interest bank accounts, means the pressure is hardly letting up.

여기서는 2023년 봄에 터진 미국 지역은행들의 위기가 사라지지 않았다는 말이 나옵니다. 실리콘밸리은행, 퍼스트리퍼블릭뱅크, 시그니처뱅크 위기(실리콘밸리은행은 '은행'이라고 하고 나머지는 '뱅크'라고 한 건 국내 언론들이 주로 쓴 표기법을 따랐기 때문입니다)에 대해서는 Economists and investors should pay less attention to consumers 편에서 말씀드렸던 내용을 다시 참고해 주시기 바랍니다.

money-market fund는 투자자들이 단기로 돈을 굴릴 수 있게 해 주는 펀드입니다. 우리말로도 '머니마켓펀드'라고 씁니다. '유동성이 풍부한 상품에 단기로 투자'하는 상품입니다. money market mutual fund라고도 합니다.

9   For less <u>leveraged</u> firms, workers and stock investors, the economic porridge seems to be at just the right

temperature. Even in the residential property market, which provided the spark for the global financial crisis, owners have largely shrugged off the Fed's rapid interest-rate increases. But the parts of the American market most vulnerable to rising refinancing costs are faced with an unappetising bowl of cold porridge. A Goldilocks outcome for some is a bearish nightmare for others. If Treasury yields stay high, it could become increasingly hard to keep the two realities separate.

여기서 아주 중요한 단어 leveraged가 나왔습니다. 우리말로도 '레버리지'라고 하는데, 아시겠지만 '지렛대'라는 뜻입니다. 지렛대가 작은 힘으로 무거운 물건을 들 수 있다는 점에서 투자나 경영 업계에서 말하는 레버리지는 차입 자금 borrowed money 을 활용해 투자 수익률 return of an investment 을 극대화하는 전략을 의미합니다. 즉, 자신의 자본에다 대출이나 차입금을 활용해 투자 규모를 확대하고, 그 결과로 발생하는 수익으로 자산을 불리는 방식입니다. 물론 원래 뜻인 '지렛대처럼 활용하다'라는 의미를 전달할 때도 leverage를 많이 씁니다. 가령 Samsung to leverage AI to help users with conversations라는 기사 제목이 있다면 '삼성, AI 활용해 사용자 대화 지원 계획'이란 뜻입니다.

이번 장에서는 채권에 관한 다양한 표현을 알아봤습니다. 이 외에도 본문 설명에서 다루진 못했지만 외신에 자주 등장하는 관련 표현과 용어를 더 살펴보면서 마치겠습니다.

외신에서는 채권 가격과 수익률 움직임만큼이나 발행과 관련된 기사도 많이 나옵니다. 이때 자주 나오는 동사로는 issue 발행하다, raise 조달하다, subscribe 청약하다 등이 있습니다. Chinses firms plan to raise $15bn in overseas bond issues라고 하면 '중국 기업들, 해외 채권 발행으로 150억 달러 조달 계획'이라는 뜻입니다.

　　채권 발행을 통해 얻은 돈, 즉 수익금을 뜻하는 proceeds, 채권 발행을 주관하는 회사를 말하는 underwriter 등의 명사도 자주 나옵니다. underwriting은 주관 업무입니다. Goldman Sachs profit tops estimates on robust debt underwriting은 '골드만삭스, 채권 주관 업무 호조로 실적 전망치 상회'라 번역할 수 있습니다. 채권 발행을 주관한다는 것은 금융 기관이나 투자은행이 기업이나 정부가 새로운 채권을 발행할 때 거쳐야 할 여러 단계를 관리하고 지원해 주는 것을 말합니다. 이를 통해 채권 발행자가 필요한 자금을 효과적으로 조달할 수 있도록 돕는 겁니다.

　　senior debt(bond)와 subordinated debt(bond)라는 단어도 자주 볼 수 있는데 전자는 선순위 채권, 후자는 후순위 채권입니다. 채권을 발행한 곳이 망했을 때 상환 순위가 먼저냐 나중이냐를 말합니다. 당연히 나중에 받으면 위험할 수 있으니 후순위 채권의 이자율이 높습니다.

　　이 밖에도 발행 채권이 investment grade인지 non-investment grade인지를 언급하는 것도 자주 볼 수 있습니다. 굳이 발행 기사가 아니라도 이 두 용어는 채권 기사에서 자주 쓰입니다. 전자는 '투자 등급', 후자는 '투기 등급'이라고 합니다. 전자는 신용평가 기관이 해당 채권에 대해 안정적이고 신뢰할 수 있다고 평가한다는 뜻이고, 후자는 그 채권에 대해 상환 가능성이 낮은 만큼 위험하다고 평가하고 있다는 뜻입니다. non-investment grade bond를 junk bond 또는 speculative grade bond, high-yield bond라고도 합니다. 모두 같은 뜻이므로 외신에서는 이 용어들을 섞어서 쓰는 경우가 많습니다. 영문 기사에서는 같은 뜻의 다른 단어(숙어 포함)를 쓰기를 좋아하니까요. 예를 들어, 2024년 9월 26일자 블룸버그 기사의 제목은 Canada's High-Yield Bond Market Is Suddenly the Hottest in Years(수년 만에 갑자기 뜨거워진 캐나다의 하이일드 채권 시장)인데, 그 아래 본문을 보면 companies have raised around C$4.7 billion through non-investment-grade debt sales so far this year(기업들은 올해까지 투기등급 채권 판매를 통해 약 47억 캐나다 달러를 조달했다)라거나 The junk bond revival in Canada~ (캐나다의 정크 본드 시장 부활은~)식으로 각각 다른 표현을 섞어 쓴 것을 알 수 있습니다.

마지막으로 알아두면 좋을 용어로 duration이 있습니다. 우리말로도 '듀레이션'으로 번역하는데, 이것은 채권에 투자한 원금을 회수하는 데까지 걸리는 시간을 말합니다. 더 쉽게 말해 채권 만기까지 걸리는 시간입니다. 또 Short-duration strategies tend to outperform long duration bets when rate-cutting cycles coincide with soft landings이라고 하면 '금리 인하 주기에 경제가 연착륙할 때 단기물 (채권) 베팅 전략이 장기물 (채권) 베팅보다 더 나은 성과를 내는 경향이 있다'는 뜻입니다.

지금까지 다양한 채권 관련 표현과 용어를 살펴봤습니다. 사실 경제 금융 분야에 아주 관심이 많은 분들이 아니라면 단독으로 쓰인 채권 시황 기사나 발행 기사를 굳이 찾아서 읽을 일은 자주 없을 겁니다. 그렇지만 채권 시장의 흐름을 이해하면 경제 상황을 판단하고 더 나은 투자 결정을 하는 데 도움을 받을 수 있기 때문에 이번 장에서는 채권 기사 이해에 필요한 내용을 비교적 자세하게 설명해 보았습니다.

16 Copper is the missing ingredient of the energy transition

에너지 전환의 숨은 열쇠, 구리

Where on Earth will it be found?
지구상 어디에서 구리를 찾을 수 있을까?

1   At 76, Richard Adkerson is an elder statesman of the copper industry. For two decades he has been CEO of Freeport-McMoRan, one of the world's biggest copper producers, valued at $55bn. He has seen it all, from short-term booms and busts to the China-led supercycle, and from industry fragmentation to consolidation. Freeport itself has pioneered some of the trends. In 2007, when it paid $26bn for Phelps Dodge, an Arizona-based company dating back to the Wild West days of the 19th century, it was the biggest mining transaction ever. It was also a masterstroke. Not so the company's ill-fated diversification into oil and gas less than half a decade later, which he says was not his idea. That caused a near-death experience and had to be swiftly unwound after both energy and metal prices crashed in 2016.

2   Appropriately for a mining-industry executive, he has a gravelly voice, which he uses to conjecture about a potential copper crunch. The pressures of industrial development in the emerging world, as well as progressing electrification and decarbonisation as part of the energy transition, are likely to turbocharge demand for the red metal. S&P Global, a consultancy, expects copper consumption to double to 50m tonnes between now and 2035. Yet unless prices rise sharply, supply is unlikely to keep up. Besides new copper mines coming on stream in Mongolia and the Democratic Republic of Congo, such projects are thin on the ground, Mr Adkerson says. Concerns about the environment and indigenous rights make it harder to

올해 76세인 리처드 애드커슨은 구리 업계의 존경받는 원로다. [1]
그는 지난 20년간 회사 가치가 550억 달러에 달하는 세계 최대 구리 생산업체 중 하나인 프리포트-맥모란의 CEO로 재직해 왔다. 그는 단기적인 호황과 불황부터 중국 주도로 만들어진 슈퍼 사이클은 물론 업계의 분열과 통합에 이르기까지 모든 것을 지켜봤다. 프리포트 자체도 몇 가지 트렌드를 주도해 왔다. 예를 들어, 2007년 19세기 서부 개척시대에 세워진 애리조나에 본사를 둔 광산업체 펠프스 닷지를 260억 달러에 인수하며 광산업계에서 역대 최대 규모의 거래를 성사시켰다. 그리고 이 거래는 대성공을 거두었다. 하지만 반년도 채 지나지 않아 회사가 석유와 가스 분야로 사업 다각화를 시도한 일은 그렇게 성공하지 못했다. 애드커슨은 불행하게 끝난 이런 시도가 그의 아이디어는 아니었다고 말한다. 2016년 에너지와 금속 가격이 모두 폭락하며 회사가 망할 지경에 이르자 그는 급히 다각화 시도를 철회해야 했다.

광산업계에서 잔뼈가 굵은 임원답게 그는 구리 공급난 가능성 [2]
에 대한 추측은 걸걸한 톤으로 전하곤 한다. 신흥국의 산업 발전과 에너지 전환의 일환으로 추진되는 전기화와 탈탄소화 압력은 구리 수요를 급증시킬 수 있다. 컨설팅 업체인 S&P 글로벌은 구리 소비량이 현재부터 2035년 사이에 이전의 두 배인 5,000만 톤으로 증가할 것으로 예상하고 있다. 하지만 가격이 급등하지 않는 한 공급이 수요를 따라잡기는 어려울 것이다. 애드커슨에 따르면 몽골과 콩고민주공화국에서 새로운 구리 광산이 운영을 시작하는 것을 제외하고는 그러한 프로젝트 추진 사례가 사실상 전무하다. 환경과 원주민의 권리를 둘러싼 우려로 인해

win approval for them. Moreover, in both Chile and Peru, which together produce nearly 40% of the world's copper, mining is vulnerable to national politics.

3 As Mr Adkerson puts it, this is not a supply problem that money alone can solve. "There is just a scarcity of actionable investment opportunities in the world today," he says. Wisely, he does not go as far as suggesting the world is running out of copper. Instead, he tells a story dating back to the days early in his career when he was a consultant to the oil industry. One of his friends was Matthew Simmons, a Texas-based investment banker famous for promoting the theory of "peak oil", which posited that the world was running short of the stuff. And one of his clients was George Mitchell, who later gained fame as the father of the shale revolution that made a mockery of the peak-oil mantra. It was a salutary lesson, he chuckles. He always keeps one eye over his shoulder for a shale-oil equivalent in the copper business.

4 The comparison between the oil and copper businesses is useful. It helps illustrate the complexities of mining the metal. It also hints at how shortages may be overcome. Start with the differences between the two commodities. As Mr Adkerson explains, the technology for finding copper is not as effective as the seismic testing used to identify hydrocarbon reservoirs because copper deposits are spread over vast areas. Years of exploratory drilling are required. Moreover, a lot of oil exploration is done

구리 광산 개발 프로젝트 승인을 받기가 점점 더 어려워지고 있다. 게다가 전 세계 구리의 거의 40%를 생산하는 칠레와 페루에서는 광업이 국가 정치의 영향을 받기 쉬운 것도 문제다.

애드커슨의 말대로 이것은 돈만으로 해결할 수 있는 공급 문제가 아니다. 그는 "오늘날 전 세계에는 실행 가능한 투자 기회가 부족하다"라고 진단했다. 현명하게도 그는 전 세계에 구리가 부족하다고까지 말하지는 않았다. 대신에 그는 경력 초기에 자신이 석유 업계에서 컨설턴트로 일하던 시절에 일어난 이야기를 들려줬다. 그의 친구 매튜 시몬스는 텍사스에 본사를 둔 투자은행에서 일하고 있었는데, 전 세계에 석유가 부족하다는 '피크 오일' 이론을 주창하고 다니는 것으로 유명했다. 그리고 시몬스의 고객 중 한 명이 나중에 셰일 혁명의 아버지로 명성을 얻은 조지 미첼로, 피크 오일에 대한 믿음을 조롱한 인물이었다. 애드커슨은 웃으며 그것이 유익한 교훈이라고 말했다. 그는 항상 어깨 너머로 구리 사업에서도 셰일 오일 업계에서 일어난 그런 혁명이 일어날지 주시하고 있다고 했다.

석유와 구리 사업을 비교해 보면 유용하다. 복잡한 구리 채굴 분야를 설명하는 데 도움이 되기 때문이다. 더불어 공급 부족 극복 방법에 대한 힌트도 얻을 수 있다. 두 원자재의 차이점부터 살펴보자. 애드커슨의 설명에 따르면 구리 매장지가 광대한 지역에 걸쳐 퍼져 있는 관계로 구리를 찾는 기술은 탄화수소 매장지 확인에 사용되는 지진 테스트만큼 효과가 뛰어나지 않다. 그래서 수년간의 탐사 시추가 필요하다. 또한 많은 석유 탐사가 바다

in the ocean, but as yet deep-sea mining is nascent and environmentally sensitive. Mr Adkerson notes that Lockheed Martin, an American armsmaker that had thrown its weight behind deep-sea mining, has just sold a subsidiary with licences to explore part of the Pacific Ocean. In effect, it is quitting the venture.

5 There are also stark differences in production. Not only is copper mining more concentrated by region than oil drilling. Whereas it takes years to go from licensing to operating an oil well, it can take a generation to develop a "greenfield" copper mine. The consolation prize is that copper mines do not deplete as quickly as oil wells. Some of Freeport's mines date back more than 100 years.

6 Next consider the similarities. During the commodities supercycle up to the mid-2010s, both industries blew shareholders' money on wildly overambitious projects, which landed them in the sin bin. Even as concerns about oil and copper supplies have mounted, investors have demanded shareholder payouts rather than risk equity on big capital projects. This has been exacerbated by pressure to reduce resource extraction from investors worried about environmental, social and governance (ESG) issues.

7 Yet the mood may be starting to shift. In the oil industry, high prices of crude have led companies like Shell and BP to rethink the pace at which they cut oil production.

에서 이루어지고 있지만 구리의 경우 아직 심해 채굴은 초기 단계이며 환경에도 민감한 영향을 받는다. 애드커슨은 심해 채굴에 힘을 쏟았던 미국 무기 제조업체 록히드 마틴이 태평양 일부 지역 탐사 면허를 보유한 자회사를 매각했다는 사실을 지적했다. 이는 사실상 사업을 접은 것이나 다름없다는 것이다.

생산량에서도 엄연한 차이가 있다. 구리 채굴은 석유 시추보다 지역별로 더 집중되어 있다. 또 유정은 면허 취득부터 운영까지 수년이 걸리는 반면, 미개발 구리 광산을 개발하는 데는 한 세대가 걸릴 수도 있다. 다만 한 가지 위안이 되는 점은 구리 광산이 유정만큼 빨리 고갈되지 않는다는 사실이다. 프리포트가 보유한 일부 광산은 100년 이상의 역사를 자랑한다.

다음으로 유사점을 살펴보자. 2010년대 중반까지 이어진 원자재 슈퍼사이클 기간 동안 두 업계 모두 지나치게 야심 찬 프로젝트를 추진하다가 주주들의 돈을 날려버리는 바람에 죄악의 수렁에 빠졌다. 석유와 구리 공급에 대한 우려가 커지는 가운데서도 투자자들은 대규모 자본 프로젝트에 대한 위험을 부담하기보다는 주주 배당을 요구했다. 이러한 상황은 ESG(환경·사회·지배구조) 문제를 우려하는 투자자들로부터 자원 추출을 줄이라는 압력이 커지면서 더욱 악화됐다.

하지만 분위기가 바뀌기 시작하고 있다. 석유 업계에서는 고유가로 인해 쉘이나 BP 같은 기업들이 원유 생산량을 줄이는 속도를 재고하게 만들었다. 마찬가지로 구리 채굴 업체들도 대담해

Similarly, copper miners are becoming bolder. In April BHP, a diversified mining giant, will put to shareholders of Oz Minerals its $6.4bn proposal to take over the Australian copper-miner. If approved, it will be its largest acquisition since 2011. Freeport says that it will raise capital expenditure this year to $5.2bn, up from $3.5bn in 2022, chiefly to expand underground development at its Indonesian mine, Grasberg. Mr Adkerson points out that some of this increase is a result of rising costs. But he also detects a new mood among investors. "Today, when I speak with our shareholders, they ask us where the growth is going to come from."

Cu later

8 There are two possible answers. The first is to double down on "brownfield" sites where mines already exist. Freeport has 22m tonnes of copper reserves in America alone. It takes between six and ten years to develop such projects, and the current severe labour shortage could make it harder still. But it is more promising than starting from scratch. The second answer is technology. Mr Adkerson says Freeport has about 17m tonnes of residual copper left in its leaching processes. He hopes that new reagents, as well as new operating techniques using data analytics, will recover some of that in a way that is less costly than digging a new mine, emits less carbon and faces fewer regulatory hurdles.

지고 있다. 4월에 다각화된 거대 광산업체 BHP는 호주 구리 채굴업체 오즈 미네랄즈를 인수하기 위해 64억 달러 규모의 인수를 제안할 예정이다. 인수가 승인되면 이는 2011년 이후 최대 규모의 인수가 된다. 프리포트는 2022년 35억 달러였던 자본 지출을 올해 52억 달러로 늘리고, 특히 인도네시아 광산인 그라스버그의 지하 개발을 확대하기 위해 투자하겠다고 밝혔다. 애드커슨은 비용 상승이 이처럼 투자 액수가 늘어나게 된 일부 원인임을 지적했다. 하지만 그는 투자자들 사이에서 새로운 분위기도 감지하고 있다. "오늘날 주주들과 이야기를 나눌 때면 그들은 우리에게 성장의 원천이 어디인지 묻는다."

구리와의 재회를 기다리며

이 질문에는 두 가지 대답이 가능하다. 하나는 광산이 이미 존재하는 '기개발된' 부지를 두 배로 늘리겠다는 것이다. 프리포트는 미국에만 2,200만 톤의 구리 매장량을 확보해 놓았다. 이러한 프로젝트를 개발하는 데는 6~10년이 걸리는데, 지금처럼 노동력이 부족할 때는 개발의 난이도가 더 올라갈 수도 있다. 그래도 처음부터 시작하는 것보다는 더 유망하다. 두 번째 답은 기술에서 찾을 수 있다. 애드커슨에 따르면 프리포트의 침출 공정에 약 1,700만 톤의 잔류 구리가 남는다. 그는 새로운 시약과 데이터 분석을 이용한 새로운 운영 기술을 통해 새로운 광산을 파는 것보다 비용은 적게 들고 탄소 배출량도 적고 규제 장애물은 더 낮은 방식으로 그중 일부를 회수할 수 있기를 기대한다.

9   The veteran miner doesn't think this will have as impressive an impact on copper supply as the shale revolution did on oil. But he would say that. The greater the perceived scarcity, the higher the value of Freeport's reserves, and the more his company is worth. You can almost hear him rubbing his hands at the prospect. (Aug 29th 2023)

이 베테랑 광부는 이런 노력이 셰일 혁명이 석유 공급에 그랬던 것만큼 구리 공급에 큰 영향을 미치지는 않을 것이라고 믿는다. 하지만 그는 그렇게 말하고 싶어 한다. 희소성이 더 크다는 인식이 강해질수록 프리포트의 매장량 가치가 높아지고 회사의 가치도 더 올라갈 것이다. 그가 그 전망에 손을 비비며 만족해하는 모습이 그려지는 듯하다. (2023년 8월 29일)

이번 장에서는 구리 copper 를 주제로 이야기를 나누면서 최근 유행하고 있는 친환경 에너지 전환 energy transition 과 관련된 용어와 표현을 함께 살펴보겠습니다. 본문을 읽은 후엔 경제 상황의 예측 지표로서 구리가 어떤 역할을 하는지도 알아보겠습니다.

  먼저, 기사를 읽기 전에 에너지 전환과 구리의 관계에 대해서 조금 알아둘 필요가 있는데요, 에너지 전환이란 '에너지 시스템 내에서 에너지 공급과 소비에서 일어나는 중대한 구조적 변화'를 의미합니다. 좀 더 쉽게 말하자면 기후 변화 climate change 를 막기 위해 지속 가능한 에너지 sustainable energy 로 전환하는 것을 뜻합니다. 여기서 지속 가능한 에너지는 공급이 끊기지 않고 이어지는 에너지가 아니라 환경에 해를 끼치지 않으면서 장기적으로 사용할 수 있는 에너지입니다. 주로 태양광, 풍력, 수력, 지열 geothermal, 수력 전기 hydropower 같은 청정 clean 및 재생 renewable 에너지가 지속 가능한 에너지입니다. 지속 가능하다는 단어에는 현 세대뿐 아니라 미래 세대에도 필요한 에너지를 충분히 지속적으로 쓸 수 있게 해 준다는 의미가 내포되어 있습니다.

  구리는 우수한 전기 및 열전도성을 가지고 있어 전기차와 전기차 배터리, 재생에너지 인프라, 전력망 등 청정에너지 기술에 필수적이라 에너지 전환에서 매우 중요한 역할을 합니다. 바꿔 말해서 에너지 전환의 핵심적인 분야에는 늘 많은 양의 구리가 필요합니다. 이렇게 에너지 전환에 속도가 붙으면서 구리 수요도 계속 늘어나고 있습니다. 그러나 공급이 따라가지 못하고 있습니다. 구리 수요가 늘어나더라도 지구상에는 이를 소화할 수 있을 만큼 충분히 많은 구리가 매장 reserves 되어 있습니다. 하지만 문제는 이번 기사에서도 설명된 바와 같이 추출 비용 extraction cost 과 신규 광산 개발에 드는 엄청난 시간입니다. 이런 비용과 시간의 부담 때문에 수요 증가 속도를 공급 증가 속도가 따라가지 못하고 있습니다. 이는 구리 가격이 우상향하게 만드는 원인입니다. 기사에서 구리 소비량이 지금부터 2035년 사이에 이전의 두 배인 5,000만 톤으로 증가할 것으로 예상한 컨설팅 업체 S&P 글로벌은 2022년 여름에 발표한 보고서에서 구리 수요가 몇 년 안에 공급을 초과하기 시작할 것이라는 전망을 내놓았습니다. 이 회사는 당시 '추가적인 조처가 없으면 늘어나는 공급 격차가 2050년대까지 이어지면서 에너지 전환의 속도와 규모에 차질이 생길 것(Without action, a growing supply gap could last into the 2050s, hampering the speed and scale of the energy transition)'이라고 예측했습니다. 지금까지 설명한 에너지 전환이란 개념이 어렵지 않고, 기사 내용도 이해하기 쉽기 때문에 이번 장에서는 주로 기사에서 잘 설명되지 않은 배경 상황을 중심으로 내용을 살펴보겠습니다.

At 76, Richard Adkerson is an elder statesman of the copper industry. For two decades he has been CEO of Freeport-McMoRan, one of the world's biggest copper producers, valued at $55bn. He has seen it all, from short-term booms and busts to the China-led supercycle, and from industry fragmentation to consolidation. Freeport itself has pioneered some of the trends. In 2007, when it paid $26bn for Phelps Dodge, an Arizona-based company dating back to the Wild West days of the 19th century, it was the biggest mining transaction ever. It was also [1] a masterstroke. Not so the company's ill-fated diversification into oil and gas less than half a decade later, which he says was not his idea. That caused a near-death experience and had to be swiftly unwound after both energy and metal prices crashed in 2016.

구리 생산 업체로는 위에 나온 프리포트-맥모란 외에 칠레의 코델코 Codelco, 호주의 BHP, 스위스의 글렌코어 Glencore 등이 있습니다. 참고로 알아두시면 되겠습니다.

    구리 등이 포함된 상품시장에서 슈퍼사이클은 보통 짧게는 5년 이상, 길게는 수십년 동안 가격이 꾸준히 오르는 추세를 지칭합니다. 이런 슈퍼사이클이 생기는 이유는 당연히 수요가 공급을 초과 demand outstrips supply 하기 때문입니다. 이는 상품 가격 상승으로 이어집니다. 처음에는 상품 생산업자들이 상품 가격이 계속 높게 유지될지 모르니 적극적으로 증산을 하는 등의 대응을 하지 않습니다. 그러다 보니 공급이 계속 늘어나는데도 수요는 그에 상응할 만큼 늘지 않아서 수요와 공급의 격차 gap 가 계속 벌어져 가격은 상승 압력 upward pressure 를 받습니다. 그러다 가격이 충분히 올라 생산 업체들이 공급을 늘리기 위한 투자를 시작하면 그때서야 수요와 공급 격차가 줄어들게 되면서 가격이 하락해 슈퍼사이클도 막을 내리곤 합니다.

    구리의 경우 약 2000년대 초반 중국 경제가 급성장하고 있을 때 구리 수요가 폭발적으로 늘어나면서 슈퍼사이클이 시작됐습니다. 이후 2020년대 들어 다시 에너지 전환에 대한 관심이 커지면서 구리 수요가 증가하자 구리의 슈퍼사이클이 재차 도래할 것이라는 기대감이 높아졌습니다.

    위 문단의 세 번째 문장에서 (from) industry fragmentation

과 (to) industry consolidation이란 용어가 나오는데 전자와 후자는 각각 '업계 분할'과 '업계 통합'을 뜻합니다. industry fragmentation은 '업계 분절화'라고도 하는데, 업계가 둘 이상의 여러 업계로 분할되는 것을 말합니다. 각 업계마다 서로 다른 선호도나 요구 사항을 가진 고객이 존재합니다. '업계 통합'은 반대로 여러 업계가 합쳐지는 것을 말합니다. 또는 두 개 이상의 기업이 합병 merge 해서 하나가 될 때 시장 통합이 일어납니다. industry 대신 market을 쓰기도 합니다.

위 기사에서 2016년 에너지와 금속 가격이 모두 폭락했다 crashed 고 나오는데, 중국의 경제 성장 둔화와 공급 과잉, 달러 강세 등이 이러한 가격 폭락을 몰고 왔던 시기를 말하고 있습니다. 특히 에너지의 경우 2014년부터 시작된 원유 공급 과잉이 이어지면서 국제 유가를 비롯한 다른 에너지 가격 급락을 초래했습니다.

Appropriately for a mining-industry executive, he has a gravelly voice, which he uses to conjecture about a potential **copper crunch.** The pressures of industrial development in the emerging world, as well as progressing electrification and decarbonisation as part of the energy transition, are likely to turbocharge demand for the red metal. S&P Global, a consultancy, expects copper consumption to double to 50m tonnes between now and 2035. Yet unless prices rise sharply, supply is unlikely to keep up. Besides new copper mines coming on stream 2

in Mongolia and the Democratic Republic of Congo, such projects are thin on the ground, Mr Adkerson says. Concerns about the environment and indigenous rights make it harder to win approval for them. Moreover, in both Chile and Peru, which together produce nearly 40% of the world's copper, mining is vulnerable to national politics.

여기서 gravelly voice는 걸걸하거나 거친 목소리를 말합니다. 그의 이런 목소리가 광산업에 잘 맞는다는 뜻입니다. gravelly voice를 영어로 설명하면 low and rather rough and harsh voice(나지막하면서 다소 거칠고 투박한 목소리)가 되겠습니다.

이 문단에서는 전기화와 탈탄소화 등 에너지 전환으로 구리 수요가 늘고 있고, 실제로 S&P 글로벌도 수요 증가를 전망하지만 가격이 더 급등하지 않으면 증산이 일어나지 않을 것이라고 설명하고 있습니다. 앞서 슈퍼사이클에 대한 설명에서도 언급했던 내용입니다.

copper crunch는 '구리 공급난'이라고 번역했습니다. crunch는 '(어떠한 것이) 상당히 부족할 때' 많이 쓰입니다. 이와 관련해서 외신에서 가장 흔하게 보는 표현이 credit crunch 입니다. 우리말로는 '신용경색'으로 번역하고, 금융 기관에서 기업이나 개인에게 돈을 제대로 공급해 주지 않는 상태를 말합니다. 영어로 설명하자면 Banks and other traditional financial institutions become wary of lending funds to individuals and corporations as they are afraid that the borrowers will default(은행 및 기타 전통적인 금융 기관이 대출자의 채무 불이행을 우려하여 개인 및 기업에 대한 자금 대출을 경계하게 되다)일 때 일어납니다. credit crunch는 credit squeeze, credit tightening, credit crisis와 같은 말입니다. housing crunch 는 '주택 경색'이란 뜻인데, 역시 주택난이 생겼을 때 이 표현을 씁니다. Trump has said immigrants are helping to cause the nation's <u>housing crunch</u> (The New York Times, 2024년 10월 11일)는 '트럼프는 이민자들이 미국의 주택 경색을 일으키고 있다고 주장했다'는 얘기입니다.

As Mr Adkerson puts it, this is not a supply problem that money alone can solve. "There is just a scarcity of actionable investment opportunities in the world today," he says. Wisely, he does not go as far as suggesting the world is running out of copper. Instead, he tells a story dating back to the days early in his career when he was a consultant to the oil industry. One of his friends was Matthew Simmons, a Texas-based investment banker famous for promoting the theory of "<u>peak oil</u>", which posited that the world was running short of the stuff. And one of his clients was George Mitchell, who later gained fame as the father of the shale revolution that made a mockery of the peak-oil mantra. It was a salutary lesson, he chuckles. He always keeps one eye over his shoulder for a shale-oil equivalent in the copper business.

3

여기서 peak oil은 '피크 오일'로 번역했는데, 석유 생산이 최고점(정점)에 이르는 시점을 말합니다. 석유 생산이 최고점에 이르렀다면 그 다음에 어떻게 되겠습니까? 더 올라갈 데가 없으니 내려갈 것입니다. 따라서 피크 오일이 지나면 석유 생산이 줄어들게 되겠죠. 이와 비슷한 형태의 단어로, 최근 탈탄소화에 대한 관심이 커지면서 외신에 심심치 않게 등장하는 carbon peak란 용어도 있습니다. '탄소 배출 정점'이라는 뜻인데, 역시 탄소 배출이 최고점을 찍어 더 이상 늘어나지 않고 이후 점차 줄어든다는 것을 의미합니다.

셰일유에 대해서는 국제유가 시장에 대해 설명한 Three reasons why oil prices are remarkably stable 편에서 잠깐 말씀드린 적 있습니다. 셰일 혁명 shale revolution 은 2000년대 초반 미국에서 시작된 에너지 생산의 급격한 변화 상황을 말합니다. 당시 미국 내에서 셰일층에 갇혀 있는 천연가스와 석유를 경제적으로 추출할 수 있는 기술이 발전하면서 전통적인 석유와 가스 생산이 아닌 새로운 자원으로의 접근이 가능해졌습니다. 미국은 이러한 셰일 혁명을 통해 에너지 생산량이 급증하였고, 이로 인해 에너지 수출국으로 자리매김하게 되었습니다. 미국은 에너지 독립성이 높아졌고, 에너지 가격을 낮추는 데 기여했습니다.

4 The comparison between the oil and copper businesses is useful. It helps illustrate the complexities of mining the metal. It also hints at how shortages may be overcome. Start with the differences between the two commodities.

As Mr Adkerson explains, the technology for finding copper is not as effective as the seismic testing used to identify hydrocarbon reservoirs because copper deposits are spread over vast areas. Years of exploratory drilling are required. Moreover, a lot of oil exploration is done in the ocean, but as yet deep-sea mining is nascent and environmentally sensitive. Mr Adkerson notes that Lockheed Martin, an American armsmaker that had thrown its weight behind deep-sea mining, has just sold a subsidiary with licences to explore part of the Pacific Ocean. In effect, it is quitting the venture.

이 문단에서는 구리를 찾아내 채굴하기가 석유나 천연가스를 찾아 채굴하기보다 어렵다는 이야기를 하고 있습니다. 우리가 구리와 석유 채굴 방법에 대한 용어까지 전부 알 필요는 없으므로 심해 채굴 정도만 설명하고 이 부분은 넘어가겠습니다. 심해 채굴은 말 그대로 '심해의 해저에서 광물을 채굴하는 것(the extraction of minerals from the seabed of the deep sea)'입니다. 해저에는 구리 외에도 니켈, 코발트, 망간 등의 광물이 상당량 매장되어 있습니다. 모두 전기차 배터리와 에너지 전환에 필수적인 금속입니다. 현재 하와이와 멕시코 사이 태평양과 동태평양에 자리 잡고 있는 클라리온-클리퍼톤 존 Clarion-Clipperton Zone 이란 곳에서 많이 나오고 있습니다.

5   There are also <u>stark differences</u> in production. Not only is copper mining more concentrated by region than oil drilling. Whereas it takes years to go from licensing to operating an oil well, it can take a generation to develop a "<u>greenfield</u>" copper mine. The <u>consolation prize</u> is that copper mines do not deplete as quickly as oil wells. Some of Freeport's mines date back more than 100 years.

stark difference는 '매우 큰 차이(very different from each other)'를 뜻합니다. 그리고 greenfield는 '개발된 적이 없다'라는 뜻으로, 영국식 영어 표현입니다. consolation prize는 '위안이 되는 점'이라고 번역했는데, 말 그대로 옮기면 위로상 즉, 경쟁에서 승리하지 못한 사람에게 주는 작은 상 정도가 되겠습니다.

6   Next consider the similarities. During the commodities supercycle up to the mid-2010s, both industries blew shareholders' money on wildly overambitious projects, which landed them in the <u>sin bin</u>. Even as concerns about oil and copper supplies have mounted, investors have demanded shareholder payouts rather than risk equity on big capital projects. This has been exacerbated by pressure to reduce resource extraction from investors worried about <u>environmental, social and governance (ESG) issues</u>.

sin bin을 '죄악의 수렁'이라고 번역했는데 정확한 의미는 an area off the field of play where a player who has committed a foul can be sent to sit for a specified period(반칙을 저지른 선수에 벌을 주기 위해 지정된 시간 동안 앉아있게 보낼 수 있는 경기장 밖)를 말합니다.

 마지막 문장에서 ESG 문제에 대해 우려하는 투자자들이 자원 추출을 줄이라는 압력을 가했다는 내용이 나오는데, ESG에 대한 설명은 The anti-ESG industry is taking investors for a ride 편에서 자세히 하기로 하고, 여기서는 ESG 개념만 우선 간단히 알아보겠습니다. 워낙 많은 곳에 등장하는 용어라 이미 알고 계신 분도 있겠지만, ESG는 Environmental, Social, Governance의 약어로, 기업의 환경, 사회, 지배구조 관련 요소를 중시하는 것을 말합니다. 이처럼 기업의 지속 가능한 발전과 사회적 책임을 요구하는 입장을 지지하는 투자자들은 많은 오염물질을 배출하는 자원 채굴에 부정적인 입장을 취하는 게 당연합니다.

Yet the mood may be starting to shift. In the oil industry, high prices of crude have led companies like Shell and BP to rethink the pace at which they cut oil production. Similarly, copper miners are becoming bolder. In April BHP, a diversified mining giant, will put to shareholders of Oz Minerals its $6.4bn proposal to take over the Australian copper-miner. If approved, it will be its largest 7 acquisition since 2011. Freeport says that it will raise capital expenditure this year to $5.2bn, up from $3.5bn in 2022, chiefly to expand underground development at its Indonesian mine, Grasberg. Mr Adkerson points out that some of this increase is a result of rising costs. But he also detects a new mood among investors. "Today, when I speak with our shareholders, they ask us where the growth is going to come from."

유가가 오르자 정유업체들이 감산에 주저하게 되는 것처럼 구리 가격이 오르자 구리 채굴업체들도 M&A에 적극 나서고 자본 투자 capital expenditure 를 늘리는 등 전력 대응하고 있다는 뜻입니다. capital expenditure를 '자본적 지출' 또는 '설비 투자'라고 합니다. capital investments라고 해도 됩니다. 자본 투자는 기업이 건물, 기계 기술 등 물리적 자산을 취득하거나 업그레이드 또는 유지하는 데 사용되는 자금입니다.

Cu later

Cu later는 See you later의 약어로 주로 인터넷에서 자주 쓰이는 속어 slang 입니다. 그런데 Cu는 구리의 화학 기호이기도 합니다. 따라서 Cu later는 '구리는 나중에 어떻게 될까요'로 해석할 수 있겠습니다. 재치 있는 표현입니다.

There are two possible answers. The first is to double 8
down on "brownfield" sites where mines already exist.
Freeport has 22m tonnes of copper reserves in America
alone. It takes between six and ten years to develop such
projects, and the current severe labour shortage could
make it harder still. But it is more promising than starting from scratch. The second answer is technology. Mr
Adkerson says Freeport has about 17m tonnes of residual
copper left in its leaching processes. He hopes that new
reagents, as well as new operating techniques using data
analytics, will recover some of that in a way that is less
costly than digging a new mine, emits less carbon and
faces fewer regulatory hurdles.

The veteran miner doesn't think this will have as 9
impressive an impact on copper supply as the shale
revolution did on oil. But he would say that. The greater
the perceived scarcity, the higher the value of Freeport's
reserves, and the more his company is worth. You can
almost hear him rubbing his hands at the prospect.

위 두 단락은 몇 가지 단어와 숙어를 살펴보는 것으로 이번 장 지문에 대한 설명을 끝마치겠습니다. double down on은 '전념하다' 또는 '몰두하다'란 뜻이고, brownfield는 이전에 사용되었던 지역의 재개발을 말합니다(위에 나온 greenfield와 반대되는 개념). 마지막에 나오는 rub one's hands는 '기쁜 마음으로 기대감을 드러내다'라는 뜻입니다. 저는 이 rub one's hands라는 표현을 볼 때마다 윌리엄 골딩 William Golding 의 소설 《파리대왕 Lord of the Flies》에 나오는 잭Jack이 떠오릅니다. 소설의 주요 등장인물인 잭은 섬에 표류한 아이들 중 하나로 점차 폭력적이고 충동적인 성격을 드러냅니다. 그런데 잭은 폭력적이거나 혼란스러운 상황이 일어날 것에 대해 기대할 때 파리가 앞발을 비비듯이 두 손을 자주 비비는 행동을 합니다. 따라서 이 소설엔 rub one's hands라는 표현이 자주 등장합니다. 벌써 20여 년전에 읽은 소설인데도 파리처럼 손을 비비는 잭의 모습과 이 표현은 지금까지도 잊지 못할 강렬한 인상을 주었습니다.

에너지 전환 분야에서 구리의 가치가 인정을 받기 시작한 지는 그렇게 오래되지 않았습니다. 2010년대 중반부터 전기차가 대중화되면서 배터리 제조에 필요한 소재로서 구리의 쓰임을 인정받기 시작했습니다. 그러다 2020년대에 접어들어 ESG 운동과 함께 기후 변화와 지속 가능한 발전에 대한 관심이 커지면서 에너지 전환에서 구리의 역할이 더욱 부각됐습니다.

    외신에서는 예전에 구리, 금, 은, 알루미늄 등을 주로 다루다가 최근에는 전기차 배터리의 핵심 재료인 니켈을 다루는 빈도가 크게 늘어났습니다. 여기서 다룬다는 건 하나의 상품으로서 가격 움직임에 대한 기사를 쓴다는 뜻입니다.

    특히 구리의 경우 경제 상태를 잘 알려주는 선행 지표 leading indicator로 여겨지기 때문에 닥터 구리 Doctor Copper로도 불립니다. 구리는 전기 전도성이 뛰어나고 내구성이 강해 전선, 배터리, 건축 자재, 전자 제품 등 다양한 산업에 사용되다 보니 구리의 수요가 곧 경제 활동의 수준을 보여주기 때문입니다. 실제로 경제가 성장하면 구리 수요가 늘고, 경제가 둔화하면 수요가 줄어드는 경향이 있습니다. 생산되는 구리의 약 75%가 전자제품에 들어간다고 하니 구리 수요가 증가한다는 건 경제 상황이 좋아져서 전자제품이 잘 팔리고 있다는 뜻으로 해석할 수 있습니다. 이러한 배경에서 구리 수요와 공급 및 가격 움직임을 통해 경제를 전망하는 외신 기사들이 많이 나옵니다. 2024년만 해도 이런 제목의 기사가 있었습니다.

Doctor Copper Warns of Slowing Growth
닥터 구리, 경기 둔화 경고
(Real Investment Advice, 2024년 7월 29일)

최근에는 전기차나 전기차 전환과 관련된 구리 기사가 많이 쏟아집니다. 주로 전기차 전환에 필요한 구리가 충분히 확보되기 힘들 수 있다는 기사입니다.

Vehicle electrification requires 55% more copper mines by 2050 — study
2050년까지 차량 전기화에 55% 더 많은 구리 광산 필요 -
연구 결과 (Mining.com, 2024년 7월 14일)

전기 자동차 한 대를 만들려면 평균적으로 약 60kg의 구리가 필요한데, 이는 가스나 디젤로 작동하는 차량이나 두 가지 연료로 작동하는 하이브리드 차량보다 두 배 이상 많은 양입니다.

이런 구리 수요 증가로 인해 전기차 전환 속도는 안정적인 구리 공급망의 확장으로부터 큰 영향을 받을 수 있습니다. 그리고 신규 광산 개발에는 긴 시간이 소요되고, 높은 환경 및 사회적 비용이 따른다는 점에서 구리 재활용 확대나 기존 광산 운영의 효율성 개선이 더욱 중요한 과제로 떠오르고 있습니다.

17 Bitcoin ETFs are off to a bad start. Will things improve?

시작이 좋지 않은 비트코인 ETF, 시간이 지나면 괜찮아질까?

Lessons from similar exchange-traded funds
유사한 상장지수펀드에서 얻은 교훈

1. The path to approval for the first bitcoin exchange-traded funds (ETFs) was long and arduous. Applications appeared before regulators in 2013, when the price of a bitcoin was just shy of $100 and nobody had heard of Sam Bankman-Fried or the phrase "to the Moon". After a decade of rejection, promoters finally succeeded on January 10th, when the Securities and Exchange Commission (SEC) approved 11 applications for ETFs that track the spot price of bitcoin, which was at the time above $46,000.

2. The advent of bitcoin ETFs was supposed to be a pivotal moment for the digital asset class. For years, devotees had hoped that such funds would attract strait-laced institutional investors, increase liquidity, and demonstrate the credibility and professionalism of crypto. They had also hoped that their approval might buttress demand for bitcoin, pointing to the precedent of a much older speculative asset. When State Street Global Advisors launched America's first gold ETF in 2004, the metal fetched less than $500 per ounce, below its price in the early 1980s. Over the years that followed, it soared in value, reaching almost $1,900 per ounce in 2011.

3. Could the SEC's blessing fuel a similar long-term rally in bitcoin? So far, the signs are not encouraging. After a steep climb last year, partly in anticipation of regulatory approval for ETFs, the price has fallen by 7% since the SEC gave the go-ahead. Inflows into ETFs launched by

최초의 비트코인 상장지수펀드ETF가 승인되기까지의 과정은 길고도 험난했다. ETF 상장 신청서는 2013년 비트코인 가격이 100달러에 못 미치고, 샘 뱅크먼-프리드라는 이름이나 '달나라로'라는 문구를 들어 본 사람이 아무도 없던 시절에 규제 당국에 제출됐다. 10년간 승인을 거부하던 미국 증권거래위원회SEC가 마침내 (2024년) 1월 10일 비트코인 현물 가격을 추종하는 11개 ETF 신청을 승인하면서 비트코인 ETF 프로모터들의 노력은 끝내 성공을 거두었다. 이때 비트코인은 4만 6,000달러 위에서 거래되고 있었다.

비트코인 ETF의 등장으로 디지털 자산군에 중대한 전환점이 마련될 것으로 여겨졌다. 수년 동안 비트코인 추종자들은 이러한 ETF가 투자에 엄격한 제한을 받는 기관 투자자들을 끌어들이고, 유동성을 높이고, 암호화폐의 신뢰성과 전문성을 입증해 줄 수 있기를 기대했다. 그들은 또 훨씬 더 오래된 투기 자산을 선례로 들며, ETF 승인이 비트코인 수요를 뒷받침해 줄 수 있기를 바랐다. 2004년 (미국의 대형 자산운용사인) 스테이트 스트리트 글로벌 어드바이저가 미국 최초의 금 ETF를 출시했을 때 금값은 1980년대 초 가격보다 낮은 온스당 500달러 미만에서 거래되고 있었다. 하지만 그 후 몇 년 동안 금값이 급등하면서 2011년에는 온스당 1,900달러에 육박했다.

그렇다면 SEC가 내린 축복이 (금처럼) 비트코인의 장기 랠리를 촉발할 수 있을까? 지금까지 나타난 징후만 봐서는 그렇게 고무적이지는 않다. 지난해 ETF 규제 승인에 대한 기대감이 일부 작용하며 가파른 상승했던 비트코인 가격은 SEC 승인 이후 되레 7% 하락했다. 블랙록, 피델리티, 반에크 같은 회사에서 출시한

firms such as BlackRock, Fidelity and VanEck have been almost entirely offset by outflows from the Grayscale Bitcoin Trust, an investment vehicle that also became an ETF on January 11th.

4   Other factors helped drive gold's surge in the late 2000s. The final prohibitions on bullion ownership in China were also lifted in 2004. As a result, the country's demand for physical gold rose from 7% of the world total in 2003 to 26% a decade later. The slide in global interest rates over the same period helped, too. An asset with no yield becomes more appealing in a world where little else offers a meaningful yield either.

5   Despite the metal's reputation as a store of value, when the first gold ETFs were launched the market was still dominated by jewellery, rather than investment. The new funds thus helped turn a largely physical asset into a liquid financial one. By contrast bitcoin is already a financial asset. Unlike gold, there is no use for digital currencies in the physical world. Although it will now become a little easier to gain exposure to bitcoin, it is already more readily available to investors than gold was in 2004. Whereas punters buying the metal had to consider options for delivery and storage, bitcoin is available via mainstream brokers such as Robinhood and Interactive Brokers.

ETF로 유입된 자금은 1월 11일 ETF가 된 투자 상품인 그레이스케일 비트코인 투자신탁에서 유출된 자금으로 인해 전액 가까이 상쇄됐다.

2000년대 후반 금이 급등했을 때는 다른 요인의 도움도 받았다. 4 중국에서 시행되던 금 소유에 대한 최종 금지령이 2004년 해제됐다. 그러자 2003년 전 세계 수요의 7%에 그쳤던 중국의 실물 금 수요 비중이 10년 후에는 26%로 뛰어올랐다. 같은 기간 동안 글로벌 금리가 하락한 것도 상승에 힘을 보탰다. 수익이 없는 자산은 유의미한 수익을 제공하는 다른 자산이 거의 없는 세상에서는 더욱 매력적으로 변한다.

금은 가치 저장 수단이라는 명성에도 불구하고 최초의 금 ETF 5 가 출시되었을 때만 해도 시장의 절대적 관심은 주로 투자용 금보다는 장신구용 금에 집중됐다. 따라서 새로운 펀드는 주로 실물 자산을 유동적인 금융 자산으로 전환시키는 데 도움을 주었다. 반면에 비트코인은 이미 금융 자산에 속한다. 금과 달리 물리적 세계에서는 디지털 화폐를 사용할 수 없다. 이제 (ETF 출범으로) 비트코인에 투자하기가 조금 더 쉬워지겠지만, 투자자들은 이미 2004년 금이 그랬던 것보다 더 쉽게 비트코인을 거래할 수 있다. 즉, 금속을 구매하는 투자자는 배송과 보관 옵션을 고려해야 했지만, 비트코인은 로빈후드와 인터랙티브 브로커스 같은 주류 중개회사를 통해 구매가 가능하다.

6 A different set of ETFs provide a less optimistic precedent for bitcoin. In 2022 Itzhak Ben-David, Francesco Franzoni, Byungwook Kim and Rabih Moussawi, four academics, published research suggesting that thematic equity ETFs, which attempt to track a narrow industry or trend, underperform broader ETFs by about a third over the five years after their launch. That is because of a straightforward problem: when thematic ETFs get going, the buzz around the investment is already extensive and the underlying assets are already pricey.

7 To issuers, such hype is a feature not a bug. ETFs that track broad market indices are the supermarkets of the investing world. Issuers compete with one another on fees, compressing margins to almost nothing in pursuit of enormous volumes. Some of the largest ETFs that track big equity indices make just 30 cents a year for every $1,000 invested. In contrast, more unusual offerings give providers an opportunity to charge higher fees. The more hype surrounding a given sector, the greater the inflows—and the greater the fees available.

8 Research published by Purpose Investments, an asset manager, finds that the lion's share of inflows to thematic ETFs tends to come when the assets are at their most expensive. When the underlying stocks are relatively cheap, investors tend to pull out their money. As Craig Basinger of Purpose puts it, a buy-high, sell-low strategy is unlikely to be a winning one for investors.

다른 ETF들은 비트코인에 대해 덜 낙관적인 선례 역할을 한다. 예를 들어, 2022년 이츠하크 벤-데이비드, 프란체스코 프란조니, 김병욱, 라비 무사위 등 학자 4명은 좁은 범위의 산업이나 추세를 추종하는 테마형 주식 ETF가 출범 후 5년 동안 더 일반적인 성격의 ETF보다 3분의 1 정도 실적이 저조하다는 연구 결과를 발표했다. 이는 간단한 문제 때문에 비롯된 결과인데, 테마형 ETF가 출범했을 때 이미 이 ETF의 투자에 대한 소문이 광범위하게 퍼진 나머지 기초자산 가격이 오를 만큼 올랐기 때문이다. [6]

ETF 운용사 입장에서는 이러한 과도한 열풍이 문제가 아니라 실은 처음부터 의도했던 결과일 수 있다. 광범위한 시장 지수를 추종하는 ETF는 투자 세계의 슈퍼마켓이다. 운용사는 막대한 투자금을 유치하기 위해 서로 수수료 경쟁을 벌이며 수수료 마진을 사실상 제로 부근까지 낮춘다. 대형 주가지수를 추종하는 초대형 ETF 중 일부는 투자금 1,000달러당 연간 수수료가 30센트에 불과하다. 반대로 특이한 상품일수록 운용사는 더 높은 수수료를 부과할 수 있다. 특정 섹터를 둘러싼 열풍이 커질수록 자금 유입이 많아지고 부과할 수 있는 수수료도 올라가는 것이다. [7]

자산운용사 퍼포스 인베스트먼츠에서 발표한 연구에 따르면 테마형 ETF에 유입되는 자금의 대부분은 자산 가격이 고점일 때 유입되는 경향이 강하다. 기초자산 가격이 상대적으로 저렴할 때 투자자들은 오히려 자금을 회수하려고 한다. 퍼포스의 크레이그 베이싱어의 말대로 이런 식의 고점 매수와 저점 매도 전략으로는 투자자가 성공할 가능성이 낮다. [8]

9 ETFs are not, therefore, a magic trick that boosts the price of the assets. Indeed, in many cases the funds turn out to be the exact opposite: a way to generate hype and long-run underperformance. Crypto bulls who had hoped that the advent of bitcoin ETFs would offer the asset an extended lift may, in fact, face extended disappointment. (Feb 1st 2024)

이처럼 ETF는 자산 가격을 끌어올리는 마술을 부리지 못한다. 실제로 많은 경우 ETF는 그와 정반대의 결과, 즉 과도한 열풍과 장기적으로 저조한 성과를 내는 것으로 드러났다. 비트코인 ETF의 출현이 자산의 장기적인 상승을 가져올 것으로 기대했던 암호화폐 강세장은 실제로 더 큰 실망에 직면할지 모른다. (2024년 2월 1일)

이번 기사는 암호화폐 세계를 뜨겁게 달궜던 비트코인 ETF 출범을 주제로 담고 있습니다. 기사 내용을 간단히 요약하자면, 비트코인 ETF 출범에 대한 기대가 높았지만 정작 SEC가 출범을 승인하자 비트코인 가격이 오히려 하락했는데, 비트코인 ETF 같은 테마형 ETF는 고점에서 자금이 유입되고 저점에서 빠져나가는 경향이 강하므로 이런 ETF는 장기적으로 실적이 저조할 수 있다는 데 유의하라는 것입니다.

이 기사는 2024년 2월 1일에 나왔습니다. 본문에 나온 대로 SEC는 기사가 나오기 약 20일 전인 1월 10일 비트코인 ETF를 승인했습니다. 암호화폐 거래 웹사이트인 바이낸스 Binance 에 나온 가격 동향을 확인해 보면, 1월 10일 비트코인 가격은 4만 6,000달러 부근에서 머물다가 SEC 승인이 난 후 하락하면서 1월 말에 3만 9,000달러대로 빠졌고, 이 기사가 나올 무렵에는 다시 조금 반등해서 4만 5,000달러 정도에서 거래됐습니다. 그런데 공교롭게도 이 기사가 나온 후 비트코인 가격이 본격적으로 오르기 시작해 2024년 3월에는 7만 달러를 돌파하기에 이릅니다. 그 뒤로 비트코인 가격은 등락을 거듭했지만 이 글을 쓰고 있는 12월 중순 현재는 무려 10만 달러를 돌파해 거래되고 있습니다.

물론 비트코인의 이 같은 가격 급등세가 오로지 비트코인 ETF 출범 효과가 뒤늦게 반영된 결과 때문이라고 단정지을 수는 없습니다. 친親 암호화폐 pro-cryptocurrency 성향이 강한 것으로 유명한 도널드 트럼프 전 대통령이 대선에서 승리할 것이라는 기대감과 중앙은행들의 통화 정책 완화 기조 등 여러 가지 복합적인 원인이 긍정적으로 작용하면서 비트코인 가격이 급등한 것으로 분석됐습니다. 가격 추가 상승 기대감이 커지자 비트코인 ETF로도 막대한 자금이 유입됐습니다. 즉, 투자자들이 고점에 사서 저점에 파는 경향이 있다는 본 기사 내용대로 되지 않았습니다. 이는 어느 금융이나 경제 전망과 마찬가지로 『The Economist』의 전망도 반드시 맞지 않을 수 있음을 보여주는 사례입니다.

전망은 어디까지나 전망일 뿐입니다. 『The Economist』 외에도 로이터, 블룸버그 등 수많은 외신 보도들이 전문가들의 전망을 기사 안에 넣고 있습니다. 결국 시장이나 경제가 어디로 갈지에 대한 독자들의 관심을 충족시켜 주기 위해서죠. 외신들은 각국의 GDP나 FOMC 회의 결과부터 중앙은행의 통화 정책 회의와 주요 기업들의 실적 전망까지 전문가들의 전망을 정리한 다양한 POLL 기사를 내보내고 있습니다.

그런데 이런 전망이 맞는 경우도 많지만 아닌 경우도 적지 않습니다. POLL은 그래도 다수의 전문가를 상대로 조사한 결과의 평균이나 중앙값을 제시하기 때문에 맞을 확률이 상대적으로 높지만 기사에 들어간 한두 명의 전문가들 전망은 틀리는 경우가 비일비재합니다. 자기 포지션에 따라서 전망을 내놓는 경우가 허다하기 때문입니다. 예를 들어, A라는 애널리스트가 애플에 1억 원을 투자하고 있는 상태에서 기자가 "애플의 주가가 어떻게 될 거라 보십니까?"라고 질문하면 그 애널리스트가 "내릴 겁니다"라고 말하지는 않겠죠.

따라서 전망 기사를 읽으실 때는 투자의 귀재 워런 버핏이 1994년 버크셔 헤서웨이 Berkshire Hathaway 연례 주총에서 남긴 "이발사에게 이발이 필요한지 묻지 마세요(Don't ask the barber whether you need a haircut)"라는 말(이발사는 돈을 벌 수 있는 기회가 생겨 당연히 깎으라고 할 테니 물어보나 마나라는 뜻)을 기억하시길 바랍니다.

기사 설명에 들어가기 전에 2024년 비트코인 상승 이유에 대한 이해를 돕고자 비트코인 가격 움직임과 관련이 있는 트럼프 트레이드 Trump trade 와 ETF가 무엇인지 짧게 짚고 가겠습니다. 트럼프 트레이드는 트럼프 전 대통령과 관련된 경제와 정치 정책에 따른 시장의 행동과 투자자의 행동 변화를 말합니다. 이 개념은 원래 2016년 11월 트럼프 당선 이후 규제 완화, 감세, 인프라 지출 확대에 대한 공약에 시장이 반응하면서 탄생했습니다. 그런데 비트코인이 급등한 원인 중 하나로 트럼프 트레이드가 지목됐습니다. 그가 미국을 '지구상의 가상화폐 수도(the crypto capital of the planet)'이자 '비트코인 초강대국(Bitcoin superpower)'으로 만들겠다고 공언했기 때문입니다. 따라서 일각에서는 트럼프가 재임에 성공하면 비트코인은 10만 달러까지 오를 수 있다는 낙관적인 전망마저 나왔고 실제로도 그렇게 됐습니다.

다음으로 ETF는 상장지수펀드로 번역되는데, 주식 시장에 상장되어 거래되는 투자 펀드의 한 종류를 말합니다. ETF는 S&P 500이나 나스닥 등 특정 지수의 성과를 추적하도록 설계되어 있으며, 투자자들은 주식처럼 쉽게 사고팔 수 있습니다. ETF는 다양한 자산군(주식, 채권, 원자재 등)에 투자할 수 있으며, 이를 통해 투자자들은 포트폴리오를 다각화할 수 있습니다.

그리고 기사에 나오는 기초자산 underlying assets 은 ETF가 추종하는 자산을 말합니다. 예를 들어, S&P 500 ETF의 기초자산은 S&P 500 지수에 포함된 500개 대형 기업의 주식입니다. 비트코인 ETF의 기초자산은 다름 아닌 비트코인 그 자체입니다. 비트코인 ETF는 비트코인의 시장 가격을 추종하도록 설계되어 있습니다. 기사에서는 비트코인을 시장에서 직거래할 수 있는데 굳이 이 직거래 가능한 자산을 기초자산으로 삼은 비트코인 ETF가 그렇게 계속 가격이 오를 이유가 무엇이 있겠느냐는 식으로 말하는데, 이 말도 일리가 있습니다. 하지만 비트코인 ETF는 주식처럼 거래소에서 간단히 사고팔 수 있기 때문에 비트코인을 직접 거래할 때 따르는 과정(지갑을 설정하고 보관하는 등에 따르는 과정)을 피하고, 전문가들이 관리하는 ETF 펀드에 투자하는 식으로 비트코인에 직접 투자하는 것보다 복잡하지 않게 투자를 할 수 있는 등의 이점이 있습니다.

    이번 장에서는 기사 내용을 살펴본 후 비트코인을 포함해 암호화폐 기사를 읽을 때 알아둬야 할 핵심 용어 몇 가지를 설명하는 것으로 마무리하겠습니다. 독자 입장에서는 암호화폐 외신 기사를 직접 읽으시는 분들이 많지 않고, 암호화폐와 관련된 많은 전문 용어를 굳이 알고 계실 필요가 없다고 판단되므로, 가장 일반적으로 자주 접할 수 있는 용어 몇 가지 정도만 알아보겠습니다. 암호화폐 관련 책을 번역한 적도 있고, 수많은 관련 기사를 써 온 저 역시 이 분야의 기술적 용어를 모두 이해하고 있지는 않습니다. 사실 그럴 필요도 없습니다.

The path to approval for the first bitcoin exchange-traded funds (ETFs) was long and arduous. Applications appeared before regulators in 2013, when the price of a bitcoin was just shy of $100 and nobody had heard of Sam Bankman-Fried or the phrase "to the Moon". After a decade of rejection, promoters finally succeeded on January 10th, when the Securities and Exchange Commission (sec) approved 11 applications for ETFs that track the spot price of bitcoin, which was at the time above $46,000. [1]

암호화폐 분야에 관심 있는 분이라면 위 단락에 나온 샘 뱅크먼-프리드라는 사람의 이름을 들어봤을 겁니다. 그는 대형 가상화폐 거래소 FTX의 공동 창업자로, 고객과 투자자들의 자금 수십억 달러를 빼돌린 혐의로 인해 지난 2024년 3월 말 미국에서 징역 25년을 선고받은 사람입니다. 뉴스에 자주 나온 인물이죠. 별명이 암호화폐 왕 crypto king이었습니다. 그래서 그의 몰락을 다룬 외신 기사 중에는 The journey of the 'Crypto King', from 'legendary billionaire' to a hundred years in prison('전설적인 억만장자'에서 100년 감옥살이까지… '암호화폐 왕'의 여정 Binance, 2024년 10월 25일)이나 Fallen 'Crypto King' Sam Bankman-Fried gets 25 years for fraud(몰락한 '암호화폐 왕' 샘 뱅크먼-프리드, 사기죄로 25년형 선고 BBC, 2024년 3월 29일) 같은 제목의 기사가 많습니다.

　여담이지만 외신들은 '~왕'이라는 말을 붙이길 좋아합니다. 미국에선 '암호화폐 왕' 외에 채권 왕 Bond King도 있습니다. 세계 최대 채권 펀드를 운용하는 퍼시픽 인베스트먼트 매니지먼트 Pacific Investment Management의 공동 창업자인 빌 그로스 Bill Gross의 별명이 '채권 왕'입니다. 다른 채권 펀드보다 장기간 높은 투자 성과를 내서 '채권 왕'이라는 별명이 붙었습니다. 이 밖에도 세계 최대 자산운용사인 블랙록 Blackrock도 뛰어난 ETF 수익률 때문에 'ETF의 왕'으로 불리는 경우가 있긴 하나 자주 볼 수 있지는 않습니다. 단, 외신에서 '주식의 왕'으로 불리는 사람은 아직 본 적이 없습니다.

　to the moon은 '달나라로'라는 말 그대로, 비트코인 가격이나 다른 자산의 가치가 급격하게 상승할 것이라는 기대감을 나타내는 은어입니다. 이 표현은 비트코인이나 암호화폐 투자자들 사이에 많이 사용되며, 자산의 가격이 현재 수준에서 매우 높은 수준으로 오르는 상황을 비유적으로 설명합니다. Can bitcoin really go to the moon anymore?(비트코인은 정말 급등할 수 있을까?) 식으로 씁니다.

spot price는 현물 가격입니다. 금융 및 상품 시장에서 특정 자산이나 상품이 현재 거래되는 가격을 뜻합니다. 미래의 특정 날짜에 거래될 자산의 가격인 선물 가격 futures price 과는 다릅니다. 금속 관련 기사에서 spot price나 futures price라는 용어가 자주 나옵니다. 선물과 현물이 모두 거래되기 때문이죠. 금과 은도 그렇습니다. gold(silver) spot price라고 하면 '금(은) 현물 가격'입니다. gold(silver) futures prices는 '금(은) 선물 가격'이 되겠죠.

이 단락에서 shy of라는 숙어가 보이는데, 워낙 자주 나오는 표현이니 꼭 알아두시길 바랍니다. 주로 액수 다음에 shy of가 자주 나오고, 그 뜻은 '~에 못 미친다(부족하다)'입니다. Bitcoin Jumps to Just Shy of $68K Before Quick Plunge Lower(비트코인, 6만 8천 달러 부근까지 상승 후 급락 CoinDesk, 2024년 10월 16일자 기사 제목) 식으로 쓸 수 있습니다.

The advent of bitcoin ETFs was supposed to be a pivotal moment for the digital asset class. For years, devotees had hoped that such funds would attract strait-laced institutional investors, increase liquidity, and demonstrate the credibility and professionalism of crypto. They had also hoped that their approval might buttress

2

demand for bitcoin, pointing to the precedent of a much older speculative asset. When State Street Global Advisors launched America's first gold ETF in 2004, the metal fetched less than $500 per ounce, below its price in the early 1980s. Over the years that followed, it soared in value, reaching almost $1,900 per ounce in 2011.

비트코인 낙관론자들은 비트코인 ETF가 승인되면 2004년 금 ETF가 처음 승인되고 금값이 급등했을 때와 같은 일이 되풀이될 거라고 기대하고 있다는 내용입니다. 여기선 비트코인 ETF가 훨씬 전 똑같은 투기적 자산 speculative asset 인 금 ETF처럼 될 거란 기대감이 높았다는 말이 나옵니다. 금이 최고의 안전 자산 safe haven asset 이자 장기적인 가치 저당 수단 store of value, 각국 통화당국이 대외결제를 원활하게 하기 위해 외환보유고 형태로 보유하고 있는 준비 자산 reserve asset 이라서 투기적 자산과는 거리가 멀다고 생각하는 분들이 많습니다. 하지만 금 가격이 통화 가치나 금리 움직임과 연계돼 높은 변동성을 보일 수 있다는 점에서 금도 투기 자산으로 간주되는 경우가 많습니다. 이렇게 된 데는 금의 내재 가치 intrinsic value 를 정확히 계산하기 어렵다는 점도 영향을 미쳤습니다. 금 ETF의 경우에는 게다가 금이라는 실물 자산을 직접 소유한 상태가 아닌 상황에서 금을 거래하는 것이기 때문에 더욱더 투기적 자산으로 간주되는 경우가 자주 있습니다(금에 대한 더 자세한 설명은 The mystery of gold prices 편에 실었습니다).

Could the SEC's blessing fuel a similar long-term rally in bitcoin? So far, the signs are not encouraging. After a steep climb last year, partly in anticipation of regulatory approval for ETFs, the price has fallen by 7% since the SEC gave the go-ahead. Inflows into ETFs launched by firms such as BlackRock, Fidelity and VanEck have been almost entirely offset by outflows from the Grayscale Bitcoin Trust, an investment vehicle that also became an ETF on January 11th.

SEC의 비트코인 ETF 승인 기대감에 비트코인 가격이 오르다가 막상 SEC의 승인 go-ahead 이 이뤄지자 이후 비트코인 가격은 하락했습니다. 기사에서는 비트코인 ETF로 유입된 자금 inflow 만큼 유출된 자금 outlow 이 많았다고도 합니다.

여기서 블랙록, 피델리티, 반에크는 모두 자산운용사 asset manager 입니다. 자산운용사란 다양한 금융 상품을 통해 투자자들에게 자산 관리 및 투자 서비스를 제공하는 회사입니다. 투자 범위는 ETF, 펀드, 상품, 암호화폐 등 다양합니다. 외신에서 이 세 회사 모두 자주 언급되고 있습니다만 그중 가장 많이 언급되는 회사는 블랙록입니다. 그 이유는 세계 최대 자산운용사이기 때문입니다. 특히 블랙록의 수장 래리 핑크 Larry Fink 회장의 말 한마디 한마디는 시장에 엄청난 영향을 주기 때문에 자주 보도에 오르고 높은 관심을 끕니다.

『The Economist』도 블랙록과 래리 핑크 회장에 대한 기사를 많이 썼습니다. 몇 가지 예를 들면, Why BlackRock is betting billions on infrastructure(블랙록이 인프라 투자에 수십 억 달러를 베팅하는 이유 2024년 1월 18일자 기사 제목), The demonization of BlackRock's Larry Fink(블랙록 래리 핑크의 악마화 2023년 7월 27일자 기사 제목) 등입니다. 전자는 탈탄소화와 디지털화 및 탈글로벌화(세계 각국이 서로 경제적으로 통합되고 연결되는 세계화 흐름에서 벗어나 자국 중심의 경제 정책을 강화하고, 무역 및 교류를 줄이는 현상)로 인프라 투자 수요가 늘면서 블랙록이 거액의 자금을 투자했다는 기사입니다. 후자는 핑크 회장이 ESG를 옹호하는 움직임을 펼치자 그런 그의 태도를 비난하는 세력이 등장하고 있다는 내용의 기사입니다(핑크 회장과 ESG에 대해서는 The anti-ESG industry is taking investors for a ride 편을 참고하시면 됩니다).

4 **Other factors helped drive gold's surge in the late 2000s. The final prohibitions on bullion ownership in China were also lifted in 2004. As a result, the country's demand for physical gold rose from 7% of the world total in 2003 to 26% a decade later. The slide in global interest rates over the same period helped, too. An asset with no yield becomes more appealing in a world where little else offers a meaningful yield either.**

여기서는 2000년대 후반 금값이 급등surge 하는 데 영향을 준 다른 요인 중 하나로 2004년 중국에서 개인의 금 소유 금지 조치가 최종적으로 해제된lifted 점을 들고 있습니다.

중국은 매년 전 세계에서 생산되는 금의 약 40%를 소비하는 것으로 추산되고 있습니다. 금 소비를 위해서 수입도 많이 하지만 채굴도 많이 해서 중국은 세계 최대 금 생산국(채굴국)으로 손꼽힙니다. 금광 자원이 풍부하고 정부도 적극 지원하면서 금 채굴량이 계속 증가하는 추세입니다.

그렇지만 중국은 1950년부터 2004년까지 일반인들은 금을 소유하거나 거래하지 못하게 막았습니다. 나라에서만 금을 독점하다가 2004년에 들어 결국 개인의 금 소유를 허용한 겁니다. 중국이 개인의 금 소유를 막은 이유는, 중국 정부가 오랫동안 금과 같은 귀금속의 개인 소유를 제한해야만 금융 시스템의 안정성과 국가의 외환보유고를 보호할 수 있다고 믿었기 때문입니다. 그러다 2001년 중국이 세계무역기구WTO에 가입하고 경제를 더 개방하기 시작하면서 금융 자유화 정책의 일환으로 2004년 금 소유에 대한 제한을 풀었습니다.

여기서 마지막 줄이 흥미롭습니다. 금은 이자를 주거나 배당금을 주지 않습니다. 그래서 그 자체로 수익을 내지 못하는 자산asset with no yield 입니다. 하지만 다른 투자 자산들의 수익률이 낮아지거나 경제가 불안정해지면 금이 안전 자산이라는 점이 보다 매력적으로more appealing 여겨져, 투자가 금으로 몰리는 등 인기를 끌게 될 수 있다는 얘기입니다.

Despite the metal's reputation as a store of value, when the first gold ETFs were launched the market was still dominated by jewellery, rather than investment. The new funds thus helped turn a largely physical asset into 5 a liquid financial one. By contrast bitcoin is already a financial asset. Unlike gold, there is no use for digital currencies in the physical world. Although it will now become a little easier to gain exposure to bitcoin, it is already more readily available to investors than gold was in 2004. Whereas punters buying the metal had to consider options for delivery and storage, bitcoin is available via mainstream brokers such as Robinhood and Interactive Brokers.

이 단락에서는 금 ETF와 비트코인 ETF의 차이에 대해서 설명하고 있습니다. 금 ETF는 출범 후 실물 보석으로 거래되던 금이 금융 투자 자산처럼 거래되게 만드는 효과를 냈지만, 비트코인은 이미 누구나 거래할 수 있는 금융 자산이라 그런 효과를 내지 못했다는 말입니다. 비트코인은 중개회사를 통해 쉽게 구매가 가능하기 때문이란 거죠. 결국 금이야 금 실물을 못 살 경우 ETF를 사서 투자하면 되므로 금 ETF로 나중에 수요가 몰렸지만, 비트코인은 누구나 쉽게 거래할 수 있는데 누가 굳이 그렇게 비트코인 ETF에 투자하려고 하겠느냐는 말입니다.

6 A different set of ETFs provide a less optimistic precedent for bitcoin. In 2022 Itzhak Ben-David, Francesco Franzoni, Byungwook Kim and Rabih Moussawi, four academics, published research suggesting that thematic

equity ETFs, which attempt to track a narrow industry or trend, underperform broader ETFs by about a third over the five years after their launch. That is because of a straightforward problem: when thematic ETFs get going, the buzz around the investment is already extensive and the underlying assets are already pricey.

이 단락은 비트코인 ETF가 테마형 ETF인데, 학자들의 연구 결과 이런 ETF는 결국 출시 때만 반짝 인기를 끌다가(그리고 인기를 끌었을 때 이미 기초자산 가격은 오를 만큼 올라서) 곧바로 인기가 시들해 버리는 속성이 있으니 비트코인 ETF도 그럴 가능성을 배제할 수 없다는 말입니다.

여기서 테마형 ETF는 앞서 잠시 말씀드렸던 것처럼 특정 산업, 트렌드, 기술, 사회적 이슈 등 특정한 주제나 테마를 중심으로 구성된 ETF를 말합니다. 이런 ETF는 전통적인 주가지수나 광범위한 산업 섹터보다는 비트코인이나 AI, 자율주행차, 헬스케어, 친환경 에너지 같은 특정 산업이나 기술을 중심으로 설계됩니다. 일반적으로 이런 ETF는 테마에 맞는 특정 산업에 집중하기 때문에 변동성이 커질 수 있습니다. 테마주처럼 관심이 뜨거우면 급등하다가 관심이 식으면 급락하는 식이죠.

To issuers, such hype is a feature not a bug. ETFs that track broad market indices are the supermarkets of the investing world. Issuers compete with one another on

7

fees, compressing margins to almost nothing in pursuit of enormous volumes. Some of the largest ETFs that track big equity indices make just 30 cents a year for every $1,000 invested. In contrast, more unusual offerings give providers an opportunity to charge higher fees. The more hype surrounding a given sector, the greater the inflows—and the greater the fees available.

하지만 위 단락의 설명처럼 테마형 ETF 운용사 입장에서는 전통적인 주가지수나 광범위한 산업 섹터를 추종하는 ETF보다 훨씬 더 높은 수수료를 받을 수 있어 테마형 ETF의 열풍 hype 이 불도록 오히려 의도한 것일 수 있습니다. 여기서 a feature not a bug는 '문제처럼 보이지만 실제로는 의도된 결과(something that seems like a flaw, but is in fact intentional)'라는 뜻입니다. a feature not a bug의 다른 예를 들자면, 어떤 소비자가 웹사이트에서 구독 취소를 하려고 하는데 도무지 취소할 수 있는 방법을 찾을 수 없어 불평하는 모습을 친구가 보고 "It's a feature not a bug"라고 할 수 있습니다. 구독 취소 방법을 찾기 어렵게 만든 게 웹사이트의 문제(결함)가 아니라 실은 회사가 의도한 결과라는 것이죠. 여기서 offering은 단어 뜻 그대로 '제공하는 것'이지만, 보다 구체적으로 상품이나 서비스를 말합니다.

8   Research published by Purpose Investments, an asset manager, finds that the lion's share of inflows to themat-

ic ETFs tends to come when the assets are at their most expensive. When the underlying stocks are relatively cheap, investors tend to pull out their money. As Craig Basinger of Purpose puts it, a buy-high, sell-low strategy is unlikely to be a winning one for investors.

위 단락에서는 테마형 ETF 투자자들이 기초자산 가격이 가장 비쌀 때 ETF에 투자한 뒤 싸질 때 ETF에서 발을 빼는 '비쌀 때 사서 쌀 때 파는' 전략으로는 결코 승리할 수 없다는 것을 알려줍니다. ETF나 주식 등 유가증권 securities 에 투자할 때는 당연히 'buy low, sell high(쌀 때 사서 비쌀 때 파는)' 전략을 취해야 하는데 그와 반대되는 전략을 취한다는 뜻입니다.

ETFs are not, therefore, a magic trick that boosts the price of the assets. Indeed, in many cases the funds turn out to be the exact opposite: a way to generate hype and long-run underperformance. Crypto bulls who had hoped that the advent of bitcoin ETFs would offer the asset an extended lift may, in fact, face extended disappointment. 9

결국 비트코인 ETF 같은 테마형 ETF는 장기적으로 부진한 성과 underperformace 를 내고 끝나 투자자들은 실망하게 될 수 있으니 주의하라는 조언으로 이 기사는 끝을 맺습니다. ETF가 무조건 자산 가격을 올려주는 마술magic trick을 부릴 수는 없다는 것이죠.

금융 시장에서 underperform은 성과가 부진하다는 의미를 전달할 때도 쓰지만 '수익률이 시장 평균보다 낮다'는 뜻으로도 씁니다. 반대말은 outperform입니다. 그래서 후자의 뜻으로 해석했을 때 underperform을 '시장 수익률을 하회하다'로, outperform을 '시장 수익률을 상회하다'로 번역하기도 합니다. 이 두 단어는 전문가들이 투자 의견을 제시할 때 많이 씁니다.

지금까지 비트코인 ETF에 대한 기사를 함께 읽으면서 암호화폐와 ETF에 대해 알아봤습니다. 그런데 이번 기사가 일반적인 암호화폐 기사(주로 시황 기사)라기보다는 비트코인 ETF를 중점으로 다룬 기사인 만큼 이 외에도 암호화폐 기사에 자주 사용되는 표현이나 용어를 좀 더 살펴볼까 합니다.

비트코인 같은 암호화폐 관련 외신 기사에서 가장 자주 볼 수 있는 대표적인 단어 10개를 추려 보면 다음과 같습니다.

1. **blockchain:** 암호화폐 기반 기술입니다. 데이터를 블록 block 단위로 묶어 체인chain 형태로 연결해 저장하는 분산형 데이터베이스 기술입니다. 탈중앙화와 변경 불가능성을 특징으로 합니다. 블록체인은 중앙 서버가 아니라 여러 대의 컴퓨터(노드node 라고 불리는)에 분산되어 저장됩니다. 모든 참여자들이 같은 사본의 블록체인을 보유하고 있으며, 새로운 블록이 추가되면 네트워크의 모든 노드에 동기화됩니다.

2. **decentralized:** '탈중앙화'입니다. 비트코인은 거래를 검증하는 수많은 익명의 개인과 누구나 확인할 수 있는 장부(공개 분산 원장)를 기반으로 거래가 이뤄집니다. 즉, 중앙에서 거래를 감시하거나 감독하는 기관이 없다는 말입니다.

3. **mining:** '채굴'입니다. 네트워크에서 새로운 암호화폐를 생성하고, 거래를 검증하여 블록체인에 기록하는 과정(the process by which transactions are officially entered on the blockchain)을 채굴이라고 합니다. 간단히 말해, 암호화폐를 만드는 것을 채굴한다고 표현하는 거라 이해하시면 됩니다. 암호화폐 외신 기사에 가장 자주 나오는 단어 중 하나입니다.

   Illegal Bitcoin mining costs Malaysian electricity company over $100m
   불법 비트코인 채굴로 말레이시아 전력회사에 1억 달러 이상의 비용 발생 (crypto.news, 10월 25일자 기사 제목)

4. **proof of work와 proof of stake:** '작업 증명'과 '지분 증명'입니다. 전자는 채굴자가 연산 작업을 통해 복잡한 수학 문제를 해결해 블록을 생성하는 방식이고, 후자는 보유한 코인의 양과 시간을 기반으로 블록을 생성할 권한을 부여하는 방식입니다. 블록을 생성한다는 것은 거래를 공식적으로 기록하고, 이를 모든 네트워크 참여자들이 공유하는 장부 blockchain 에 영구적으로 저장하는 과정을 말합니다. 작업 증명 방식으로는 복잡한

수학 문제를 해결하기 위해 많은 연산이 필요하고 그러자면 전력 소모량도 매우 크기 때문에 이보다는 요즘의 친환경 추세에 맞게 에너지 소비를 줄이면서 블록체인의 보안성을 유지할 수 있는 지분 증명 방식이 주목을 받고 있습니다. 아래 기사 제목에서 '친환경적 대안'이라고 하는 게 지분 증명 방식입니다. 이처럼 두 용어는 최근 비트코인 채굴 과정의 에너지 집약적 energy-intensive 문제를 다루는 기사에서 자주 눈에 띄곤 합니다.

Cryptocurrencies use massive amounts of power – but eco-friendly alternatives come with their own risks
막대한 양의 전력 사용하는 암호화폐…친환경적인 대안에도 위험 잠복
(The Conversation, 2024년 6월 6일자 기사 제목)

5. **ICO**: 기업공개 IPO 처럼 암호화폐도 투자자로부터 초기 개발 자금을 모금할 수 있습니다. 이걸 ICO라고 합니다. **Initial Coin Offering**의 약자로, '암호화폐(가상화폐) 공개'라고 합니다. 이때 필요한 게 백서 white paper 입니다. 백서에는 암호화폐를 만들게 된 동기나 목적, 운영방식, 전망 등이 들어가 있고, 투자자들이 이걸 보고 마음에 들면 투자하는 겁니다.

6. **Defi**: 보통 '디파이'로 읽는데, 탈중앙화된 금융을 말합니다. 은행 같은 중앙기관 없이 블록체인 기술을 통해 금융 서비스를 제공하는 시스템입니다. 암호화폐가 바로

이런 시스템을 따르고 있죠. 디파이는 기존의 전통 금융 시스템과 달리 스마트 계약smart contract을 통해서 누구나 금융 서비스(대출이나 차입 등)를 이용할 수 있게 해 줍니다.

7. **stablecoin:** 역시 영어 그대로 '스테이블코인'이라고 하는데, 가치가 일정하게 유지되는 암호화폐를 말합니다. 스테이블코인은 미국 달러처럼 안정적인 법정 화폐와 연동되어 1:1로 가치가 유지되도록 설계된 경우가 많습니다. 테더Tether와 다이DAI, 바이낸스 USDBinance USD 같은 코인들이 스테이블코인입니다.

8. **halving:** 반감기입니다. 채굴을 통해 채굴자가 보상으로 받는 암호화폐 양이 절반으로 줄어드는 이벤트를 말합니다. 주로 비트코인처럼 작업 증명 방식의 암호화폐에서 약 4년마다 한 번씩 발생합니다(Bitcoin halving is an event that takes place approximately every four years, which sees the number of bitcoins released as mining rewards decrease by 50%). 이렇게 되면 유통되는in circulation 코인 양이 줄어드니 당연히 가격 면에서 호재입니다. 비트코인은 공급량이 유한합니다. 유통되는 공급량은 최대 2,100만 개를 넘지 못하는 것으로 알려져 있습니다. 비트코인 네트워크는 약 21만 개의 블록이 채굴될 때마다 반감기가 발생합니다. 예를 들어, 비트코인이 처음 출시되었을 때 채굴자는 한 블록을 채굴할 때마다 비트코인 50개를 받았습니다. 첫 번째 반감기가 지나고 나서 보상은 25개로 줄고, 그 다음에는 12.5개, 이후로는 6.25개가 지급되고 있습니다. 가장

최근에는 2024년 4월 20일 반감기가 시작됐습니다. 이게 4번째 반감기인데 이전 반감기는 각각 2016년 7월 9일, 2012년 11월 28일, 2020년 5월 11일에 있었습니다. 다음 21만 개의 블록이 채굴되는 데 시간이 얼마나 걸릴지는 아무도 모릅니다. 다음 반감기를 정확히 예측하기 힘들기 때문입니다. 아무튼 반감기는 비트코인 가격 상승 재료라 2024년 반감기를 앞두고 이번 장에 나온 『The Economist』 기사처럼 외신에서는 반감기와 비트코인 가격의 관계에 대한 기사나 분석 자료가 잔뜩 쏟아져 나왔습니다.

The Bitcoin Halving is Here: What Does it Mean for Investors?
다가온 비트코인 반감기, 투자자에게는 무엇을 의미하나?
(Morningstar, 2024년 4월 22일 자료 제목)

9. **NFT**: Non-Fungible Token, 즉 '대체 불가능 토큰'이란 뜻입니다. 고유하고 유일한 디지털 자산이라는 뜻에서 이런 이름이 붙었습니다. NFT는 각각 고유한 데이터와 메타데이터를 가지고 있어 다른 NFT와 교환하거나 대체할 수 없습니다. 암호화폐가 동일한 가치를 가지는 다른 토큰으로 교환이나 대체가 가능한 것과 다릅니다. 이로 인해 NFT는 디지털 예술 작품, 수집품, 게임 아이템 등을 소유하는 방식으로 활용됩니다. 이미지나 영상, 음악 등 기존 디지털 자산은 쉽게 복제가 가능했지만 NFT는 블록체인 기술을 이용해 자산의 고유성과 소유권을 증명하기 때문에 복제가 안 되는 것으로 알려져 과거엔

새로운 수집품으로 엄청난 인기를 끌었습니다. 그러자 투기 세력이 몰리면서 NFT 가격도 천문학적인 수준으로 뛰어오른 적도 있었습니다. NFT가 단순한 수집품이 아니라 투자 자산이라는 인식이 고개를 든 것이죠. 그러나 투기는 거품을 키웠고, 이 거품은 결국 터져버렸습니다. 국내에서는 네이버가 투자한 NFT 거래소인 '팔라'가 NFT 인기가 절정이던 2021년 여름에 영업을 시작하며 큰 주목을 끌었지만 NFT 인기가 식으면서 2024년 결국 서비스를 종료했습니다.

10 **whale**: 다 아시는 단어 '고래'입니다. 고래는 암호화폐 시장에서 시장의 흐름을 좌우할 수 있는 능력을 가진 사람을 말합니다. crypto whale이라고도 합니다. 고래가 암호화폐를 대량으로 사거나 팔면 당연히 암호화폐 가격은 급등락합니다. 그래서 암호화폐 시장에서는 '고래'의 움직임을 주시해야 합니다.

Ethereum ICO Whale Dumps 3K ETH for $7.64M Amid Crashing Prices
이더리움 ICO 고래, 가격 폭락 속 764만 달러에 3천 이더리움 매도 (The Crypto Basic, 2024년 10월 24일 기사 제목)

암호화폐 기사는 대부분 채굴이나 가격 변화와 전망에 대한 것들입니다. 물론 그중에는 비트코인에 대한 기사가 가장 많습니다. 비트코인은 주식 시장으로 따지면 '대장주'에 해당하니까요. 한 가지 덧붙이자면, 암호화폐는 크게 비트코인과 비트코인이 아닌 화폐로 나뉘는데, 후자를 알트코인 Altcoin 이라고 합니다. 대안코인 Alternative Coin 의 준말입니다. 이더리움 Ethereum, 라이트코인 Litecoin, 리플 Ripple 등도 모두 알트코인입니다.

개인적으로 암호화폐 시황에 대한 기사를 상당히 오랫동안 써 왔는데도 왜 가격이 오르고 내리는지 여전히 정확히 잘 모르겠습니다. 하지만 확실한 한 가지는 암호화폐는 변동성 volatility 이 상당히 크다는 사실입니다. 또한 암호화폐 시장의 전문가 전망은 더욱 극과 극을 오가는 경우가 많은 것 같습니다.

예를 들어, 2024년 봄 비트코인 ETF가 출시되기 몇 달 전 대표적인 비트코인 비관론자인 피터 쉬프 Peter Schiff 는 비트코인이 폭락할 거란 섬뜩한 경고를 내놓기도 했습니다. 당시 비트코인이 ETF 출시 기대감으로 가격이 계속 오르고 있었는데도요.

2024년 가을 비트코인 가격이 6만 달러를 넘어서자 10만 달러 이상 갈 거라는 낙관적 전망이 나왔습니다. 가격이 오를 때마다 지금보다 수 배 또는 수십 배 오를 거라는 긍정적인 전망이 나오는데, 이와 반대로 폭락할 것이라는 비관적 전망도 자주 나오는 게 암호화폐 세계입니다.

마지막으로 Nvidia Is No Cisco, but It Is Getting Expensive 편에서 잠깐 언급한 meme coin에 대해 좀 더 살펴보면서 이야기를 마무리하겠습니다. 우리말로도 '밈코인'이라고 번역하는 meme coin은 영어로 cryptocurrencies often inspired by internet memes or trends(인터넷 밈이나 트렌드에서 영감을 얻은 암호화폐)라 설명할 수 있습니다. 밈은 문화적 아이디어, 유행, 표현 등이 SNS나 온라인 커뮤니티를 통해서 사람들 사이에서 빠르게 퍼져나가는 현상을 말합니다.

대표적인 밈코인은 도지코인 Dogecoin 입니다. 도지코인의 기원은 귀여운 시바견 Shiba Inu 이미지를 가진 Doge 밈이었습니다. 이 이미지에 much cool 아주 멋지다 또는 so cute 정말 귀엽다, very doge 정말 도지스럽다 같은 영어 표현이 적혀 있었는데 시바견의 귀여운 표정과 결합되면서 유머스러운 분위기를 만들자 인터넷에서 빠르게 확산되며 인기를 끌었습니다. 그러다 2013년 개발자들이 이 Doge 밈을 보고 영감을 받아 비트코인의 대안으로 도지코인을 만들었습니다.

밈코인으로는 도지코인 외에도 시바이누 Shiba Inu, 페페 Pepe, 봉크 Bonk, 플로키 FLOKI 등 많이 있습니다. 이런 밈코인의 가장 큰 특징은 '특히 심한 변동성'입니다. 아래 기사 제목만으로도 가히 상상이 되실 겁니다.

AI-driven meme coin SLOP rises 56,000% in just 24 hours
AI 기반 밈코인 SLOP, 24시간 만에 56,000% 폭등
(Crypto Briefing, 2024년 10월 22일 기사 제목)

18　The mystery of gold prices

미스터리한 금값의 움직임

A fear-and-inflation hedge has failed
to hedge against fear or inflation
공포와 인플레이션 헤지 수단이라는
금이 이들에 대한 헤지에 실패했다

1. Traders have an expression to describe how unpredictable financial markets can be: "better off dumb". Stocks or other financial markets can sometimes behave in unforeseeable ways. Analysts predicted that American share prices would collapse if Donald Trump won the election in 2016—they soared. Companies that post better-than-expected earnings sometimes see their share prices decline. Glimpsing the future should give a trader an edge, and most of the time it would. But not always.

2. Say you knew, at the start of 2021, that inflation was going to soar, the consequence of rampant money-printing by central banks and extravagant fiscal stimulus. In addition, perhaps you also knew that inflation would then be stoked by trench warfare in Europe. With such knowledge, there is perhaps one asset above all others that you would have dumped your life savings into: the precious metal that adorns the necks and wrists of the wealthy in countries where inflation is a perennial problem.

3. Better off dumb, then. The price of gold has barely budged for two years. On January 1st 2021 an ounce cost just shy of $1,900. Today it costs $1,960. You would have made a princely gain of 3%.

4. What is going on? Working out the right price for gold is a difficult task. Gold bugs point to the metal's historical

트레이더는 금융 시장이 얼마나 예측하기 어려운지 설명할 때 "차라리 멍청한 게 낫다"라는 표현을 쓰곤 한다. 주식 등 금융 시장은 때때로 예측할 수 없는 방식으로 움직일 수 있다. 분석가들은 2016년 대선에서 도널드 트럼프가 당선되면 미국 증시가 폭락할 것으로 예측했지만, 반대로 증시는 급등했다. 예상보다 좋은 실적을 발표하는 기업도 주가가 하락하는 경우가 있다. 미래를 잘 예측하면 트레이더는 우위를 점할 수 있고, 대부분의 경우 실제로도 그렇다. 하지만 항상 그럴 수 있는 건 아니다.

2021년 초 중앙은행의 무분별한 돈 찍어내기와 퍼주기식 재정 부양책 결과로 인플레이션이 치솟을 것임을 미리 알고 있었다고 가정해 보자. 또한 유럽에서 일어난 참혹 전쟁으로 인해 인플레이션 압력이 가중될 것이라는 사실도 알고 있었다고 치자. 그런 지식이 있었다면 인플레이션이 고질적인 문제인 국가의 부유층은 목과 손목을 장식하고 다니는 귀금속에 평생 모은 돈을 투자했을 것이다.

하지만 차라리 멍청한 편이 나았을 수 있다. 금값은 지난 2년 동안 거의 움직이지 않았기 때문이다. 2021년 1월 1일 금값은 온스당 1,900달러에 조금 못 미쳤는데 지금도 1,960달러에 불과하다. (이 기사가 나온 2023년 7월 13일까지 2년 반 동안) 자그마치(?) 3% 수익을 올리는 데 그쳤을 것이다.

대체 어떻게 된 일일까? 금의 적정 가격을 알아내기는 어려운 일이다. 금값 상승을 낙관하는 투자자는 금의 내재 가치가 존재하

role as the asset backing money, its use in fine jewellery, its finite supply and its physical durability as reasons to explain why it holds value. After all, at first glance the phenomenon is a strange one: in contrast to stocks and bonds, gold generates no cash flows or dividends.

5 Yet this lack of income also provides a clue to the metal's mediocre returns in recent years. Because gold generates no cash flows, its price tends to be inversely correlated with real interest rates—when safe, real yields, like those generated by Treasury bonds, are high, assets that generate no cash flows become less appealing. Despite all the furore about the rise in inflation, the increase in interest rates has been even more remarkable. As a result, even as inflation shot up, long-term expectations have remained surprisingly well anchored. The ten-year Treasury yield, minus a measure of inflation expectations, has climbed from around −0.25% at the start of 2021 to 1.4% now.

6 In 2021 researchers at the Federal Reserve Bank of Chicago analysed the main factors behind gold prices since 1971, when America came off the gold standard, a system under which dollars could be converted into gold at a fixed price. They identified three categories: gold as protection against inflation, gold as a hedge against economic catastrophe and gold as a reflection of interest rates. They then tested the price of gold against changes in inflation expectations, attitudes to economic growth and real interest rates using annual, quarterly and daily data.

는 이유를 설명할 때 화폐를 뒷받침하는 자산으로서 역사적 역할, 고급 보석에서의 쓰임새, 제한적인 공급량, 물리적으로 우수한 내구성 등을 꼽는다. 주식이나 채권과 달리 금은 현금 흐름이란 게 없거나 배당금을 주지 않기 때문에 언뜻 보기에 이는 이상한 현상 같다.

그러나 이처럼 금이 소득을 창출하지 못한다는 점은 최근 몇 년 간 금이 평범한 수익률을 기록한 이유에 대한 단서를 제공하기도 한다. 금은 현금 흐름을 창출하지 않기 때문에 금값은 실질 금리와 반비례해 움직이는 경향이 있다. 그리고 국채처럼 안전하고 실질 수익률이 높으면 (금처럼) 현금 흐름을 창출하지 않는 자산의 매력은 떨어지게 된다. 사람들이 인플레이션 상승을 둘러싸고 온갖 소란을 피웠지만 금리 상승은 더욱 두드러지게 나타나고 있다. 그 결과 인플레이션이 급등했는데도 불구하고 장기 인플레이션 기대감은 놀라울 정도로 안정적으로 유지되고 있다. 인플레이션 기대치를 뺀 10년 만기 국채 수익률은 2021년 초 약 −0.25%에서 현재 1.4%로 상승했다.

2021년 시카고 연방준비은행의 연구원들은 미국이 고정 가격으로 달러를 금으로 전환할 수 있는 제도인 금본위제에서 벗어난 1971년 이후 금값을 움직이게 만드는 주요 요인을 분석해 봤다. 그들은 인플레이션에 대한 보호 수단으로서의 금, 경제 재앙의 피해를 막는 헤지 수단으로서의 금, 금리를 반영해 움직이는 금이란 세 가지 범주를 확인했다. 그들은 이어 연, 분기, 일일 데이터를 사용해 인플레이션 기대치, 경제 성장에 대한 태도, 실질 금리 변화에 따라 금값이 어떻게 움직이는지를 시험해 봤다.

7 Their results indicate that all these factors do indeed affect gold prices. The metal appears to hedge against inflation and rises in price when economic circumstances are gloomy. But evidence was most robust for the effect of higher real interest rates. The negative effect was apparent regardless of the frequency of the data. Inflation may have been the clearest driver of gold prices in the 1970s, 1980s and 1990s but, the researchers noted, from 2001 onwards long-term real interest rates and views about economic growth dominated. The ways in which gold prices have moved since 2021 would appear to support their conclusion: inflation matters, but real interest rates matter most of all.

8 All of this means that gold might work as an inflation hedge—but inflation is not the only variable that is important. The metal will increase in price in inflationary periods if central banks are asleep at the wheel, and real rates fall, or if investors lose their faith in the ability of policymakers to get it back under control. So far neither has happened during this inflationary cycle.

9 A little knowledge about the future can be a dangerous thing. "The Gap in the Curtain", a science-fiction novel by John Buchan, which was published in 1932, is a story about five people who are chosen by a scientist to take part in an experiment that will let them glimpse a year into the future. Two end up seeing their own obituaries. It is the "best investment book ever written", according

결과적으로 이러한 모든 요인이 실제로 금값에 영향을 미치는 7
것으로 나타났다. 금은 인플레이션을 헤지하는 것으로 보이고, 경제 상황이 암울할 때는 가격이 상승한다. 그러나 실질 금리 상승의 영향에 대한 증거가 가장 강력했다. 즉, (그렇다는 사실을 확인시켜 주는) 관련 데이터의 발생 빈도와 관계없이 부정적인 영향은 분명했다. 연구진은 1970년대와 1980년대 및 1990년대에는 인플레이션이 금값을 움직이는 가장 확실한 동인이었을 수 있더라도 2001년 이후에는 장기 실질 금리와 경제 성장에 대한 전망이 금값 움직임에 지배적인 영향을 미쳤다고 지적했다. 실제로 2021년 이후 금값의 움직임은 인플레이션도 중요하지만 실질 금리가 무엇보다도 중요하다는 그들의 결론을 뒷받침하는 것처럼 보인다.

이 모든 사실은 금이 인플레이션 헤지 수단 역할을 하더라도 인 8
플레이션만이 금값의 중요한 변수는 아니라는 것을 의미한다. 인플레이션 압력이 커지는 기간에 중앙은행이 충분히 주의를 기울이지 않고, 실질 금리가 하락하거나 투자자들이 정책당국의 인플레이션 통제 능력에 대한 신뢰를 잃으면 금값은 상승할 것이다. 이번 인플레이션 주기에는 아직까지 이 두 가지 현상이 모두 일어나지 않았다.

미래에 대한 지식이 부족한 상태에서 하는 투자는 위험할 수 있 9
다. 1932년 출간된 (영국 모험 소설가이자 정치가인) 존 뷰컨의 공상 과학 소설 『커튼 속의 틈』은 한 과학자가 1년 후의 미래를 엿볼 수 있는 실험에 참여하도록 선택한 다섯 사람에 관한 이야기이다. 이 중 두 사람은 결국 자신의 부고를 보게 된다. 스코틀랜드의 헤지펀드 투자자인 휴 헨드리는 이 책에 대해 "지금까지 나온 최고의 투자서"라고 평가했는데, 그 이유는 독자들이 특정

to Hugh Hendry, a Scottish hedge-fund investor, because it encourages readers to envision the future while thinking deeply about what exactly causes certain events. As the recent seemingly perplexing movements in gold suggest, unanchored future-gazing is a dangerous habit. (Jul 13th 2023)

사건의 정확한 발생 원인에 대해 깊이 고민하면서 미래를 상상해 볼 수 있게 독려하기 때문이다. 최근의 혼란스러워 보이는 금값 움직임이 시사하듯이 불안정한 미래 예측은 위험한 습관일 뿐이다. (2023년 7월 13일)

이번 장에서는 금 얘기를 해 보겠습니다. 더 정확히 말하자면, 금을 주제로 쓴 『The Economist』 등 외신 기사를 읽을 때 주의해야 할 점에 대해서 말씀드리겠습니다.

이번 기사에선 물가가 오를 때 인플레이션 헤지 수단으로 각광을 받으며 금값이 오르는 경향이 많지만 물가와 함께 금리가 동반 상승하면 물가가 오르더라도 금값 상승세가 제한된다고 말하고 있습니다. 우리가 '인플레이션 헤지 수단'으로 금에 주목하지만 이 요인보다는 금리가 더 금값에 영향력이 클 수 있다는 겁니다.

금 관련 외신에서도 꼬리표처럼 따라붙는 표현 중 하나가 바로 이 '인플레이션 헤지 수단(a hedge against inflation 또는 inflation hedge)'이라는 말입니다. 그리고 경제나 정치 상황이 불안정하거나 불확실성이 커졌을 때 투자하면 좋은 안전 자산 safe-haven asset 이라는 말도 늘 금 뒤에 따라붙습니다. 안전 자산 면에서는 금이 미국 국채와 쌍벽을 이루니까요.

사실 인플레이션 헤지 수단과 안전 자산은 서로 같은 뜻이나 다름이 없습니다. 금은 오랜 역사 동안 가치 저장 수단(a way to preserve and protect wealth 또는 store of value)으로 사용돼 왔는데, 인플레이션이 발생하면 화폐 가치가 떨어지기 때문에 화폐의 구매력 purchasing power 이 감소하지만, 투자자들이 금을 안전한 자산으로 여기기 때문에 금은 상대적으로 그 가치를 유지하거나 상승하는 경향이 강합니다. 인플레이션으로 인해 통화 공급이 늘어나더라도 금의 공급은 상대적으로 일정하게 유지된다는 점도 금의 투자 매력을 높입니다.

금에 투자하는 방법은 다양합니다. 골드바 gold bar 나 금화 gold coin 를 사도 되고, 금반지처럼 금으로 된 보석을 사도 됩니다. 또는 금을 채굴하는 기업 주식 gold mining stock 을 사거나 금 펀드 gold fund 에 투자해도 됩니다.

외신에서는 이런 다양한 소재를 갖고 기사를 쓰기보다는 금값 자체의 움직임, 즉 금값 시황에 대한 기사를 주로 씁니다. 금도 상품 중 하나이기 때문에 상품 기사에서 금은 빠지지 않고 들어갑니다. 금과 항상 같이 다니는 은과 함께 금값gold prices과 은값silver prices의 움직임에 대한 기사가 많이 나옵니다.

이번 장에 소개한 『The Economist』 기사는 2023년 7월 13일에 나왔습니다. 이때는 미국의 기준 금리가 5.25~5.5% 수준으로, 2001년 이후 가장 높았습니다. 연준이 인플레이션을 억제하기 위해 2022년 3월 이후 총 11차례나 금리를 올리다 보니 금리가 이렇게 높아졌습니다. 그런데 2024년 봄부터 연준의 금리 인하 기대감이 본격적으로 커지면서 이런 기대감이 반영돼 국채 금리도 내려가기 시작하자 금값은 3월경부터 본격적으로 상승해 11월경에는 온스당 2,700달러 위까지 올랐습니다. 이번 기사에서도 금값이 온스당 1,900달러 부근에서 움직인다고 했으니 2024년 11월까지 1년 2개월의 시간이 지난 뒤에는 대충 계산해도 40% 이상 올랐다는 뜻입니다.

이 기간 동안 미국의 인플레이션은 안정화됐습니다. 다시 말해서 인플레이션 헤지 수단이라는 재료가 소멸됐습니다. 그런데도 금값은 상승한 것입니다. 금이 인플레이션 헤지 수단으로 매력을 잃기 시작했지만, 2022년 1월 시작된 러시아와 우크라이나 전쟁이 지속되는 가운데 이스라엘과 하마스, 팔레스타인 무장 세력인 헤즈볼라 및 이란과의 전쟁으로 지정학적 긴장geopolitical tension이 고조되고, 미국의 국채 금리가 하락한 게 금값 상승에 영향을 미친 것으로 전문가들은 분석했습니다. 이 외에도 중국, 인도, 터키 중앙은행들이 외환보유고 다각화 차원에서 금 매수에 나섰고, 2024년 11월 미국 대선을 앞두고 누가 당선될지를 둘러싼 불확실성이 커진 것도 모두 금값 상승에 일조했습니다.

한 가지 원인이 더 있습니다. 대형 소매점 코스트코입니다. 코스트코가 2023년 가을부터 매장에서 골드바를 판매하기 시작하면서 일반인들도 금을 사들이기 시작해 수요가 늘어난 점도 금값 상승에 다소 보탬이 됐다고 합니다. 코스트코 골드바의 인기가 어느 정도인지는 다음 기사 제목을 보면 알 수 있습니다.

> Costco still <u>selling gold bars like hotcakes</u> as prices surge
> 코스트코, 가격 급등에도 여전히 핫케이크 팔 듯 골드바 판매 중 (Yahoo Finance, 2024년 9월 27일자 기사 제목)

이제 기사를 읽으면서 더 자세히 살펴보겠습니다.

1 Traders have an expression to describe how unpredictable financial markets can be: "better off dumb". Stocks or other financial markets can sometimes behave in unforeseeable ways. Analysts predicted that American share prices would collapse if Donald Trump won the election in 2016—they soared. Companies that post better-than-expected earnings sometimes see their share prices decline. Glimpsing the future should give a trader an edge, and most of the time it would. But not always.

한 마디로 금융 시장 예측이 쉽지 않다는 말입니다. 외신 기사에서 금융 시장 예측의 어려움에 대한 얘기가 나올 때 자주 나오는 표현이 crystal ball입니다. 네, 점칠 때 쓰는 '수정 구슬'입니다. 수정 구슬이 있어도 예측이 어렵다는 말을 할 때 주로 나옵니다. 우리나라에서도 『블랙 스완』과 『안티프래질』 등의 저서로 유명한 미국 경제학자 나심 니콜라스 탈레브 Nassim Nicholas Taleb 도 수정 구슬 개념을 사용해 예측의 불확실성을 설명했는데, 그가 한 말 역시 자주 인용됩니다. 탈레브는 미래를 예측하려는 노력의 한계를 강조하며, 많은 경우 우리가 알고 있는 정보가 아닌 우리가 모르는 정보가 더 중요하다고 주장했습니다. 『Financial Times』의 한 기사 안에도 탈레브의 이런 말이 인용되어 나옵니다.

> **A crystal ball wouldn't make most of us rich**
> 수정 구슬이 있다 해도 우리 대부분이 부자가 되지는 못한다 (Financial Times, 2024년 9월 26일 기사 제목)

위 단락에서 금융 시장 예측이 어렵다는 것을 보여주는 두 가지 사례를 제시했는데, 정말 예측하기 쉽지 않습니다. 그렇지만 투자자들은 예측을 듣고 싶어 하기 때문에 금융 시장을 취재하는 기자들은 늘 전문가들의 인용문을 딸 때 "삼성전자 주가가 어떻게 될까요? 오를까요, 내릴까요?" 등의 예측을 해 달라고 요청합니다. 하지만 외신에 인용된 수많은 전문가들의 예측이 맞을 때도 있고 틀릴 때도 있으니 결국은 본인이 판단해야 합니다. 그리고 판단의 정확도를 좀 더 높이려면 많은 기사와 자료를 읽어봐야 할 것입니다. 이 사람 얘기도 들어보고, 저 사람 얘기도 들어보고 종합해서 판단하는 거죠.

2 Say you knew, at the start of 2021, that inflation was going to soar, the consequence of rampant <u>money-printing</u> by central banks and extravagant fiscal stimulus. In addition, perhaps you also knew that inflation would then be stoked by <u>trench warfare</u> in Europe. With such knowledge, there is perhaps one asset above all others that you would have dumped your life savings into: the <u>precious metal</u> that adorns the necks and wrists of the wealthy in countries where inflation is a perennial problem.

2021년은 미국 연준을 시작으로 글로벌 중앙은행들이 COVID-19 사태에서 벗어나고자 금리 인하와 재정 부양책을 통해 시중에 유동성을 쏟아붓기 시작한 다음 해입니다. 2020년에 푼 돈은 2021년부터 물가 상승이라는 부메랑으로 돌아오기 시작했습니다. 여기서 money-printing은 '돈 찍어내기(발권)'를 뜻합니다.

유럽의 참호 전쟁 trench warfare은 러시아와 우크라이나 전쟁을 말합니다. 원래 참호 전쟁은 제1차 세계대전(1914~1918년)때 서부 전선에서 독일군과 연합군(미국, 프랑스, 영국)이 서로 참호를 파고 그 안에 머물면서 대치하는 식으로 전쟁을 한 데서 유래됐습니다. 러시아와 우크라이나 전쟁 때도 양측이 참호를 많이 파고 전쟁을 해서 '참호 전쟁'으로 불리곤 합니다.

이 전쟁은 에너지와 식량 가격 상승을 일으켰습니다. 러시아는 세계 최대의 에너지 생산국 중 하나로, 특히 유럽에 천연가스를 공급하는 주요 국가인데 전쟁으로 인해 러시아산 에너지에 대한 제재가 강화되면서 유럽 국가들이 대체 에너지원 확보에 어려움을 겪자 원유와 천연가스 가격이 급등했습니다. 또 우크라이나는 밀, 옥수수, 해바라기유 등의 주요 생산국으로, 전쟁 전에는 세계 곡물 수출에서 중요한 역할을 했지만 전쟁으로 인해 곡물 수출이 크게 감소하면서 전 세계 식량 가격이 크게 올랐습니다.

여기서 precious metal 귀금속 은 금을 가리킵니다. 금 외에 대표적인 precious metal로는 은, 백금 platinum, 팔라듐 palladium 이 있습니다. 백금도 보석에 쓰이는 금속이고, 팔라듐은 보석류 소재로도 쓰이긴 하나 높은 전도성 때문에 산업용으로 더 많이 쓰입니다.

Better off dumb, then. The price of gold has barely budged for two years. On January 1st 2021 an ounce cost just shy of $1,900. Today it costs $1,960. You would have made a princely gain of 3%. 3

여기서 shy of란 표현에 대해서는 Bitcoin ETFs are off to a bad start. Will things improve?편에서 자세히 설명했습니다. '~에 못 미친다'는 뜻이죠. princely는 사전적 의미로 '엄청난'이란 뜻이지만 주로 비꼴 때 반어적으로 씁니다. 2년 반이란 시간 동안 '고작' 3% 오른 것을 비꼬기 위해 이 단어를 쓴 것입니다. 인플레이션을 감안하면 사실상 이 기간 동안 금 투자를 했다면 마이너스 수익률이었을 것입니다.

4 What is going on? Working out the right price for gold is a difficult task. Gold bugs point to the metal's historical role as the asset backing money, its use in fine jewellery, its finite supply and its physical durability as reasons to explain why it holds value. After all, at first glance the phenomenon is a strange one: in contrast to stocks and bonds, <u>gold generates no cash flows</u> or dividends.

5 Yet this lack of income also provides a clue to the metal's mediocre returns in recent years. Because gold generates no <u>cash flows</u>, its price tends to be inversely correlated with real interest rates—when safe, real yields, like those generated by <u>Treasury bonds</u>, are high, assets that generate no cash flows become less appealing. Despite all the furore about the rise in inflation, the increase in interest rates has been even more remarkable. As a result, even as inflation <u>shot up</u>, long-term expectations have remained surprisingly well <u>anchored</u>. The ten-year Treasury yield, minus a measure of inflation <u>expectations</u>, has climbed from around -0.25% at the start of 2021 to 1.4% now.

이 두 문단에서는 '금이 현금 흐름을 창출하지 않는다 gold generates no cash flows'라는 말이 계속 나옵니다. 이 말은 다른 투자 자산 중 주식은 배당금 dividend 을 지급하고, 채권은 이자를 지급하는 반면, 금은 그런 방식으로 수익을 제공하지 않는다는 뜻입니다. 금을 보유한다고 해서 그 자체로 이익이 생기거나 현금이 들어오지 않기 때문이죠. 금은 가치 상승에 따른 자본 이득 capital gain 외에는 수익을 얻을 방법이 없습니다.

여기서는 금이 인플레이션 헤지 수단이자 안전 자산일지 몰라도, 금처럼 현금 흐름을 창출하지 못하는 자산의 매력을 떨어뜨리는 건 금에 못지않은 안전 자산인 미국 국채 Treasury bonds 금리의 상승임을 설명하고 있습니다. 인플레이션이 속등 shot up 하더라도 금리가 높으니 장기 인플레이션 기대감 expectations 은 (닻을 내린 배처럼) 안정적 anchored 으로 유지되기 때문이란 것이죠.

위 문단뿐 아니라 외신 기사에 자주 나오는 cash flow는 현금 흐름을 가리키는 것으로, '들어오고 나가는 돈(money that goes in and out)'을 말합니다. 보통 기업 기사에서 자주 나옵니다.

> Mercedes-Benz stock falls on big Q3 earnings miss; cash flow remains strong
> 메르세데스-벤츠 주가, 전망 대폭 하회하는 3분기 실적에 하락... 현금 흐름은 여전히 탄탄 (Investing.com, 2024년 10월 25일 기사 제목)

In 2021 researchers at the Federal Reserve Bank of Chicago analysed the main factors behind gold prices since 1971, when America came off the gold standard, a system under which dollars could be converted into gold at a fixed price. They identified three categories: gold as protection against inflation, gold as a hedge against economic catastrophe and gold as a reflection of interest rates. They then tested the price of gold against changes in inflation expectations, attitudes to economic growth and real interest rates using annual, quarterly and daily data.

2021년 시카고 연방준비은행 연구원들이 연구한 결과, 결국 이 기사 내용처럼 금이 인플레이션 헤지 수단이나 경제 불확실성이 높을 때 헤지 수단으로 간주되긴 하지만 금값은 이런 재료들의 영향을 받더라도 결국 금리 움직임에 의해 더 큰 영향을 받는다는 것을 알아냈다고 설명하고 있습니다. 그리고 이런 현상은 2001년 이후부터 더 두드러졌다는 사실도요.

여기서 gold standard는 그 유명한 '금 본위제'를 말합니다. 1971년 당시 미국 대통령이었던 리처드 닉슨 Richard Nixon 이 금 본위제를 없앴습니다. 금 본위제는 각국의 통화 가치를 금으로 고정하고, 특정 비율로 달러를 금과 교환할 수 있도록 만든 제도였습니다. 그래서 위 단락에서도 금 본위제를 설명하면서 '달러를 고정된 가격에 금으로 전환할 수 있게 해 주는 제도(a system under which dollars could be converted into gold at a fixed price)'라는 말을 단 것입니다. 금 본위제는 19세기부터 국제 무역의 안정성과 신뢰성을 높이고, 물가 안정 및 경제 성장을 도모하기 위해서 시행됐습니다.

8 All of this means that gold might work as an inflation hedge—but inflation is not the only variable that is important. The metal will increase in price in inflationary

periods if central banks are <u>asleep at the wheel</u>, and real rates fall, or if investors lose their faith in the ability of policymakers to get it back under control. So far neither has happened during this inflationary cycle.

A little knowledge about the future can be a dangerous thing. "The Gap in the Curtain", a science-fiction novel by John Buchan, which was published in 1932, is a story about five people who are chosen by a scientist to take part in an experiment that will let them glimpse a year into the future. Two end up seeing their own obituaries. It is the "best investment book ever written", according to Hugh Hendry, a Scottish hedge-fund investor, because it encourages readers to envision the future while thinking deeply about what exactly causes certain events. As the recent seemingly perplexing movements in gold suggest, <u>unanchored</u> future-gazing is a dangerous habit. 9

기사의 결론 부분으로, 전체 내용이 잘 정리되어 있습니다. 지금까지 설명한 내용을 잘 알고 계시면 이해하는 데 어려움이 없는 부분이라 몇몇 단어와 숙어만 간단히 설명하고 넘어가겠습니다. 먼저 asleep at the wheel은 '문제에 주의를 기울이지 않는', 즉 '방관하는'이란 뜻입니다.

    두 번째 문단의 unanchored는 앞의 As a result, even as inflation shot up, long-term expectations have remained surprisingly well anchored 문장에 나왔던 anchored의 반대말입니다. 즉, '불안정한'이란 뜻을 갖고 있습니다. '불확실한'이라

고도 할 수 있습니다. anchored와 unanchored는 인플레이션 기대치 inflation expectations 을 말할 때 자주 씁니다.

> Despite High Inflation, Longer-Term <u>Inflation Expectations</u> Remain Well <u>Anchored</u>
> 높은 인플레이션에도 불구하고 장기 인플레이션 기대치는 여전히 안정적 (캔자스시티 연방준비은행 2024년 3월 31일 자료 제목)

이 책에서는 주식, 채권, 금속 등 다양한 자산을 주제로 다룬 기사들을 소개하고 있습니다. 이런 자산과 관련해 외신 기사를 읽는 분들 중에는 취미나 영어 공부를 목적으로 한 분도 있겠지만 실제로 투자를 하는 데 도움을 받으려고 읽는 분도 많을 것입니다. 다양한 최신 외신 기사를 남들보다 빨리 읽을 수 있으면 매수 long 를 할지 매도 short 를 할지 투자 방향을 결정하는 데 유리하니까요.

그런 면에서 금에 투자하려는 분들도 여기서 얘기하는 내용처럼 금 가격 변화에 영향을 주는 재료들이 무엇인지 잘 알고 있다면 금 관련 기사를 더 잘 이해할 수 있고 투자 판단에도 도움을 받을 수 있을 것입니다.

금 기사와 관련해 하나 더 덧붙이자면, Bitcoin ETFs are off to a bad start. Will things improve? 편에서 금 현물과 선물에 대해서 잠깐 설명을 드렸듯이 금 시황 기사에서는 현물과 선물 가격을 같이 다뤄주는 게 일반적입니다.

> <u>Spot gold</u> fell 0.4% to $2,737.63 an ounce by 0828 GMT. Bullion hit a record high of $2,758.37 last Wednesday, lifted by safe-haven demand in the face

of market risks from continuing conflict in the Middle East and Ukraine. U.S. gold futures declined 0.2% to $2,750.00.

금 현물은 0828 GMT 기준 온스당 0.4% 하락한 2,737.63달러를 기록했다. 금은 지난 수요일 중동과 우크라이나 분쟁 지속에 따른 시장 리스크에도 불구하고 안전 자산 수요에 힘입어 사상 최고치인 2,758.37달러를 찍었다. 미국 금 선물은 0.2% 빠진 $2,750.00에 마감했다.

(Trading Economics, 2024년 10월 28일)

뉴욕상품거래소 COMEX에서 거래되는 금은 마감이 있어서 위 번역처럼 '마감했다'고 표현하는데, 현물은 주식 시장처럼 정해진 거래 시간 내에만 가격이 변동하는 것이 아니라 전 세계에서 24시간 내내 거래가 이루어지기 때문에 마감가가 없습니다. 따라서 위 기사처럼 금 선물을 마감할 무렵의 시간만 알려주는 겁니다.

  GMT는 그리니치 천문대가 있는 영국의 그리니치 Greenwich에서 기준으로 삼는 시간입니다. Greenwich Mean Time의 약자입니다. GMT에 9시간을 더하면 한국 시간이 됩니다. 기사에 나온 시간이 GMT 기준 오전 8시 28분이니 한국 시간으로는 오후 5시 28분이 됩니다. 외신 기사에서 GMT 외에 동부 표준시 Eastern Standard Time 인 EST도 가끔 나오는데, EST는 한국 시간과 14시간 차이가 납니다. EST로 오전 9시면 한국 시간으로 오후 11시입니다.

  그리고 본문 내용에 더하여 하나 더 말씀드리면, 금은 달러 가격에도 예민하게 반응한다는 것입니다. 예를 들어, 달러 강세는 금 하락 요인이 됩니다. 금은 달러로 거래되는 자산이라 달러의 가치가 상승하면 금 가격이 하락하는 경향이 있습니다. 그 이유는 달러가 강세를 보일 때 다른 통화를 사용하는 국가에서는 달러 환전 비용이 올라가는 만큼 금 구매 비용이 증가하므로 수요가 줄어들 수 있기 때문입니다. 반대로 달러 약세는 금 가격 상승 요인입니다. 2024년 미국 달러는 연준의 금리 인하 기대감 속에 다른 주요 통화 대비 약세를 보였습니다. 따라서 이 역시 금 강세에 긍정적인 영향을 줬다고도 말할 수 있습니다.

저는 '금'이라는 단어를 들으면 오래전 고등학교 때 배웠던 All Is Not Gold That Glitters(반짝인다고 모두 금은 아니다)란 영국 속담이 생각납니다. 가치가 있어 보인다고 해도 그렇게 보이기만 할 뿐 실제로는 가치가 없을 수 있으니 신중하라는 말이죠. 금뿐만 아니라 다른 자산 투자도 이렇게 신중해야 합니다. 그런 의미에서 이 속담이 들어간 투자 기사 제목 하나 더 드리고 마무리합니다.

What all that glitters is not gold when it comes to investing.
투자에서 반짝이는 게 모두 금이 아닌 이유 (The National, 2023년 4월 18일자 기사 제목)

19   The anti-ESG industry is taking investors for a ride

투자자 속이는 반(反) ESG 산업

Making a stand comes at a considerable price
자신의 입장을 고수하려면 상당한 대가가 뒤따른다

1. Until recently, there were two iron laws in investing. One, popularised by Milton Friedman, a Nobel-prizewinning economist, posited that a company's responsibility above all else was to provide returns to its shareholders. The second, promoted by Jack Bogle, founder of Vanguard, an investment firm, held that asset-management fees must be driven to the lowest level possible.

2. The growing importance of environmental, social and governance (ESG) criteria has weakened Friedman's doctrine of shareholder primacy, perhaps fatally. Global ESG funds manage $7.7trn in assets, having doubled in size in the past seven years. Even the Business Roundtable, a talking shop for American bosses, declared in 2019 that companies must place the interests of a variety of clients, customers and communities on equal footing with shareholders.

3. But like all revolutions, this one has generated a reaction. The anti-ESG backlash is flourishing. Vivek Ramaswamy, author of "Woke, Inc." and co-founder of Strive Asset Management, announced his candidacy for the Republican presidential nomination on February 21st. The firm he left to pursue his political ambitions promotes exchange-traded funds (ETFs) and proxy-voting services that push back against what it sees as the politicisation of corporate governance.

최근까지 투자업계에는 두 가지 철칙이 유행했다. 하나는 노벨 경제학상을 수상한 경제학자 밀턴 프리드먼이 대중화시킨 것으로, 기업의 책임은 무엇보다 주주에게 수익을 내줘야 한다는 것이다. 두 번째는 투자 회사 뱅가드를 설립한 잭 보글이 주창한 대로 자산 관리 수수료를 가능한 한 최저 수준으로 낮춰야 한다는 것이다.

ESG(환경·사회·지배구조) 기준에 대한 중요성이 커지자 주주 우선주의를 표방한 프리드먼의 원칙이 가히 치명적 수준으로 약화됐다. 글로벌 ESG 펀드 운용 자산 규모는 지난 7년 동안 두 배로 커지면서 현재는 7조 7,000억 달러에 이르렀다. 미국 대기업 협의체인 비즈니스 라운드테이블에서도 2019년 기업은 다양한 고객과 커뮤니티의 이익을 주주의 이익과 동등하게 고려해야 한다고 선언했을 정도다.

하지만 모든 혁명이 그렇듯 이 선언도 반발을 야기했다. ESG에 대한 반발이 거세지고 있다. 『Woke, Inc.』의 저자이자 스트라이브 자산운용의 공동 설립자인 비벡 라마스와미는 2월 21일 공화당 대선 후보 경선 출마를 선언했다. 그가 정치적 야망을 이루기 위해 떠난 이 회사는 기업 지배구조의 정치화로 간주되는 것에 반대하는 상장지수펀드ETF와 대리투표 서비스를 홍보하고 있다.

4 Anti-ESG legislation is also rippling through American state legislatures. In February Ron DeSantis, Florida's governor, who is also expected to compete in the Republican primaries, proposed legislation to prohibit the use of ESG criteria in all of the state's investment decisions. Given the supervisory role many statehouses hold over public pension funds, many of which have hundreds of billions of dollars in assets, this sort of legislation could have big implications for the asset-management industry.

5 There are plenty of problems with the ESG movement. Working out if assets are ESG-compliant is complex, and prone to bias, mismeasurement and public-relations peacocking. Proponents of feel-good investing want to have their cake and eat it, insisting that the focus on stakeholders is actually better for shareholders, too.

6 But in defending Friedman's law, the anti-ESG crowd is struggling with the other part of the investing canon— the importance of low fees. At the moment, taking a position against ESG is much more expensive than going with the crowd. This is particularly true when it comes to anti-ESG laws, which are more preoccupied with bashing ESG-promoting firms than with prioritising shareholder returns and cutting costs for taxpayers.

7 A study by Daniel Garrett of the University of Pennsylvania and Ivan Ivanov of the Federal Reserve Bank

미국 주의회에서도 반ESG 법안이 파문을 일으키고 있다. 지난 4
2월 공화당 예비선거에 출마할 것으로 예상되는 론 드산티스 플
로리다 주지사는 주정부의 모든 투자 결정에 ESG 기준을 적용
하지 못하게 막는 법안을 제안했다. 많은 주정부가 수천억 달러
의 자산을 보유한 곳이 많은 공적 연기금에 대한 감독 역할을
맡고 있다는 점을 고려할 때 이러한 종류의 법안은 자산 운용 업
계에 상당한 파장을 불러일으킬 수 있다.

ESG 운동의 문제점은 한두 개가 아니다. 자산이 ESG 기준을 5
준수하는지 여부를 판단하는 과정은 복잡하고, 그 과정에서 편
견이나 평가 오류나 과시성 홍보에 빠지기 쉽다. 기분을 좋게 만
들어주는 투자를 옹호하는 사람들은 이해관계자에 초점을 맞
추는 것이 실제로는 주주들에게도 더 득이 된다고 주장하며 일
거양득의 효과를 누리길 원한다.

그러나 프리드먼의 법칙을 옹호하는 ESG 반대론자들은 수수료 6
를 줄여야 한다는 다른 중요한 투자 원칙을 지키지 못해 곤란한
상황에 처해 있다. 현재로서는 ESG에 반대하는 입장을 취하는
것이 군중과 함께 (ESG 찬성 쪽으로) 가는 것보다 훨씬 더 비용
이 많이 들기 때문이다. 특히 주주 수익률과 납세자 비용 절감에
우선순위를 두기보다는 ESG를 추진하는 기업을 공격하는 데
더 몰두하는 반ESG 법안의 경우에는 더욱더 그렇다.

펜실베이니아대학교의 다니엘 가렛과 시카고 연방준비은행의 7
이반 이바노프가 수행한 연구에서는 한 가지 반ESG 입장을 검

of Chicago considers one anti-ESG stance. It finds that Texas's anti-ESG laws, which had the unfortunate side-effect of thinning out the number of bond underwriters, raised issuers' interest costs by $300m-500m in their first eight months. Meanwhile, Indiana's anti-ESG bill was watered down after the state's fiscal watchdog suggested that it would cut annual returns to the state's public pension funds by 1.2 percentage points, because it would prevent the use of many active managers and limit investment in the private-equity industry and thus private markets.

8 Similarly, the cost of anti-ESG ETFs is considerable, and their benefits questionable. Strive's most popular ETF, Drll, focuses on the American energy industry. But the fund charges fees of 0.4% a year on assets, compared with 0.1% for XLE, the largest regular energy ETF, created by State Street Global Advisors, another investment firm. This amounts to a big drain on a buyer's compounded returns. Moreover, the top ten holdings in both funds are the same.

9 Any success that Strive achieves in changing corporate governance and raising returns will be enjoyed by holders of other energy funds as well. Therefore an anti-woke investor may be best advised to stick with lower-fee funds and wait to see whether the efforts of anti-ESG activists amount to anything. It could be a long wait: it is difficult to see exactly how anti-ESG offerings

토했다. 그런데 연구 결과 채권 주관사 수가 줄어드는 안타까운 부작용을 일으킨 텍사스의 반ESG 법안 때문에 발행사의 이자 비용이 발행 후 첫 8개월 동안 3억~5억 달러나 증가한 것으로 나타났다. 한편 인디애나주가 추진한 반ESG 법안은 많은 액티브 매니저를 활용하지 못하게 막고 사모펀드 산업은 물론 민간 시장에 대한 투자까지 제한함으로써 주의 공적 연기금 연 수익률을 1.2%포인트 깎아내릴 수 있다는 주 재정감시기구의 지적을 받고 완화됐다.

마찬가지로 반ESG ETF가 감당해야 할 비용도 상당하며, 이런 ETF가 주는 혜택도 의문이다. 스트라이브에서 가장 인기 있는 (반ESG) ETF인 Drll은 미국 에너지 산업에 집중 투자한다. 그러나 이 펀드는 운용 자산에 대해 연간 0.4%의 수수료를 부과하는데, 이는 다른 투자회사인 스테이트 스트리트 글로벌 어드바이저스가 만든 가장 큰 일반 에너지 ETF인 XLE의 수수료 0.1%와 비교하면 상당히 높은 수준이다. 이는 투자자가 올리는 복리 수익률에 큰 손실을 입힐 수 있는 금액이다. 게다가 두 펀드의 상위 10개 보유 종목은 동일하다. 8

스트라이브가 기업 지배구조를 변화시키면서 수익률도 올리는 데 성공하면 다른 에너지 펀드 보유자들도 그 혜택을 누리게 된다. 따라서 ESG에 반대하는 투자자는 수수료가 낮은 펀드를 고수하면서 반ESG 활동가의 노력이 어떤 성과를 거둘지 기다리는 것이 최선일지 모른다. 단, 기다리는 시간이 아주 길 수도 있 9

will expand their audience beyond the most committed fellow travellers.

10 For a hard-headed investor who still believes in Friedman's doctrine, the anti-ESG movement would hold an obvious appeal were it to become less costly. But at the moment there is only one rational choice. Investors, and taxpayers, are far better placed when they follow the crowd. That means coming to terms with Woke, Inc., rather than paying hefty sums to push back against it. (Mar 2nd 2023)

다. 반ESG 펀드 상품이 가장 열성적인 투자자를 넘어 고객층을 어떻게 확대할지 정확히 알기는 어렵기 때문이다.

프리드먼의 이론에 대한 믿음에 흔들림이 없는 강경한 투자자 10의 경우 비용이 적게 든다면 반ESG 운동이 분명 매력적일 수 있다. 하지만 현재로서는 합리적인 선택은 하나밖에 없다. 투자자와 납세자는 군중을 따를 때 훨씬 유리해진다. 즉, 막대한 비용을 지불하고 반대 운동을 벌이기보다는 '워크 주식회사'를 받아들이라는 뜻이다. (2023년 3월 2일)

환경에 대해 관심이 있으신 분들이라면 ESG라는 용어를 들어보셨을 겁니다. Copper is the missing ingredient of the energy transition 편에서 아주 간략하게 설명했지만 ESG는 환경적, 사회적, 지배구조적 관련 요소를 중시하는 것을 말합니다. ESG를 '지속 가능성'이라고 부르기도 합니다. 이 3대 핵심 요소 중에서 환경, 더 구체적으로는 '친환경'을 둘러싼 이슈가 가장 많이 거론되는 편입니다.

ESG에서 E(environment)는 친환경적 생산과 소비를 말합니다. 자동차에서부터 식품에 이르기까지 우리는 생산과 소비 활동에서 기후 변화를 일으키는 대기 오염 물질을 배출하고 자원을 고갈시키며 생물 다양성에 피해를 주는 등 환경적으로 악영향을 미치는 경우가 많습니다. 따라서 ESG의 E에는 이런 행동을 줄여 나가자는 뜻이 내포되어 있습니다.

S(social)는 보통 '사회적'이라고 하는데, 언뜻 들었을 때 무슨 뜻인지 이해하기 힘들 겁니다. S는 직원들에 대한 기업의 사회적 책임 social responsibility 과 기업이 속한 사회에 긍정적인 영향을 미쳐야 한다는 뜻입니다. 노동환경 개선, 노동권과 인종 다양성의 중시 등이 모두 이 S와 관련된 이슈들입니다. 우리가 일반적으로 생각하는 '사회에서 일어나는 온갖 이슈들'이 아닙니다.

G(governance)는 '지배구조' 또는 '거버넌스'라고 하는데, 통상적으로 생각하는 지분 소유 비율에 따른 지배구조를 말하는 게 아닙니다. ESG에서 G가 가장 혼동을 주는데, 여기서 G는 뇌물 같은 것을 받거나 타락한 행동을 하지 말고 투명성과 책임감을 갖고 규정을 준수하면서 기업을 경영해야 한다는 뜻입니다. 이를 위해 정확하고 투명한 회계 방법을 사용하고, 이해 충돌을 피하고, 이사진이나 경영진을 선출할 때 인종이나 출신 배경 등에서 다양성을 추구하며, 주주에 대한 책임을 강화하고, 불법 행위

를 저지르지 말자는 것입니다. 또 주주들에게 이사회 구성이나 주주 권리 같은 이슈들에 대해 분명히 알리는 것도 G와 관련된 이슈입니다.

몇 년 전부터 ESG 경영 열풍이 불면서 외신에도 ESG 관련 기사가 눈에 띄게 늘어났습니다. 자칭 ESG 펀드들(ESG 요소를 중시하는 분야에 투자한다는 펀드들)로 투자금도 몰렸고, 기업들은 자사를 ESG 경영을 하는 기업이라고 선전하기 바빴습니다. 기업들은 탄소 중립(carbon neutrality, 대기 중 온실가스 농도 증가를 막기 위해 인간 활동에 의한 배출량을 감소시키고, 흡수량을 증대하여 순배출량이 '0'이 되는 것으로 넷제로 net zero 라고도 함) 목표를 선전하고 RE100(Renewable Energy 100의 약자로 기업이 사용하는 전력의 100%를 2050년까지 재생에너지로 충당하겠다는 자발적 글로벌 캠페인) 달성을 위한 온갖 전략을 제시했습니다. 미국과 유럽 정부는 ESG 공시 disclosure 를 마련하는 등 ESG와 관련된 수많은 복잡한 제도와 법안을 추진했습니다.

그런데 2023년부터 보수적 성향의 미국 공화당을 중심으로 ESG에 대한 반대 움직임이 거세지면서 ESG 운동이 한풀 꺾이기 시작합니다. 공화당과 공화당이 장악한 주에서 ESG를 반대하니 기업들은 눈치를 볼 수밖에 없게 됐고, ESG 펀드로 유입되는 투자금도 급감하기 시작합니다. 공화당이 ESG를 반대하는 이유는 공화당이 친(親) 기업적 성향이 강하기 때문입니다. 기업이 지키기 힘든 ESG 기준을 지키느라 애쓰지 않도록 돕겠다는 거죠. 아주 간단히 말하면, 기업이 돈을 벌어야지 기후 변화나 성 평등, 사회적 정의 같은 것에 신경 쓰느라 에너지를 다 써 버리면 되겠냐는 게 공화당 생각이라 볼 수 있습니다.

공화당은 기업에겐 수익 returns 창출이 가장 중요하다고 주장하면서 ESG 운동을 woke capitalism이라고 비난합니다(물론 ESG를 찬성하는 쪽에서는 ESG를 중시하면 결국 경제적 이득 financial gains 은 자연스럽게 따라오는 법이라고 주장합니다). ESG 기사에 정말 자주 나오는 이 용어 woke capitalism은 '워크 자본주의'나 '깨어있는 자본주의' 등으로 번역되는데, 기업이 깨어 있는 척하면서 엉뚱하게 경영한다고 비꼬는 표현입니다. 여기서 woke는 '(진보적 성향의 정치적 올바름을 추구하기 위해) 중요한 사회적 사실과 이슈를 인식하고 적극적으로 관심을 기울인다 (aware of and actively attentive to important societal facts and issues)'는 뜻입니다. 이런 성향의 기업을 woke company라고 합니다. 다양성, 평등, 포용 같은 사회적으로 진보적인 대의명분을 추구하는 기업입니다.

이번 기사에서도 바로 이 '워크 주식회사'가 등장하는데, 이젠 무슨 뜻인지 이해하셨을 겁니다. 예문을 몇 가지 더 보겠습니다.

> **Trump likely to take an ax to the gov's vast 'woke' bureaucracy if he's back in office**
> 트럼프 재임 시 정부의 방대한 '깨어있는' 관료 조직에 철퇴가할 가능성 커 (New York Post, 2024년 9월 28일자 기사 제목)

> **Why is America becoming less "woke"?**
> 미국은 왜 덜 '깨어있게' 됐나? (The Economist, 2024년 9월 27일자 팟캐스트 제목)

공화당의 반ESG 움직임이 거세지면서 공화당이 장악한 일부 주에서는 이번 기사에 나온 공적 연기금 public pension funds, 즉 국가나 지방 정부, 공공 기관이 근로자의 퇴직 후 생활비를 지원하기 위해 운용하는 연기금이 ESG 펀드에 투자되지 못하게 막기도 합니다. 또 ESG를 옹호하는 듯한 성향을 보인 자산 운용사 펀드에서는 투자한 돈을 빼기도 합니다.

ESG 운동을 가장 앞장서서 찬양한 사람이 세계 최대 자산 운용사인 블랙록의 CEO 래리 핑크입니다. 핑크가 1년에 한 번씩 블랙록이 지향하는 가치와 함께 다양한 인사이트를 담은 연례 서한을 다른 CEO들에게 보내는데, 그는 이 서한을 통해 ESG의 중요성을 강하게 언급해 상당히 큰 반향을 불러일으키기도 했습니다. 그런데 그런 그도 공화당의 반ESG 움직임 때문인지 2024년 봄부터 이제 자신은 ESG라는 용어를 쓰지 않겠다면서 한 발 물러나는 듯한 모습을 보입니다.

이제 살펴볼 기사는 2023년 3월 2일에 나왔습니다. 이때는 ESG 경영에 대한 관심이 뜨겁게 달아오르던 시기였습니다. 추가적인 설명은 기사를 읽어가면서 하기로 하고, 기사 내용을 설명한 후 ESG 기사를 볼 때 알아둬야 할 주요 핵심어를 소개하면서 마무리하겠습니다.

Until recently, there were two iron laws in investing. [1] One, popularised by Milton Friedman, a Nobel-prizewinning economist, posited that a company's responsibility above all else was to provide returns to its shareholders. The second, promoted by Jack Bogle, founder of Vanguard, an investment firm, held that asset-management fees must be driven to the lowest level possible.

밀턴 프리드먼은 자유시장경제 원칙을 중시한 시카고학파의 거두이자 20세기를 대표하는 미국의 경제학자입니다. 자유시장경제와 개인의 경제적 자유를 강조한 것으로 유명합니다. 그리고 뱅가드는 세계 최대 투자회사 중 한 곳입니다.

여기서 프리드먼의 주장인 '기업의 책임은 무엇보다 주주들에게 수익을 내줘야 한다는 것'은 앞서 설명한 공화당의 주장과 일맥상통한다는 것을 알 수 있습니다.

2 **The growing importance of environmental, social and governance (ESG) criteria has weakened Friedman's doctrine of <u>shareholder primacy</u>, perhaps fatally. Global ESG funds manage $7.7trn in assets, having doubled in size in the past seven years. Even the Business Roundtable, a talking shop for American bosses, declared in 2019 that companies must place the interests of a variety of <u>clients, customers</u> and communities on equal footing with shareholders.**

여기서 shareholder primacy는 '주주 우선주의'입니다. 주주 우선주의는 말 그대로 다른 이해관계자 stakeholder 보다 주주 shareholder 의 이익을 최우선시해야 한다는 기업 지배 이론입니다. 주주의 이익을 최대화해 줘야 기업이 장기적으로 가장 잘 성공할 수 있다는 믿음을 기반으로 하고 있습니다. 위 단락에서는 프리드먼의 이런 '주주 우선주의'가 ESG 운동으로 타격을 받고 있다고 말하고 있습니다.

앞서 2024년 들어 ESG 열풍이 시들해지면서 ESG 펀드로 유입되는 투자금이 줄어들었다고 했습니다. 그런데 이 기사가 나온 시점은 ESG 열풍이 달아오르고 있을 때라 ESG 펀드로 유입되는 자금이 크게 늘어나고 있었습니다. 그러다 보니 기업들도 주주뿐 아니라 고객이나 커뮤니티의 이익도 중시하자면서 주주 우선주의에서 발을 빼는 듯한 모습을 보인 것입니다.

client와 customer는 엄밀히 따졌을 때 서로 속뜻이 다르지만 우리말로는 모두 '고객'이란 의미이기 때문에 따로 구분하지 않고 번역했습니다. client는 주로 서비스를 지속적으로 제공해 줘야 하는 고객이고, customer는 일시적인 소비를 하러 와 주는 고객입니다.

3 But like all revolutions, this one has generated a reaction. The anti-ESG backlash is flourishing. Vivek Ramaswamy, author of "Woke, Inc." and co-founder of Strive Asset Management, announced his candidacy for the Republican presidential nomination on February 21st. The firm he left to pursue his political ambitions promotes exchange-traded funds (ETFs) and proxy-voting services that push back against what it sees as the politicisation of corporate governance.

4 Anti-ESG legislation is also rippling through American state legislatures. In February Ron DeSantis, Florida's

governor, who is also expected to compete in the Republican primaries, proposed legislation to prohibit the use of ESG criteria in all of the state's investment decisions. Given the supervisory role many statehouses hold over public pension funds, many of which have hundreds of billions of dollars in assets, this sort of legislation could have big implications for the asset-management industry.

위의 두 문단에서는 공화당을 중심으로 일어나고 있는 ESG에 대한 반발backlash 움직임을 설명하고 있습니다. 여기 나온 woke의 의미는 앞에서 이미 설명드렸습니다. 위 단락에서 proxy-voting은 '대리투표'를 말합니다. '의결권 대리행사'라고도 합니다. 주주가 직접 투표할 수 없을 때 다른 사람에게 자신의 권한을 위임하여 주주총회에서 의사결정을 하게 만드는 것을 말합니다. 이는 주주가 간접적으로라도 회사의 중요한 결정(이사 선임, 재무 보고서 승인 등)에 계속 참여할 수 있게 해 기업 지배구조를 강화하는 효과를 낳습니다.

두 번째 문단과 관련해서는 공화당이 장악한 주에서 반ESG 움직임이 거세게 불었다는 내용을 앞서 말씀드렸습니다. 여기서 론 드산티스 플로리다 주지사가 나오는데, 드산티스는 반ESG 운동에 앞장선 대표적인 공화당 주지사입니다. 본문의 내용 그대로 그는 연기금 펀드가 ESG 기준을 따르는 자산운용을 못하게 막는 법안에 서명했고, ESG를 '진보적 이념'이라며 자주 비난했습니다. ESG 운동에 반대하는 움직임을 소개하는 외신에 단골로 나옵니다.

There are plenty of problems with the ESG movement. 5
Working out if assets are ESG-compliant is complex, and
prone to bias, mismeasurement and public-relations
peacocking. Proponents of feel-good investing want to
have their cake and eat it, insisting that the focus on
stakeholders is actually better for shareholders, too.

여기서는 ESG 운동을 둘러싼 논란이 간단히 소개됩니다. 특히 펀드의 운용 자산이 ESG 기준을 준수하면서 운용되는지 파악하기 어렵다는 말이 나오는데, 실제로 이에 관한 논란이 많았습니다. 겉으로는 ESG 펀드라고 해 놓고 기후 변화를 유발하는 화석 연료 기업에 투자한 사실이 드러난 경우도 있었습니다. 그래서 유럽연합EU은 2024년 대외적으로 ESG 펀드로 광고하면서 실제로는 ESG와 무관한 자산에 투자해 투자자의 혼선을 일으켜 문제가 된, 소위 '이름만 ESG 펀드'를 막는 조치를 시행했습니다. 즉, 거짓 정보를 내걸고 투자들에게 선한 목적 또는 사회적 책임을 다하는 듯한 펀드처럼 보이려고 일부러 펀드 이름에 ESG를 붙이는 것을 막겠다는 것이었습니다. EU의 조치가 효과를 발휘하면서 펀드들의 개명이 잇따랐습니다.

위 단락에 나오는 peacocking은 공작을 뜻하는 peacock이 동사로 사용된 사례입니다. peacock이 동사로 쓰이면 그 뜻은 현란하게 뽐내다/과시하다 display oneself ostentatiously 가 됩니다. feel-good investing은 당연히 ESG 투자를 다르게 표현한 것입니다. 그리고 have one's cake and eat it은 '동시에 두 가지를 취한다', 즉 '일거양득'이란 뜻입니다.

맨 마지막 문장은 ESG 투자자 입장에서 '주주'에게만 신경을 쓰는 것 말고 주주를 포함한 '이해관계자' 모두에 신경을 쓰는 게 더 낫다고 주장하고 있다는 말입니다. ESG를 중요하게 생각하는 투자자 입장에서는 당연한 소리입니다.

6   But in defending Friedman's law, the anti-ESG crowd is struggling with the other part of the investing canon—the importance of <u>low fees</u>. At the moment, taking a position against ESG is much more expensive than going with the crowd. This is particularly true when it comes to anti-ESG laws, which are more preoccupied with bashing ESG-promoting firms than with prioritising shareholder returns and cutting costs for taxpayers.

7   A study by Daniel Garrett of the University of Pennsylvania and Ivan Ivanov of the Federal Reserve Bank of Chicago considers one anti-ESG stance. It finds that Texas's anti-ESG laws, which had the unfortunate side-effect of <u>thinning out</u> the number of <u>bond underwriters</u>, raised <u>issuers' interest costs</u> by $300m-500m in their first eight months. Meanwhile, Indiana's anti-ESG bill was <u>watered down</u> after the state's fiscal watchdog suggested that it would cut annual returns to the state's public pension funds by 1.2 percentage points, because it would prevent the use of many <u>active managers</u> and limit investment in the <u>private-equity</u> industry and thus private markets.

이 두 문단을 한 마디로 정리하면 반ESG 운동 때문에 수수료 증가라는 후폭풍을 맞이하게 됐다는 것입니다. 이 기사의 첫 문단에 나왔던 투자의 철칙 중 낮은 수수료 low fees 유지가 힘들어졌다는 뜻이죠.

그 다음 문단에서는 텍사스주의 반ESG 법안이 초래한 비용 상승 문제를 설명하고 있습니다. 여러분의 이해를 돕기 위해 관련 자료를 더 찾아봤더니, 텍사스가 2021년 ESG 요소를 중시하는 금융 기관을 공공재정 관련 업무에서 배제하는 법을 시행하자 이로 인해 채권 발행을 담당할 주관사들 bond underwriter 이 줄어들었다고 합니다. 그러자 발행기관 issuer 은 주관사의 도움을 제대로 받지 못해 채권 발행 금리를 높게 책정하게 돼 이자 비용 interest cost 이 올라갔다고 하네요.

비용 부담 증가에 대한 두 번째 인디애나주 사례는 기사 내용만으로 충분히 이해가 가능하기 때문에 독자 여러분께 맡기고 넘어갑니다.

thin out은 '줄이다'란 뜻입니다. 영어로 바꾸어 말하면 cut down이나 make a reduction이 됩니다. 다음으로 water down은 '효과가 약화(완화)되다'란 뜻입니다. The Senate approved a slightly watered-down version of the labour-reform bill이라고 하면 '상원이 노동개혁 법안을 다소 완화된 형태로 승인했다'는 얘기입니다. 액티브 매니저 active manager 는 펀드나 포트폴리오의 수익률을 극대화하기 위해 적극적인 매매 결정을 내리는 역할을 하는 투자 전략 관리 전문가를 가리킵니다. private equity 는 '사모펀드'인데, 사모펀드에 대해서는 Why the stockmarket is disappearing 편에서 자세히 설명해 놓았습니다.

8 Similarly, the cost of anti-ESG ETFs is considerable, and their benefits questionable. Strive's most popular ETF, Drll, focuses on the American energy industry. But the fund charges fees of 0.4% a year on assets, compared with 0.1% for XLE, the largest regular energy ETF, created by State Street Global Advisors, another investment firm. This amounts to a big drain on a buyer's compounded returns. Moreover, the top ten holdings in both funds are the same.

Drll은 위에 나와 있는 대로 미국 에너지 기업들에 주로 투자하는 ETF로, ESG 요소보다는 오로지 투자 수익을 극대화하는 데 전력을 기울이는 펀드입니다. XLE는 S&P 500의 에너지 셀렉트 섹터 Energy Select Sector 의 성과를 추종하는 펀드입니다. 에너지 셀렉트 섹터에는 미국의 주요 석유와 가스 기업들이 들어가 있습니다. 따라서 위에서 Drll과 XLE를 비교한 것은 반ESG 펀드와 ESG 펀드 사이의 비교가 아니라, 반ESG 펀드가 투자 분야가 같은 다른 펀드에 비해서도 펀드 수수료가 높다는 것을 설명하기 위해 든 예시일 뿐입니다. 혹시 기사를 읽다가 Drll의 비교 대상으로 나온 XLE이 ESG 펀드인 것처럼 오해할 소지가 있어 말씀드립니다.

　　　　drain은 '고갈시키는(잡아먹는) 것'이란 뜻입니다. 보통 뒤에 on을 붙여 drain on으로 씁니다. 부연하자면, 합리적이거나 정상적이거나 예상했던 수준 이상으로 돈이나 에너지에서 피해를 받게 만든다는 뜻입니다. The project was an enormous drain on company resources from the start라고 하면 '이 프로젝트는 처음부터 회사 자원을 엄청나게 낭비하는 프로젝트였다'는 뜻입니다.

Any success that Strive achieves in changing corporate 9
governance and raising returns will be enjoyed by
holders of other energy funds as well. Therefore an
anti-woke investor may be best advised to stick with
lower-fee funds and wait to see whether the efforts of
anti-ESG activists amount to anything. It could be a long
wait: it is difficult to see exactly how anti-ESG offerings
will expand their audience beyond the most committed
fellow travellers.

For a hard-headed investor who still believes in Fried- 10
man's doctrine, the anti-ESG movement would hold an
obvious appeal were it to become less costly. But at the
moment there is only one rational choice. Investors, and
taxpayers, are far better placed when they <u>follow the
crowd</u>. That means coming to terms with Woke, Inc.,
rather than paying <u>hefty sums</u> to push back against it.

기사의 맨 마지막 부분이죠. 이 대목에서는 결론적으로 ESG를 거부하다가 막대한 비용 hefty sum 을 지불하느니 차라리 대세를 따르라 follow the crowd 는 조언으로 끝을 맺습니다. follow the crowd 는 문맥에 따라서 스스로 판단하지 않고 다른 사람이 하는 대로 따라 하는 것으로, '부화뇌동 附和雷同' 한다는 다소 부정적인 의미로 쓰일 때도 있습니다. 예를 들어, Make your own decision—don't just follow the crowd(부화뇌동하지 말고 스스로 잘 판단하라)처럼요. 그렇지만 위 단락에서는 이런 부정적인 뉘앙스가 아니라 그냥 '사람들 하는 대로 따라서 하라'는 의미로 쓰였습니다.

이번 장에서는 ESG 기사를 중심으로 여러 내용을 살펴봤습니다. 저는 ESG 전문지인 『ESG경제』 국제뉴스 담당 객원기자로 3년 넘게 일하면서 수많은 ESG 관련 기사를 쓰고 있습니다. 매일 이에 대한 외신 기사를 읽고 그중 국내 독자들에게 유익하다고 판단되는 기사를 우리말로 기사화하고 있습니다.

하지만 저처럼 특별한 경우가 아니라면 굳이 ESG에 대한 외신 기사를 직접 찾아서 보시는 분은 많지 않을 것입니다. ESG 열풍이 지금 다소 식고 있다고는 하나 그래도 ESG에 대한 관심이 여전히 뜨거운 만큼 관련 외신 기사를 접했을 때 불편함 없이 이해하실 수 있도록 유익한 몇 가지 용어들을 더 알려드리고자 합니다.

먼저 지속 가능성 sustainability 과 그린워싱 greenwashing 을 익혀두시기 바랍니다. 지속 가능성의 개념은 Copper is the missing ingredient of the energy transition 편에서도 간단히 소개했습니다. 이 단어는 1980년대에 유엔이 처음 만들었는데, 이후 제한적으로 사용되다가 2020년 코로나 팬데믹이 전 세계에 퍼진 이후 이 말을 쓰는 정부와 기업들이 폭발적으로 늘어났습니다. 환경에 대한 관심이 높아진 시기도 이와 일치합니다. 이때 덩달아 관심을 끈 게 그린워싱이라는 단어입니다. 영어 그대로 '그린워싱' 또는 '위장 환경주의'로 번역되는 이 단어는 기업이 실제로는 환경에 유해한 활동을 지속하면서도 마치 친환경적인 기업인 것처럼 보이기 위해, 즉 '위장'하기 위해 홍보와 마케팅을 활용하는 전략을 말합니다. 기업이 친환경 제품을 만들고, 탄소 배출을 줄이기 위해 노력하고, 재활용에 앞장서고 있다고 선전하지만 실질적으로는 이것이 과장되거나 허위 사실일 때 이를 그린워싱 행위라 표현합니다. 이처럼 그린워싱은 지속 가능한 행동을 하는 것처럼 위장하는 행동을 나타내는 만큼 이와 반대된 개념인 지속 가능성과 짝을 지어 자주 사용됩니다.

Modern consumers are looking for genuine sustainability – not 'greenwashing'
'그린 워싱'이 아닌 진정한 '지속 가능성'을 원하는 현대 소비자들
(Scottish Licensed Trade News, 2024년 10월 25일자 기사 제목)

본문 설명에서 EU가 '이름만 ESG 펀드'를 막는 조치를 시행했다고 했습니다. 이런 펀드도 모두 지속 가능한 분야에 투자한다고 해 놓고 사실은 하지 않는 그린워싱 행위를 하는 펀드입니다.

Stopping greenwashing: how the EU regulates green claims
그린워싱 막는다... 허위 친환경 주장 규제에 나선 EU (유럽의회, 2024년 3월 21일자 게시글 제목)

참고로, 이렇게 그린워싱을 막기 위한 규제를 anti-greenwashing rule이라고 합니다. 지속 가능이라는 단어가 들어간 용어 중에 지속 가능한 투자 sustainable investing 도 있습니다. 이는 ESG 요소를 고려해 투자하는 것을 말합니다. 임팩트 투자 impact investing 또는 사회적 책임 투자 socially responsible investing 라고도 합니다.

    이어서 기후테크 climate tech 에 대해서 알아보겠습니다. 기후테크는 기후 변화의 피해를 막기 위해 온실가스 배출을 줄이거나 지구 온난화의 영향을 해결하는 데 초점을 맞춘 기술입니다. 친환경 지속 가능성을 이루기 위해서 꼭 필요한 기술인 셈입니다. 클린테크 clean tech 라는 단어와 약간 헷갈리실 수 있는데, 클린테크는 다양한 산업 분야에서 효율성을 개선하고 폐기물을 줄이는 데 중점을 둔 기술입니다. 재생에너지 자원 renewable sources 을 개발하는 것도 클린테크에 속합니다.

기후테크를 주제로 한 기사에서 가장 많이 등장하는 기술 용어 중 하나가 탄소 포집 carbon capture입니다. 물론 다른 기술도 많이 소개되지만 등장 빈도 면에서 가장 높은 순위의 탄소 포집은 대기 중에 배출되는 이산화탄소 CO_2 를 포집해 지하에 저장하거나 다른 형태로 활용하는 기술을 가리킵니다. 주요 방식으로는 탄소 포집 및 저장 carbon capture and storage 과 탄소 포집 및 활용 carbon capture and utilization 이 있습니다. 전자를 줄여서 CCS로, 후자를 줄여서 CCU라고 합니다. 기후 변화 같은 환경 기사를 읽다 보면 아래 제목처럼 carbon capture가 제목이나 본문에 들어가 있는 것을 자주 보실 수 있습니다.

> **Getting carbon capture right will be hard – but that doesn't make it optional**
> 제대로 하기 힘든 탄소 포집, 선택 사항 될 수 없어
> (The Conversation, 2024년 10월 18일자 기사 제목)

탄소 얘기가 나오면 반드시 언급되는 단어로 탄소 크레딧 carbon credits 이 있습니다. 탄소 크레딧은 시장에서도 거래되고 있어 금융 시장 기사에도 자주 등장하는 용어입니다. 탄소 크레딧은 온실가스 배출을 줄이거나 제거 또는 방지했을 때 이에 대해 보상하는 방법을 말합니다. carbon offset이나 carbon allowance라고도 합니다. A라는 기업이 재조림이나 재생에너지, 그 외 다양한 온실가스 감축이나 배출 프로젝트에 참가하면 제3의 기관과 전문가 패널이 해당 프로젝트가 엄격한 기준을 충족하는지 검증한 후 적격하다고 판단되면 A에게 탄소 크레딧을 줍니다. 탄소 크레딧은 1톤의 이산화탄소나 이에 상응하는 양의 온실가스를 말합니다. 그러면 A는 이렇게 받은 탄소 크레딧을 탄소 시장에서 판매하거나 교환할 수 있습니다. 탄소 배출량이 많은 제조업

체, 에너지 기업, 항공사 등은 부족한 배출 한도를 채우기 위해 이 크레딧을 구입합니다. 이것으로 탄소 배출량을 상쇄(이런 이유로 carbon credits을 carbon offset이라고 부릅니다)한 것으로 간주되기 때문입니다. 기업 입장에서는 환경 보호 프로젝트에 간접적으로 투자한 셈이 됩니다. 탄소 배출을 줄이는 프로젝트에는 기업 외에도 정부나 단체 등이 적극 참여합니다. 지속 가능한 농업, 벌목 방지, 숲 복원 프로젝트를 통해 탄소 크레딧을 발행하는 농업과 임업 단체들도 있습니다.

또 다른 탄소 관련 용어로 넷제로가 있습니다. 기사 본문에도 잠깐 나왔는데, 넷제로는 특정 연도까지 모든 온실가스 배출을 제로 수준으로 만드는 것을 말합니다. 유엔은 넷제로에 대해 이렇게 정의하고 있습니다.

> Net zero means cutting carbon emissions to a small amount of residual emissions that can be absorbed and durably stored by nature and other carbon dioxide removal measures, leaving zero in the atmosphere.
> 넷제로는 탄소 배출량을 가능한 한 줄여서 남은 잔여 배출량이 최소화되도록 하는 것이다. 이때 잔여 배출량을 자연과 다양한 탄소 흡수 및 제거 기술을 통해 흡수해 지속적으로 저장하여 대기 중에 순 배출량이 '제로(0)'로 남게 하는 것을 목표로 한다.

역시 앞에 잠깐 나왔던 탄소 중립은 탄소 배출량만을 고려해 배출된 탄소만큼 같은 양을 상쇄하는 것입니다. 이때 탄소 크레딧을 구매할 수 있습니다.

이렇게 탄소를 줄이려는 인류의 노력 배경에는 파리 협정 Paris Agreement이 자리하고 있습니다. 지구 온난화 관련 기사에서 빠짐없이 등장하는 게 바로 이 파리 협정입니다. 파리 협정은 2015년 12월 프랑스 파리에서 열린 제21차 유엔 기후변화협약 당사국총회 COP21에서 지구 온난화를 억제하기 위해 채택된 국제 협약입니다. 협정의 주요 목표는 산업화(18세기 후반부터 19세기 초) 이전 수준 대비 지구 평균기온 상승폭을 가능하다면 1.5°C 이하로 억제하는 것입니다. 이러한 파리 협정 등의 규약을 가리켜 기후 약속 climate pledge이라고 합니다.

> Global Emissions Set to Fall 2.6% by 2030 – 40% Short of Paris Agreement Target
> 2030년까지 전 세계 배출량 2.6% 감소 예상... 파리 협정 목표 대비 40% 부족할 듯 (Health Policy Watch, 2024년 10월 28일자 기사 제목)

마지막으로 역시 ESG 기사에 단골로 등장하는 단어, 생물 다양성 biodiversity을 살펴보겠습니다. 생물 다양성은 특정 지역이나 지구 전반에 존재하는 생물종의 다양성과 생태계의 복잡성을 말합니다. 다양한 생물이 존재해야 생태계가 건강해질 것이고, 이는 인류의 생존에도 유익한 영향을 미칠 것입니다. 하지만 인간의 활동, 특히 도시화, 산업화, 환경 오염, 기후 변화 등으로 인해 생물 다양성이 위협받고 있어서 지속 가능한 개발과 생태계의 건강을 유지하는 방안에 대한 관심이 커지고 있습니다. 유엔은 2015년 9월 열린 총회에서 '유엔 지속 가능한 발전(또는 개발) 목표 UN Sustainable Development Goals, SDGs' 17가지를 발표했습니다. 2016년부터 2030년까지 시행되는 유엔과 국제사회의 공동 목표입니다.

20 How scared is China of Donald Trump's return?

도널드 트럼프의 복귀가 두렵기만 한 중국

60% tariffs are a danger, yet some
Chinese nationalists are cheering
him on
60% 관세 부과는 위험하지만 일부 중국
민족주의자들은 트럼프를 응원하고 있다

1 If you want to get a sense of how China feels about the prospect of Donald Trump winning America's presidential election, Chinese social media offers some revealing signals. In the past few weeks it has begun to boil over with fury and mockery. The prospect of American tariffs of over 60% on Chinese imports? "Add even more," rages one online commentator in the mainland. "I'd be curious to see how ordinary Americans would live." Others think Mr Trump would increase the odds of a war. The world will "never be at peace" with him around, reckons another netizen. "This old madman is too vicious," says a third. "He must be annihilated."

2 It is not just online: the prospect of a Trump victory is the subject of debate among China's elite, too. They fear his return to the White House would lead to an even hotter trade war, with potentially vast economic costs. But they also believe his contempt for alliances (witness the latest outburst against NATO) could yield huge propaganda gains and undermine the American-led security system in Asia, freeing China to act as it pleases on Taiwan and more. Some Chinese nationalists are cheering his successes and call him Comrade Chuan Jianguo: Chuan being a common rendering of Mr Trump's surname, and Jianguo meaning "build the country". It is a way of suggesting that Mr Trump's excesses make China stronger.

도널드 트럼프의 미국 대통령 당선 가능성에 대한 중국의 생각을 파악하고 싶다면 중국 소셜 미디어에 들어가 보면 된다. 이에 대한 몇 가지 흥미로운 신호를 확인할 수 있기 때문이다. 지난 몇 주 동안 중국 소셜 미디어는 분노와 조롱으로 들끓기 시작했다. 미국이 중국산 수입품에 60% 이상의 관세를 부과할 것이라는 전망 때문이었을까? 중국 본토의 한 누리꾼은 심지어 "더 부과하라"라고 분노하며 "그럴 경우 (중국산 제품의 가격 인상으로) 평범한 미국인들이 과연 어떻게 살아갈지 궁금하다"라고 비꼬았다. 트럼프 때문에 전쟁 위험이 고조될 수 있다고 생각하는 사람도 눈에 띈다. 트럼프가 있는 한 평화로운 세상이 도래하지 않을 것이란 얘기다. 또 다른 누리꾼은 "이 늙은 미치광이는 정말 악랄한 인간"이라면서 "그는 반드시 제거돼야 할 인물"이라고 독설을 퍼부었다.

온라인만 이런 건 아니다. 중국 엘리트들 사이에서도 트럼프의 승리에 대한 전망이 논쟁거리가 되었다. 그들은 트럼프의 백악관 복귀로 인해 무역 전쟁이 더욱 격화되고 막대한 경제적 비용이 초래될 가능성을 우려하고 있다. 그러나 그들은 동시에 동맹에 대한 트럼프의 경멸적 태도(최근 북대서양 조약기구 NATO에 대한 반발이 대표적 사례다)가 막대한 선전 선동 효과를 내면서 미국이 주도하는 아시아 내 안보 체제를 약화시켜 중국이 대만 등의 문제에 대해 자유롭게 행동할 여지를 줄 것이라고 믿는다. 일부 중국 민족주의자들은 트럼프의 성공을 환호하며 그를 '촨젠궈 동지'라고 부르고 있다. 촨은 트럼프의 성을, 젠궈는 "국가를 건설하다"라는 뜻으로 흔히 쓰인다. 이는 트럼프의 과욕이 중국을 더 강하게 만든다는 것을 암시하는 표현이다.

3. For Xi Jinping, China's leader, the unpredictable trade-offs that a Trump presidency would involve are especially difficult to weigh, even if the two men's relationship is reasonable enough after multiple encounters from banquets in Beijing to steak dinners at Mar-a-Lago, Mr Trump's lair in Florida. "I like President Xi a lot," Mr Trump recently told Fox News. "He was a very good friend of mine during my term." On the one hand Mr Trump's presidency from 2017 to 2021 saw a profound shift in America's policy. His administration deployed tariffs in an attempt to reduce America's trade deficit and protect jobs. It redefined the domestic debate in America, with China portrayed as a political, technological and military adversary.

4. On the other hand Mr Biden's more systematic approach to governing has posed a different kind of threat to China than that of Mr Trump's first term. America has kept the Trump tariffs in place, but on top of that also built a comprehensive system for restricting Western technology flows to China. And by investing in America's security partnerships and alliances, from Australia and India to the Philippines and South Korea, it has rejuvenated an Asian security system to deter and contain China. Mr Biden may be known as Shui Wang, or Sleepy King, in China. But while more restrained than Mr Trump, he has in some ways been a more formidable opponent.

중국 지도자 시진핑 주석에게는 트럼프가 대통령이 됐을 때 예 3
측할 수 없는 득실을 특히 가늠하기 힘들다. 베이징에서 열린 연
회부터 플로리다에 있는 트럼프의 별장인 마러라고에서의 스테
이크 만찬까지 여러 차례 만나면서 두 사람의 관계가 충분히 합
리적이 됐다고 해도 말이다. 트럼프는 최근 폭스 뉴스와의 인터
뷰에서 "나는 시 주석을 매우 좋아한다. 그는 내 임기 동안 나의
아주 좋은 친구였다"라고 말했다. 반면 트럼프가 2017년부터
2021년까지 대통령직을 수행하는 동안 미국의 대중 정책에는
큰 변화가 있었다. 그의 행정부는 미국의 무역 적자를 줄이고 일
자리를 보호하기 위해 (고율의 대중) 관세를 부과했다. 더불어
중국을 정치적, 기술적, 군사적 적으로 묘사하면서 중국을 둘러
싼 미국 내 논쟁을 재정의했다.

반면에 트럼프보다 상대적으로 더 체계적인 바이든의 통치 방 4
식은 트럼프의 첫 임기 때와는 사뭇 다른 성격의 위협을 중국에
했다. 미국은 트럼프 재임 시절 부과된 관세를 유지하면서도 거
기에 덧붙여 서구의 기술이 중국으로 유입되는 것을 막는 포괄
적인 시스템을 구축했다. 그리고 한국, 호주, 인도, 필리핀 등 미
국의 안보 파트너십과 동맹에 투자함으로써 중국을 억제하고
봉쇄하기 위한 아시아 안보 체제에 활력을 불어 넣었다. 바이든
은 중국에서 '수이왕', 즉 '졸음 왕'으로 불린다. 그러나 바이든이
트럼프보다 더 절제된 모습을 보이지만 어떤 면에서는 더 강력
한 상대였다.

5   A big part of Mr Xi's calculus now is working out what Mr Trump could do on China in a second term. You might imagine that after four years in office, the MAGA appetite to confront China would be sated. Yet the available signals suggest that opposition to China in Mr Trump's inner circle may have intensified. Take the views of Robert Lighthizer, Mr Trump's influential trade representative, who could get a top job again in the White House. In the period from 2017 to 2021 he launched an investigation into Chinese theft of intellectual property and invoked Section 301 of America's trade law, which allows the president to punish trade partners that do not play fair, in order to raise tariffs. The average tariff faced by Chinese firms rose from 3% in 2018 to 21% by the end of 2019, when the two countries struck a truce (see chart 1).

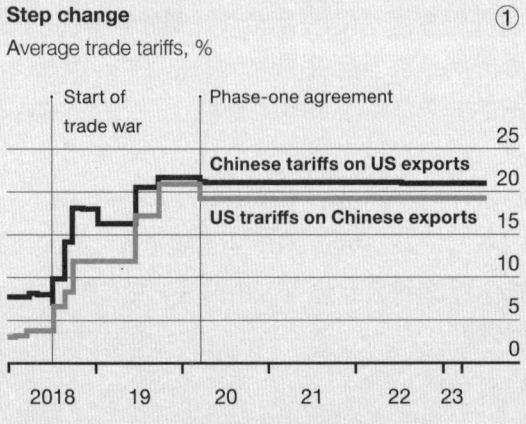

Step change ①
Average trade tariffs, %

Source: Peterson Institute for International Economics

시 주석의 계산에서 가장 주요한 부분은 트럼프가 재임하게 됐 5
을 때 중국에 대해 무엇을 할 수 있을지 알아내는 것이다. 4년간
재임하는 동안 중국과 대결하려는 마가MAGA의 욕구가 충족됐
을 거라고 생각할 수도 있다. 그러나 현재 드러난 신호는 트럼프
의 핵심 세력 사이에서 중국에 대한 반감이 더 강해졌을 수 있음
을 시사한다. (트럼프 재선 시) 백악관에서 다시 고위직을 맡을
가능성이 농후한 트럼프 재임 시절 무역대표부 대표를 맡았던
로버트 라이트하이저의 견해를 예로 들어보자. 라이트하이저
는 2017년부터 2021년까지 중국의 지식재산권 도용에 대한 조
사에 착수했고, 대통령이 공정하지 않게 행동한다고 판단되는
무역 파트너를 처벌할 수 있는 '무역법 301조'를 발동해 대중 관
세를 인상할 수 있게 했다. 결과적으로 중국 기업이 직면한 평균
관세는 2018년 3%에 불과했지만 양국이 휴전을 맺은 2019년
말에는 21%로 속등했다(차트 1 참조).

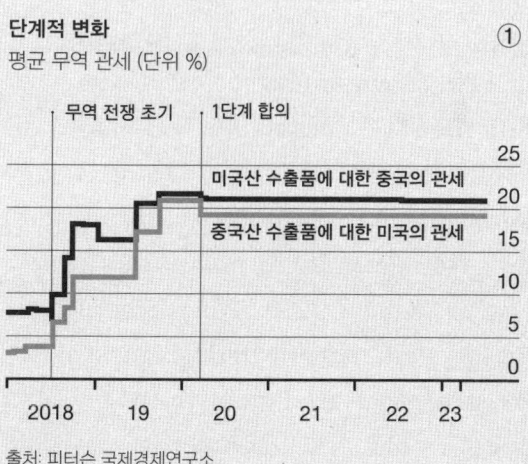

단계적 변화
평균 무역 관세 (단위 %) ①

출처: 피터슨 국제경제연구소

6 Mr Lighthizer's position remains intensely hostile to China, whose totalitarian instincts, he argues, pose an ever greater danger. In a book published last year, "No Trade is Free", he argues China is "the greatest threat that the American nation and its system of Western liberal democratic government has faced since the American revolution". The book contains several tough proposals, including screening of Chinese investments not just on security grounds but also for "long-term economic harm"; the prohibition of any Chinese company from operating in America unless there is reciprocal access for American firms in China; and the banning of TikTok, a Chinese-owned short-video app.

7 Crucially, Mr Lighthizer recommends another huge increase in tariffs. The goal, he argues, should be "balanced trade"—that is, presumably, no goods-trade deficit at all. Last year China still enjoyed a surplus with America of nearly $280bn, down from a record $419bn in 2018, but not far off the $347bn before Mr Trump took office. To correct this Mr Lighthizer calls for the undoing of "one of the worst mistakes" in America's history: its decision to enter into "permanent normal trade relations" (PNTR) with China in 2000. This allowed China to pay the same low tariffs America charges most of its trading partners, rather than an alternative, steeper set of levies that appear in "column 2" of America's tariff schedule and apply to only a handful of countries such as Cuba and North Korea, and now Russia and Belarus.

라이트하이저는 전체주의적 본능을 가진 중국이 그 어느 때보 6
다 큰 위험을 초래할 수 있다고 주장하며 중국에 대해 여전히 적
대적인 입장을 고수하고 있다. 지난해 출간한 저서 『자유무역이
라는 환상』에서 그는 "중국이 미국 혁명 이후 미국과 서구 자유
민주주의 정부 체제가 직면한 최대 위협"이라고 주장한다. 책에
는 안보뿐만 아니라 '장기적인 경제적 피해'를 막기 위해서라도
중국에 대한 투자를 심사하고, 미국 기업도 중국에서 같이 영업
할 수 없는 한 중국 기업의 미국 내 영업을 금지하며, 중국 기업
이 소유한 짧은 동영상 앱인 틱톡을 금지시켜야 한다는 등 몇 가
지 강력한 제안이 포함되어 있다.

결정적으로 라이트하이저는 관세를 재차 대폭 인상할 것을 권 7
고한다. 그는 '무역 균형'을 이루기 위해서 이것이 필요하다는 주
장이다. 그가 말하는 '무역 균형'이란 상품 무역 적자가 없는 무
역을 뜻하는 듯하다. 2023년의 경우 중국의 대미 흑자사 기록적
으로 높았던 2018년도의 4,190억 달러보다 크게 줄어든 2,800
억 달러 정도에 그쳤지만 트럼프가 취임하기 전의 3,470억 달
러보다 크게 낮아지지는 않았다. 라이트하이저는 이를 바로잡
기 위해 그가 "미국 역사상 최악의 실수 중 하나"라고 부르는,
2000년 중국에 부여한 '항구적정상무역관계PNTR' 지위를 철
회해야 한다고 주장한다. PNTR 덕분에 중국은 미국의 관세율
표 '칼럼 2'에 나오고, 북한과 쿠바 및 현재 러시아와 벨라루스
등 소수의 국가에만 따로 적용되는 고율의 관세 대신 미국이 대
부분의 다른 무역 파트너에게 부과하는 것과 동일한 낮은 관세
를 낼 수 있게 됐다.

8   Ending PNTR with China would raise tariffs on Chinese goods to 61% on average, according to Oxford Economics, a consultancy, assuming the Section 301 tariffs remain in place. For Chinese mobile phones, tariffs would jump from 0% to 35%; for Chinese toys from 0% to 70%. Instead of settling for the existing column 2 tariffs, America might write a new tariff schedule just for China. That could be even stricter on some goods (such as cars) but less restrictive on other products dear to American consumers, such as Apple iPhones.

9   Mr Xi will be busy asking his advisers to estimate how high the economic fallout might be. One guide is the past. At its height, the trade war knocked as much as 0.8% off China's quarterly GDP, according to Goldman Sachs, a bank, equivalent to roughly $40bn in today's dollars. Overall, the net trade effect was negative for China and positive for America. But the conflict eroded the incomes of both Chinese and Americans by raising prices, disrupted financial markets in each country and led to policy uncertainty that inhibited business spending (see chart 2). During negotiations with China, Mr Trump liked to be both the arsonist and the firefighter, as one observer put it, starting conflagrations with angry tweets and then dousing them with diplomatic dinners. These zigzags spooked global markets.

컨설팅 회사 옥스퍼드 이코노믹스에 따르면 301조 관세가 그대로 유지된다고 전제할 때 중국의 PNTR 지위를 철회하면 중국산 제품에 대한 관세가 평균 61%로 인상될 것으로 예상된다. 중국산 휴대폰의 경우 관세가 0%에서 35%로, 중국산 장난감의 경우 0%에서 70%로 속등할 수 있다는 것이다. 미국은 기존의 칼럼 2 관세에 안주하지 않고 중국에만 적용되는 새로운 관세표를 만들 수도 있다. 자동차 등 일부 상품에 대해서는 더 엄격해질 수 있지만, 애플 아이폰처럼 미국 소비자들이 선호하는 다른 제품에는 덜 제한적일 수 있다.

시 주석은 보좌관들에게 경제적 타격이 얼마나 심각할지 예측해 볼 것을 요청하느라 바쁠 것이다. 과거의 경험이 한 가지 기준이 될 수 있다. 골드만삭스에 따르면 무역 전쟁이 절정에 달했을 때 중국의 분기 GDP는 최대 0.8% 감소했는데, 이는 현재 달러 가치로 환산했을 때 약 400억 달러에 달하는 액수다. 전반적으로 따져봤을 때 순 무역 효과는 중국엔 부정적이었고 미국에는 긍정적이었다. 그러나 양국의 갈등은 물가 상승을 유발하며 양국 국민 모두의 소득을 약화시켰고, 양국 금융 시장을 혼란에 빠뜨렸으며, 기업이 투자를 자제하게 만드는 정책 불확실성을 고조시키는 결과를 초래했다(차트 2 참조). 한 옵저버의 말처럼 트럼프는 중국과의 협상 과정에서 분노에 찬 트윗으로 불을 질렀다가 외교적 만찬으로 진화에 나서는 식으로 방화범이자 소방관 역할을 모두 하길 좋아했다. 이러한 갈팡질팡한 그의 모습은 글로벌 시장을 충격에 빠뜨렸다.

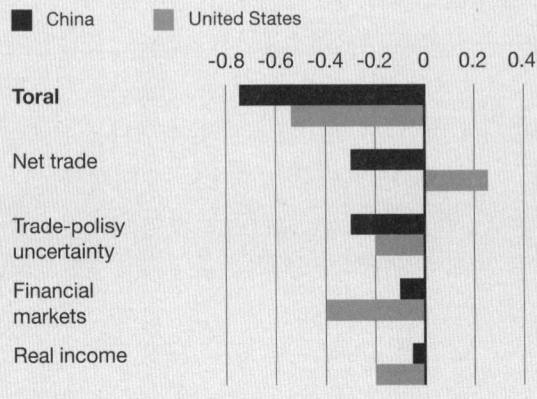

Taking a hit

Impact of US-Chaina trade war as % of GDP, 2018-19

Source: Goldman Sachs

10 Another guide to the potential cost is modelling. Repeal of PNTR would shrink America's expected share of China's exports from about a fifth under existing policies to about 3%, according to Oxford Economics (see chart 3). There are many moving parts to such simulations. One consideration is whether firms believe that new Trump tariffs would be maintained after he left office, as was the case last time. Another is that some Chinese components would still find their way into America's market embedded in goods assembled by other countries. China's economy and financial markets are in dismal shape compared with 2017. And it is not clear how China would retaliate: doing so during the first Trump presidency did not force America to back down. Oxford Economics assumes that China would raise its tariffs by about 17 percentage points on average.

불가피한 피해
2018-19년 미중 무역 전쟁이 GDP에 미친 영향(%)

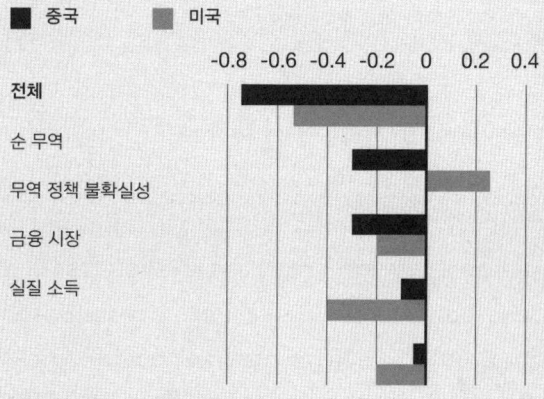

출처: 골드만삭스

잠재적 피해가 어느 정도일지 알 수 있는 또 다른 방법은 모델링 10이다. 옥스퍼드 이코노믹스에 따르면 중국의 PNTR 지위를 철회할 경우 중국의 수출에서 미국이 차지하는 비중은 기존 정책 시행 때의 약 20%에서 불과 약 3%로 급감할 것으로 예상된다(차트 3 참조). 이러한 시뮬레이션에는 여러 가지 변수가 존재한다. 한 가지 고려해야 할 사항은 기업들이 지난번과 마찬가지로 트럼프가 퇴임한 후에도 그가 부과할 새로운 관세가 유지될 것이라고 믿는지 여부다. 고려해야 할 또 다른 사항은 일부 중국산 부품이 다른 나라에서 조립된 제품에 들어간 채 계속해서 미국 시장에 진출할 것이라는 점이다. 중국의 경제와 금융 시장은 2017년에 비해 암울할 만큼 나빠졌다. 그리고 중국이 어떻게 보복할지도 불분명하다. 트럼프의 첫 대통령 임기 동안에도 중국이 보복에 나섰지만 미국은 물러서지 않았다. 옥스퍼드 이코노믹스는 중국이 관세를 평균 17%포인트 정도 인상할 것으로 추정한다.

All in all, the once-intimate economic relationship between the superpowers could be reduced to an air-kiss.

11 Either way, the kind of decoupling that Mr Trump's advisers envisage would inflict profound damage on China's economy. Studies by JaeBin Ahn and other economists at the IMF show what would happen if the world splits into rival economic spheres with limited flows of foreign-direct investment between them. If such flows were to fall by half, it could eventually reduce China's GDP by about 2%, relative to a baseline in which investment flows more freely. Another study by Carlos Góes of the University of California, San Diego, and Eddy Bekers of the World Trade Organisation argues that tariff increases of around 30% could lower China's income by over 5% by 2040.

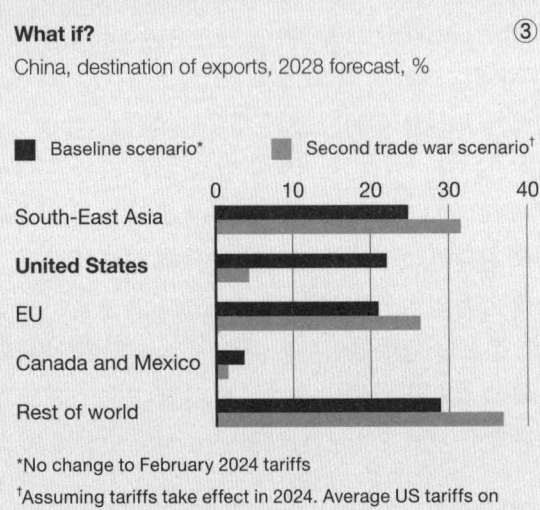

What if?
China, destination of exports, 2028 forecast, %

*No change to February 2024 tariffs
†Assuming tariffs take effect in 2024. Average US tariffs on China=61%; average Chinese tariffs on the US=38%
Source: Oxford Economics

결국 한때 친밀했던 두 강대국 간의 경제 관계는 '형식적 인사' 나 하는 정도 수준으로 악화될 수 있다.

어느 쪽이든 트럼프의 보좌관들이 구상하는 식의 탈동조화는 중국 경제에 심각한 타격을 입힐 것이다. 안재빈과 다른 IMF 경제학자들의 연구는 세계가 라이벌 경제권으로 분리되어 이들 사이에 외국인 직접 투자가 제한되면 어떤 일이 벌어질지를 보여준다. 이러한 흐름이 절반으로 감소하면 결국 자유로운 투자가 이뤄졌을 때를 기준으로 삼았을 때보다 중국의 GDP가 약 2% 감소할 수 있다. 샌디에이고 캘리포니아대학의 카를로스 고에스와 세계무역기구의 에디 베커스는 또 다른 연구에서 미국이 관세를 약 30% 인상하면 2040년까지 중국의 소득이 5% 이상 감소할 수 있다고 주장했다.

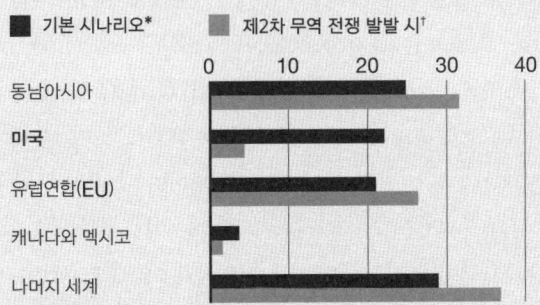

가상 시나리오
2028년 중국의 국가별 수출 비중 전망(%)

* 2024년 2월 수준의 관세가 유지될 경우
† 2024년 관세가 발효됐다고 가정 시.
  미국의 대중 관세 평균=61% / 중국의 대미 관세 평균=38%
출처: 옥스퍼드 이코노믹스

Four more years?

12 Judged on trade and tariffs, it is likely that Mr Xi favours a Biden victory. A Biden administration would probably extend import curbs on Chinese electric vehicles and further impede the flow of American cutting-edge technology to China in realms including semiconductors, artificial intelligence and quantum computing. But it is far less likely than a Trump administration to trigger a destabilising trade shock.

13 Yet the America-China relationship encompasses far more than economics, and it is here that the calculus for Mr Xi may lean the other way. He resents the Western-led world order and wants to establish China as an alternative centre of power. Mr Trump's tempestuous relationship with America's allies in Europe and Asia may undermine cohesion with them on China policy if he is elected again. His contemptuous remarks about NATO, including his recent suggestion that he would not offer American protection to allies who fail to spend enough on defence, are music to China's ears. It sees NATO as a cold-war relic that the West uses to preserve its dominance. For the same reason, it relishes any tension in America's relationships with Japan and South Korea, such as Mr Trump caused by threatening the withdrawal of American troops from those countries if their governments would not agree to big increases in their contributions to the cost of maintaining the bases.

재임의 성공?

이러한 무역과 관세 문제를 갖고 판단했을 때 시 주석은 바이든 12
의 승리를 선호할 가능성이 높다. 바이든 행정부는 중국산 전기
자동차에 대한 수입 제한을 확대하고, 반도체와 인공지능 및 양
자 컴퓨팅 등의 분야에서 미국의 첨단 기술이 중국으로 유입되
는 것을 추가로 막을 것이다. 그러나 트럼프 행정부에 비해 불안
정한 무역 충격을 촉발할 가능성은 훨씬 더 낮다.

그러나 미중 관계는 경제 외 다른 차원에도 영향을 미친다는 점 13
에서 시 주석의 계산은 다른 방향으로 기울어질 수 있다. 시 주
석은 서방이 주도하는 세계 질서에 반감을 갖고 있으며, 중국을
서방을 대체할 힘의 중심으로 세우고 싶어 한다. 트럼프가 재선
에 성공해 유럽과 아시아에서 미국과 동맹국과의 관계가 혼란
에 빠진다면 대중 정책에서 양측의 결속력이 약화될 수 있다. 최
근 국방비를 충분히 지출하지 않는 동맹국은 미국이 보호해 주
지 않겠다는 주장을 비롯해 NATO에 대한 트럼프의 경멸적인
발언은 중국의 귀에 아주 반가운 소리로 들릴 것이다. 중국은
NATO를 서방이 지배력을 유지하기 위해 사용하는 냉전 시대
의 유물로 간주한다. 트럼프가 한국 및 일본 정부가 미군 주둔
비용에 대한 분담금 대폭 인상에 동의하지 않으면 이들 국가에
서 미군을 철수하겠다고 위협하면서 3국 관계에 긴장이 조성되
는 것을 반기는 것도 같은 이유에서다.

14 A Trump administration might unwind the work Mr Biden has done to nurture Asian partnerships. To China's chagrin, he created a new grouping, known as AUKUS, aimed at strengthening co-operation with Australia and Britain in responding to the security challenge posed by China's navy in the Indian Ocean and Pacific. China, inaccurately, calls it "NATO-like". Still, AUKUS involves exactly the kind of long-term, rather than transactional, relationship that Mr Trump dislikes.

15 Similarly on Taiwan, Mr Trump may be preferable for China. Mr Biden has sometimes gone beyond the conventional, ambivalent, language about America's commitments to the island. He has said repeatedly that American troops would defend Taiwan if China invaded, only for his aides to walk back his comments after Chinese outrage. Mr Trump is probably far less enthusiastic about protecting the island. In his memoir, John Bolton, who served as Mr Trump's national security adviser in 2018 and 2019 before a bitter parting of ways, wrote of Mr Trump's "grousing" about weapons sales to Taiwan. Mr Trump was "dyspeptic" about Taiwan, Mr Bolton said, suggesting his boss lacked commitment to a "democratic ally".

16 Above all else, Mr Xi wants stability. The views of Chinese scholars probably echo official thinking. In an interview in state media in January, Yan Xuetong of

트럼프 행정부는 바이든이 아시아 파트너십을 강화하기 위해 쏟아 온 노력을 무산시킬 수 있다. 중국 입장에선 분통이 터질 수 있겠지만 트럼프는 인도양과 태평양에서 중국 해군이 가하는 안보 위협에 맞서기 위해 호주 및 영국과의 협력을 강화할 목적으로 제3차 안보 파트너십인 오커스AUKUS를 만들었다. 중국은 이를 "NATO와 유사하다"라고 부른다. 부정확한 표현이긴 하나 어쨌든 오커스 내 3국 관계는 거래 관계가 아닌 트럼프가 싫어하는 장기적인 관계 성격을 띠고 있다.[14]

대만 관련 이슈에 대해서도 중국은 트럼프를 선호할 수 있다. 바이든은 때때로 대만 이슈에 얼마나 관심을 쏟을지에 대해 기존의 애매모호한 표현에서 벗어난 (더 명확하고 강력한 입장의) 발언을 해 왔다. 그는 중국이 대만을 침공하면 미군이 대만을 방어할 것이라고 재차 밝혔다. 이후 중국이 이에 분노하면 보좌관들이 문제의 발언을 철회하곤 하는 식이었다. 트럼프는 아마도 대만을 보호하는 데 훨씬 덜 열성적일 것이다. 2018년과 2019년 트럼프의 국가안보보좌관을 지냈다가 트럼프와 씁쓸한 이별의 길을 걸었던 존 볼턴은 자신의 회고록에서 "트럼프가 대만에 대한 무기 판매에 대해 '불평'했다"라고 적었다. 볼턴은 "트럼프가 대만 문제에 대해 '항상 화를 내거나 쉽게 짜증'을 냈다"라고 말하며, 그의 옛 상사에겐 '민주적 동맹'에 대한 헌신적 태도가 부족하다는 것을 암시했다.[15]

무엇보다도 시 주석은 안정을 원한다. 중국 학자들의 견해는 아마도 (중국 정부의) 공식적인 생각을 반영할 것이다. 베이징 칭화대의 옌쉐퉁은 지난 1월 관영 언론과의 인터뷰에서 (미국 대[16]

Tsinghua University in Beijing said that the candidates would compete to show "who is more anti-China" than the other: "If we want to prevent confrontation between the two sides from getting out of control and escalating into a conflict, our country needs to take some proactive measures." Mr Biden's approach to China is likely to be more predictable but better organised and enforced, and perhaps a bigger threat in the long run. Mr Trump's potential for chaos and excesses could create opportunities for China to outmanoeuvre America but also bring the instability China dreads.

17 Could there be a way out of superpower confrontation? Wu Xinbo of Fudan University in Shanghai suggests that Mr Biden offers hope for Sino-American ties. In an online article he describes Mr Trump as a "unilateralist", having little need for China's help. "But Biden still hopes to maintain America's dominant position in the world," writes Mr Wu. "As long as the United States wants to deal with many global problems, it cannot do without co-operation with China." Yet amid a military build-up and fraying trade ties such optimism is rare. Mr Xi will be watching the vote counts in November closely: the two likely candidates present China with very different challenges. But even as he waits for a result, he will know that however divided American politics may be, hostility towards China is now a bipartisan matter, and deeply entrenched. For him and for America the election cycle is part of a longer-term struggle. (Feb 20th 2024)

선) 후보들은 누가 더 반중적인지 보여주기 위해 경쟁할 것으로 내다봤다. 그는 "양측의 대립이 통제를 벗어나 갈등으로 확대되는 것을 막으려면 중국은 몇 가지 선제적 조치를 취해야 한다"라고 강조했다. 중국에 대한 바이든의 접근 방식은 더 예측하기 쉽지만 더 조직적으로 시행될 가능성이 높다. 심지어는 장기적으로 중국에 더 큰 위협이 될 수 있다. 트럼프가 일으킬지 모를 혼란과 극단적 행동은 중국이 미국을 이길 수 있는 기회를 만들어 주더라도 중국이 두려워하는 불안정성을 초래할 수 있다.

초강대국 간 대결을 피할 수 있는 방법이 있을까? 상하이 푸단 대학교의 우신보는 바이든이 중미 관계에 희망을 제시한다는 생각이다. 그는 온라인 기사에서 트럼프를 중국의 도움을 거의 필요로 하지 않는 '일방주의자'로 묘사하면서도 "하지만 바이든은 여전히 세계에서 미국의 지배적 지위를 유지하기를 희망한다"라고 썼다. 그는 이어 "미국이 많은 글로벌 문제를 해결하고자 하는 한 중국과의 협력 없이는 할 수 없다"라고 덧붙였다. 그러나 군사력 증강과 무역 관계의 악화 속에서 이러한 낙관론을 보기 드물다. 시 주석은 11월(미국 대선) 개표 상황을 면밀히 주시할 것이다. 미국 대선 후보로 유력한 두 사람이 중국에 매우 다른 도전을 제시하고 있기 때문이다. 그러나 그가 결과를 기다리는 동안에도 미국의 정치가 아무리 분열되어 있더라도 중국에 대한 적대감은 이제 초당적인 문제이며 (미국 정치권에) 깊숙이 자리 잡고 있다는 것을 알게 될 것이다. 시 주석이나 미국 모두에게 대선은 장기적인 투쟁 과정의 일부에 불과하다. (2024년 2월 20일)

이번 기사는 2024년 7월 21일 조 바이든 대통령이 민주당 대통령 선거 후보직에서 사퇴하기 5개월 전인 2월 21일에 나온 것입니다. 따라서 바이든과 트럼프의 맞대결을 가상하고 쓴 기사라는 점을 감안하고 읽어야 합니다.

기사는 2024년 11월 미국 대통령 선거에서 트럼프가 승리했을 때 중국이 받게 될 피해에 대해 중국이 가진 우려와 두려움뿐만 아니라 중국이 얻게 될 수도 있을 반사이익에 대해 언급하고 있습니다.

본 내용에 들어가기 앞서 먼저 미중 무역 전쟁에 대해 간단히 살펴보고 가는 게 좋겠습니다. 아래에 나오는 용어들과 각 영어 표현은 미중 무역 전쟁 기사에 단골로 등장하는 표현입니다.

결과적으로 2024년 11월 재선에 성공한 트럼프는 앞서 2017년 1월부터 2021년 1월까지 미 대통령으로 재임한 바 있습니다. 취임 후 1년 뒤인 2018년 1월부터 그는 중국의 불공정 무역 관행 unfair trade practices 과 지식재산권 절도 intellectual property theft 및 중국에 빼앗기는 제조업 일자리 문제를 좌시하지 않겠다면서 중국산 제품에 고율의 관세 high tariff 를 부과하는 등 무역 장벽 trade barrier 을 세우기 시작했습니다. 이런 조치가 결과적으로 미국의 대중국 무역 적자 trade deficit 를 줄이는 데 도움이 될 거라 생각한 겁니다.

그해 3월 트럼프는 중국산 철강과 알루미늄에 고율의 관세를 부과하겠다고 발표한 직후 지금 엑스X가 된 당시 트위터에 "Trade wars are good, and easy to win(무역 전쟁은 좋은 일이고 이기기도 쉽다)"이라는 유명한 말을 남깁니다. 다만 양국의 1차 합의에도 불구하고 미국이 실제로 얻은 건 별로 없고 경제적으로 엄청난 피해만 봤다는 분석 결과가 잇달아 나오자 트럼프의 이 트윗은 두고두고 거론되며 욕을 먹었습니다.

미국이 자국산 제품에 고율의 관세를 부과하자 중국은 미국이 보호무역주의protectionism에 빠졌다고 비난하며 보복 조치retaliatory action에 나서면서 양국의 무역 전쟁은 2019년까지 이어집니다. 그러다 결국 2020년 1월 15일 양국은 1단계 무역합의phase one trade deal에 서명하게 됩니다. 이로써 양국은 지리한 분쟁을 일단 봉합합니다.

사실 트럼프는 2016년 대선 캠페인 때부터 미중 무역의 문제점을 지적했습니다. 2016년 대중 무역 적자가 3,460억 달러, 우리 돈으로 약 478조 원(2024년 11월 초 환율 기준)정도의 규모였던 상황을 선거 전략으로 이용한 것입니다. 그는 2016년 5월 초 '강간'이라는 단어까지 써 가며 "We can't continue to allow China to rape our country(중국이 우리나라를 강간하는 것을 계속 허용할 수는 없다)"라 말하고 중국에 적대적인 감정을 드러냅니다. 당시 CNN, BBC, NBC 뉴스 등 수많은 외신들이 그의 이 말을 대대적으로 보도했습니다. 물론 rape라는 표현을 제목에 넣어서요.

외신에서는 이처럼 양국이 서로 주거니 받거니 식으로 물리는 관세를 tit-for-tat tariff(받은 대로 되갚아 주는 식의 관세, 혹자는 '눈에는 눈 이에는 이'식으로도 번역함)로 표현합니다. 이 용어는 무역 상대국이 서로 관세를 부과하며 싸울 때 매우 자주 언급됩니다.

> **China Says Tit-For-Tat Tariffs Will 'Destroy' US-China Trade**
> 中 "맞대응 관세가 미중 무역 파괴할 것" 주장
>
> (NDTV, 2018년 7월 11일자 기사 제목)

Tit-For-Tat Becomes the Norm as U.S., China Dig In for Trade War
미중 무역 전쟁 심화되자 맞대응 일상화돼
(Bloomberg, 2018년 8월 4일자 기사 제목)

무역 전쟁을 일으킨 장본인인 트럼프가 2024년 재선에 도전하니 중국이나 시진핑 주석 입장에서는 긴장하지 않을 수 없었을 것입니다. 이번 기사에서는 제목에 '겁먹다' 또는 '두려워하다'는 뜻을 가진 scared라는 단어를 통해 추정되는 중국의 심리 상태를 묘사했습니다. 그도 그럴 것이 기사 부제목에 나와 있는 대로 이 기사가 나오기 전에 트럼프는 자신이 재선에 성공하면 중국산 수입품에 60% 내지 그 이상의 관세를 부과하겠다고 공언했기 때문이죠. 당연한 말 같지만, 그가 그렇게 높은 관세를 부과할 경우 미국에 수입되는 중국산 제품 가격이 올라가서 가구 지출 household expense 부담이 급증할 것이라는 비판이 쏟아졌습니다.

바이든도 과거 트럼프의 관세 부과 정책을 비판했습니다. 하지만 그의 대중국 무역 정책은 트럼프 행정부의 대중국 관세를 유지하면서도 이번 기사에 나온 대로 더욱 '체계적(조직적)'이었습니다. 바이든 재임 시절 트럼프 때 부과된 관세는 대부분 유지된 가운데 추가적으로 반도체와 AI 및 양자 컴퓨팅 같은 첨단 기술 분야에서 중국과의 거래를 제한하는 정책이 강화됐습니다. 또 이를 통해 미국과 동맹국들이 중국과의 경제 및 안보 측면 대응에서 협력할 수 있게 유도했습니다.

배경 설명은 이 정도로 마치고, 이제 본격적으로 기사 내용을 살펴보겠습니다. 그리고 무역 전쟁 기사에서 자주 나오는 용어를 추가로 더 살펴본 뒤 미국 대선 얘기가 나온 김에 미국의 대통령 및 상하원 선거 제도, 선거 관련 용어들을 간단히 살펴보겠습니다. 미국에서 선거가 치러질 때마다 경제나 금융 기사에서도 관련 내용이 늘 등장하지만 미국의 선거 제도나 선거 관련 용어를 모르면 전체 맥락을 이해하는 데 어려움을 겪을 수 있기 때문입니다.

 이번 기사는 다른 글에 비해 내용이 매우 길어서 주요 부분만 추려서 살펴보기로 하겠습니다.

If you want to get a sense of how China feels about the prospect of Donald Trump winning America's presidential election, Chinese social media offers some revealing signals. In the past few weeks it has begun to boil over with fury and mockery. The prospect of American tariffs of over 60% on Chinese imports? "Add even more," rages one online commentator in the mainland. "I'd be curious to see how ordinary Americans would live." Others think Mr Trump would increase the odds of a war. The world will "never be at peace" with him around, reckons another netizen. "This old madman is too vicious," says a third. "He must be annihilated." 1

여기서 미국이 중국산 수입품에 60% 이상의 관세를 부과할 것이라는 전망(American tariffs of over 60% on Chinese imports?)은 서두에서 말씀드린 대로 트럼프가 자신이 대통령에 다시 당선되면 이렇게 고율의 관세를 부과하겠다고 한 발언을 두고 하는 말입니다.

위 문단에 나오는 get a sense of는 '감을 잡다' 또는 '파악하다'라는 뜻입니다. revealing은 '흥미로운 사실을 드러내 보여주는'의 의미이고, boil over는 '들끓다' 또는 '끓어넘치다', 그리고 reckon은 '~라고 생각하다' 또는 '예상하다'라는 뜻입니다.

2 It is not just online: the prospect of a Trump victory is the subject of debate among China's elite, too. They fear his return to the White House would lead to an even hotter trade war, with potentially vast economic costs. But they also believe <u>his contempt for alliances (witness the latest outburst against NATO)</u> could yield huge propaganda gains and undermine the American-led security system in Asia, freeing China to act as it pleases on Taiwan and more. Some Chinese nationalists are cheering his successes and call him **Comrade Chuan Jianguo**: Chuan being a common rendering of Mr Trump's surname, and Jianguo meaning "build the country". It is a way of suggesting that Mr Trump's excesses make China stronger.

이 단락에 언급된 동맹국에 대한 경멸 contempt for alliances 은 트럼프가 미국이 주도하는 북대서양조약기구 NATO 에 대해서도 'NATO의 국방비 지출 기준을 충족하지 못하는 동맹에 대해선 보호해 주지 않겠다'라고 말해 강한 비판을 받은 것을 말합니다.

트럼프는 다른 미국 대통령들에 비해서 NATO에 대해 더 비판적이었습니다. 유럽 국가들이 방위비를 충분히 부담하지 않아서 미국이 대신 부담해야 하는 게 싫다는 게 이유였습니다. 그래서 2024년 11월 대선을 앞두고 외신에서는 다음과 같은 제목의 기사들이 많이 나왔습니다.

> As US election nears, Europe worries over impact on Ukraine war and NATO
> 유럽, 미국 대선 다가오자 우크라이나 전쟁과 NATO에 미칠 영향 우려 (Reuters, 2024년 10월 30일자 기사 제목)

> If Trump wins the election, NATO can expect more turbulence ahead
> NATO, 트럼프 당선 시 혼란 확대 전망 (The Guardian, 2024년 10월 29일자 사설 제목)

위 단락에서 일부 중국인들이 트럼프를 '촨젠궈 동지(Comrade Chuan Jianguo)'라고 불렀다는 내용이 나오는데, 여기서 Chuan은 '트럼프'를 중국어로 음차한 것입니다. 즉, 중국식 발음으로 트럼프는 'Te Lang Pu(特朗普)' 또는 'Chuan pu(川普)'가 되는데, 여기서 'Chuan'만 떼어서 이름의 '성'처럼 썼습니다. Jianguo建는 중국어 뜻 그대로 '나라를 세운다'는 뜻이고요. 기사에 나와있는 대로 트럼프가 당선되면 중국에 오히려 유리하게 작용할 수 있다는 식의 비꼬는 시각이 이 별명에 반영되어 있습니다. 자주 나오는 내용이 전혀 아니므로 이런 얘기가 있다는 정도만 알고 가시면 됩니다.

3   For Xi Jinping, China's leader, the unpredictable **trade-offs** that a Trump presidency would involve are especially difficult to weigh, even if the two men's relationship is reasonable enough after multiple encounters from banquets in Beijing to steak dinners at Mar-a-Lago, Mr Trump's lair in Florida. "I like President Xi a lot," Mr Trump recently told Fox News. "He was a very good friend of mine during my term." On the one hand Mr Trump's presidency from 2017 to 2021 saw a profound shift in America's policy. His administration deployed tariffs in an attempt to reduce America's trade deficit and protect jobs. It redefined the domestic debate in America, with China portrayed as a political, technological and military adversary.

trade-off는 경제와 금융 기사에서 아주 흔히 볼 수 있는 단어입니다. 우리말로 트레이드오프, 균형, 거래, 맞교환 등 상황에 따라서 다양하게 번역되는데, 저는 여기서 '득실'로 번역했습니다. 아주 단순하게 말해서 trade-off는 하나를 얻는(또는 하나가 늘어나는) 대신 다른 하나를 포기(또는 하나가 줄어드는)해야 하는 상황을 말합니다. 자기에게 유리한 것을 얻기 위해서 불필요하거나 불리한 것을 포기할 때도 자주 씁니다. 예를 들어, 동사로써서 It may be possible to trade off manpower costs against computer costs라고 하면 '인건비와 컴퓨터 비용을 교환할 수 있다', 즉 비용을 낮추기 위해 인력을 투입하지 않고 컴퓨터 자동화 기술을 도입해 인건비를 줄일 수 있다는 뜻입니다.

A big part of Mr Xi's calculus now is working out what 5
Mr Trump could do on China in a second term. You
might imagine that after four years in office, the
MAGA appetite to confront China would be sated. Yet
the available signals suggest that opposition to China
in Mr Trump's inner circle may have intensified. Take
the views of Robert Lighthizer, Mr Trump's influential
trade representative, who could get a top job again in
the White House. In the period from 2017 to 2021 he
launched an investigation into Chinese theft of intellectual property and invoked Section 301 of America's
trade law, which allows the president to punish trade
partners that do not play fair, in order to raise tariffs. The
average tariff faced by Chinese firms rose from 3% in
2018 to 21% by the end of 2019, when the two countries
struck a truce.

마가MAGA에 대해선 Could America and its allies club together to weaken the dollar? 편에서도 설명한 바 있습니다. 마가는 Make America Great Again(미국을 다시 위대하게)의 약자입니다. 흥미로운 사실은 로이터Reuters와 입소스Ipsos가 2018년 10월에 미국 유권자들을 상대로 마가에 대한 생각을 묻는 설문 조사를 실시한 적이 있는데, 트럼프를 지지하는 유권자 대부분은 마가에 대해 '더 강력한 국경 폐쇄(stronger border)'와 '더 나아진 경제(better economy)'를 떠올리게 해 준다고 긍정적으로 평가했습니다. 어떤 유권자는 이것이 트럼프를 떠올리게 만들어주는 상징적인 단어라고 답할 만큼 마가는 트럼프와 떼려야 뗄 수 없는 단어입니다. 트럼프가 이 마가를 외치기 시작한 건 2016년 대선 운동 때입니다. 미국이 예전에는 위대한 나라였지만 국경 안에서는 이민과 다문화주의 multiculturalism 때문에, 국경 밖에서는 세계화 globalization 나 다양한 국가 경제의 통합 때문에 과거의 지위를 상실했다는 인식에서 시작됐습니다. 마가를 지지하는 트럼프 지지자들은 미국이 다시 위대해지려면 미국 우선주의 America First (또는 '아메리카 퍼스트' 그대로 부르기도 함) 정책을 취해야 한다고 믿습니다. 다시 말해 경제적 보호무역주의 economic protectionism 수위를 높이고, 이민을 막고, 전통적인 미국의 가치를 지켜야 한다는 것입니다. 이와 관련해 트럼프는 2015년에 무슬림이 미국에 들어오는 것을 전면 금지시켜야 한다고 주장하기도 했습니다.

로버트 라이트하이저는 트럼프 행정부 시절 미국 무역대표부 USTR 대표로 일하면서 특히 중국과의 무역 협상과 관련해 강경한 입장을 취한 인물로 유명합니다. 이 다음 문단에서 언급될 『자유무역이라는 환상』이라는 책에서도 자신의 이런 무역 철학을 밝히기도 했습니다.

미국 무역법 301조 Section 301 of America's trade law 는 무역 상대국의 불공정 관행에 대응할 수 있는 법적 조항입니다. 무역 전쟁 기사에 단골로 나오는 내용입니다. 아래 기사 제목처럼 중국 입장에서는 아주 싫은 조항입니다. 참고로, 『Global Times』는 『환구시보 環球時報』라고 하는데, 중국 공산당의 기관지인 『인민일보 人民日報』의 자매지로, 중국의 국내 및 국제 뉴스를 다루며 특히 중국 정부의 관점을 반영하는 기사와 논평을 주로 싣습니다. 국내 언론에서 중국의 입장을 전할 때 『환구시보』 기사 내용을 인용하는 경우를 자주 보실 수 있습니다.

<u>US Section 301</u> investigation targeting China's maritime, logistics and shipbuilding industries 'groundless'
중국의 해양·물류·조선 산업 겨냥한 미국 301조 조사 '근거 없어' (Global Times, 2024년 4월 21일자 기사 제목)

Crucially, Mr Lighthizer recommends another huge increase in tariffs. The goal, he argues, should be "balanced trade"—that is, presumably, no goods-<u>trade deficit</u> at all. Last year China still enjoyed a <u>surplus</u> with America of nearly $280bn, down from a record $419bn in 2018, but not far off the $347bn before Mr Trump took office. To correct this Mr Lighthizer calls for the undoing of "one of the worst mistakes" in America's history: its decision to enter into <u>"permanent normal trade relations" (PNTR)</u> with China in 2000. **This allowed China to pay the same low tariffs America charges most of its trading partners**, rather than an alternative, steeper set of levies that appear in "column 2" of America's tariff schedule and apply to only a handful of countries such as Cuba and North Korea, and now Russia and Belarus.

쉬운 단어지만 다시 한번 말씀을 드리자면 trade surplus는 '무역(수지)흑자', trade deficit은 '무역(수지)적자', trade balance는 '무역수지'입니다. 무역 흑자는 한 국가의 수출액이 수입액을 초과하는 경우이고, 무역 적자는 반대로 한 국가의 수입액이 수출액을 초과하는 경우입니다. 무역수지는 한 국가의 전체 수출액과 수입액의 '차이'를 가리킵니다.

여기서 항구적 정상무역관계 PNTR는 미국의 교역국이 미국으로부터 부여받는 항구적 최혜국 대우를 뜻합니다. 미국이 특정 국가와의 무역 관계에서 상호 무역의 자유화와 안정성을 보장하기 위해 적용하는 제도로, 이 제도에 따라 해당 국가는 미국과의 무역에서 정상적인 관세 혜택을 받을 수 있습니다. 그래서 위 단락에서도 PNTR 다음에 '중국 또한 미국이 대부분의 다른 무역 파트너에게 부과하는 것과 동일한 낮은 관세를 낼 수 있게 됐다(This allowed China to pay the same low tariffs America charges most of its trading partners)'는 설명이 나온 겁니다. 당연한 말이지만 이 다음 문단에 나온 대로 이 PNTR 지위를 빼앗기면 중국이 부담해야 할 관세는 올라가게 됩니다. 이어서 소개되는, 여러 기관들이 실제로 이런 경우가 발생했을 때 중국이 입을 피해에 대한 예상 부분은 내용 파악에 큰 어려움은 없으므로 여기선 생략하겠습니다.

11 Either way, the kind of decoupling that Mr Trump's advisers envisage would inflict profound damage on China's economy. Studies by JaeBin Ahn and other economists at the IMF show what would happen if the world splits into rival economic spheres with limited flows of foreign-direct investment between them. If such flows were to fall by half, it could eventually reduce

China's GDP by about 2%, relative to a baseline in which investment flows more freely. Another study by Carlos Góes of the University of California, San Diego, and Eddy Bekers of the World Trade Organisation argues that tariff increases of around 30% could lower China's income by over 5% by 2040.

decoupling은 '탈동조화'로 번역됩니다. 이 용어는 주로 경제, 정치, 기술 등의 맥락에서 국가나 경제나 기술 시스템 등이 서로의 의존성을 줄이거나 완전히 분리되는 과정을 말합니다. 특히 미중 무역 관계에 대한 기사에 자주 나옵니다. 반대말은 coupling동조화입니다. 다음은 한 세계 경제 관련 자료 맨 앞에 나온 문장입니다.

> **Leaders sound warning over decoupling**
>
> World leaders have warned that geopolitical tensions are fuelling economic fragmentation and protectionism that threaten global growth.
>
> 세계 지도자들, 디커플링에 대해 경고
>
> 세계 지도자들은 지정학적 긴장이 글로벌 성장을 위협하는 경제 분열과 보호주의를 부추기고 있다고 경고했다. (세계 경제포럼 자료, 2024년 9월 10일)

위 단락에는 이러한 디커플링 때문에 입을 수 있는 중국의 피해(GDP와 소득 감소)에 대한 분석이 소개되어 있습니다.

13 Yet the America-China relationship encompasses far more than economics, and it is here that the calculus for Mr Xi may lean the other way. He resents the Western-led world order and wants to establish China as an alternative centre of power. Mr Trump's <u>tempestuous</u> relationship with America's allies in Europe and Asia may undermine cohesion with them on China policy if he is elected again. His <u>contemptuous</u> remarks about NATO, including his recent suggestion that he would not offer American protection to allies who fail to spend enough on defence, are <u>music to China's ears</u>. It sees NATO as a cold-war relic that the West uses to preserve its dominance. For the same reason, it <u>relishes</u> any tension in America's relationships with Japan and South Korea, such as Mr Trump caused by threatening the <u>withdrawal of American troops</u> from those countries if their governments would not agree to big increases in their contributions to the cost of maintaining the bases.

트럼프로 인해 미국과 동맹국들과의 사이가 어긋나게 되면 이것이 오히려 중국에게는 유리하게 작용할 수 있다는 내용입니다. 아시다시피 트럼프는 대선 유세 과정에서 우리나라에 대해서도 위에 나온 내용처럼 방위비를 더 부담하지 않으면 주한미군을 철수 withdrawal of American troops 하겠다며 거듭 으름장을 놨습니다.

여기서는 몇 가지 단어들만 설명하고 넘어가겠습니다. tempestuous는 '격정적인' 또는 '혼란스러운'이란 뜻입니다. 그리고 이 tempestuous와 운율을 맞추기 위해서 사용된 것으로 보이는 contemptuous는 '경멸하는' 또는 '업신여기는'의 뜻입니다. music to one's ears는 음악을 들을 때처럼 기분이 좋거나 만족스러운 느낌을 받는 것을 말합니다. 끝으로 relish는 어떤 것을 대단히 즐기거나 좋아할 때 씁니다.

A Trump administration might unwind the work **14** **Mr Biden has done to nurture Asian partnerships. To China's chagrin, he created a new grouping, known as AUKUS, aimed at strengthening co-operation with Australia and Britain in responding to the security challenge posed by China's navy in the Indian Ocean and Pacific. China, inaccurately, calls it "NATO-like". Still, AUKUS involves exactly the kind of long-term, rather than transactional, relationship that Mr Trump dislikes.**

여기서 오커스AUKUS는 2021년 9월 미국, 영국, 호주 3개국이 결성한 인도·태평양 지역에서의 3자 안보 파트너십, 즉 안보 동맹입니다. 위 단락에 나온 대로 주요 목표는 인도·태평양 지역의 안보를 강화하고, 특히 중국의 군사적 영향력 확대에 대응하는 것입니다. 자주 보기 힘든 용어이므로 의미만 알아두고 넘어가면 되겠습니다.

15 Similarly on Taiwan, Mr Trump may be preferable for China. Mr Biden has sometimes gone beyond the conventional, ambivalent, language about America's commitments to the island. He has said repeatedly that American troops would defend Taiwan if China invaded, only for his aides to walk back his comments after Chinese outrage. Mr Trump is probably far less enthusiastic about protecting the island. In his memoir, John Bolton, who served as Mr Trump's national security adviser in 2018 and 2019 before a bitter parting of ways, wrote of Mr Trump's "grousing" about weapons sales to Taiwan. Mr Trump was "dyspeptic" about Taiwan, Mr Bolton said, suggesting his boss lacked commitment to a "democratic ally".

중국 입장에서는 대만 문제의 경우 바이든보다 상대적으로 대만 보호에 덜 적극적으로 보이는 트럼프를 더 선호할 수 있다는 내용입니다. 실제로 트럼프는 대만이 GDP에서 국방비 예산을 대폭 늘리지 않으면 자신이 재선에 성공했을 때 대만에 대한 지원을 줄일 수 있다고 신호했습니다. 심지어 중국이 대만을 침공하더라도 미국이 군사적으로 개입하지 않을 수 있다는 신호를 보내기도 했습니다.

여기 나오는 존 볼턴은 2018년 4월 트럼프 행정부의 국가 안보보좌관으로 임명됐습니다. 그는 대외 정책에서 강경한 입장을 지지한 것으로 유명한 사람입니다. 예를 들어, 이란과 북한 문제에서 볼턴은 강경한 제재와 압박을 중시했습니다. 그런데 트럼프는 우리가 알다시피 2019년 5월 30일 판문점에서 김정은 북한 국무위원장을 만나는 등 정상회담을 통해 북한 문제를 외교적으로 해결하려고 하는 모습을 보였습니다. 볼턴은 아프가니스탄의 미군 철수에 대해서도 신중한 접근을 제안했지만, 트럼프는 신속한 철수를 원했습니다. 이렇게 서로 티격태격하다 보니 결국 두 사람의 불화가 커지면서 트럼프는 2019년 9월 볼턴을 해임했습니다. 이를 두고 기사에서는 '씁쓸한 이별(a bitter parting of ways)'이라고 표현했습니다. 이렇게 트럼프와 좋지 않게 관계가 끝났으니 볼턴이 그의 회고록에서 트럼프의 외교 정책을 강하게 비판한 건 당연합니다.

볼턴의 회고록은 국내에 『그 일이 일어난 방 The Room Where It Happened』으로 번역 출간되었습니다. 책 소개말을 보면 "북한, 중국, 러시아, 이란 등과의 관계에서도 미국이 점점 깊어가는 위협에 대처할 기회를 놓침으로써 오히려 약자의 처지에 놓이게 되는 상황을 상세히 기록했다"면서 "베네수엘라의 격변 사태, 북한 김정은의 변덕과 기만으로 점철된 행동, G7 정상회담에서의 마지막 승부, 이란의 계산된 전쟁 도발, 탈레반을 캠프 데이비드에 데려오겠다는 말도 안 되는 계획, 그리고 중국이라는 독재 국가를 달래다가 전 세계가 그들의 치명적인 거짓말에 노출되어 버린 과정 등 다수의 외교 정책을 통해 트럼프 정부의 혼란과 갈등을 엿볼 수 있다"라고 적혀 있습니다. 트럼프에 대한 비난 일색의 내용으로 보입니다.

따라서 위 단락에서 볼턴이 트럼프에 대해 한 말은 그가 트럼프와 사이가 좋지 않았다는 사실을 감안해서 봐야 합니다. 여기서 grouse는 '불평하다' 또는 '투덜대다'라는 뜻입니다. 그리고 dyspeptic은 원래 '소화가 잘 안 된다' 또는 '(그래서) 짜증이 난다'는 뜻입니다.

16 Above all else, Mr Xi wants stability. The views of Chinese scholars probably echo official thinking. In an interview in state media in January, Yan Xuetong of Tsinghua University in Beijing said that the candidates would compete to show "who is more anti-China" than the other: "If we want to prevent confrontation between the two sides from getting out of control and escalating into a conflict, our country needs to take some proactive measures." Mr Biden's approach to China is likely to be more predictable but better organised and enforced, and perhaps a bigger threat in the long run. Mr Trump's potential for chaos and excesses could create opportunities for China to outmanoeuvre America but also bring the instability China dreads.

17 Could there be a way out of superpower confrontation? Wu Xinbo of Fudan University in Shanghai suggests that Mr Biden offers hope for Sino-American ties. In an online article he describes Mr Trump as a "unilateralist", having little need for China's help. "But Biden still hopes to maintain America's dominant position in the world," writes Mr Wu. "As long as the United States wants to deal with many global problems, it cannot do without co-operation with China." Yet amid a military build-up and fraying trade ties such optimism is rare. Mr Xi will be watching the vote counts in November closely: the two likely candidates present China with

very different challenges. But even as he waits for a result, he will know that however divided American politics may be, hostility towards China is now a <u>bipartisan</u> matter, and deeply entrenched. For him and for America the election cycle is part of a longer-term struggle

마지막 두 문단은 이해하는 데 특별한 배경 지식이 필요 없기 때문에 몇 가지 단어만 더 살펴보기로 하겠습니다.
　　　　escalate into는 '~로 악화되다(확대되다)'를 뜻하고 proactive는 '선제적인'이라는 뜻입니다. outmanoeuvre는 '상대를 (노련하게) 압도하다'라는 의미이며, unilateralist는 '일방주의자', 다시 말해 '다른 사람의 동의 없이 특정 상황에 관련된 한 사람이나 집단이나 국가에만 영향을 미치는 행동이나 결정을 옹호하는 사람'을 말합니다. fray는 '닳다'나 '마모되다'라는 뜻이지만 '싸움', '마찰', '불화'란 뜻도 있습니다. 무역에서 이 단어가 나오면 주로 후자의 의미로 쓰인 것입니다. 예를 들어, trade fray라고 하면 무역 분쟁입니다. bipartisan은 '초당적'이란 뜻입니다.

이번 장에서는 다양한 무역 용어 및 표현과 함께 트럼프가 일으킨 미중 무역 전쟁의 역사적 배경에 대해 알아봤습니다. 본문에서 말씀드린 것 외에도 외신에 자주 나오는 관세 관련 용어를 몇 가지 더 살펴본 뒤, 서두에서 말씀드렸듯이 미국의 선거 방식에 대해서 간단히 돌아볼까 합니다.

먼저 countervailing duty란 용어가 있습니다. 상계관세라는 말입니다. 상계관세란 수출국으로부터 장려금이나 보조금을 지원받아 가격경쟁력이 높아진 물품이 수입되어 국내 산업에 피해를 입힐 경우 이러한 제품의 수입을 불공정한 무역 행위로 보고 이를 억제하기 위해 부과하는 관세입니다. 이와 비슷한 단어로 anti-dumping duty가 있습니다. 이것은 외국 기업이 자국 시장 가격보다 낮은 가격으로 수출하는 덤핑 행위를 방지하기 위해 부과하는 관세입니다. 두 관세의 부과 목적은 모두 자국 산업을 보호하는 것이지만, 개념상 이 같은 차이가 있습니다.

그리고 '관세를 부과한다'고 할 때 '부과하다'에 해당하는 단어는 주로 impose를 쓰는데, 가끔 slap을 쓰는 경우도 있습니다.

Europe imposes higher tariffs on Electric Vehicles Made in China
유럽, 중국산 전기 자동차에 고율 관세 부과
(The New York Times, 2024년 10월 30일자 기사 제목)

EU slaps new tariffs of up to 35.3 percent on Chinese electric vehicles
EU, 중국 전기 자동차에 최대 35.3%의 새로운 관세 부과
(France 24, 2024년 10월 29일자 기사 제목)

2024년처럼 미국 대통령 선거가 열리는 해에는 금융 경제 기사에 선거 전망과 후보들의 정책 영향 등에 대한 분석이 빠짐없이 들어갈 만큼 선거는 높은 비중을 차지합니다. 이번 기사가 무역 전쟁을 다룬 내용이기는 하나 미국 대선 얘기가 나온 만큼 미국의 대통령 선거 제도와 상하원 선거에 대해 어느 정도 핵심적인

내용을 알아두시면 정치는 물론 경제를 포함한 그 어떤 분야의 기사에 선거 얘기가 함께 얽혀 나오더라도 훨씬 부담 없고 흥미롭게 느껴지실 겁니다.

먼저 미국의 입법부인 의회 Congress 에는 이를 구성하는 두 입법기관 상원 Senate 과 하원 House of Representatives 의원을 선출하는 선거가 있습니다. 상원은 총 100명(주당 2명)의 의원으로 구성되어 있습니다. 상원의원의 임기는 6년이며, 2년마다 전체 상원의원의 3분의 1씩 교체됩니다. 이를 통해 전체 상원이 한 번에 바뀌는 것을 방지하고 연속성을 유지하려는 목적이 있습니다. 하원은 435명으로 구성되는데, 각 주의 인구 비율에 따라 의석 수가 할당됩니다. 즉, 인구가 많은 주는 하원에서 더 많은 의석을 가집니다. 하원의원의 임기는 상원의원보다 짧은 2년이므로 모든 하원의원은 2년마다 선거를 통해 새로 선출됩니다. 따라서 상하원 선거는 2년마다 열리는 중간 선거 midterm election 와 대통령 선거가 함께 이루어집니다. 중간 선거는 대통령 임기 중간에 치러지기 때문에 대통령에 대한 중간 평가 성격을 띱니다.

다음으로 미국 대통령 선거가 있습니다. 미국의 대통령 선거는 우리처럼 직접선거가 아니라 간접선거입니다. 미국 유권자들은 직접 대통령을 뽑지 않고 대신 선거인단 Electoral College 을 따로 뽑습니다. 선거인단은 총 538명이고, 인구가 많은 주는 선거인단이 더 많습니다. 미국 대선에서 유권자들은 선거일에 자신이 지지하는 후보에게 투표합니다. 대부분의 주에서는 승자독식 winner-takes-all 방식이 적용되어, 해당 주에서 가장 많은 득표를 한 후보가 그 주의 모든 선거인단 표를 가져갑니다. 예를 들어, A와 B 후보가 경쟁하는 상황에서 B 후보가 1표라도 더 많이 받으면, B 후보가 해당 주의 모든 선거인단 표를 획득하는 식입니다. 이처럼 후보들 간 유권자 표 차가 거의 나지 않는 주, 즉 경합주는 영어로

swing state라고 합니다. 후보자는 선거인단 수가 많은 경합주에서 승리해야 당선 가능성이 높아집니다. 결국 최종적으로는 538명의 과반인 270명 이상의 선거인단 표를 얻은 후보가 대통령에 당선됩니다. 이렇다 보니 전체 유권자 표는 오히려 더 많이 받아도 대통령이 되지 못하는 경우도 생깁니다. 2016년 대선에서 힐러리 클린턴 후보가 트럼프 후보보다 전체 유권자 득표수 popular vote 는 오히려 더 많았습니다. 클린턴은 약 6,500만 표 이상을 획득해 트럼프보다 약 300만 표를 더 얻었던 거죠. 하지만 미국 대선이 선거인단 투표 방식으로 진행되기 때문에 선거인단 투표에서 더 많은 표를 획득한 트럼프가 결국 승리했습니다.

편집자의 글

아티클의 안과 밖

안과 밖. 1권을 거쳐 2권을 만들면서 가장 크게 차이를 체감한 부분입니다. 1권에서는 철저한 신택스 분석을 통해 고급 독해가 필요한 문장 자체를 꿰뚫는 힘을 배웠다면, 2권에서는 집필자의 분야 전문성을 통해 아티클 바깥으로 연결되는 다양한 병행 기사문과 배경 지식의 접합점을 보면서 밖에서부터 읽어내는 방식을 제시했다고 생각합니다. 시시각각 변하는 세계를 빠르게 스케치하는 듯한 기사문의 언어, 특히 영문을 외국어 사용자 위치에서 익혀 나가기에 도움이 될 여러 방법으로 제시해드리고 싶었습니다.

소통하기 쉬운 문장이 좋은 문장이라고들 하지만, 복합적인 세계상을 담아내는 데에는 심도 깊은 언어가 필요한 경우도 있을 것이라 봅니다. 누군가에겐 쉬운 단문이 진실일 수 있듯, 그 누군가에겐 체계성을 담지한 복문이 더욱 진실로 다가올 수도 있을 테니까요. 그리고 때때로 외국어 사용자로 까다롭고 복합적인 문장을 잘 읽어내기 위해 다양한 책략을 구사하는 가운데, 우선적으로는 (그럼에도 외국어이기에) 신택스를 공략하지만 읽어 나갈수록 눈앞의 텍스트 그 너머까지 이어진 전체 지형을 내다보며 여러 숨어 있는 접점에서부터 힌트를 얻어가는 분도 있을 것입니다.

영국주간지스터디 1권을 준비할 때부터 The Economist라는 소재를 가지고 가장 만들고 싶었던 섹터는 '경제편'이었습니다. The Economist를 읽을 때 누구나 가장 잘 읽어내고 싶은 분야인 동시에 도전을 느낄 수도 있는 분야이기도 할 것이고, The Economist의 오랜 독자였던 저부터도 그에 대한 배움을 구하고 싶었으니까요. 매주 양질의 기사가 쏟아지는 주간지에서 20개

아티클을 선별하여 단행본을 구성하는 것이기에 그 아티클은 더욱이나 대표성을 지녀야 할 것입니다. 그러한 아티클과 주변의 정보를 연결시켜가며 경제 기사 전반에 대한 상을 그려줄 수 있는 저자분의 결과물을 작업하며 편집자로서 최적의 구현자를 모시는 것이 그 무엇보다도 중요한 1차 책무임도 새삼 느꼈습니다.

한국어로만 이루어진 뉴스가 내가 파악하고자 하는 시시각각의 세계상을 온전히 채우지 못할 때, 영어라는 도구를 통해 그 비어 있는 부분을 메워가시는 데 소중한 읽기 책략을 얻는 유익한 일독이 되셨기를 바랍니다.

편집자 김효정